L'AMBIVALENTE LIBÉRALISATION DU DROIT DU TRAVAIL EN RÉPUBLIQUE DE DJIBOUTI

Collection « Études africaines »
dirigée par Denis Pryen et son équipe

Forte de plus de mille titres publiés à ce jour, la collection « Études africaines » fait peau neuve. Elle présentera toujours les essais généraux qui ont fait son succès, mais se déclinera désormais également par séries thématiques : droit, économie, politique, sociologie, etc.

Dernières parutions

BUKASSA (Ambroise V), *Congo Kinshasa, Quand la corruption dirige la République*, 2016.

EKANZA (Simon-Pierre), *Mako, administrateur français en Côte d'Ivoire (1908-1939), Un commandant à un poste colonial, au cœur des transformations économiques et sociales*, 2016.

WAIS (Ilyas Said), *L'ambivalente libéralisation du droit du travail en République de Djibouti*, 2016.

KABAMBA MBIKAY (André) (dir.), *Prospective pour une paix durable en RDC – Horizon 2050*, 2016.

KWILU LANDUNDU (Hubert), *Sociologie de la santé au Congo-Kinshasa*, 2016.

KAMTO (Maurice), DOUMBE-BILLE (Stéphane), METOU (Brusil Mirand) (dir.), *Regards sur le droit public en Afrique*, 2016.

ROCHE (Christian), *La Casamance face à son destin*, 2016.

IBIKOUNLÉ (Salami Yacoubou), *Politiques d'éducation / formation et coopération internationale décentralisée au Bénin*, 2016.

BAUDAIS (Virginie), *Les trajectoires de l'État au Mali*, 2015

NDZANA BILOA (Alain Symphorien), *La fiscalité, levier pour l'émergence des pays africains de la zone franc. Le cas du Cameroun*, 2015.

MAMA DEBOUROU (Djibril), *La résistance des Baatombu face à la pénétration française dans le Haut-Dahomey (1895-1915), Saka Yerima ou l'injuste oubli*, 2015.

EKANZA (Simon-Pierre), *L'historien dans la cité*, 2015.

GODEFROY (Christine), *Éthique musulmane et développement. Territoire et pouvoir religieux au Sénégal*, 2015.

TAMBWA N. NKULU K., GHOANYS K., MWANACHILONGWE K., MPYANA K., BUKASA K., *Le développement du Katanga méridional*, 2015.

Ilyas Said Wais

L'AMBIVALENTE LIBÉRALISATION DU DROIT DU TRAVAIL EN RÉPUBLIQUE DE DJIBOUTI

L'Harmattan

5-7, rue de l'École-Polytechnique, 75005 Paris

http://www.harmattan.fr
diffusion.harmattan@wanadoo.fr
harmattan1@wanadoo.fr

ISBN : 978-2-343-08176-2
EAN : 9782343081762

À feu mon père

Sommaire

Principaux sigles et abréviations

ANEFIP	Agence nationale de l'emploi, de la formation et de l'insertion professionnelle
ANOM	Archives nationales d'outre-mer
AOF	Afrique occidentale française
BAD	Banque africaine de développement
BIT	Bureau Internationale du Travail
Bull. civ.	Bulletin des arrêts de la Cour de cassation (chambres civiles)
Cass. Soc	Cour de cassation, chambre sociale
CEACR	Commission d'experts pour l'application des conventions et recommandations.
CEPED	Centre de Population et Développement
CFS	Côte française des Somalis
Chron.	Chronique
CNSS	Caisse nationale de sécurité sociale
CNUCED	Conférence des Nations-Unies sur le commerce et le développement
Coll.	Collection
D.	Recueil Dalloz-Sirey
dir.	Sous la direction de
Dr. ouvr.	Droit ouvrier
Dr. soc.	Droit social
éd.	Edition
EDJA	Edition juridique africaine
EHESS	Ecole des hautes études en sciences sociales
FIDH	Fédération internationale des ligues des droits de l'homme
GEMDEV	Groupement d'intérêt scientifique pour l'étude de la mondialisation et du développement.
Ibid.	même endroit
in	à l'intérieur
J. Cl. Travail	Juris-classeur Travail
JCP	Juris-classeur périodique (la semaine juridique)
JCP éd. E	Juris-classeur périodique édition entreprise et affaires
JCP éd. G	Juris-classeur périodique édition générale

JCP éd. S	Juris-classeur périodique édition sociale
JO	Journal officiel
JORF	Journal officiel de la République française
LGDJ	Librairie générale de droit et de jurisprudence
Litec	Librairie technique
n°	numéro
not.	notamment
obs.	Observations
OHADA	Organisation pour l'harmonisation du Droit des Affaires
OIT	Organisation international de travail
op. cit.	Opere citato (dans l'ouvrage cité)
p.	Page
préf.	Préface
PUAM	Presses universitaires d'Aix-Marseille
PUF	Presses universitaires de France
PUG	Presses universitaires de Grenoble
PUR	Presses universitaires de Rennes
RDT	Revue de droit du travail
RDSS	Revue de droit de la sécurité sociale
RFDC	Revue française de droit constitutionnel
RIT	Revue internationale du travail
RJC	Revue de jurisprudence commerciale
RJOI	Revue Juridique de l'Océan Indien
RJPIC	Revue juridique politique, indépendance et coopération
RJS	Revue de jurisprudence sociale
RPDS	Revue pratique de droit social
RTD civ.	Revue trimestrielle de droit civil
RTD com.	Revue trimestrielle de droit commercial
s.	suivant
somm.	Sommaire
Supra	Ci-dessous
SSL	Semaine sociale Lamy
TFAI	Territoire français des Afars et des Issas
TPOM	Travail et Profession d'Outre-mer, devenu Droit Africain du Travail depuis 1977.
TPS	Travail et protection social.
Vol.	Volume

PRÉFACE

Pour la première fois un ouvrage traite du droit du travail en République de Djibouti. Ce n'est pas le moindre des mérites de son auteur, Ilyas Said Wais, que d'avoir tenté et réussi la performance de proposer à la fois un état des lieux du point de vue de la technique juridique et une réflexion sur l'évolution en profondeur du droit des relations de travail subordonnées d'un pays de la Corne de l'Afrique à l'histoire singulière. A la suite nous partons dans un repérage précis des pans du droit « revisités » dans une logique libérale imposée à la République de Djibouti par les bailleurs de fonds internationaux à compter de la fin des années 90. Les modalités et techniques juridiques utilisés dans l'objectif de libéralisation sont exposées. Mais, fondamentalement c'est une interrogation sur la portée de cette dernière, sur ses points d'impacts réels et supposés qui est ici proposée. En effet, dans la spirale dans laquelle le droit djiboutien est censé avoir été entrainé, l'auteur discerne des points non marginaux de permanence de l'Etat dans l'encadrement juridique des relations de travail subordonné. Il souligne paradoxalement combien loin d'avoir subi un effacement, l'Etat peut parfois se trouver conforté.

Ainsi, Ilyas Said Wais nous conduit, pas à pas, question après question, au constat d'une très ambivalente libéralisation du droit du travail en République de Djibouti. Certains pourront être déçus en voyant dans ce bilan « en demi-teinte » un indice inquiétant de trop grand contrôle étatique des rapports de travail. D'autres, à l'opposé, estimeront heureux que l'Etat n'ait pas totalement cédé à l'engouement prévalant partout ailleurs en faveur de la flexibilisation et de la contractualisation du droit des relations de travail. Il paraît en effet responsable, d'un point de vue social mais aussi politique, de ne pas livrer « la partie faible au contrat de travail » à la seule bonne volonté, à la responsabilité ou l'irresponsabilité sociale, à l'arbitraire de la « partie forte ». Ceci apparaît singulièrement nécessaire lorsque les autres agents régulateurs que sont les organisations professionnelles et syndicales n'apparaissent pas véritablement en capacité d'intervenir constructivement, du moins à ce jour, souvent en raison d'un déficit de compétences, également du fait de discriminations voire de répressions.

Les tenants d'un droit du travail réduit à un socle de droits sociaux fondamentaux ou les contempteurs de la « douce ou molle norme » s'inquièteront sans doute d'un attachement « peu moderne » d'Ilyas Said Wais pour un droit du travail qu'ils diront « d'ancienne manière » c'est-à-dire substantiel et encore trop protecteur des travailleurs. En réalité, l'auteur apparaît surtout soucieux de liberté et d'égalité, attaché à la recherche d'un équilibre entre droits et obligations des employeurs et des travailleurs. Il ne méconnait en rien les réalités socio-économiques et culturelles de son pays. Il fait irrépressiblement songer aux propos de François Gonidec soulignant combien le juriste africain --- pourquoi le seul juriste africain ?--- doit être plus qu'un juriste. Ilyas Said Wais se montre effectivement juriste ouvert à l'ensemble des sciences sociales. Il ne vit pas dans quelque lointaine planète des normes. Il est au contraire profondément partisan de l'accrochement des normes au monde. Il n'oublie pas la situation particulière des travailleurs intervenant dans la zone militaire américaine de Djibouti, travailleurs hors droit du travail du fait d'un accord international entre gouvernements. Il ne passe pas sous silence les conditions de travail et de vie de ces enfants nés souvent à Djibouti de parents de pays limitrophes. Face à la consommation du khat, y compris au travail, il dit les réponses du droit sans nier la dimension culturelle du phénomène ainsi que son impact considérable sur l'économie.

Depuis la fin des années 80, de nombreux auteurs ont souligné l'ambivalence des droits du travail dans les pays à économie de marché, droits à la fois de protection des travailleurs et de légitimation des pouvoirs des employeurs. Au travers de l'exemple de Djibouti, Ilyas Said Wais interroge quant à lui l'ambivalence de la libéralisation du droit du travail. Sa réflexion va, en réalité, bien au-delà du seul ancien territoire des Afars et des Issas. En quoi la libéralisation est-elle ambivalente? Elle l'est parce qu'elle est assez forte sur certains points mais qu'en même temps elle se heurte à une résistance du droit du travail impératif. Toutefois, comme l'auteur de ce remarquable ouvrage le montre, ce mouvement de libéralisation aboutit, de fait, à aggraver le rapport de force en faveur des employeurs. Ce n'est pas, ou de moins en moins, l'intérêt des travailleurs mais celui de l'entreprise qui prime. Il y'a ainsi, d'une certaine façon, double ambivalence.

Ilyas Said Wais nous appelle ainsi à réfléchir au travers de l'évolution des normes d'un droit du travail donné à des dérives plus profondes et aux risques socio-politiques qu'elles emportent. Lucide et pondéré, il ne s'en montre pas moins confiant en l'avenir, conscient qu'il y a en République de Djibouti, comme ailleurs, beaucoup à faire pour rendre plus effectif le droit du travail, pour développer le dialogue social et partant son pays.

Philippe Auvergnon
Directeur de recherche au CNRS-HDR

INTRODUCTION GENERALE

La République de Djibouti, seul pays francophone de la Corne de l'Afrique[1], est, à l'instar d'autres pays du continent, historiquement marquée par une présence française à la fin du XIXème siècle. Son histoire juridique est donc liée à celle de la puissance coloniale. Si cette histoire juridique partagée s'est amorcée par la colonisation, celle-ci s'est trouvée, en grande partie, perpétuée après l'indépendance intervenue en 1977. Toutefois, la crise politique puis économique des années 90 contraint les autorités djiboutiennes à rompre, en partie, avec la tradition de reconduction des lois héritées de l'époque coloniale et d'absence de toute créativité normative[2]. Les premières réformes juridiques nationales apparaissent en réalité impulsées par les « Institutions financières internationales ». Elles entendent promouvoir un environnement concurrentiel, limiter l'intervention étatique et faciliter l'initiative privée et les investissements dans le pays. C'est officiellement dans un tel objectif que s'inscrit en tout cas le processus de réforme du droit du travail

---

[1] La Corne de l'Afrique s'étend sur près de 1,9 million de km^2 et compte environ 100 millions d'habitants, ce qui en fait le second foyer de peuplement après le Nigeria. L'Ethiopie à elle seule représente les trois cinquièmes de la superficie et plus des quatre cinquièmes de la population, le reste étant couvert par l'Erythrée, la Somalie et Djibouti. Parfois considérés (à tort) comme relevant de la Corne de l'Afrique, le Kenya, l'Ouganda, la Tanzanie, et le Soudan forment avec les pays susmentionnés l'Afrique de l'Est.

[2] L'article 5 de la loi constitutionnelle du 27 juin 1977 dispose que « les lois ou règlements applicables au jour de la promulgation de la présente loi constitutionnelle restent et demeurent en vigueur en toutes leurs dispositions non contraires à la souveraineté nationale, et ce, jusqu'à ce qu'il soit légalement décidé de leur abrogation ou modification ». Il a fallu attendre l'année 1994, soit dix-sept ans après l'indépendance nationale, pour que le législateur mette en place les premiers codes, à savoir le code pénal ou celui de procédure pénale (*Cf.* not. Ali Ragueh, M., Essai de sociologie juridique sur la réception du droit du travail français en République de Djibouti, Thèse, Droit, Nantes, 1998, p. 136 ; Pélissier, M.-A., La jurisprudence française, instrument de rayonnement du droit français dans le monde, *RJOI*, 2005, p. 183).

engagé en 1997. Celui-ci aboutit en 2006 à l'édification d'un Code du travail.

Avant d'indiquer les lignes du changement normatif alors intervenu, de tenter de l'interpréter et, notamment, d'en mesurer la réalité véritablement libérale, il paraît nécessaire de revenir brièvement sur l'histoire de Djibouti, singulièrement sous l'angle de son évolution socio-économique et de l'encadrement juridique du travail subordonné y ayant prévalu.

L'intérêt français pour la mer Rouge se réveille dans les années 1840-1860. Elle apparaît comme le passage obligé de l'Europe vers l'Océan indien et l'Extrême-Orient[3]. Dès 1862, la France est en possession du territoire d'Obock, acheté au Sultan de Tadjourah[4]. Elle ne s'y installera toutefois qu'en 1884, au moment des occupations britannique de Zeyla et italienne de Massouah, préfiguratrices de la naissance de la Somalie britannique et de

---

[3] Un auteur français écrit à ce propos ceci : « *Depuis 1839, époque à laquelle l'Angleterre s'était emparée d'Aden, l'importance de la mer Rouge, comme route commerciale, devenait de plus en plus évidente. Avant même que ne prit corps l'idée du percement de l'isthme de Suez, des caravanes transportaient de la Méditerranée à Suez les marchandises et permettaient de réaliser une économie très appréciable de temps et d'argent. Laisser l'Angleterre maîtresse absolue, c'était lui donner une prédominance funeste à nos intérêts en Extrême-Orient : c'était en cas de guerre avec une puissance de l'Asie, nous voir privés de tout port de relâche où nos navires puissent faire escale; c'était enfin laisser entre ses mains tout le commerce avec cet empire d'Ethiopie dont on commençait à vanter les richesses* » (*Cf.* Bernard-Dutreil, M., Djibouti : création d'une colonie française, Thèse, Droit, Paris, 1900, pp. 12-13). Un autre auteur observe que « *tous ceux qui se sont préoccupés de l'avenir du commerce maritime vers l'Extrême-Orient à la suite du projet de percement de l'isthme de Suez ont senti la nécessité de créer sur cette côte une escale, qui pourrait être en même temps l'entrepôt du commerce des îles et des côtes africaines de l'Océan indien, ainsi que de l'empire d'Ethiopie* » (*Cf.* Emérite, M., Le premier projet d'établissement français sur la côte des Somalis, *Revue française d'histoire d'outre-mer, n° 179, 1963, p. 189).*

[4] Le Traité du 11 mars 1862, signé à Paris par Dini Ahmed Abu Bekr, cousin du Sultan de Tadjourah, et Jean Thouvenel, ministre des Affaires étrangères, donna à la France, moyennant la somme de 10 000 thalers (52 000 francs de l'époque), la possession de la rade d'Obock et du rivage du golfe de Tadjourah, depuis le raz Domneirah, au nord, jusqu'au raz Ali, au sud (*Cf.* not. Dubois, C., Djibouti, « 1888-1967. Héritage et frustration? », éd. L'Harmattan, Paris 1997, p. 28).

l'Erythrée italienne. Entre ces deux derniers territoires, mer Rouge et Abyssinie (ancienne Ethiopie), les Français vont constituer la colonie de la Côte française des Somalis (CFS) en 1896 en faisant du raz Djibouti, le chef-lieu de leur possession[5].

Outre le fait de constituer une escale sur la route de l'Indochine, Djibouti devient alors le débouché de l'Ethiopie. Ceci va être favorisé par la construction du chemin de fer Djibouti-Addis-Abeba. Bien que prévu dès 1887, ce chantier ne commencera qu'en 1897, du fait de nombreuses difficultés politiques, techniques et financières. Il s'accéléra toutefois après la conclusion, en 1908, d'une nouvelle convention avec l'Ethiopie et l'octroi par le Parlement français d'une garantie de l'Etat en avril 1909[6]. La voie ferrée achevée en 1917, longue de 784 kilomètres, va contribuer à l'essor du port de Djibouti[7].

On observe alors que « *Pour faire face aux problèmes de croissance et pour stimuler son développement (et cela dès la construction de la ligne ferroviaire), Djibouti devint la grande terre d'accueil pour des centaines de migrants arrivant, d'une part, de la péninsule arabique - qu'ils soient originaires ou allogènes, tels les Indiens établis depuis plusieurs générations au Yémen- et, d'autre part, des somalies limitrophes. La CFS se montra d'autant plus ouverte aux étrangers que, durant l'entre-deux guerres, la majeure partie des Afars, pasteurs nomades, fut particulièrement réfractaire au travail salarié, et que les Issas, un peu plus réceptifs que ne l'étaient les*

---

[5] Le décret du 21 mai 1896 réunit sous la dénomination de la Côte française des Somalis et dépendances, le territoire d'Obock, de Tadjourah et des Danakils au protectorat des Somalis avec Djibouti comme chef-lieu (Décret du 20 mai 1896 portant organisation des possessions de la Côte française des Somalis et dépendances, *Bulletin officiel du ministère des Colonies*, p. 281).

[6] Sur les phases essentielles de la construction du chemin de fer reliant Addis-Abeba à Djibouti : Van Gelder de Pineda, R., Le chemin de fer franco-éthiopien, éd. L'Harmattan, Paris 1995.

[7] A ce propos, un auteur fait observer qu'« il n'est pas possible de parler de Djibouti et de son port sans que soit évoquée la ligne de Djibouti à Addis-Abeba. Il n'est pas possible de traiter de la situation économique de Djibouti sans que lui soit associée étroitement celle de l'Ethiopie, sans laquelle le port de Djibouti n'aurait pu se développer à l'origine et dont le territoire tire une grande partie de son activité » (*Cf.* Petit, B., Le chemin de fer franco-éthiopien de Djibouti à Addis-Abeba, *Revue des marchés méditerranéens et tropicaux* du 25 décembre 1965, p. 329).

Afars, s'installèrent avec beaucoup de réserve dans la capitale. Or, les chantiers de travaux publics, les entreprises commerciales, les sociétés d'acconage ou industrielle réclamaient sans cesse plus de manœuvres, non disponibles sur place » [8]. Ainsi, dès la construction des installations du port, puis de celles facilitant la manutention et le négoce des marchandises, les autorités coloniales vont faire venir de l'étranger, main-d'œuvre et compétences[9]. Cette expérience diffère donc, par exemple, de la création de la grande ligne ferroviaire reliant Brazzaville à Pointe Noire qui fit à grandes échelles l'objet de réquisitions forcées de travailleurs locaux[10]. A partir de là, Djibouti, le chef-lieu de la colonie se développa, mais, encore une fois, sans le concours physique des populations nomades qui habitaient son *hinterland* naturel[11]. Des rapports d'enquêtes réalisés en 1927, à Djibouti[12], révèlent ainsi l'existence d'un salariat précaire composé essentiellement de journaliers, engagés pour un travail déterminé, remerciés aussitôt le travail achevé[13].

Le travail salarié des non-européens n'est régi, dans les années vingt, par aucun texte de loi. Les employeurs fixent unilatéralement

---

[8] Dubois, C., *op. cit.*, p. 164.

[9] *Cf.* not. Gascon, A., Djibouti, Un port entre continent et grand large. Base militaire, port de l'Ethiopie, de l'Afrique de l'Est, de l'Océan indien, *in* Said Chiré, A. (dir.), « Djibouti contemporain », éd. Karthala, 2012, p. 126.

[10] *Cf.* not. Sautier, G., Notes sur la construction du chemin de fer Congo-Océan, in *Cahier d'études africaines*, Vol. 7, n° 26, éd. EHESS, 1967, pp. 219-299; Van Der Poel, I., Congo-Océan. Un chemin de fer colonial controversé, éd. L'Harmattan, 2006, 186 p.

[11] *Cf.* not. Chauffard, E., Le Roux, H., Mondon-Vidailhet, C., Maunier, R., Populations indigènes de la Côte des Somalis et des régions voisines, Etude de sociologie coloniale, Paris Vè, 1908, 40 p.

[12] Deux enquêtes sur la main d'œuvre de la CFS : l'une réalisée en septembre 1925 à la demande du ministre des Colonies est datée de mai 1925; l'autre répondait au questionnaire fort précis, élaboré par les services parisiens le 7 novembre 1926. Une synthèse, du 27 mai 1927, fait un état de la question (*Cf.* ANOM, 7 AFFECO carton 2).

[13] Rares étaient les ouvriers permanents: seuls entraient dans cette catégorie les contremaîtres, les surveillants, les très rares domestiques et les commis. Seule la compagnie franco-éthiopien établissait des contrats de travail pour ses employés; les autres employeurs recouraient à des contrats verbaux, d'où l'extrême difficulté, y compris pour les enquêteurs de l'époque, d'évaluer le nombre d'actifs (*Cf.* Dubois, C., *op. cit.*, p. 168).

les conditions de travail et la rémunération. Ils sont généralement peu respectueux du repos hebdomadaire ou des jours fériés. Cette « négation du droit du travail »[14] est dénoncée en 1935 par le Gouverneur de la CFS, Marcel de Coppet. Ce dernier pointe du doigt les pratiques abusives de certaines entreprises, en particulier de la Compagnie Maritime de l'Afrique Orientale[15] qui exigeait, notamment, qu'« un seul homme, armé d'une perche, propulsa dans la rade de Djibouti, des chalands chargés de 15 tonnes de marchandises »[16].

Ce n'est qu'en 1936 qu'un décret va véritablement améliorer l'encadrement juridique du travail subordonné[17]. Il dote la CFS d'une réglementation du travail[18]. Il institue en particulier des organes

---

[14] Cette expression, propre à Ousmane Omarou Sidibé, caractérise cette première période de la colonisation où la traite des noirs et le travail forcé ont prévalu variablement dans les colonies (*Cf.* not. Omarou Sidibé, O., Réalités africaines et enjeux pour le droit du travail, *Bulletin de droit comparé du travail et de la sécurité sociale*, Comptrasec, Bordeaux, 1999, pp. 130-141).

[15] La Compagnie maritime de l'Afrique orientale est une société anonyme fondée en 1919, dont le siège social est installé à Djibouti. Ses principaux actionnaires en 1919 sont la Compagnie des Messageries maritimes et la Compagnie de l'Afrique orientale. L'aconage, le batelage, le remorquage, la manutention et le magasinage sont ses principales activités. Sur les sociétés commerciales implantées en CFS : Dubois, C., Charles Michel-Côte et la construction de l'espace économique de Djibouti-ville durant la première moitié du XXème siècle, *in* Bonin, H., Hodeir, C., Klein, J.-F. (dir.), « L'Esprit économique impérial. Groupes de pression et réseaux du patronat colonial en France et dans l'empire », SFHOM, 2008, pp. 562-580).

[16] *Cf.* Dubois, C., *op. cit.*, p. 170.

[17] Décret du 22 mai 1936 réglementant le travail indigène à la côte française des Somalis promulgué par l'arrêté du 16 juin 1936, *JO CFS* de juin 1936, p. 136.

[18] Le rapport de présentation du ministre des Colonies de l'époque, Jacques Stern débutait en ces termes : « Les conditions de recrutement de l'emploi et de la protection de la main d'œuvre indigène dans les entreprises publiques et privées n'ont, jusqu'à présent, fait l'objet, à la côte française des Somalis, d'aucune réglementation. Cependant, le développement du port de Djibouti, l'importance sans cesse croissante de son trafic et la multiplication des entreprises nécessitent l'emploi d'une main d'œuvre de plus en plus abondante. Il est aujourd'hui indispensable de fixer le statut de la main d'œuvre dans cette colonie et d'assurer un règlement équitable et rapide des conflits qui peuvent y surgir à l'occasion de l'exécution des contrats ou du

ayant un droit de regard et de contrôle sur les employeurs: l'Inspection du travail, l'Office du travail et le Conseil d'arbitrage. Il précise que l'inspecteur du Travail, nommé par arrêté du Gouverneur, choisi parmi les fonctionnaires de l'ordre administratif, est chargé d'assurer l'application de la réglementation du travail indigène, de viser les registres des entreprises, de recevoir les réclamations des employés et d'engager toutes les investigations nécessaires[19]. L'Office du travail, présidé par le Commandant de cercle de Djibouti[20], est composé de l'inspecteur du Travail, d'un délégué de la Chambre de commerce, du Médecin de l'assistance médicale indigène, de l'Agent des services des Travaux publics, d'un notable indigène et d'un secrétaire permanent[21] : « Il sert d'intermédiaire entre les employeurs européens ou indigènes et les travailleurs indigènes, facilite et surveille le recrutement de la main d'œuvre pour les entreprises publiques et privées » [22]. Il intervient, notamment, pour proposer les taux minima des salaires[23]. Le Conseil d'arbitrage règle, en dernier lieu, les contestations individuelles ou collectives entre les ouvriers ou employés indigènes et leurs employeurs[24]. Réglementer les relations de travail et mettre un terme aux abus patronaux qui ont cours, tels sont les objectifs du législateur colonial[25]. L'employeur doit tenir un registre sur lequel il consigne, entre autres, les noms de ses ouvriers, le travail fourni et les salaires versés[26]. Cependant, ces « avancées » demeurent pour le moins

---

fait de leur inexécution » (*Cf.* Rapport de présentation du ministre des Colonies joint au décret du 22 mai 1936 réglementant le travail indigène à la Côte française des Somalis promulgué par l'arrêté du 16 juin 1936, *JO CFS* de juin 1936, p. 136).

[19] Articles 12, 13, et 14 du décret du 22 mai 1936 précité.

[20] Le commandement de cercle de Djibouti, fonctionnaire placé sous l'autorité du Gouverneur, avait la charge de la police et de la sécurité au sein de son cercle (Arrêté du 6 novembre 1928 supprimant les districts Issa et Dankalis et portant création d'un cercle de Djibouti, *JO CFS* de novembre 1928, p. 223).

[21] Article 9 du décret du 22 mai 1936 précité.

[22] Article 10.

[23] Articles 10 et 11. Les taux minima des salaires devaient être fixés ensuite par le gouverneur du territoire.

[24] Article 49.

[25] *Cf.* Anonyme, La réglementation du travail dans les colonies françaises, *RIT*, Vol. 36, n° 5, 1937, p. 674.

[26] Article 12 du décret du 22 mai 1936 précité.

timides, singulièrement en matière de protection sociale; ainsi, en cas d'accident du travail, outre les frais médicaux, l'employeur n'est alors tenu que de maintenir au salarié victime « la ration et le demi-salaire » pendant un mois au maximum[27]. Il doit également en principe prendre à sa charge les frais médicaux. Par ailleurs, seules les entreprises, publiques ou privées, employant plus de cent hommes ont l'obligation de disposer d'un poste de secours pourvu de médicaments d'urgence et d'objets de secours[28]. Ce début de réglementation de l'entre-deux guerres, paraît certes accorder une certaine protection aux salariés ; mais ses dispositions ne furent en réalité pas respectées par le patronat[29]. Quant au régime des prestations obligatoires institué, en 1931[30], il fut peu respecté dans les faits par ces populations essentiellement nomades et difficilement recensables[31]. Le même constat peut être formulé à l'endroit du

---

[27] En revanche, si l'absence avait pour cause un accident ou une maladie ne résultant manifestement, pas du travail, l'employeur n'était tenu de fournir que la ration entière pendant un mois au maximum (Article 36 du décret du 22 mai 1936 précité).

[28] Article 25.

[29] Un auteur observe que « *si à la veille de la deuxième guerre mondiale, quelques textes réglementaient certains aspects du droit du travail dans les T.O.M., cette réglementation était embryonnaire, fragmentaire et d'une portée très limitée* » (*Cf.* Lafond, A., Michollin, J. Le Code du travail dans les territoires d'Outre-mer, éd. Litec, 1954, p. 28). Un autre auteur écrit : « *les premiers textes de droit du travail significatifs ne seront adoptés qu'à partir des années 30 (....). La plupart d'entre eux auront d'ailleurs pour finalité l'organisation du recrutement de la main d'œuvre et, accessoirement, sa protection* » (*Cf.* Auvergnon, Ph., Avant-propos, Revue électronique *Afrilex*, n° 00, janvier 2000, http://www.afrilex.u-bordeaux4.fr).

[30] Arrêté du 24 janvier 1931 instituant des prestations à la Côte française des Somalis et en organisant le régime, *JO de la CFS* de mai 1931, p. 95.

[31] Un auteur fait observer que « *ces populations ne furent jamais colonisées. Elles ignoraient, et ignorent encore, l'impôt, la conscription, les prestations de travail et les colons qui, par leur seule activité, modifient profondément une société traditionnelle. De religion musulmane, elles ne furent pas évangélisées. Mal recensées, méconnaissant l'état civil, elles nomadisent en se moquant des frontières que rien ne défend, toute contrainte est pour elles une brimade, et elles tiennent l'agressivité pour la première des vertus* » (*Cf.* Pascal, R., Le statut du territoire français des Afars et des Issas après six ans d'application, *RJPIC*, n° 1, 1974, p. 66); un autre auteur fait la même analyse historique en affirmant que l'établissement des impôts, en CFS, fut « difficile à cause des habitudes de nomade de la majeure partie de la population » (*Cf.* Omar Ibrahim, M., La

travail d'intérêt général même si ce dernier n'était circonscrit qu'aux travaux accomplis à des fins publiques[32].

La fin de la Seconde Guerre mondiale et l'avènement de la IVème République, ont ouvert pour les colonies de l'Empire français une ère nouvelle. Les peuples colonisés avaient contribué à la victoire du monde libre. Ils avaient combattu et avaient souffert pour la cause de la liberté. Il était donc devenu difficile de leur refuser une évolution vers une plus grande liberté. L'Etat français y souscrit à condition toutefois que cela se fasse à l'intérieur du bloc français[33]. La Constitution de 1946 a doté ainsi la CFS d'un nouveau statut. Une assemblée élue est installée aux côtés du Gouverneur[34] qui conserve cependant l'essentiel de ses pouvoirs. Dix ans plus tard, la loi cadre-cadre du 23 juin 1956[35] franchit une étape en créant, auprès du Gouvernement général, un Conseil de gouvernement composé de huit ministres. Parallèlement, le commandement autochtone est

---

fiscalité à Djibouti : de 1900 à 2000, éd. universitaires européennes, 2011, p. 69).

[32] Le décret du 21 août 1930 réglementant le travail public obligatoire aux colonies promulgué en CFS par l'arrêté du 1er octobre 1930 (*JO CFS* d'octobre 1930, p. 226) instituant un régime de transition vers le travail libre généralisait le principe à toutes les possessions françaises.

[33] « *Les fins de l'œuvre de civilisation accomplie par la France dans les colonies écartent toute idée d'autonomie, toute possibilité d'évolution hors du bloc français de l'Empire; la constitution éventuelle, même lointaine, de self-government dans les colonies est à écarter* » (Premier point de la résolution finale de la conférence de Brazzaville janvier- février 1944 cité par François Borella, La conférence de Brazzaville dans le débat politique français après 1944, *in* « Brazzaville. Aux sources de la décolonisation », Actes de colloque organisé par l' Institut Charles-De-Gaulle et l'Institut d'Histoire du Temps présent, les 22 et 23 mai 1987, Coll. Espoir, éd. Plon, 1988, p. 330).

[34] Le décret n° 45-2786 du 9 novembre 1945 était déjà venu instaurer un « Conseil Représentatif » alors que les autres territoires d'outre-mer étaient dotés de « Conseils Généraux » (*Cf.* Luchaire, F., Le Conseil représentatif de la Côte des somalis, *Penant*, n° 584, 1950, p. 89).

[35] Sur la loi-cadre en général : Borella, F., L'évolution des territoires relevant du Ministre de la France d'Outre-mer et la loi-cadre Defferre, *Penant*, n° 642, 1956, p. 19; Luchaire, F., Les institutions politiques et administratives des T.O.M. après la loi-cadre, PUF, 1958, p. 256; Quermonne, J.-L., La réforme de structure des territoires d'outre-mer et des territoires associés et la loi-cadre du 23 juin 1956, Dalloz, 1957, p. 5.

restructuré. On veille à ce que la désignation des chefs notables soit réellement basée sur la coutume locale et que l'administration coloniale se contente d'entériner la nomination[36]. L'évolution économique, quant à elle, est marquée par la transformation en port franc de Djibouti[37] et, corrélativement, le rattachement au dollar du nouveau franc de Djibouti[38].

S'agissant de la politique du travail, la période allant de 1946 à la fin des années 50 est marquée par l'adoption d'une législation sociale. En 1946, la loi abolissant le travail forcé est enfin promulguée[39]. Par ailleurs, les syndicats s'implantent à Djibouti[40].

---

[36] L'article 3 de l'arrêté n° 1078 du 14 septembre 1945 portant institution en CFS, d'un corps de notables évolués précisait que « nul ne peut être reconnu notable évolué s'il n'appartenait à l'une des races autochtones ou à un groupement ethnique définitivement fixé dans le pays » (*JO CFS* de septembre 1945, p. 181).

[37] « C'est-à-dire que les marchandises qui ne font qu'y transiter, en direction ou en provenance de l'Ethiopie, sont exemptées de taxe. Cette mesure vise à accroître le trafic, menacé par le développement annoncé du port d'Assab » (*Cf.* Imbert-Vier, S., Tracer des frontières à Djibouti. Des territoires et des hommes aux XIXème et XXème siècles, éd. Karthala, 2011, p. 194).

[38] L'article 3 du décret n° 49-376 du 20 mars 1949 portant modification du régime monétaire de la CFS promulgué par l'arrêté n° 325 du 21 mars 1949 (JO CFS de mars 1949, p. 59) dispose que « le franc de Djibouti ainsi défini est convertible à un taux fixé, sans limitation, ni justifications en dollars des Etats-Unis ». L'avis 382 de l'Office de changes, imprimé dans le même journal officiel annonçait que le franc de Djibouti était convertible à vue, selon la parité suivante : un dollar des Etats-Unis valait 214,392 FD. Afin de couvrir à 100% l'émission de cette atypique monnaie coloniale, le Trésor public français versa 2 500 000 dollars US à la French American Banking Corporation (*Cf.* not. Dubois, C., De la réussite d'une intégration monétaire à son échec. La Corne de l'Afrique, un champ expérimental (1800-1950), *Revue française d'histoire d'outre-mer*, n° 322-323, 1999, pp. 269-289); Verrier, P., Réforme monétaire et réforme fiscale de la CFS, *in Bulletin de l'association pour l'étude des problèmes de l'Union française*, n° 55, juillet 1957, pp. 7-17;).

[39] La SDN et l'OIT remettaient en cause le travail forcé depuis la fin des années 1920. Sans le condamner totalement, le travail forcé devait être limité. La France ne ratifia la Convention n° 29 de l'OIT de 1930 qu'en 1937 et n'interdit le travail forcé qu'en 1946 (Loi n° 46-645 du 11 avril 1946 tendant à la suppression du travail forcé dans les territoires d'Outre-mer (*JORF* du 12 avril 1946, p. 3063). Le décret n° 45-137 du 22 décembre 1945 (*JORF* du 15 février 1946 p. 233) et le décret n° 46-277 du 20 février 1946 (*JORF* du 1er

L'adoption du Code du travail des territoires d'Outre-mer (CTOM), promulgué en CFS le 23 décembre 1952[41] fait partie des revendications syndicales. Des grèves et la menace de leur

---

avril 1946, p. 413) abolissent par ailleurs l'indigénat. Le droit et la liberté d'association syndicale furent institués par le décret du 7 août 1944 même si cette nouvelle réglementation exigeait que pour diriger un syndicat, les leaders doivent justifier d'un niveau d'instruction sanctionné par le certificat d'études primaires.

[40] «Le tableau du mouvement syndical en 1952 comportait, du côté ouvrier, deux centrales: l'Union des syndicats de la CFS, rattachée à Force ouvrière et, l'Union des syndicats indépendants de la CFS. Celle-ci récemment formée avait acquis une influence limitée. A la première, trois syndicats étaient affiliés : celui des instituteurs, des cheminots et des fonctionnaires. Du côté des organisations syndicales patronales, on comptait le syndicat des manutentionnaires du port, le syndicat des transporteurs de la CFS, le syndicat des entrepreneurs du bâtiment et des travaux publics et l'Union interprofessionnelle des entreprises industrielles » (*Cf.* Dubois, C., *op. cit.*, p. 294). Comme partout en Afrique, les syndicats contribuèrent à cette époque « à la disparition progressive des abus de la période coloniale, à l'amélioration constante des conditions de travail et au développement de la conscience collective dans l'entreprise » (*Cf.* Pougoué, P.-G., L'apport du droit comparé à la construction de l'ordre juridique du travail en Afrique noire d'expression française, *Bulletin de droit comparé du travail et de la sécurité sociale*, Comptrasec, Bordeaux, 1994, p. 66).

[41] Arrêté n° 1283 du 23 décembre 1952 promulguant en CFS la loi n° 52-1322 du 15 décembre 1952 instituant un Code du travail dans les territoires et territoires associés relevant du Ministère de la France d'Outre-mer (*JO CFS* du 1er février 1953, p. 21). Les territoires d'Outre-mer doivent être pris dans le sens constitutionnel qu'ils avaient à l'époque. Ils désignaient donc, en Afrique : outre la CFS, l'AOF (Afrique Occidentale Française), l'AEF (Afrique Equatoriale Française); dans l'Océan indien : Madagascar et les Comores; en Amérique : Saint-Pierre-et-Miquelon; en Océanie : la Nouvelle-Calédonie et les Etablissements français de l'Océanie, devenus Polynésie française; dans l'Antarctique, les terres australes et antarctiques. Quant aux ex-territoires sous tutelle associés, il s'agissait du Togo et du Cameroun. Le CTOM ne s'appliquait en revanche ni à l'Algérie ni aux quatre départements d'outre-mer issus de la loi dite de départementalisation du 29 mars 1946 (Martinique, Guyane, Guadeloupe, et Réunion). Sur le champ d'application territorial du CTOM : Gonidec, P.F, en collaboration avec Kirsh, M., Le droit du travail dans les territoires d'Outre-mer, LGDJ, Paris, 1956, pp 56-60; Brethe de la Gressaye, J., Le Code du travail dans les territoires d'outre-mer, *Dr. soc.* 1953, p. 337; Lemesle, R., Le droit du travail en Afrique francophone, Edicef, 1989, pp. 30-31.

prolifération poussent alors les autorités publiques, avec l'aval du patronat, à entamer un processus législatif[42]. Le mouvement syndical se développe particulièrement avec les grèves de 1953-1956[43] et se politise à la fin des années 50 pour devenir un mouvement dénonçant les méfaits de la colonisation.

Le déplacement des revendications sociales sur le terrain politique culmine à l'occasion du référendum constitutionnel du 28 septembre 1958. Le leader nationaliste Mahmoud Harbi[44], considéré comme « l'enfant chéri » de l'administration française, se prononce, contre toute attente, pour le « non » et pour l'indépendance[45]; son

---

[42] Une première tentative d'adoption d'une réglementation complète apparut avec le code Moutet du 20 octobre 1947, du nom du ministre des colonies de l'époque. Ce Code constitué de 167 articles n'a pas reçu d'application (son successeur l'ayant suspendue) à cause de l'opposition farouche des employeurs qui faisaient valoir : «1° Qu'il instituait à l'égard des employeurs une réglementation tatillonne et vexatoire (tenue de registres; fiches de paie; affichages de règlements, etc.) génératrice de formalités inutiles et absolument inefficaces pour la protection des travailleurs. 2° Qu'il avait été plus inspiré par l'intention d'étendre aux T.O.M des dispositions de détail, inspirées par le Code métropolitain, que par le désir de créer une réglementation adaptée aux différences géographiques et ethniques qui prévalent dans chaque territoire. 3° Qu'il allait à l'encontre de la mentalité indigène trop instable et fluctuante pour s'accommoder des règles strictes en matière d'embauche et de démission. 4° Qu'il remettait en question les conventions collectives récemment conclues, du reste à l'issue d'une longue période d'agitation (par exemple : grèves de cheminots de Dakar) » (*Cf.* Lafond, A., Michollin, J., *op. cit.*, p. 29).

[43] Les revendications des grévistes portaient essentiellement sur les classifications, les salaires et les allocations familiales. Le salaire minimum était « indexé sur le coût de la vie qui tenait compte de douze produits de base essentiellement consommés par les autochtones » (*Cf.* not. Dubois, C., *op. cit.*, p. 304).

[44] Mahmoud Harbi fut un des principaux leaders politiques de la CFS. Il fut secrétaire-général de l'Union des syndicats Force ouvrière avant d'être élu au Conseil représentatif de la colonie en novembre 1950 et réélu en septembre 1955. En juillet 1957, suite à l'élection par l'Assemblée territoriale du Conseil de gouvernement, il en est élu vice-président (*Cf.* Coubba, A., Mahmoud Harbi (1921-1960). Un nationaliste djiboutien, éd. L'Harmattan, 2014, 284 p.).

[45] *Cf.* not. Oberlé, Ph., Histoire de Djibouti. Des origines à la République, Présence africaine, 1985, pp. 144-150.

rival Hassan Gouled appelle à voter « oui ». Celui-ci l'emporta[46]. Ceci entraîna l'élection de Hassan Gouled à la vice-présidence du Conseil mais ouvrit surtout une nouvelle période de tensions entre Issas et Afars (ces derniers désormais bénéficiant de l'appui de la France), entre indépendantistes, défenseurs de l'autonomie interne et tenants de l'idée d'une Grande Somalie[47], les clivages fluctuants sur fond de conflits tribaux.

Avec les indépendances des pays africains au début des années 60, le mouvement indépendantiste prend de l'ampleur. La République somalie met en cause la politique française devant le comité de décolonisation des Nations-Unies en mai 1965[48]. Pour contrebalancer le projet irrédentiste somalien, l'Ethiopie fait connaître, le mois suivant, ses droits supposément séculaires sur la CFS[49]. Peu à peu, l'agitation indépendantiste va gagner le territoire

---

[46] « *Si le « oui » en faveur de la nouvelle Constitution l'emporte avec 8661 voix, les 2851 bulletins violets signifiant «non», soit 25% des suffrages exprimés, placent la CFS derrière la Guinée et enregistrent un des plus forts pourcentages en faveur du « non » devançant Madagascar, la Guadeloupe, le Niger. La CFS, dans ce scrutin qui la distingue des autres territoires, révèle au grand jour que le clivage politique correspond au clivage ethnique. Là naissait l'antagonisme entre les deux communautés (Afars et Somalis)* » (*Cf.* Dubois, C., L'onde des indépendances sur l'évolution politique du territoire de la CFS (1958-1967) *in* Ageron, Ch-R., Michel, M. (dir.), « l'Afrique noire française à l'heure des indépendances », Paris, CNRS, 1993, p. 633).

[47] Déjà avant 1935, les leaders ou intellectuels somalis préconisaient la formation de la Grande Somalie avec la bénédiction des Anglais. Il s'agissait de regrouper sous l'autorité d'un même Etat toutes les régions peuplées de Somalis. En 1961, poussé par son opinion publique, le jeune gouvernement somalien se ralliait à ce grand projet. Au Parlement, les régions non somaliennes peuplées de Somalis étaient déclarées *terra irredenta.* L'Ogaden éthiopien, le Northern Frontier District kenyan et la CFS étaient explicitement revendiqués. Impuissante à s'en emparer par la force, la Somalie en fut réduite, dans un premier temps, à susciter sinon à y soutenir des mouvements pansomalistes (*Cf.* not. Osman Rabeh, O., L'Etat et le pansomalisme (Nation Somalie), éd. Le Derwiche, 1988, 287 p.).

[48] *Cf.* Mémorandum daté du 25 mai 1965 adressé au Comité spécial par le ministre somali des Affaires étrangères : Les intentions de la République Somalie à l'égard du territoire, Document A/AC. 109/121, publication des Nations-Unies, 1965.

[49] Dans un rapport adressé à la commission des territoires non autonomes de l'ONU, l'Ethiopie affirme posséder des droits séculaires sur le CFS : « *La zone*

et s'exprimer lors de la visite officielle du Général de Gaulle en août 1966. Les cris populaires réclamant l'indépendance qui accueillent ce dernier[50] et les manifestations violemment réprimées en août et septembre révèlent au grand jour les aspirations politiques de la population de la CFS. Ces troubles et les réactions internationales qu'ils vont susciter vont conduire le Gouvernement français à prendre l'initiative de demander aux habitants de la CFS de fixer eux-mêmes leur avenir. Un nouveau statut est élaboré et adopté en décembre 1966 par le Parlement[51]. Les électeurs sont appelés à se prononcer, le 17 mars 1967, par voie référendaire, pour le maintien de la souveraineté française ou en faveur de l'indépendance[52]. Les résultats vont donner 22 555 voix pour le maintien dans l'ensemble français, 16 666 contre. Ils constituent une défaite pour les Issas qui s'étaient majoritairement prononcés pour l'indépendance. En tout cas, cette consultation a permis,

---

côtière de Djibouti avait fait pendant de nombreux siècles partie intégrante de l'Ethiopie, qu'au point de vue géographique, Djibouti faisait partie intégrante de l'ensemble territorial que constituait l'Ethiopie et qu'il dépendait économiquement d'elle » (*Cf.* Mémorandum daté du 8 juin 1965, adressé par la Mission permanente de l'Ethiopie au comité spécial chargé d'étudier en ce qui concerne l'application de la déclaration sur l'octroi de l'indépendance aux pays et aux peuples coloniaux, document A/AC 109/122, publication des Nations-unies, 1965).

50 *Cf.* Oberlé, Ph., *op. cit.*, pp. 205-210.

51 En adoptant la loi n° 66-949 du 22 décembre 1966 organisant une consultation de la population de la CFS (*JORF* du 23 décembre 1966, p. 11304), le Parlement français institue la procédure suivante : une consultation se déroulera avant le 1er juillet 1967. En cas de vote défavorable au maintien de la souveraineté française, le Parlement sera appelé à se prononcer sur le choix effectué par la population; le Gouvernement pourra, conformément à l'article 38 de la Constitution, prendre toutes mesures relevant du domaine de la loi et qui seraient justifiées par l'évolution de la situation dans le territoire; si le vote confirme au contraire la volonté des habitants de la CFS de demeurer au sein de la République française, un statut sera élaboré par le Gouvernement, soumis à l'Assemblée Territoriale conformément à l'article 74 de la Constitution et présenté au Parlement dans un délai de quatre mois à compter de la consultation (*Cf.* Chiroux, R., Le nouveau statut du territoire français des Afars et des Issas, *Penant*, n° 719,1968, pp. 1- 47).

52 *Cf.* Cahn, R.H., Referendum en CFS, *Revue politique des idées et des institutions*, 1967, Vol. 56, pp. 89-96.

selon René Chiroux, « à chaque communauté de faire la preuve remarquable de son unité et aboutit ainsi à une cristallisation de l'opposition entre les groupes ethniques »[53].

Après le référendum, les Issas vont subir les conséquences de leur choix pour l'indépendance. Les Afars ayant opté pour le « oui » à la France s'emparent des principaux postes[54]. Le territoire change d'appellation en juillet 1967 devenant « le Territoire français des Afars et des Issas » (TFAI)[55]. La période post-référendaire est marquée par un calme précaire, entrecoupée de brusques tensions tribales ou sociales et d'attentats politiques[56].Cependant, la visite du Président Georges Pompidou, en janvier 1973, se déroule sans incident. Elle lui permet de confirmer la volonté de la France de se maintenir à Djibouti[57]. Paradoxalement, la position française est en

---

[53] *Cf.* Chiroux, R., *op. cit.*, p. 11.

[54] C'est un Afar, Ali Aref, qui, en vertu de la politique coloniale du « balancier » devient vice-président du Conseil du gouvernement du territoire en 1967. Il ne quittera ce poste que quelques mois avant l'indépendance, en 1977 (*Cf.* not. Coubba, A., Le mal djiboutien : rivalités ethniques et enjeux politiques, éd. L'Harmattan, 1994, 174 p.).

[55] La loi n° 67-521 du 3 juillet 1967 relative à l'organisation du Territoire français des Afars et des Issas (*JORF* du 4 juillet 1967, p. 6643) promulguée en CFS par l'arrêté n° 1379 du 5 juillet 1967 (*JO CFS* du 10 juillet 1967, p. 1) fixe un statut renouvelé d'administration et de gestion pour le territoire (*Cf.* not. Gonidec, P.F., L'évolution des territoires d'Outre-mer depuis 1946, LGD, 1958, 126 p.; Rolland, L., Lampué, P., Droit d'Outre-mer, Dalloz, 3ème éd., 1959, p. 65; Luchaire, F., Droit d'Outre-mer et de coopération, Thémis, 1966, p. 241).

[56] Cette période fut toutefois marquée par la mise à pied de nombreux chantiers de constructions. En janvier 1968 est inauguré le Centre de Formation professionnelle pour adultes (CFPA) qui naît au même moment que le TFAI. En octobre de la même année, c'est l'inauguration de la cité Arhiba, cité des dockers. En janvier 1969, autre réalisation plus touristique celle-là : l'Office de développement du tourisme; en janvier 1970 fut lancé le Fonds spécial d'équipement routier et en décembre de la même année le fameux SMI (Service Médical Interentreprises). Il permit aux travailleurs du Territoire d'accéder à des prestations sociales honorables. Autant de réalisations qui font de cette période, une période résolument sociale (*Cf.* Leroux, R., Le réveil de Djibouti 1968- 1977. Simple outil de propagande ou véritable reflet d'une société?, éd. L'Harmattan, 1998, p. 40).

[57] Sur la tournée africaine du président Pompidou, Philippe Decraene écrit : « *Commencé à Djibouti le 15 janvier dans une atmosphère d'incertitude inquiète, le*

train de changer. Ce revirement trouve son origine dans l'autoritarisme d'Ali Aref[58] conjugué avec des circonstances extérieures ; la poursuite de la colonisation française dans ce petit territoire d'Afrique risque en effet de ternir à terme son image et sa réputation dans l'opinion publique internationale. Le décès de l'Empereur Hailé Sélassié en Ethiopie, les difficultés créées par la révolution militaire à Addis-Abeba modifient les rapports de force dans la région[59]. La question de l'utilité même du territoire pour les intérêts français est posée. L'intérêt économique du port apparaît diminué, la réouverture du canal de Suez n'ayant pas généré les effets escomptés[60]. A partir de 1975, la quasi-totalité des formations

---

quatrième voyage africain de M. Georges Pompidou s'est achevé cinq jours plus tard dans l'euphorie. Triomphant sans modestie, le président de la République française devait, la fin de son séjour dans le Territoire français des Afars et des Issas, tourner en dérision « les prophètes de malheur », les englobant dans la même réprobation sévère que «les zélateurs de l'abandon » accusés de conspirer à l'éviction de la France des rives de la mer Rouge. Ces propos faisait bien vite table rase de la sérieuse inquiétude manifeste, tant à Paris qu'à Djibouti, devant les risques d'incidents dont la gravité aurait pu être de la même ampleur que celle des émeutes de 1966 » (*Cf.* Decraene, Ph., Le voyage de M. Pompidou à Djibouti et à Addis-Abeba : statu quo en mer Rouge, *Revue française d'Etudes politiques africaines*, n° 86, 1973, pp. 5-7).

58 Mohamed Aden écrit que Ali Aref a « accumulé trop de haine sur sa personne de plus en plus autoritaire et autocrate » (*Cf.* not. Aden M., Sombloloho. Djibouti, la chute du président Ali Aref (1975-1976), éd. L'Harmattan, 1999, p. 208).

59 A ce sujet, Jean-Claude Guillebaud fait observer qu' « *en quelques mois l'environnement de Djibouti s'est trouvé bouleversé. Hailé Sélassié a été renversé à Addis-Abeba par des militaires socialistes et surtout nationalistes qui paraissent moins conciliants que le vieil empereur au sujet de la présence française dans ce « port éthiopien »». Le nouveau régime portugais a renoncé à ses guerres coloniales et lâché l'Angola, le Mozambique et la Guinée. Dans toute l'Afrique, si l'on excepte les régimes de Pretoria et de Salisbury, la France est désormais la dernière puissance coloniale en place. Djibouti devient une exception, une parenthèse insolite, un cas. L'OUA en a fait l'un des thèmes de ses réquisitoires anticolonialistes. Régulièrement, sur la scène internationale, la France est admonestée, dénoncée »* (*Cf.* Guillebaud, J.-C., Les confettis de l'Empire, Ed. du Seuil, 1976, p. 253).

60 Le général de Gaulle, dans une conférence qu'il donna le 28 octobre 1966 reconnaissait déjà implicitement, lui-même, le peu d'intérêt que présentait le TFAI du point de vue économique pour la métropole, et ceci, en raison précisément de la médiocrité de ses ressources (*Cf.* not. Rabier, C., Angrand,

politiques[61]du territoire se prononcent pour l'indépendance. Le Gouvernement français engage alors un processus politique devant conduire à l'émancipation. Une nouvelle consultation électorale est organisée le 8 mai 1977. Une écrasante majorité se prononce en faveur de l'indépendance. Les élections législatives, organisées le même jour, donnent la victoire à la liste unitaire du « Rassemblement populaire pour l'indépendance ». Le 20 juin, le Parlement français adopte le texte de loi confirmant l'indépendance du nouvel Etat en la fixant à la date du 27 juin 1977[62]. Ce même jour, Hassan Gouled est unanimement élu par les députés pour être le premier Président de la République de Djibouti.

Depuis l'indépendance de la République de Djibouti, un seul régime politique a su se maintenir au pouvoir. L'immobilisme politique est une donnée du nouvel Etat, et ce en dépit de la guerre civile d'octobre 1991. Quelques évènements marquants de cette histoire politique, quasi linéaire, doivent être rappelés ainsi que certains aspects socio-économiques de la période récente.

La République de Djibouti a été traduite en droit par deux lois constitutionnelles[63] puis par un régime de parti unique[64]. Ces

---

J., Avenir incertain pour le territoire français des Afars et des Issas, *Revue française d'études politiques*, n° 118, 1975, pp. 46-60).

[61] Le paysage politique de l'époque comprenait, d'un côté, la Ligue Populaire Africaine pour l'Indépendance (LPAI) formation présidée par Hassan Gouled soutenue par la Somalie et d'autre part l'Union National pour l'Indépendance présidée par Ali Aref dont les ennemis l'accusent de s'appuyer sur l'Ethiopie. Il faut ajouter le Front de Libération de la Côte des Somalis, organisation clandestine, responsable de l'enlèvement des enfants de militaires français à Loyada, le Mouvement Populaire de Libération composé essentiellement de jeunes Afars se réclamant du marxisme-léninisme (*Cf.* not. Leymarie, Ph., La ligue populaire africaine pour l'indépendance, *Revue française d'études politiques africaines*, n° 124, 1976, pp. 91-108; Leroux, R., *op. cit*, 279 p.)

[62] Loi n° 77-625 du 20 juin 1977 relative à l'indépendance du TFAI, *JORF* du 21 juin 1977, p. 3334 (*Cf.* not. Flory, M., L'indépendance de Djibouti, *Annuaire français de droit international*, 1977, Vol. 23, pp 295-306; Nolde, A., Djibouti, indépendance oui, mais, *Revue de Défense nationale*, 1976, n° 32, pp. 69-78).

[63] Ces deux lois constitutionnelles resteront en vigueur jusqu'à l'adoption en septembre 1992 d'une première et nouvelle Constitution. La loi

dispositifs ont eu pour effet de conforter le pouvoir, de plus en plus autoritaire, du Président Gouled, réélu en 1981 et 1987, ainsi que l'influence de son entourage politique et clanique. Ainsi s'est installé un système d'immobilisme et d'exclusion de toute forme d'opposition[65], la répression s'étant au fur et à mesure fait plus sévère à l'encontre des principaux ténors de l'opposition[66]. Ne pouvant plus s'exprimer en toute liberté, les mouvements de l'opposition ont choisi d'autres moyens pour déstabiliser le pouvoir en place. En 1986, un groupe armé s'est ainsi attaqué au local du Rassemblement Populaire du Progrès (RPP), symbole du monopartisme; les attentats du 18 mars 1987 contre le café « L'Historil », fréquenté par la communauté française (onze morts), et du 27 septembre 1990 contre le « Café de Paris » (un mort), ont visé autant les intérêts français que le pouvoir en place. La forte concentration des pouvoirs entre les mains du Président de la République et de ses collaborateurs, la mise à l'écart politique des Afars, et accessoirement, d'autres clans du pays[67]

---

constitutionnelle n°1 proclame la naissance de la République de Djibouti « une et indivisible, indépendante et souveraine ». Elle énonce l'adhésion de Djibouti à la Déclaration universelle des droits de l'homme, la création de l'Assemblée nationale. Enfin, elle reconduit les lois et règlements hérités de la période coloniale « non contraires à la souveraineté nationale, et ce, jusqu'à ce qu'il soit légalement décidé de leur abrogation ou modification ». La loi constitutionnelle n° 2 consacre la prépondérance des pouvoirs du président de la République. Pour ce faire, elle lui accorde le droit d'exercer par voie d'ordonnances délibérées en Conseil des Ministres, les pouvoirs nécessaires à l'exécution de la mission qui lui est confiée par la loi constitutionnelle n° 1.

64 La loi n°199/AN/81 du 24 octobre 1981 portant sur la "Mobilisation Nationale" instaure le régime du parti unique avec effet rétroactif à l'encontre des partis de l'opposition. Voir pour deux visions opposées de la loi du 24 octobre 1981 précitée : Laudouze, A., Djibouti : nation carrefour, éd. Karthala, 1989, pp. 98-99 ; Coubba, A., Djibouti : une nation en otage, éd. L'Harmattan, 1993, pp. 170-172.

65 Sur la politique d'hégémonie politique et militaire menée par Hassan Gouled depuis son arrivée au pouvoir : Omar Warsama, A., Botbol, M., Djibouti : les institutions politiques et militaires, La lettre de l'Océan indien, Paris, 1986, 200 p.

66 Ismail Ibrahim qui deviendra le porte-parole de l'Union des mouvements démocratiques, fondée en mars 1990 en exil, à Paris.

67 *Cf.* not. Mibrathu, S., L'Etat à travers les rapports interethniques, Mémoire de DEA, Bordeaux, 1990; Coubba, A., Le mal djiboutien. Rivalités ethniques

conduisent, en octobre 1991, à l'éclatement d'une guerre civile dans le nord du pays[68]. En novembre de la même année, le Président de la République accepte d'engager un processus démocratique. A l'issue du référendum du 4 septembre 1992[69], le multipartisme est instauré, mettant fin à une décennie de monopartisme. Le Président recrute alors des milliers d'hommes pour maintenir l'intégrité du territoire national. Les forces armées renforcées en hommes et en matériels partent en juillet 1993 à la reconquête des territoires tombés aux mains de la rébellion du « Front pour la restauration de l'unité et de la démocratie » (FRUD). Leurs victoires militaires permettent d'entamer des négociations avec les responsables militaires et politiques du FRUD. Après d'âpres discussions, un accord de paix est signé le 26 décembre 1994 entre le régime et une partie du FRUD, sans intermédiaire étranger[70].

---

et enjeux politiques, éd. L'Harmattan, 1994, 174 p.); Kadamy, M., Djibouti: between war and peace, *Review of African Political Economy*, Vol. 3, n° 70, 1996, p. 511.

[68] Les rebelles du Front pour la restauration de l'unité et de la démocratie (FRUD) profitèrent du désengagement régional de l'URSS et des Etats-Unis, de l'effondrement du régime militaire du colonel Mengistu Hailé Mariam, des inquiétudes de la France face à la qualité des relations militaires et économiques entre Djibouti et Bagdad, ainsi que des réticences croissantes de la France et du président Mitterrand, exprimées lors du sommet de la Baule en juin 1990 (*Cf.* not. Marchal, R., Mitterrand, Djibouti et la Corne de l'Afrique, *Politique africaine*, 1995, pp. 65-83). Sur les différentes péripéties de la guerre civile djiboutienne : voir Lamarche, G., Djibouti : la fin des beaux jours, *Revue de Politique internationale*, n° 61, 1993, p. 145 ; Schraeder, P., Ethnic politics in Djibouti. From 'Eye of the hurricane' to 'Boiling Cauldron', *African affairs*, Vol. 92, 1993, pp. 203-221.

[69] Le referendum fut organisé dans une situation de guerre civile et fut contrôlé par le pouvoir politique. L'opposition tolérée au début demanda l'organisation d'une conférence nationale comme d'autres pays de l'Afrique de l'ouest (Bénin, Mali). Le Gouvernement choisit plutôt la consultation populaire. Or, le contexte n'était pas propice à un tel choix parce que certains électeurs du Nord du pays où avaient lieu les affrontements armés ne participèrent pas au vote.

[70] La France entreprend une médiation qualifiée de problématique par G. Lemarche, menée sans coordination entre les différents centres français d'élaboration de la politique africaine. C'est ainsi que les délégués français ont soumis aux deux parties un projet de règlement du conflit inacceptable pour les responsables nationaux comme ceux de la rébellion. Cela a crée au sein de l'ex parti unique, le RPP qui parle d'ingérence, un sentiment de

Le conflit achevé, la voie du dialogue s'est ouverte dans un cadre démocratique et pluripartite. D'anciens opposants sont entrés au gouvernement, remanié en juin 1995 alors que la faction radicale du FRUD, menée par Ahmed Dini en exil à Paris, poursuit la lutte armée. C'est pourtant à ce moment que commencent à Djibouti-ville des troubles politiques et sociaux. Les premières mesures pour l'assainissement des finances publiques et la restructuration des grandes entreprises publiques sont « négociées » avec le Fonds Monétaire International (FMI) en 1996. Mais, avant même d'arriver à la conclusion d'un accord, le Gouvernement, en raison de la dégradation de l'économie et dans le cadre d'un programme déjà surveillé par le FMI[71], prend des mesures fiscales qui vont générer des manifestations sociales. L'Union Générale des Travailleurs Djiboutiens (UGDT) proche du Gouvernement se désolidarise alors de ce dernier et demande, à l'instar de l'Union Djiboutienne des Travailleurs (UDT) liée à l'opposition, le retrait des mesures envisagées. Mais l'Etat, contraint de réduire les dépenses et de trouver de nouvelles recettes budgétaires[72], passe outre et dépose, en septembre 1995, au Parlement, un projet de loi portant la « contribution patriotique » à 15% et la réduction des indemnités et autres primes des fonctionnaires à hauteur de 60%[73]. L'UGDT et

---

méfiance vis-à-vis de la France. La rébellion, quant à elle reste très critique, à l'égard de la politique française à Djibouti et particulièrement en cette période (*Cf.* not. Lemarche, G., *op. cit.*, p. 145).

71 La dégradation de l'économie djiboutienne intervint avec des problèmes aussi bien internes (le triplement des effectifs des forces armées passés de 5000 à 16 000 hommes entre 1991 et 1994) qu'externes (réduction de l'aide publique au développement, concurrence régionale accrue du port d'Assab, afflux de réfugiés venant des pays limitrophes). Au total, sur la période 1992-1996, la situation économique se dégrada fortement et le PIB se contracta (le taux de croissance du PIB réel fut en effet de -3,9% en 1993, de -2,9% en 1994 et de -3,1% en 1995) (*Cf.* not. Anonyme, Djibouti fête vingt ans d'indépendance, *Revue des Marchés Tropicaux et Méditerranéens* du 20 juin 1997, p. 1334).

72 A ce sujet, un auteur écrit : « Le gouvernement a t'il les moyens de faire autrement? Difficilement en fait. Etant sous la surveillance du FMI, ses moyens d'action sur le plan social et financier sont très limités » (*Cf.* not. Ebo Houmed, A., Djibouti, tensions sociopolitiques sur fond de succession, *l'Afrique politique*, 1997, p. 105).

73 La contribution patriotique fut initialement mise en place par la loi n° 185/AN/ 91/2ème L du 31 décembre 1992 portant création d'une

l'UDT répliquent en appelant leurs adhérents à une grève générale qui paralyse tout le pays. Devant l'ampleur d'un mouvement aussi spontané que périlleux pour le régime, le pouvoir arrête par centaines les responsables et militants syndicaux les plus actifs. Dans le même temps, il tente de « désamorcer le mécontentement en distillant des aménagements à son projet de réforme avant de le retirer non sans avoir procédé à toute une série de licenciements parmi les dirigeants syndicaux et leurs militants »[74]. Les deux centrales syndicales saisissent cette occasion pour créer une intersyndicale en vue de mieux coordonner leurs actions aussi bien à l'intérieur qu'à l'extérieur du pays. Ainsi, en novembre 1995, une plainte est déposée auprès du Bureau International du Travail (BIT) par la Confédération Internationale des Syndicats Libres (CISL), l'Organisation de l'Unité Syndicale Africaine (OUSA) et par l'intersyndicale (UGDT et UDT) pour « licenciements, suspensions et radiations de syndicalistes à la suite d'une grève, confiscations d'archives syndicales, entraves aux manifestations du 1er mai et ingérence du Gouvernement dans la tenue d'un congrès syndical »[75]. Cette crise a constitué le début d'une répression contre le mouvement syndical djiboutien indépendant, répression qui s'est perpétuée après l'élection en avril 1999 d'Ismael Omar Guelleh (IOG) à la tête du pays[76].

---

contribution patriotique établie à titre exceptionnel sur les traitements et salaires de l'année 1992. Intervenant au plus fort de la guerre, elle ne généra pas d'importantes manifestations sociales. Toutefois, le corps social n'y resta pas insensible, en dépit des propos de l'ancien secrétaire général de la centrale syndicale unique affilié au pouvoir, l'Union générale des travailleurs djiboutiens (UGDT) pour lequel les travailleurs djiboutiens « n'attachent aucune importance aux retenues de 10% qui seront effectuées à compter du 31 janvier 2002, à l'exception des bas salaires » parce que durant un certain temps, les salaires sont versés régulièrement (*Cf.* Le Journal la Nation, 23 janvier 1992, p. 4).

[74] *Cf.* FIDH, Observatoire pour la Protection des Défenseurs des Droits de l'Homme, Djibouti. Les défenseurs des droits économiques et sociaux paient le prix fort, août 2006, pp. 17-18.

[75] *Cf.* Cas n° 1851 devant l'OIT, présenté par la CISL, l'intersyndicale UGDT/UDT et l'OUSA, le 19 septembre 1995.

[76] Les résultats ont été annoncés dans la nuit du 9 au 10 avril 1999, par les ministres de l'Intérieur et de la Communication, créditant Monsieur Ismael Omar Guelleh de 74,09% des suffrages exprimés, Monsieur Ahmed Moussa Idriss obtenant, pour sa part, 25,78% des suffrages. Un communiqué du

Toutes les élections qui ont suivi ont été entachées de fraude et boycottées par l'opposition. Une révision de la Constitution en 2010[77] a permis au Président Guelleh de briguer un nouveau mandat à l'issue des élections d'avril 2011. Les élections législatives de février 2013 ont consacré la participation des partis coalisés de l'opposition au sein de l'Union pour le Salut National (USN), et ce, après des années de boycott électoral. Les résultats officiels contestés par l'opposition ont donné la victoire au parti au pouvoir : l'Union pour la Majorité Présidentielle (UMP). Cela a engendré des mouvements de rue, des arrestations arbitraires et massives de leaders et militants de l'opposition[78] et la création, par l'opposition, d'un « Parlement parallèle ». Après vingt mois de crise postélectorale, un accord a été conclu, le 30 décembre 2014, entre l'opposition et le Gouvernement. Bien que peu respecté, il a permis un apaisement du climat politique dans le pays[79]. Ceci étant, les droits fondamentaux des djiboutiens, en particulier la liberté et le droit d'expression, semblent encore aujourd'hui fragiles, plus d'une vingtaine d'années après l'avènement du pluralisme politique et syndical.

Sur le plan économique, le pays s'est remis des grèves à répétition des années 90 qui ont paralysé le pays. Il connaît une croissance économique soutenue depuis le début des années 2000.

---

ministère des affaires étrangères, rendu public le 10 avril 1999, confirma officiellement ces résultats qui seront aussitôt contestés par l'opposition.

[77] Cet amendement de la constitution résulte de la loi n° 92/AN/10/6ème L du 21 avril 2010 portant révision de la Constitution. La candidature d'IOG qui en a résulté fut critiquée par l'opposition, donnant lieu à une contestation populaire en février 2011 dans le sillage des évènements survenus en début d'année dans le monde arabe.

[78] *Cf.* La Lettre de l'Océan Indien n° 1368 du 4 décembre 2013, Djibouti. La tension risque de monter d'un cran, p. 3.

[79] Dans un article de la Lettre de l'Océan Indien « IOG joue au chat et à la souris », on peut lire que le Gouvernement peine à tenir ses engagements découlant de l'accord de réconciliation (...) avec l'USN, alors que cette dernière a tenu les siens, à savoir la participation de ses élus à l'Assemblée nationale, arrêt des manifestations, etc. » (La Lettre de l'Océan Indien n° 1396 du 2 février 2015 p. 1). Aussi, parmi les sept points sur les questions immédiates de l'accord-cadre, une seule, à savoir la question 5, celle relative à l'intégration des huit députés de l'opposition à l'Assemblée nationale avec règlement de leurs indemnités à compter de la date du 23 février 2013 a été résolue.

Toutefois, il continue de souffrir d'une pauvreté endémique « alimentée par la hausse des prix alimentaires, la présence d'un chômage de masse et des épisodes de sécheresse aigues »[80]. En même temps, la politique des Plans d'Ajustement Structurel, mise en œuvre à compter de 1996, a préconisé le désengagement de l'Etat de la sphère économique et sociale, la rénovation du cadre institutionnel et juridique, le tout sous pression de la dette et des évolutions économiques mondiales.

En accédant à la souveraineté internationale, l'Etat djiboutien a hérité d'une politique monétaire (*Currency Board*) induisant une limitation de ses possibilités d'intervention dans l'économie[81]. Ceci n'a toutefois pas empêché l'Etat de développer une présence diffuse mais bien réelle dans la vie économique. Il en est allé ainsi de la création d'entreprises publiques ou parapubliques, du financement de projets d'infrastructures publiques dans le secteur portuaire ou dans celui de l'électricité. Ceci a contribué aux creusements du déficit public. La conjoncture est restée longtemps « globalement favorable » du fait de l'aide substantielle provenant des pays amis, en particulier de la France[82]. Si les investissements publics ont été importants, la

---

[80] *Cf.* not. BAD, Djibouti. Document de stratégie-pays 2011-2015, p. 5.

[81] Le *Currency Board* (ou caisse d'émission), établi en 1949 à Djibouti est une stratégie monétaire visant à éliminer la capacité des autorités à monétiser le déficit public et leur enjoignant à discipliner leur politique budgétaire. En effet, dans un tel régime de change, tout déficit doit être financé soit par des émissions de titres publics, soit ajusté par une augmentation des recettes ou une réduction des dépenses. Or, comme l'émission des titres publics exerce une tension à la hausse sur le taux d'intérêt domestique, encourageant les entrées de capitaux qui peuvent conduire à une déstabilisation du régime de change et réduisant l'investissement domestique, et comme les marges de manœuvre sur les recettes sont limitées, on en déduit que la politique budgétaire doit être cohérente avec la caisse d'émission. Au total, on doit obtenir un policy-mix favorable à la stabilité macroéconomique (*Cf.* not. Allégret, J.-P., Les régimes de change dans les pays émergents. Quelles perspectives pour le XXIème siècle?, Ed. Vuibert, 2005, p. 117).

[82] Djibouti a bénéficié d'une importante aide directe pour développer son économie. Outre le rôle des organisations internationales (FMI, la Banque Islamique, la BAD, etc.), la France n'a pas cessé de fournir des fonds conséquents à la jeune République. Les accords passés entre les deux Etats en sont le premier vecteur : il est ainsi possible de citer l'accord de coopération en matière économique et financière du 27 juin 1977, le traité

main-d'œuvre employée a été minime. Après 1980, aucune indexation de salaires n'a été pratiquée, et ce, malgré l'évolution du coût de la vie. Cette inertie a été confortée par le silence de l'unique centrale syndicale de l'époque, l'UGDT. Celle-ci étant associée dans le cadre d'une politique dite de « participation responsable» la réduisant au rôle d'appendice du pouvoir ou de courroie de transmission auprès des travailleurs[83]. Les premières difficultés économiques sont apparues sous les effets conjugués d'une mauvaise gestion liée à la corruption et au clientélisme[84], du ralentissement de l'économie mondiale et des troubles dans les pays voisins (Somalie, Ethiopie, Erythrée). Avec le conflit de 1991, la situation s'est détériorée considérablement. Le triplement des effectifs des forces armées a entraîné une explosion des dépenses de l'Etat, un déficit du budget de l'ordre de 27% du PIB, un cumul d'arriérés auprès des

---

d'amitié destiné à assurer la stabilité monétaire de Djibouti et faciliter la coopération économique par le biais d'une commission mixte signée du 27 juin 1977 ou bien encore l'accord maritime du 26 janvier 1978. De même, l'adhésion de Djibouti à la Caisse centrale de coopération (devenue « Caisse française de développement » en 1992, puis « Agence française de développement » ou AFD en 1998) lui permet de bénéficier d'importants investissements publics français (*Cf.* not. Campredon, J.-P., Schweitzer, J.-J., France, Océan indien, mer Rouge, Fondation pour les études de défense nationale, Paris, 1986, p. 315). De fait, l'aide consentie par Paris dépasse beaucoup les versements des organisations internationales susmentionnées et des autres pays. Enfin, l'aide directe dont bénéficie Djibouti n'est pas proportionnelle à sa taille, signe d'une relation très étroite avec ses créanciers, que tend à confirmer la très productive conférence des donateurs de novembre 1983(*Cf.* not. Laudouze, A., *op. cit.*, p. 111).

83 *Cf.* not. Kester, G., Sidibe., O., Syndicats africains à vous maintenant ! Pour une démocratie durable, éd. L'Harmattan, 1997, p. 32.

84 La politique industrielle du pays a trouvé ses limites dans la gestion confiée à des proches de membres du gouvernement et non à des hommes aptes à endosser de telles responsabilités. L'incurie due à la mauvaise gestion s'additionnant avec les détournements de fonds de roulement des entreprises, ont conduit au dépôt de bilan des petites unités industrielles : la Laiterie de Djibouti, la Société d'exploitation des eaux de Tadjourah, la Société portuaire industrielle alimentaire de Djibouti (*Cf.* not. Organisation des Nations-Unies pour le développement industriel, Djibouti. Diversifier l'économie en industrialisant, 1989, 104 p.).

entreprises publiques et des fournisseurs privés[85]. La politique des PAS, débutée en 1996, a permis une réduction du déficit public. Un tel résultat a été obtenu entre autres[86], par la suppression des primes et indemnités[87], le gel des salaires, de l'avancement et des promotions dans le secteur public. Il faut ajouter à cela la réduction drastique des fonds alloués aux services sociaux de base, ceci aggravant le sort des populations vulnérables[88].

Les contrepouvoirs se sont avérés quasi inexistants dans le champ de la protection sociale. Djibouti figure parmi les Pays les Moins Avancés (PMA). La population djiboutienne fait face à des défis considérables sur le plan social et économique, d'autant que sa vulnérabilité tend à s'accroître du fait des changements climatiques[89]. Le secteur primaire reste marginal et se caractérise par l'élevage, la

---

[85] Etant donné la particularité du régime monétaire, l'Etat n'avait d'autres alternatives que de recourir à l'emprunt forcé auprès des entreprises publiques mettant ces dernières dans une situation financière critique et de cumuler des arriérés auprès des fournisseurs, puis à partir de 1995 auprès des salariés de l'administration. La guerre civile de 1991 n'a fait qu'accélérer le déclenchement d'une crise qui, de par la structure du budget de l'Etat, était inévitable (*Cf.* not. Bilan du programme d'ajustement structurel et les perspectives de croissance économique, Document de travail, Djibouti, 2005, p. 3).

[86] L'amélioration de la situation économique des dernières années doit beaucoup à l'intensification des échanges commerciaux avec l'Ethiopie et à l'afflux des investissements directs étrangers favorisés par la présence militaire étrangère (*Cf.* not. Styan, D., Djibouti, Changing influence in the Horn's Strategic Hub, *Africa Programme Briefing Paper,* Chatham house, London 2013).

[87] Décret n° 98-0035/PR/MEFPP du 5 avril 1998 rationalisant l'octroi des indemnités.

[88] Voir le bilan accablant de ces plans établi par Jean Stiglitz, ancien vice-président de la Banque mondiale, *in* Globalization and its discontents, WW. Norton, 2002, trad. fr., La grande illusion, Paris, Fayard, 2002, 324 p.

[89] Les populations djiboutiennes sont durement touchées par la sécheresse, les inondations éclaires et intenses, les fréquents tremblements de terre provenant de la zone volcanique le long du Rift Assal, les incendies alimentés par la sécheresse et exacerbés par les matériaux de construction précaires (*Cf.* not. Plan d'action national d'adaptation aux changements climatiques (PANA) réalisé en 2006 soutenu par le Programme des Nations Unies pour l'environnement).

production maraichère et la pêche artisanale. Son développement est entravé par des aléas naturels et des conditions climatiques défavorables. En dehors des produits de la pêche et de l'élevage, Djibouti continue d'importer la quasi-totalité de sa nourriture, y compris les fruits et légumes[90]. Les difficultés des conditions de vie en milieu rural, liées notamment à la pénurie d'eau et à l'insécurité alimentaire génèrent une concentration de 70% de la population dans les agglomérations, dont 47% n'a pas un revenu lui permettant d'avoir un régime nutritionnel suffisant[91]. L'Enquête djiboutienne auprès des Ménages pour les Indicateurs Sociaux (EDAM3-IS) réalisée en 2012 révèle une augmentation de 77% de la pauvreté relative[92]. Bien que Djibouti soit bon élève s'agissant des objectifs 2 et 4 du Millénaire, relatifs à la scolarisation au primaire et à la réduction de la mortalité infantile, le chômage, la pauvreté extrême et la faim sont des problèmes majeurs : « *la précarité des conditions de vie est exacerbée pour les 20% les plus pauvres qui sont à 63% au chômage et n'ont aucun patrimoine. Ils vivent dans des logements provisoires et ne sont raccordés ni à l'électricité ni à l'eau potable. Ils dépensent pour se nourrir 0,6 dollars américains par personne et par jour et 53% d'entre eux ont souffert de la faim au cours des 12 derniers mois* »[93]. Ils consacrent une partie importante de leur revenu à la consommation du *khat*[94], ce qui

---

[90] *Cf.* not. BAD, *op. cit.*, p. 8.

[91] Selon les résultats du recensement de la population djiboutienne réalisé en 2009, la République de Djibouti compte 818. 159 habitants dont plus de 80% sont concentrés en milieu urbain sur un territoire dont la superficie est estimée à 23200 km2 (Décret n° 2010-0038/PR/MEFPCP du 23 mars 2010 portant publication des résultats du 2ème recensement général de la Population et de l'Habitat de 2009). Djibouti figure parmi les pays ayant de faibles indicateurs sociaux avec un Indice de développement humain (IDH) se situant à la 147ème position sur 169 pays en 2010.

[92] Le niveau de la pauvreté extrême resté stable depuis 2002 touchait, quant à lui, en 2012 41,9% de la population (*Cf.* not. Direction de la Statistique et des Etudes Démographiques, EDAM3-IS, 2012, p. 17).

[93] *Cf.* not. BAD, *op. cit.*, p. 8.

[94] Le khat (*catha edulis forsk*) est un arbre de la famille des Célastracèes qui est fréquemment cultivé dans certaines régions de l'Afrique orientale et la péninsule arabique. Les feuilles de khat contiennent des alcaloïdes de structure apparentée à l'amphétamine. Elles sont mâchées par une forte population adulte à Djibouti et dans les pays limitrophes pour sa douceur et son effet stimulant. Le khat est un arbuste contenant des alcaloïdes amphétaminiques (cathine et cathinone) qui sont responsables des effets

n'est pas sans répercussion sur les dépenses telles que l'alimentation, l'éducation, le logement ou la santé[95]. Le secteur secondaire est également sous-développé avec une contribution de 16% au PIB, bien qu'il connaisse, depuis quelques années, une relative croissance, tirée notamment par le BTP et l'implantation de quelques industries de matériaux de construction et d'eau minérale. Le secteur tertiaire prédomine avec 76% du PIB et 60% de la population active. Il se répartit principalement entre l'administration publique[96], les activités de transport, de communication, de commerce et bancaires. La faible diversification de l'économie limite fortement les possibilités de création d'emplois dans les secteurs à fort potentiel d'utilisation de main-d'œuvre, tels que l'industrie et l'agriculture. Se pose en conséquence indéniablement le problème d'un déséquilibre entre l'offre et la demande d'emploi[97].

Par ailleurs, le secteur informel s'est considérablement développé à Djibouti, principalement en milieu urbain : les entreprises informelles sont estimées à environ 60%. Il s'agit pour la plupart d'unités individuelles, peu structurées et concentrées dans le commerce, l'import-export, le bâtiment et les services divers[98].

La réforme libérale du droit du travail mise en œuvre dans le cadre des PAS au moyen de la conditionnalité[99] n'a manifestement

---

psychiques recherchés (excitation, euphorie) et d'effets sympathomimétiques (*Cf.* not. Mion, G., Oberti, M., Etude épidémiologique du kathisme dans l'armée nationale djiboutienne, *Médecine tropicale*, 1998, Vol. 58, n° 2, pp. 161-164).

[95] *Cf.* not. Rapport de la banque mondiale, Comprendre la dynamique du khat à Djibouti. Aspects sociaux, économiques et de santé, 2011, 111 p.

[96] La plupart des occupés sont les travailleurs de l'administration publique/service public (41,3%), l'Etat étant donc le premier employeur du pays (*Cf.* EDAM3-IS 2012).

[97] L'Agence Nationale de l'Emploi, de la Formation et de l'Insertion Professionnelle (ANEFIP) a enregistré durant le quatrième trimestre 2010, 1009 demandes d'emploi et 188 placements.

[98] Sur le secteur informel à Djibouti : Mahamoud Houssein, I., Contraintes institutionnelles et réglementaires, Thèse, Economie, Université de Paris-Est, 2008, 264 p.

[99] La conditionnalité apparaît en effet comme un ensemble d'exigences posées par les bailleurs de fonds internationaux et acceptées par les Etats demandeurs en échange d'avantages ou de prestations financières,

pas permis de remédier aux préoccupations susvisées[100]. Toutefois, il ne sera pas question ici de répondre ni aux préoccupations ayant trait à l'Etat providence en déclin ni au pourquoi et comment de l'opportunité du désengagement de l'Etat dans la vie économique et sociale. Il s'agit de tenter une étude systématique et, si possible, de la nouvelle orientation, somme toute libérale, du rôle de l'Etat sur le marché du travail.

La libéralisation du droit est un phénomène contemporain de celui dit de la « mondialisation » succédant lui-même à celui de l'internationalisation[101]. Originellement, la mondialisation est une question traitée d'un point de vue économique. Elle est présentée comme un phénomène macro-économique aux multiples facettes[102].

---

généralement en rapport avec la dette extérieure (*Cf.* not. Fenwick, C., Kalula, E., Landau, I., Labour law. A southern African perspective, *in* Teklé, T. (dir.), Labour Law and Worker Protection in developing countries, ILO, 2010, p. 180; Ondoua, M., Ajustement structurel et réforme du fondement théorique des droits africains post-coloniaux : l'exemple camerounais, *Revue Africaine des Sciences Juridiques*, Vol. 2, 2001, pp. 75-118; Abarchi, D., Problématique des réformes législatives en Afrique: le mimétisme juridique comme méthode du droit, Penant, n° 842, 2003, p. 88.

100 Sur les objectifs assignés aux réformes libérales du droit du travail dans les pays du Sud, un auteur écrit : « *The content of labour law, its personal boundaries and even its application are therefore shaped by the purposes assigned to it, which, in fact, can be multiple (see Collins 1997) and subject to change. The "néolibéral" discourse has attributed to labour law an instrumental role vis-à-vis the objective of growth and employment creation; in line with this discourse, protection can be reduced in its name. The World Bank's Doing business report, which evaluates laws, including labour law, in the light of their economy efficiency, is one of the most powerful tools through which this conception of labour laws has been promoted* » (*Cf.* Teklé. T., Labour law and worker protection in the South: An evolving tension between models and reality, *in* Labour law and worker protection in developing countries, ILO, 2010, p. 29).

101 L'internationalisation a contribué à unifier les valeurs, les référents, l'économie, et le droit dans certains de ses aspects (*Cf.* not. Delmas-Marty, M., Supiot, A., L'internationalisation du droit : dégradation ou recomposition ?, Esprit, n° 389, novembre 2012, pp. 35-51).

102 Il s'agit alors de mondialisation financière (*Cf.* not. Hugon, Ph., Economie politique internationale et mondialisation, Economica, 1997, pp. 53 et s.), de mondialisation du capital (*Cf.* not. Chesnais, F., La mondialisation du capital, éd. Syros, 1997) à laquelle s'ajoutent des définitions plus techniques; ainsi systématisée par le Professeur Philippe Fouchard, la mondialisation est

Toutefois, elle n'est pas hermétique au droit et se caractérise essentiellement, pour ce qui concerne le droit du travail, par « *un déplacement du « centre » de régulation des relations de travail vers la « périphérie » donnant lieu à un mouvement de contractualisation des relations de travail*»[103]. Le droit du travail est donc de ce fait en transformation en raison de sa fragilisation par les menaces que font peser le déplacement des entreprises et le développement de la concurrence globalisée, les pressions dues au courant de libéralisation fondé sur la nécessité d'accroître toutes les flexibilités et de remettre en question les protections historiquement construites en faveur des travailleurs[104].

« l'expansion de l'économie servicielle et virtuelle, l'interconnexion et l'instantanéité des circuits d'information, le multilatéralisme commercial, la délocalisation de la production » (*Cf.* Fouchard, Ph. L'arbitrage et la mondialisation de l'économie, *in* philosophie et droit économique, quel dialogue?, Mélanges en l'honneur de Gérard Farjat, éd. Frison-Roche, Paris, 1999, p. 380). La mondialisation se caractérise par « la toute puissance des marchés financiers internationaux, la libre circulation des produits et technologies, la tyrannie des marchés ou le marché roi » (le marché roi est une expression empruntée à Alain Minc, La mondialisation heureuse, éd. Plon, 1997, pp. 21 et s., citée par Philippe Fouchard, *op. cit.*, p. 381).

103 *Cf.* Moreau, M.-A., Les transformations des normes du travail et des relations de travail face à la mondialisation de l'économie : comment construire de nouvelles réponses?, *in* Dillens, A.M. (dir.), Mondialisation ; utopie, fatalité alternatives ?, Coll. Philosophie, Presses de l'Université de Saint Louis, Bruxelles, 2008, p. 160.

104 Les études sur le lien entre la mondialisation et le droit du travail commencent par le constat d'une influence de la mondialisation économique sur cette branche du droit. Elles sont complétées par la recherche sur les capacités du droit à s'adapter aux contraintes de cette évolution libérale, créant ainsi les constats connus de la libéralisation et/ou de la déréglementation (*Cf.* not. Supiot, A., Déréglementation des relations de travail et autoréglementation de l'entreprise, *Dr. soc.*1989, p. 195 et le thème « Dimension sociale de la mondialisation de l'économie » du Bulletin de droit comparé du travail et de la sécurité sociale, 1996; Moreau, M.-A, Trudeau, G., Le droit du travail face à la mondialisation de l'économie, *Relations industrielles*, 1998, n° 1, p. 55; Auvergnon, Ph., Le droit du travail dans la tourmente des restructurations mondiales : quelques libres observations, *Revue algérienne du travail,* 2008, p. 43; Mongin, O., L'après 89 : les nouveaux langages du politique, Hachette Littérature, 1998; Moulier Boustang, Y., Chemillier-Gendreau, M. (dir.), Le droit dans la mondialisation : une perspective critique, Congrés Marx International 1998, PUF, 2001;

La libéralisation du droit se définit généralement comme la « *tendance législative à rendre plus libéral le système de droit, à admettre ou à permettre plus largement un comportement, une opération etc., notamment par ouverture de nouveaux cas ou suppression de formalités* »[105]. Si cette définition a le mérite de présenter la libéralisation comme un processus dont elle indique clairement les modalités ; elle reste toutefois incomplète. La définition du mot libéral peut permettre d'y voir plus clair. Dans le vocabulaire juridique, le qualificatif de libéral renvoie à ce qui se réclame du libéralisme (politique et économique) qui proclame et consacre comme un principe des libertés publiques, singulièrement la liberté du marché. Libéral désigne également un régime politique ou un système économique non autoritaire, ni dirigiste, encore moins interventionniste. Le libéralisme[106] est la doctrine qui en découle. Sous cet angle, la notion de libéralisation peut être rapprochée de celles de déréglementation et de privatisation. Si ces notions sont voisines, du fait qu'elles traduisent chacune le recul de la présence étatique dans le champ économique, elles ne sont pas moins différentes en termes de degré et de domaine. Ainsi, la déréglementation et la privatisation apparaissent comme des aspects ou des conséquences de la libéralisation : alors que la déréglementation traduit le recul ou le redéploiement des normes étatiques, la privatisation, elle, traduit le recul des institutions publiques comme instruments de l'interventionnisme étatique.

Au regard des définitions précédentes, la libéralisation devra être considérée, dans le cadre de notre étude relative au droit du

---

Deakin, S., *Social rights in a globalized economy*, Oxford university press, 2005, p. 25; Pereira, B., Libéralisation du marché du travail: vers une flexisécurité à la française, Revue Management & avenir, n° 4, 2010, p. 81).

[105] *Cf.* Cornu, G., Vocabulaire juridique, 9éme éd., 2011, p. 606.

[106] Le libéralisme est une pensée construite historiquement en Occident, pensée complexe, aux multiples variantes et interprétations, apparue en France depuis la révolution française et confortée au XIXème siècle où elle sert la mise en place de l'Etat libéral. Sur le libéralisme : Leca, A., Histoire des idées politiques. Des origines au XXème siècle, Ellipses, 1998, p. 144; Raynaud, Ph., Rials, S., Dictionnaire de philosophie politique, PUF, 2003, p. 348; Audard, C., Qu'est-ce que le libéralisme? Ethique, politique et société, Gallimard, 2009, 524 p.

travail[107], comme la promotion des libertés et des règles issues de la libre négociation au détriment de l'interventionnisme étatique[108]. Cet interventionnisme étatique peut résulter d'un contrôle trop contraignant des libertés de gestion patronale ou d'un renvoi trop conséquent au pouvoir réglementaire. C'est avec cette grille d'analyse sur la libéralisation du droit du travail que l'on appréhendera l'ancienne position interventionniste de l'Etat djiboutien, et surtout sa posture actuelle au travers des transformations du droit du travail intervenues depuis la fin des années 90. Quelles sont-elles précisément et en quoi révèlent-elles une modification du rôle de l'Etat djiboutien dans la réglementation du travail ?

En accédant à l'indépendance, la République de Djibouti, comme la plupart des pays anciennement colonisés, a opté pour la continuité du droit mis en place pendant la période de colonisation. Lors de sa première session, l'Assemblée nationale adopta le 27 juin 1977 une loi constitutionnelle de reconduction de la législation française en vigueur à cette date, y compris de la législation et de la réglementation du travail, parce qu'« il était matériellement impossible de changer la législation du jour au lendemain »[109]. De ce point de vue, Djibouti s'inscrit dans « la situation globale d'importation institutionnelle et la dépendance juridique et politique qui caractérisent bon nombre d'Etats en Afrique »[110]. La reconduction en l'état du Code du travail des Territoires d'Outre-mer de 1952, s'est effectuée, par ailleurs, sous le signe de l'ordre public de protection. Il s'est agi pour les nouvelles autorités djiboutiennes de faire perdurer les effets d'une législation qui fut, « sous bien des angles, à l'avant-

---

107 Nous envisagerons ici le droit du travail comme l'ensemble des règles étatiques s'appliquant à la prestation de travail salariée et qui a pour fonction de corriger le déséquilibre des pouvoirs entre employé et employeur, d'empêcher que les conditions de travail n'aillent au-dessous d'un seuil jugé acceptable par l'ensemble de la société et de réguler le marché du travail (*Cf.* Blackburn, D., Rôle, impact et avenir de la législation du travail, *Education ouvrière*, Vol. 2-3, 2006, p. 143-144).

108 Sur le droit étatique moderne relayé, suppléé, voire supplanté : Arnaud, A.-J., Critique de la raison juridique 2. Gouvernants sans frontières, entre mondialisation et post-mondialisation, LGDJ, 2003, 438 p.

109 *Cf.* Ali Ragueh, M., *op. cit.*, p. 110.

110 *Cf.* Darbon, D., Du Bois de Gaudusson, J., La création du droit en Afrique, 1997, Avant-propos.

garde du progrès social »[111]. Cela se traduit concrètement par le maintien d'un dense réseau de dispositions de nature législative et réglementaire dont le caractère d'ordre public (de protection ou de direction) est manifeste[112]. En effet, l'idée est largement reçue que le droit du travail en vigueur dans la période post indépendance n'est que faveur et protection pour les travailleurs et concomitamment porteur de développement[113]. Cette protection ne serait pas assujettie à des exigences de performances économiques[114]. L'application du

---

111 *Cf.* Kirsch, M., L'évolution du droit du travail en Afrique Francophone et les perspectives d'un acte uniforme de l'OHADA dans cette discipline juridique, *TPOM*, 2003, p. 3. *Cf* aussi Pierre Lampué qui parle d'« un grand pas en avant » *in* Préface à l'ouvrage de Kirsch, M., Le droit du travail africain, TPOM, 1975, p. 2 cité par Laborde, J.-P, Retour sur la loi n° 52-1322 du 15 décembre 1952 instituant un Code du travail dans les territoires et territoires associés relevant du ministère de la France d'Outre-mer, *in* « L'esprit du droit africain », Mélanges en l'honneur du Professeur P.-G. Pougoué, éd. Lamy, Paris, 2014, p. 441.

112 La «publicisation» du CTOM est caractéristique de ce caractère d'ordre public de protection et de direction. A ce propos, le Professeur Gonidec écrit : « *Le contrat de travail, «témoignage de la liberté humaine », est en voie d'éclatement, et sur ses débris s'élève le rapport de travail complètement déterminé par la loi. La législation construit le contrat en l'autorisant ou en le réglementant. En matière de conventions collectives, le contenu est largement déterminé par le législateur ou l'administration, par le jeu des clauses obligatoires à tous les échelons et la possibilité de rendre obligatoires les clauses facultatives. En définitive, la part de statut dans le contrat de travail même individuel est infiniment plus considérable que la part du contrat. Non seulement, son contenu est déterminé par la loi lato sensu, mais sa formation même échappe aux intéressés grâce au système de l'autorisation administrative préalable. A juste titre, MM. Rivero et Savatier soulignent les affinités du contrat de travail et du contrat administratif* » (*Cf.* Gonidec, P.-F., en collaboration avec Kirsch, M., *op. cit*, p. 54).

113 *Cf.* not. Mahamoud Houssein, I., *op. cit.*, p. 140.

114 Jean-Pierre Lachaud écrit à ce sujet : « En Afrique francophone, en général, et à Djibouti, en particulier, la réglementation du marché du travail, historiquement liée au Code du travail français d'Outre-mer de 1952, a incarné (....) le souci d'assurer une sécurité économique accrue aux travailleurs, et la participation de ces derniers aux bénéfices de l'indépendance, lorsque les moyens de production étaient largement publics. De ce point de vue, la réglementation du travail a joué un rôle important en tant que filet de sécurité des travailleurs » (*Cf.* Lachaud, J.-P., Marché du travail, emploi et pauvreté à Djibouti : analyse et politiques, OIT, Genève, 2004, p. 129).

Code de 1952 a duré à Djibouti presque un demi-siècle[115], jusqu'aux années 90 marquées par la crise économique et financière qui atteint alors le pays.

La dernière période est caractérisée par la critique de la conception de la relation de travail telle qu'elle a prévalu jusque-là. S'agissant de l'entreprise, le droit du travail est accusé de n'être que faveurs et protections pour les travailleurs, sans se préoccuper des intérêts de l'entreprise. Il aurait, en particulier, restreint la liberté contractuelle des chefs d'entreprise en ne connaissant que deux formes d'embauche : le contrat à durée indéterminée et le contrat à durée déterminée, ce dernier étant par ailleurs sévèrement réglementé en raison des risques de précarisation de l'emploi qu'il emporterait. De plus, s'agissant du rapport entre l'Etat et l'entreprise, l'appréciation dominante est que le droit du travail procédant exclusivement de l'activité normative de l'Etat constitue un carcan. Il empêcherait dans la gestion de l'emploi, des conditions de travail et des rémunérations, toute flexibilité, c'est-à-dire toute possibilité d'adaptation, singulièrement en cas de difficultés de l'entreprise[116].

Ces critiques sont surtout avancées pour justifier un processus de réforme « allant dans le sens de la libéralisation des procédures de recrutement et du marché du travail »[117]. En ce qui concerne Djibouti, le changement annoncé[118] a été finalement engagé en 1997 par la

---

[115] Cette situation de paresse législative ou de carence normative est unique en Afrique lorsque l'on sait que la plupart des pays africains auxquels ce Code était appliqué en était déjà à la troisième révision de leur législation du travail, voire pour certains à la quatrième (*Cf.* not. Auvergnon, Ph., Modèles et transferts normatifs en droit du travail des pays africains, *Bulletin de droit comparé du travail et de la sécurité sociale*, 2005, p. 117-138).

[116] La critique de l'interventionnisme étatique et les plaidoyers pour un changement du droit du travail afin de répondre à la crise économique, sont observés même dans les pays traditionnellement libéraux, comme, par exemple, la France. Le changement est observable sur le double plan de la production des règles et de leur contenu (*Cf.* not. Jemmaud, A., Le droit du travail en changement. Essai de mesure, *Dr. soc.* 1998, p. 211; De Munck, J., Les trois crises du droit du travail, *Dr. soc.* 1999, p. 443).

[117] Propositions pour une politique active de l'emploi à Djibouti, BIT, 1994, p. 29.

[118] L'article 6 de la loi n° 150/AN/91/2ème L. du 10 février 1991 portant sur l'orientation économique et sociale de la République de Djibouti pour la

promulgation de la loi du 23 septembre 1997 portant aménagement du Code de 1952[119]. Celle-ci reprise dans toutes ses dispositions par la loi du 28 janvier 2006 portant Code du travail[120] consacre une dynamique libérale. Elle promeut, tout d'abord, une série de libertés anciennes et nouvelles intéressant les relations individuelles et collectives du travail. Ensuite, elle entend faire reculer le droit d'origine étatique au profit d'un droit négocié, censé être capable d'adaptations aux évolutions techniques et économiques.

Toutefois, cette mutation du droit du travail djiboutien apparaît à l'analyse singulièrement ambivalente. En effet, malgré l'introduction d'une certaine flexibilité, le droit du travail d'origine étatique résiste grâce au maintien de dispositifs protecteurs issus de la législation antérieure. Il y a indéniablement une forme de paradoxe laissant cohabiter nouveaux espaces de liberté pour les partenaires sociaux et les individus et maintien d'une présence étatique prégnante en matière d'encadrement des relations de travail.

Notre étude entend précisément faire ressortir ce paradoxe ou cette ambivalence. Elle consistera tout d'abord à mettre en évidence les éléments attestant d'une dynamique libérale sur les relations de travail. Il s'agira ici de mesurer l'ampleur de la libéralisation du droit du travail djiboutien à travers ses différentes manifestations, de dégager les modalités et techniques juridiques mobilisées à cet effet. Elle tentera ensuite de mettre en évidence la survivance d'une présence de l'Etat dans l'encadrement juridique du travail subordonné. Ce faisant, elle souhaite contribuer à démontrer que la place de l'Etat djiboutien dans un contexte de libéralisation, loin de disparaître se trouve confortée dans des pans entiers du droit du

---

période 1990 à 2000 affirmait que « la protection sociale du travailleur et de ses ayants-droits sera révisée pour tenir compte des conditions réelles de l'économie et des mesures seront arrêtées pour encourager le recrutement des jeunes djiboutiens. Pour permettre d'arrêter des mesures pouvant inciter à la création de nouveaux emplois, des modifications de la législation du travail seront étudiées afin d'inciter à plus d'investissements dans notre pays, notamment par un allègement substantiel des coûts salariaux des entreprises ».

[119] Loi n° 140/AN/97/3ème L. du 23 septembre 1997 portant aménagement du Code de 1952.

[120] Loi n° 133/AN/05/5ème L. du 28 janvier 2006 portant Code du travail.

travail. Il sera question en l'espèce de montrer combien la libéralisation du droit du travail à Djibouti ne rime pas nécessairement avec abdication de l'Etat.

Il convient toutefois de relever que la législation sociale actuelle comporte très souvent une part d'indétermination. Celle-ci est bien plus importante que dans le cadre de la législation antérieure, notamment du fait de l'absence de publication de nombreux règlements d'application[121]. Il y a souvent place pour le doute. On doit donc souvent s'évertuer à lui trouver un sens et une cohérence logique[122]. L'objectif est de contribuer par cette étude, modestement, à un début de construction doctrinale globale du droit du travail djiboutien en « découvrant » ses normes et en les agençant, dans l'optique de faire ressortir les potentialités ou non de ce qu'Antoine Jeammaud a appelé la « mobilisation » des règles de droit pour l'action[123]. Il nous a semblé qu'un tel travail pourrait être utile pour la formation de la connaissance et sa transmission[124].

---

[121] Le Code du travail de Djibouti renvoie à 27 textes réglementaires. Sur les 27 textes réglementaires, deux seulement ont été publiés jusqu'à présent, et ce, à la différence du Code de 1952 qui fut complété, dans les mois qui suivirent son adoption, par plus de 1500 règlements d'application. Sur l'importance de cette production réglementaire, particulièrement dans le cas du Togo, voir Panier, E., L'Etat et les relations du travail au Togo, éd. L'Harmattan, 2014, pp. 139-160.

[122] On est averti : « Plus que tout autre droit, il (le droit du travail) est perçu davantage comme un enjeu que comme une règle de jeu» (*Cf.* Supiot, A., Critique du droit du travail, PUF, 1994, p. 198). En conséquence, écrit un autre auteur, « la technique juridique n'est pas neutre, elle est servante du maître qu'elle se choisit. Mais elle peut servir plusieurs maîtres indistinctement (d'où le danger de toute argumentation abstraite) (...). On réhabilite la discussion juridique, soit au profit des entreprises, soit au profit des salariés» (*Cf.* Lyon-Caen, G., La crise actuelle du droit du travail, *in* Collin, F. (dir.), « Le droit capitaliste du travail », PUG, 1980, p. 259).

[123] *Cf.* Jeammaud, A., Les règles juridiques et l'action, D. 1993, chron. IV.

[124] Christian Atias écrit « L'activité de connaissance du droit et de transmission de cette connaissance est la plus spécifique (assignée à la doctrine juridique); ni le législateur, ni le juge n'ont pour fonction de fournir des renseignements sur le droit; c'est à la doctrine seule que cette tâche incombe; elle est ainsi placée en position de relais entre le droit tel qu'il est et le droit tel qu'il est connu » (*Cf.* Atias, C., Epistémologie juridique, PUF,

Pour dégager le sens des textes en vigueur et celui de l'évolution du droit du travail à Djibouti, nous nous garderons de la tentation, à laquelle succombe trop souvent des juristes djiboutiens (magistrats compris), de croire qu'en raison de sa filiation avec le droit français, le droit du travail djiboutien peut être interprété à la lumière de la doctrine et de la jurisprudence de ce pays[125]. Il est nécessaire de faire le choix d'une interprétation aussi autonome que possible. Il faut toutefois bien avouer que la formation juridique antérieure et la langue, première matière de la réflexion, modèrent les velléités d'autonomie. En ces temps de mondialisation, nous ferons plutôt une plus grande place, tant en matière bibliographique, que dans les analyses et argumentations, au droit comparé ainsi qu'au droit international du travail, ainsi qu'encore aux travaux des organes de l'Organisation internationale du Travail (OIT), en particulier la Commission d'experts pour l'application des conventions et recommandations (CEACR)[126].

Cependant, en dépit des apports substantiels du droit international, la tâche s'avère difficile quand « *le chercheur ne peut s'assurer l'appui et le concours d'une jurisprudence établie, surtout quand on connaît le rôle et l'importance de celle-ci pour comprendre et saisir dans de multiples interprétations possibles un texte de loi* »[127]. La carence d'une publicité régulière de la jurisprudence, les difficultés d'obtenir

---

1985, cité par Bonnechère, M., Doctrine et droit du travail : éléments pour un débat, *Dr. Ouvr.* 2002, p. 474).

[125] Même si la législation française en matière du droit des contrats et antérieure à 1977, année de l'indépendance, continue officiellement de servir de référence aux praticiens du droit.

[126] La Commission d'experts pour l'application des conventions et recommandations (CEACR) fut créée en 1926 afin d'examiner en particulier la conformité de la législation et de la pratique des Etats membres de l'OIT avec les conventions qu'ils ont ratifiées. Dans son évaluation de la conformité des législations nationales, la Commission d'experts exerce une compétence qui a maintes fois été qualifiée de quasi-juridictionnelle bien qu'elle ne soit pas un tribunal. Elle exerce un pouvoir d'appréciation large dans le cadre de l'application de dispositions internationales sur la base des rapports soumis par les gouvernements conformément à leurs obligations constitutionnelles (*Cf.* not. Gravel, E., Charbonneau-Jobin, C., La Commission d'experts pour l'application des conventions et recommandations : Dynamique et impact, BIT, Genève, 2003, 102 p.).

[127] *Cf.* Ali Ragueh, M., *op. cit.*, p. 25.

certaines décisions de Justice ne facilitent guère la tâche[128]. Par ailleurs, la doctrine djiboutienne en matière de droit social en général, et en droit du travail en particulier, fait défaut pour l'instant. On ne sera donc pas surpris que cette étude ne prenne pas appui sur une bibliographie importante.

Dans ces conditions, l'atteinte de l'objectif doit avant tout compter sur le raisonnement personnel fondé sur la description de l'état normatif. Cependant, il ne s'agit pas de poursuivre une simple exégèse des textes. Un grand nombre d'analyse ou de questions soulevées ont été révélées au cours des discussions avec les praticiens du droit du travail, à l'occasion de rencontres improvisées[129], sur la base de rares rapports que l'on a pu trouver. Les interprétations avancées répondent souvent à des préoccupations pratiques en rapport avec l'action dans les milieux professionnel, administratif et judiciaire.

Malgré tout, on ne peut compter que sur ses seuls efforts pour tenter d'analyser tout le droit du travail, fusse-t-il djiboutien ou « djiboutianisé ». La nécessité d'une analyse qui tend à l'autonomie, en ne mélangeant pas droit djiboutien et droit français en dépit de leur filiation, n'exclut nullement, bien sûr, de s'appuyer sur la réflexion d'auteurs étrangers, en particulier français. Très souvent, les avis et commentaires d'éminents auteurs nous ont guidés précieusement dans notre propre réflexion, même lorsque leurs écrits ne se prêtaient pas toujours à des citations, et ne pouvaient pas faire l'objet d'une bibliographie importante. Enfin, les thèmes qui intéressent le droit de la sécurité sociale ne rentrent pas dans le champ de cette étude. Ils ont en effet connu un développement considérable et méritent une étude distincte, même si leur retentissement sur les relations de travail doit être, bien évidemment, relevé.

---

[128] En dehors de la question de la publication, c'est surtout la méconnaissance que les juges eux-mêmes ont du droit du travail, qui pose problème et réduit la pertinence de leurs décisions et la portée de leur contribution à la mise en cohérence des normes du droit du travail.

[129] Il faut déplorer ici la rareté des séminaires de formation en droit du travail dans les milieux universitaires ou extra-universitaires qui auraient servi sans doute à faire avancer la connaissance et la recherche en droit du travail à Djibouti.

Ces quelques indications méthodologiques faites, l'analyse proposée de la réalité (ou non) de la libéralisation du droit des relations de travail à Djibouti sera déclinée en deux parties. Dans la première, on s'intéressera à la dynamique libérale censée souffler aujourd'hui sur le droit du travail ; on repérera les domaines principalement concernés par la levée des contraintes administratives et juridiques, l'affirmation de libertés individuelles et collectives ou encore les délégations ou possibilités de dérogation attribuées aux partenaires sociaux (**TITRE 1**). Dans la seconde partie, on tentera de montrer comment l'Etat n'a pas abdiqué, comment il demeure présent, singulièrement dans quelques pans du droit du travail, tels que la sécurité et la santé des travailleurs, les temps de travail et de repos, la protection de travailleurs dits vulnérables, le droit de grève (**TITRE 2**).

TITRE 1: Une dynamique libérale
TITRE2: L'absence d'abdication de l'Etat

TITRE 1
UNE DYNAMIQUE LIBÉRALE

Le processus de libéralisation de la vie politique et de l'activité économique engagé durant les années 90 s'est traduit par des modifications majeures de la législation nationale du travail. La première Constitution de Djibouti adoptée le 15 septembre 1992 consacre le caractère libéral de l'Etat. On abandonne la référence au monopartisme[130] et s'interdit également l'expression de toute référence à l'impératif de mobilisation nationale[131]. En lieu et place, l'Etat entreprend des réformes politiques garantissant la propriété privée, les libertés de réunion et d'expression, le droit de créer des partis politiques et des associations. Ainsi, sont posés les fondements d'un processus de changement global de la société impliquant l'instauration de nouveaux rapports entre l'Etat et les citoyens, ouvrant de nouveaux espaces de liberté, faisant une plus grande place à la société civile et garantissant un contrôle démocratique des gouvernants. C'est cette représentation jointe aux effets de la crise économique des années 90 qui est à l'origine de la dynamique libérale qui va par la suite faire sentir son souffle sur le droit des relations de travail et, fondamentalement, sur les fonctions attribuées au droit du travail.

Le changement programmé[132] est finalement engagé en 1997 par l'adoption de la loi du 23 septembre 1997, elle-même suivie de

---

[130] L'article 7 de la loi n°199/AN/81 du 24 octobre 1981 portant mobilisation nationale disposait que « les partis politiques sont dissous et toute activité leur est interdite pendant la durée d'application de la présente Loi de Mobilisation Nationale, sous les peines prévues pour atteinte à la sureté de l'Etat. Le débat démocratique entre les différentes tendances de l'opinion publique s'exerce au sein du Rassemblement Populaire du Progrès dans les conditions fixées à l'article 4 de la présente loi ».

[131] Ibid., Article 3.

[132] L'article 28 de la loi n° 150/AN/91/2è L du 10 février 1992 portant sur l'orientation économique et sociale de la République de Djibouti pour la période 1990 à 2000 affirmait déjà que « les limites de création d'emplois nouveaux au sein de l'économie nationale doivent être repoussées grâce à des dispositions nouvelles qui susciteront de nouveaux investissements. Des mesures d'accompagnement seront envisagées pour atténuer et de manière

textes réglementaires qui seront repris en fin de compte par le Code du travail de 2006. Ces différents textes remettent au goût du jour d'anciennes libertés qui avaient été mises en veilleuse sous le régime du parti unique. Par ailleurs, ils en consacrent de nouvelles dans la perspective de flexibilisation de la gestion et de l'organisation du marché du travail. Un premier aspect important de ce changement réside dans la levée des contraintes administratives et juridiques qui pesaient sur toute une série de libertés intéressant les relations individuelles et collectives de travail (**Chapitre 1**). Le second aspect du changement porte sur le contenu même du droit du travail. Concrètement, cela se traduit par une inflexion de la réglementation dans le sens de l'extension des possibilités de dérogation accordées aux partenaires sociaux (**Chapitre 2**).

---

significative les coûts salariaux des entreprises. Il s'agira de rechercher en particulier: des réaménagements des Conventions d'entreprises pour y introduire davantage de souplesse dans les rapports employeurs employés; des simplifications de la législation sociale pour y intégrer les éléments nouveaux du contexte économique et sociale actuels ».

Chapitre 1
LA CONSÉCRATION DE LIBERTÉS

Au-delà des principes fondamentaux reconnus pouvant intéresser différentes branches du droit et trouver une application spécifique en droit du travail, la Constitution djiboutienne et les textes internationaux auxquels elle renvoie dans son préambule, proclament un ensemble de droits et libertés. Le droit du travail doit nécessairement les mettre en œuvre même si le législateur reste fondé à apporter à certains droits des restrictions au nom de l'intérêt général et de l'ordre public. Il en est ainsi de la consécration de la liberté individuelle du travail que l'on pourrait définir sommairement comme la faculté reconnue à tout homme de gagner sa vie en exerçant la profession de son choix (Section 1). La Constitution proclame également que les citoyens ont le droit de constituer librement des associations et syndicats, la loi étant appelée à définir les modalités d'exercice du droit syndical (Section 2).

Section 1 - La liberté individuelle du travail

Il n'existe pas, en droit djiboutien, de définition de la liberté du travail. On en trouve néanmoins mention dans deux dispositions juridiques. La première est celle de l'article 15 de la Constitution qui garantit l'exercice du droit de grève à condition que celle-ci ne porte pas atteinte à la liberté du travail. La seconde est celle de l'article 8 de la Charte africaine des droits de l'homme et des peuples[133] qui consacre la liberté de profession et interdit, sous réserve de l'ordre public, toute mesure de contrainte visant à la restreindre.

Le fait que ces dispositions fassent référence à la liberté du travail donne à celle-ci une valeur constitutionnelle, admise comme telle par les juridictions ordinaires. Le Conseil constitutionnel n'a toutefois jamais eu à disposer à propos de ces dispositions. En effet, bien que garant des droits et libertés garantis par la Constitution, cette instance a eu rarement à traiter dans son histoire d'autres questions que celles liées au contentieux électoral[134].

Il est permis toutefois de définir la liberté de travail comme le droit de tout individu « de travailler comme il l'entend, là où il veut, pour le compte de qui il veut dans les conditions qu'il a bien voulu accepter »[135] ; elle implique également le droit de refuser un travail

---

133 La Charte africaine des droits de l'homme et des peuples, adoptée le 27 juin 1981 à Nairobi, a été ratifiée par la République de Djibouti, le 11 novembre 1991. La Constitution du 15 septembre 1992 renvoie , dans son préambule, à deux textes, à savoir la Déclaration universelle des droits de l'homme et la Charte africaine des droits de l'homme et des peuples. Cette dernière fait donc partie intégrante du bloc de constitutionnalité.

134 *Cf.* Mohamed Abdillahi, B., La Juridiction constitutionnelle en République de Djibouti : Enjeux et Perspectives de la garantie des droits et des principes fondamentaux, questionnes constitucionales, 2006 n° 015, Universidad Nacional Autonoma de Mexico, p. 18 ; Leclercq, C., La Constitution de la République de Djibouti du 15 décembre 1992, *RJPIC*, Vol. 47, n° 1, 1993, pp. 71-77;

135 *Cf.* not. Pélissier, J., La liberté du travail, *Dr. soc*, 1990, p. 19; Revet, Th., La liberté du travail, *in* Cabrillac, R., Frison-Roche, M.-A. et Revet, Th. (dir.) « Libertés et droits fondamentaux», Dalloz, 9ème éd. 2003, p. 653; Le Crom, J.-P., La liberté du travail en droit français. Essai sur l'évolution d'une notion à usages multiples, *Diritto romano attuale*, 2006, 15, pp. 139-162.

pour des motifs qu'il n'a pas à rendre compte et de mettre fin, au besoin, aux relations de travail. Il ressort de cette définition que la liberté du travail a une double face : liberté de travailler et de ne pas travailler mais aussi liberté de choisir son métier.

Cependant pour être exercée dans sa plénitude, la liberté du travail nécessite l'affirmation d'un certain nombre de principes législatifs, réglementaires voire conventionnels, concernant le candidat à l'emploi que le salarié en fonction (**§ 1**). Elle se traduit aussi par l'obligation pour l'Etat d'agir pour lever les obstacles de fait ou de droit à la liberté de travail qui passe essentiellement par une nouvelle organisation du marché du travail (**§ 2**).

§ 1 - L'affirmation de principes

Le principe fondamental de la liberté du travail est contenu dans l'expression elle-même. Le travail est donc par définition libre. Chaque personne doit pouvoir s'engager comme elle l'entend et auprès de qui elle le souhaite en fonction de ses compétences et de son savoir-faire. Il est possible de décliner ce principe de deux manières : La première s'incarne dans l'interdiction du travail forcé (**A**) alors que la seconde est la liberté de contracter (**B**).

A - L'interdiction du travail forcée

Selon la Convention n° 29 de l'OIT, l'expression « travail forcé ou obligatoire » désigne tout travail ou service exigé d'un individu sous la menace d'une peine quelconque et pour lequel ledit individu ne s'est pas offert de son plein gré[136].

---

[136] Article 2-1 de la convention n° 29 de l'OIT du 26 juin 1930 sur le travail forcé, ratifiée par la République de Djibouti le 3 août 1978. Le travail forcé est également interdit par la Déclaration relative aux principes et droit fondamentaux (1998) qui s'impose à tous les Etats membres de cette Organisation.

Diverses raisons d'ordre économique et social ont été invoquées pour justifier le travail forcé : la nécessité de mettre en valeur les colonies, l'absence de main d'œuvre ou de moyens de transport[137] ainsi que le devoir social de travailler[138]. Cependant, ces justifications ne sauraient cacher les véritables desseins du travail forcé. En effet, quelles que soient les formes qu'il peut prendre, le travail forcé traduit, avant tout, la nécessité de disposer d'une force de travail abondante et bon marché. Il s'agit, selon Hilaire Babassana, « d'une forme d'extorsion du surtravail considérée par ses défenseurs comme le meilleur moyen pratique pour réaliser une accumulation facile et immédiate du capital »[139].

On se doit de revenir sur la mise en œuvre concrète du travail forcé durant la période coloniale en Côte française des Somalis (**1**) ; nous verrons ensuite quand et comment a été aboli le travail forcé (**2**) avant d'étudier les formes qu'il peut revêtir aujourd'hui eu égard à la

---

[137] Déclaration de Duchene, Chef du bureau Afrique du Ministère des Colonies, citée par Leroy-Beaulieu. De la colonisation chez les peuples modernes, éd. Guillaumin, Paris, 1874, p. 56.

[138] Déclaration du Gouverneur général Olivier : « Le travail obligatoire n'est pas seulement la condition sine qua non de toute civilisation, de tout progrès. La liberté du travail n'entre dans les lois d'un pays qu'après l'obligation du travail est entrée dans les mœurs » (*Cf.* Olivier, M., Six ans de politique sociale à Madagascar, éd. Grasset, 1931, p. 100) ; dans le même sens, la déclaration du Conseil supérieur des colonies : « Le premier devoir de l'administration coloniale est de répandre chez les indigènes la notion de nécessité du travail conçue comme facteur essentiel de tout progrès individuel et collectif, de toute accession au bien-être et à la prospérité » (*Cf.* Du Vivier de Streel, E., Les puissances coloniales devant la conférence internationale du travail et le débat de Genève sur le travail forcé, Tome XII de l'Académie des sciences sociales, s.l s.n, 1930, p. 51). D'autres auteurs vont même jusqu'à parler « d'hérédité paresseuse » (*Cf.* Ninine, J., La main d'œuvre indigène dans les colonies françaises, Thèse Droit, Paris, Jouve et compagnie éditeurs, 1932, pp. 10-11), de « populations locales indolentes avec des goûts extrêmement simples, insensibles à l'appât du gain et peu désireuses d'échanger leur existence tranquille et insouciante, dans laquelle les travaux les plus rudes sont la part des femmes contre le labeur régulier de la vie sur les chantiers » (*Cf.* Mercier, R., Le travail obligatoire aux colonies, thèse, Droit, Nancy, Impr. nouvelle, Vesoul, 1933, p. 14).

[139] *Cf.* Babassana, H., Travail forcé, expropriation et formation du salariat en Afrique noire, PUG, Grenoble, 1978, p.173.

persistance, après son abolition, d'un cadre législatif et de pratiques informelles facilitant ou permettant d'atteindre à la liberté individuelle du travail (**3**).

1 - Les formes coloniales du travail forcé

Pour l'étude particulière de la législation et de la pratique du travail forcée dans la Côte Française des Somalis (CFS), nous distinguerons, comme l'a fait le Bureau international du Travail (BIT)[140] : le travail forcé pour fins publiques d'intérêt général (**a**) le travail forcé pour fins publiques d'intérêt local (**b**).

Nous n'aborderons pas le travail forcé dans l'intérêt des particuliers auquel se sont toujours refusées les autorités coloniales de la CFS mais qui fait partie intégrante de la distinction opérée par le BIT.

a) Le travail obligatoire d'intérêt général

Il n'y a pas eu CFS de législation autorisant la réquisition de main d'œuvre pour l'exécution des travaux d'intérêt général[141]. Diverses raisons expliquent le non recours par l'administration coloniale à la réquisition forcée : la relative abondance de la main d'œuvre venue des pays limitrophes, la petitesse du territoire, son statut de protectorat, la répugnance des tribus habitant le territoire à s'urbaniser.

Tous les grands travaux entrepris par la France, en particulier la construction du chemin de fer reliant le territoire à l'Ethiopie, ont pu être exécutés en employant exclusivement de la main d'œuvre

---

[140] *Cf.* not. Lespinasse, J., Le travail forcé dans les colonies françaises et la Société des Nations, Thèse, Droit, Bordeaux, 1933, p. 33.

[141] Contrairement à d'autres territoires africains où les réquisitions forcées de travailleurs coloniaux ont été monnaie courante (*Cf.* Babassana, H., *op. cit.*, p. 212 ; Diallo, L., Le travail forcé dans la région de Gilungu Wubri-tenga, in Massal, J. et Madiega, Y.G., « La haute Volta coloniale », éd. Karthala, 1995, pp. 163-178 ; Michel, M., Les plantations allemandes du Mont Cameroun (1885-1914) *Revue française d'histoire outre-mer*, n° 57, 1970, pp. 183-213).

libre étrangère, surtout composée de yéménites et de somalis[142]. Le seul texte que l'on puisse citer est l'arrêté du 11 septembre 1912 réglementant le droit de répression par voie disciplinaire[143] et qui, prévoyant certaines pénalités pour certaines catégories d'infractions commises par les indigènes, signale dans son paragraphe 23 « le refus ou négligence de faire des travaux ou de prêter les services réclamés par réquisition écrite ou verbale, dans tous les cas intéressant l'ordre, la sécurité et l'utilité publics, ainsi que dans les cas d'incendie, naufrages et autres sinistres ». On pourrait citer accessoirement l'arrêté du 27 avril 1934 déclarant « passibles de prison les indigènes de la CFS reconnus en état de vagabondage, c'est-à-dire qui n'ont pas d'occupation habituelle avouable, ni argent, et ceux qui n'ont pas de domicile fixe ou qui ne peuvent justifier de leur présence accidentelle sur le lieu où ils ont été appréhendés »[144].

b) Le travail obligatoire d'intérêt local

C'est surtout le régime des prestations qui est le type de cette sorte de travail. La prestation se définit comme une charge fiscale frappant tous les hommes valides d'une tranche d'âge et se traduisant par la participation matérielle à l'exécution de certains travaux[145]. Son régime juridique a été institué et organisé en CFS par

---

[142] Un auteur écrit que « les populations nomades locales répugnaient en effet à s'urbaniser et ne participèrent pas à la construction du chemin de fer » (*Cf.* Pairault, L.G, Le verrou de la mer rouge. L'armée et la côte française des somalis, Revue Internationale d'Histoire Militaire, Paris, 2002, p. 12). Cela contraste avec l'établissement de la très longue ligne de fer reliant Brazaville à Pointe noire (plus de cinq cent kilomètres dont l'ampleur des réquisitions de travailleurs locaux a eu un retentissement jusque dans l'opinion publique française (Voir étude détaillée de cet exemple de réquisition coloniale de travailleurs à grande échelle dans l'article : Sautier, G., Notes sur la construction du chemin de fer Congo-océan, *op. cit,* pp. 219-299).

[143] Arrêté du 11 septembre 1912 réglementant le droit de répression par voie disciplinaire des infractions spéciales à l'indigénat, *JO CFS* de septembre 1912, p. 283.

[144] Article 3 de l'arrêté du 27 avril 1934 réprimant la mendicité, le vagabondage et le racolage à la Côte française des Somalis, *JO CFS* du 1er avril 1934, p. 101.

[145] Elle a pu être qualifiée par un auteur « d'impôt de sueur » en référence à la corvée seigneuriale et royale exigée en France jusqu'à la révolution

l'arrêté du 24 janvier 1931 qui limite aux travaux suivant l'usage de la main d'œuvre : « Construction et entretien des rues , routes et ponts, entretien des ports en ce qui concerne l'exécution des travaux facilitant la navigation, construction et entretien des bâtiments administratifs, exécution des travaux intéressant l'hygiène et l'assainissement, forage de puits et tous travaux d'irrigation et de création de points d'eau et oasis ainsi que tous travaux profitant directement à l'indigène »[146].

Le programme des travaux annuels et la liste des indigènes astreints aux prestations sont établis par le Gouverneur de la colonie. Les travaux en prestation sont exécutés en principe sur les territoires d'habitat des tribus auxquelles appartiennent les prestataires. Les prestations sont dues par les indigènes âgés de 15 à 60 ans avec de nombreuses exceptions. Le nombre des journées de prestations est fixé à 5 jours par année et par prestataire[147]. La prestation peut toujours être rachetée, suivant un prix fixé chaque année par le Gouverneur de la colonie correspondant en principe à la journée de manœuvre dans la région intéressé[148]. Le produit du rachat est affecté à des travaux à accomplir dans la circonscription d'origine de l'indigène admis au rachat. Enfin, les prestataires ne reçoivent aucune ration en nature sauf ceux affectés en dehors de leur territoire d'élection[149].

Malgré toutes ces dispositions, cette règlementation reste parcellaire dans la mesure où elle n'aborde pas les conditions de travail des prestataires. Les textes règlementaires renouvelés tous les ans ne se préoccupent que de répondre aux questions qui, pourquoi et combien de temps sans se soucier du comment. Rien n'est prévu quant à l'hygiène et aux conditions sanitaires des chantiers accueillant des prestataires. La durée de la journée de travail n'est pas limitée. Aucune disposition ne fait mention d'une quelconque

---

française de 1789 (*Cf.* Oussouby, T., Le refus du travail forcé au Sénégal oriental, *in Cahiers d'études africaines*, Vol 24, éd. EHESS, Paris, 1984, p. 27).

146 Article 1er de l'arrêté du 24 janvier 1931 instituant des prestations à la Côte française des Somalis et en organisant le régime, *JO CFS* du 1er mai 1931, p.95.

147 Ibid., article 4.

148 Ibid., articles 8 et 10.

149 Ibid., article 3.

indemnité allouée au prestataire ou à sa famille en cas d'accident ou de maladie survenus pendant l'exécution de ces journées. Ce vide règlementaire témoigne du fait que les prestataires ne furent pas considérés comme des travailleurs classiques. Ils sont exclusivement vus comme des contribuables à qui l'on impose de travailler pour régler l'impôt dû.

Ces différents types de travaux forcés ont eu des effets destructeurs sur la vie des populations colonisées[150]. En effet, le travail forcé a entraîné un dépeuplement massif, la désagrégation des communautés villageoises ou familiales et a été perçue comme un châtiment infligé par l'administration coloniale hypothéquant la conversion des esprits africains au travail libre. Les défauts et les excès du travail forcé n'étant plus à démontrés, c'est sous la pression continue des organisations internationales que la France se décida à l'interdire[151].

---

150 *Cf.* not. Augagneur, V., Erreurs et brutalités coloniales, éd. Les nuits rouges, Paris, 2010, 216 p. ; Londres, A., Terre d'ébène (la traite des noirs) Paris, éd. serpent à plumes, 1998, chapitre XXVII, Le drame du Congo-Océan pp. 227-236. Extraits : « Aujourd'hui il faut parler. La France a le droit de savoir. Un drame se joue ici. Il a pour titre Congo-Océan. (…) . J'ai vu construire des chemins de fer ; on rencontrait du matériel sur les chantiers. Ici, que du nègre ! Le nègre remplaçait la machine, le camion, la grue ; pourquoi pas l'explosif aussi ? (…). Il fallut remplacer les morts, recruter derechef. A ce moment que se passa-t-il ? Ceci : dés qu'un blanc se mettait en route, un même cri se répandait : la machine ! Tous les nègres savaient que le blanc venait chercher des hommes pour le chemin de fer ; ils fuyaient ».

151 Toutefois, selon un auteur , « au sein de l'empire coloniale, la CFS a ses propres spécificités, ce qui a des incidences sur le rapport colonisateur-colonisé. Les sociétés assujetties et les indigènes du territoire n'ont été soumis ni à l'impôt ni aux prestations de travail ni à la conscription (…). Les populations, hormis dans les noyaux proto-urbains, ne sont pas recensées et méconnaissent l'état civil. Il n' y a donc eu ni brusque transfert de l'Etat ni contrainte jusqu'à la fin des années 20 » qui coïncident avec les débuts de la remise en cause du travail forcé (*Cf.* Hassan Ali, A., Les sociétés djiboutiennes en situation coloniale de 1862 à 1946, *in* Said Chiré, A. et Biringanine, N., (dir.), éd. Karthala, 2011, p. 67).

2 - L'abolition du travail forcé

Si le travail forcé au profit des particuliers fut très tôt interdit en Afrique, celui dans l'intérêt général eut la vie plus dure. En effet, aucune disposition ne lui était consacrée dans le pacte de la SDN[152]. Seuls les mandats sur le Togo et le Cameroun prohibaient tout travail forcé ou obligatoire, sauf pour les travaux et services publics essentiels[153] ; deux résolutions de l'Assemblée générale de la SDN, prises le 25 septembre 1926, posaient le principe que le travail forcé pour des fins publiques doit être exceptionnel et que ses modalités ne doivent pas conduire à une situation analogue à celle de l'esclavage[154].

L'action de l'OIT fut, en revanche, plus décisive. Elle commença par un rapport sur le travail forcé en 1927 soumis à la Conférence international du travail, lors de sa 12ème session en 1929 qui établit un questionnaire, connu sous le nom du « livre gris »[155], à adresser aux Etats dans le but d'élaborer une convention internationale « Livre rouge » ; les réponses au questionnaire et les projets de conventions furent rassemblés dans un nouveau rapport établi par le BIT « livre bleu ». Ce n'est finalement que le 26 juin 1930 que verra le jour la première convention internationale sur le travail forcé.

Cependant, ce texte international, loin de prohiber le travail forcé de façon absolue, le tolérait que pour des fins publiques et pour une période transitoire indéterminée tout en le réglementant. Ceci a fait dire à un auteur que cette convention constituait un véritable code du travail forcé[156]. Après avoir défini le travail forcé, la convention en exclut :" le travail exigé en vertu des lois sur le service et de caractère purement militaire ; le travail ou service faisant partie

---

152 *Cf.* not. Sayegh, I., Encyclopédie juridique de l'Afrique: Droit des relations professionnelles, Tome 8, Nouvelles Editions Africaines, 1982, p. 31.
153 Ibid., p. 31.
154 *Cf.* not. Rolland, L., Précis de législation coloniale: colonies, Algérie, protectorats, pays sous mandats, Dalloz, Paris, 1940, p. 233.
155 *Cf.* not. Monet, P., Les jauniers. Rapport du BIT sur le travail forcé. Livre gris, 1929, p. 261 et s.
156 *Cf.* not. Gonidec, P.F, Kirsh, M., Droit du travail des territoires d'Outre-mer, LGDJ, 1958 p. 34.

des obligations civiques normales des citoyens d'un pays se gouvernant pleinement lui-même ; tout travail exécuté comme conséquence d'une condamnation judiciaire pour le compte de l'administration ; tout travail ou service exigé dans les cas de force majeure (guerre, sinistres, toutes circonstances mettant en danger les personnes) ; les menus travaux de village effectués dans l'intérêt de la collectivité par les membres de celle-ci"[157].

En outre, la convention n° 29 réaffirme la prohibition du travail forcé dans l'intérêt des particuliers ainsi que toute contrainte indirecte au travail. Quant au travail forcé dans l'intérêt général, il n'est maintenu que pour une période transitoire, à titre exceptionnel et se trouve réglementé de façon précise et rigoureuse (âge, aptitude, durée, rémunération, nourriture, sécurité, hygiène…).

L'OIT poursuivra son action, en adoptant trois autres conventions ayant des incidences sur le travail forcé : la convention n° 50 du 20 juin 1936 réglementant le recrutement, pour précipiter l'élimination du recrutement forcé et favoriser l'offre spontanée de travail ; la convention n° 64 du 27 juin 1939 règlementant les contrats à long terme pour éviter que le travailleur se trouve dans l'impossibilité de se libérer des liens d'un tel contrat ; la convention n° 65 du 27 juin 1939 réglementant les sanctions pénales pour manquements au contrat du travail.

L'OIT va enfin passer le témoin à l'ONU. Ce dernier sera plus ferme sur le problème du travail forcé. Ces deux organisations internationales vont confier à un comité la mission d'étudier la nature et l'étendue des problèmes posés par le travail forcé dans le monde. Ce comité siègera de 1951 à 1953 et déposera un rapport le 27 mai 1953.

En France, la convention sur le travail forcé sera approuvée sept années après son adoption par une loi du 17 juin 1937, et ce, sous certaines réserves[158]. C'est dire que la France à été à la traîne dans le

---

[157] Article 2-2 de la convention n° 29 de l'OIT.

[158] Les réserves formulées par le Gouvernement se trouvaient déjà dans ses réponses au questionnaire du BIT et traduisent l'idée que la réglementation envisagée doit s'inscrire dans la réalité coloniale. Extrait de ces réponses cité

mouvement international pour l'abolition du travail forcé et la liberté du travail[159]. Le travail forcé a été maintenue dans les colonies françaises en dépit des tentatives d'assouplissement du régime[160]. La conférence de Brazzaville elle-même de 1944, tout en proclamant le principe de la liberté du travail dans un délai de 3 ans, ne met pas fin au travail forcé : elle tolère provisoirement le recours aux réquisitions de main d'œuvre. C'est finalement au terme d'une lutte acharnée des parlementaires africains que la France interdit le travail forcé par une loi du 6 avril 1946[161] sans le définir et sans prévoir de contrôle ni de sanction en cas de violation[162]. Il faut attendre la loi du 15 décembre 1952 instituant un Code du travail dans les territoires d'outre-mer pour que ces lacunes soient comblées[163].

L'OIT reviendra en 1957 pour obtenir l'interdiction absolue du travail forcé, lors de sa quarantième session, à travers la Convention n° 105 qui sera ratifiée par la République de Djibouti l'année suivant l'indépendance, exactement le 3 août 1978.

---

par Lespinasse : « Le gouvernement français n'est pas opposé à l'adoption par la Conférence internationale du travail d'un projet de convention ayant pour objet la suppression du travail forcé ou obligatoire. Le travail forcé n'est en aucun cas admis par la législation pour des fins privées. En ce qui concerne le travail forcé ou obligatoire pour des fins publiques, le Gouvernement français estime n'en pouvoir envisager la suppression totale qu'après une période transitoire comportant des étapes correspondant au degré d'évolution ethnique et sociale des populations dans ses diverses possessions » (*Cf.* Lespinasse, J., *op. cit.*, p. 102).

159 *Cf.* not. Guèye, O., Sénégal : histoire du mouvement syndical : la marche vers le Code du travail, éd. Karthala, 2011, p. 123.

160 Le décret du 21 août 1930 réglementait déjà le travail forcé en reprenant l'essentiel des dispositions de la convention de l'OIT de 1930.

161 Loi n° 46-645 du 11 avril 1946 tendant à la suppression du travail forcé dans les territoires d'Outre-mer (*JORF* du 12 avril 1946, p. 3063).

162 « Sur le plan juridique, cette loi du 11 avril apparaît comme singulièrement catégorique. Le travail forcé est interdit de façon absolue, proclame l'article 1er ; l'article 2 prévoit pour sanctionner les infractions au principe ainsi posé des peines correctionnelles qui seront édictées par des textes qui, d'ailleurs, ne sont pas encore intervenus » (*Cf.* Chatelain, J., L' évolution du statut des populations d'outre-mer en droit public, *Revue juridique et politique de l' Union française*, 1947, p .93)

163 Article 2 du Code de 1952.

Prenant en compte cette expérience traumatisante, le Code de 2006 a repris à son compte la définition et la répression du travail forcé telles que prévues par le Code de 1952[164]. En revanche, affirmer que le travail forcé est révolu et appartient au passé ne serait pas sérieux[165]. Le travail forcé continue en effet de se manifester sous de nouvelles formes dans le monde. En témoignent à Djibouti l'existence de lois et règlements contenant des dispositions attentatoires à la liberté du travail ainsi que la banalisation de pratiques informelles de travail forcé.

3 - Les formes contemporaines du travail forcé

L'article 2 du Code du travail de 2006 interdit le travail forcé de manière absolue. Cette disposition n'a pas d'équivalent dans les textes régissant la fonction publique. Cette absence d'équivalent ne remet pas en cause la portée impérative du principe d'interdiction du travail forcé qui trouve sa légitimité dans le droit international en matière des droits de l'homme[166]. En revanche, elle coïncide avec l'existence de lois ou règlements intéressant la fonction publique et restreignant la liberté des agents de l'Etat, notamment celle de démissionner de son poste (**a**). Par ailleurs, dans les faits, un petit nombre de femmes ou d'hommes transitant dans le pays et venant des pays limitrophes (Somalie, Ethiopie, Erythrée) ainsi que des jeunes filles djiboutiennes pauvres se voient souvent soumises à la servitude domestique et subissent à l'occasion des abus de la part des personnes qui les emploient (**b**).

---

[164] Article 2 du Code de 2006.

[165] Deux auteurs écrivent à ce propos : « Dans le monde d'aujourd'hui, le travail forcé ou obligatoire est imposé à des fins de production ou de service, et en tant que sanction ou corolaire de punition ; il est exigé par l'Etat ou par des personnes ou entités privées, sous couvert de lois et réglementations nationales ou illégalement, ouvertement à l'insu du public » (*Cf.* Kern, M., Sottas, C., Abolition du travail forcé ou obligatoire *in* « Droits fondamentaux au travail et normes internationales du travail », BIT, Genève, 2004, p. 35).

[166] Le principe de l'autorité du droit international sur le droit national est nouvellement introduit par la Constitution de 1992. La loi constitutionnel n° 1 du 27 juin 1977 n'établissait pas cette hiérarchie. Son article 4 énonçait seulement que le Président de la République « négocie et approuve les traités et les conventions internationales, qui sont soumis à la ratification de l'Assemblée nationale ».

a) Les restrictions légales à la liberté de démissionner

En examinant la question de « l'offre de plein gré » qui fait partie intégrante de la définition du travail forcé, Les organes de l'OIT ont abordé différentes questions parmi lesquelles celle de pouvoir revenir sur un consentement qui avait été donné antérieurement en toute liberté. Ces derniers ont estimé que, bien que l'emploi soit originellement le résultat d'un accord conclu librement, le travailleur ne saurait aliéner son droit au libre choix de son travail. En conséquence, les dispositions légales empêchant un travailleur engagé pour une durée indéterminée de mettre un terme à son emploi moyennant un préavis raisonnable ont pour effet de changer un rapport contractuel basé sur la volonté des parties en un service imposé par la loi et sont en contradiction avec les conventions relatives au travail forcé. Il en est de même lorsque le travailleur est tenu de servir au-delà de l'échéance d'un contrat à durée déterminée[167].

La CEACR a ainsi soulevé des cas de restrictions à la liberté de démissionner qui ont été imposées par le gouvernement djiboutien à des catégories de personnes qui sont à son service. C'est le cas de l'article 8 du décret du 7 mars 1991 relatif au statut particulier des médecins et pharmaciens-chimistes[168] lesquels doivent servir dans l'armée pendant une période de quinze ans. Outre le caractère excessif de la durée de service imposé, le texte pose un autre problème : il n'opère aucune distinction entre temps de paix et de guerre. Un tel dispositif aurait permit, selon le CEACR à ces agents de « démissionner en temps de paix dans des délais raisonnables soit à des intervalles déterminés, moyennant un préavis, sous réserve des conditions qui peuvent être exigées pour assurer la continuité du service »[169]. Dans le même esprit, on peut citer l'article 52 de la loi du 26 juin 1983 sur le statut de la fonction publique[170] qui indique que les

---

[167] CEACR, Etude d'ensemble sur l'abolition du travail forcé, BIT, Genève, 1979, § 68.

[168] Décret n° 91-029/PR/DEF du 7 mars 1991 relatif au statut particulier des médecins et pharmaciens chimistes militaires.

[169] CIT, 103ème session, 2013, Demande directe, CEACR, convention n°29, Djibouti.

[170] Loi n° 48/AN/ 83/1ère L du 26 juin 1983 portant statut général des fonctionnaires.

demandes de démission doivent être acceptées régulièrement par l'autorité compétente[171]. Même si le gouvernement djiboutien a indiqué, à plusieurs reprises, à la commission d'experts que tout fonctionnaire désirant démissionner pouvait le faire et qu'aucun n'a été poursuivi pour avoir quitté son poste avant terme, il n'en demeure pas moins qu'il continue d'utiliser d'autres procédés indirects qu'on pourrait qualifier de liberticides.

En effet, cette disposition attentatoire à la liberté de démissionner est souvent utilisée par certains ministres pour bloquer l'embauchage de fonctionnaires démissionnaires par les entreprises privées et les organisations internationales. Ces dernières craignant des mesures de rétorsion ou une détérioration de leurs relations avec l'Etat refusent en général de recruter tout fonctionnaire dont la démission n'aurait pas été acceptée au sens de l'article 52 précitée. Le gouvernement justifie en général ces blocages par le pillage des ressources humaines qualifiées qui risque, selon lui, d'hypothéquer à terme le bon fonctionnement des services publics. Même si l'argument de la fuite des cerveaux[172] peut paraître légitime à certains égards, on pourrait regretter l'absence de traitement par le gouvernement de ses véritables causes à savoir l'absence de bonne gouvernance, les conditions de travail exécrables et les salaires dans la fonction publique non réévalués depuis la fin des années 90.

Enfin, l'application de ces dispositions est souvent à géométrie variable : les fonctionnaires démissionnaires issus de certains clans, ayant de liens de famille ou de sympathie avec le ministre concerné

---

[171] Dans certains pays africains, le statut stipule également que la démission n'a d'effet que pour autant qu'elle est acceptée par l'autorité investie du pouvoir de nomination. En revanche, contrairement à Djibouti, cette autorité dispose d'un délai variable, selon le pays, pour se prononcer. C'est également à ladite autorité qu'il revient de fixer la date d'effet de la démission, une fois celle-ci acceptée (*Cf.* Oumarou, M., Le dialogue social dans l'administration publique des pays membres de l'Union économique er monétaire (UEMOA), Document n° 11, BIT, janvier 2007, pp. 17-18).

[172] Sur la question de la fuite des cerveaux en Afrique: Kouvibidila, G.-J., La fuite des cerveaux en Afrique, le drame d'un continent réservoir, éd. L'Harmattan, 2010, 272 p.; Unesco, La fuite des compétences en Afrique francophone, Etats des lieux, problèmes et approches de solutions, 2004, 35 p.

ou avec une autorité haut placée ou encore ayant rendu de bons et loyaux services au régime politique, ne se verront en effet rarement opposés cette législation contraignante.

Au-delà de cette réglementation restrictive concernant les agents de l'Etat, il existe de travailleurs ou travailleuses 'forcés' qui ne bénéficient d'aucune attention ou protection de la part des pouvoirs publics. Il s'agit principalement des travailleurs qui sont employés aux tâches domestiques dont les conditions de travail réunissent en partie les critères du travail forcé au sens de la convention n° 29.

b) Les conditions d'emploi des travailleurs domestiques.

Selon les estimations du BIT, il y aurait entre 50 et 100 millions de travailleurs domestiques dans le monde[173] même si l'absence fréquente de déclaration officielle des relations d'emploi dans ce secteur conduit à relativiser toutes statistiques[174]. Dans une récente convention adoptée par l'OIT, le 16 juin 2011, le travail domestique est défini comme « un travail exécuté dans ou pour un ménage ou des ménages »[175]. Dans la plupart des pays, il s'agit activité non réglementée, sous-évaluée, « effectuée principalement par des femmes et des jeunes filles, dont beaucoup sont des migrantes ou appartiennent aux communautés défavorisées et qui sont particulièrement exposées à la discrimination liée aux conditions d'emploi et de travail et aux autres violations des droits humains »[176].

Ce descriptif de l'OIT colle, en grande partie, aux réalités du travail domestique à Djibouti. En effet, depuis quelques années, les guerres civiles et la misère ont poussé des milliers de femmes et hommes éthiopiens et somaliens sur le chemin de l'exil à Djibouti. Il

---

173 *Cf.* not. BIT, Le travail domestique n'est pas un simple problème domestique, BIT Magazine Travail n° 72, août 2001.

174 *Cf.* not. Auvergnon, Ph., Le travail domestique sur le chemin du travail décent, Migraciones internacionales : impacto de la crisis econômica. Compromissos de la OIT, Jurua Editora Curitiba/Lisboa, 2013, p. 279.

175 Article 1er alinéa 1 de la convention n° 189 de l'OIT.

176 § 4 du préambule de la convention n° 189 sur les travailleuses et travailleurs domestiques du 16 juin 2011 non ratifiée à ce jour par la République de Djibouti.

s'agit d'une aubaine pour les familles bourgeoises ou issues des classes moyennes qui exploite ces travailleurs « sans-papiers »[177] contribuant ainsi au confort des épouses.

Jusqu'à la moitié des années 80, le travail domestique n'était pas très répandu à Djibouti. Plusieurs raisons peuvent être avancées : tout d'abord, la différentiation sociale n'était pas suffisante pour entraîner le recours au service domestique par les familles, à l'exception des familles bourgeoises, et le fait d'avoir à son service des travailleurs domestiques constituait, à certains égards, un signe distinctif de richesse. Ensuite, les femmes et filles de la famille remplissaient ces tâches domestiques au sein même de l'organisation familiale. Enfin, des filles venues de la brousse, issues ou non des branches de la famille élargie étaient parfois accueillies au sein du foyer familial. Elles étaient par la suite affectées aux tâches domestiques. Traitées comme des membres de la famille, elles ne percevaient pas de rémunération, mais on leur offrait des vêtements au moment des fêtes religieuses et à leurs parents une contribution annuelle, qui s'apparentait plus à une aumône qu'à un dû ou à un salaire[178].

Le relâchement des liens familiaux ou sociaux, l'intégration professionnelle des femmes ainsi que la fréquentation scolaire des filles ont augmenté, au cours des deux dernières décennies, la demande de main d'œuvre domestique à Djibouti. Moins de filles sont donc disponibles pour aider aux tâches ménagères. Tous ces éléments auraient dû faire l'affaire de ces travailleurs domestiques venant des pays voisins. Il n'en est rien. Rares sont ces employés domestiques qui bénéficient d'un contrat et sont déclarés à la Caisse Nationale de Sécurité Sociale (CNSS). Leur situation irrégulière conduit à un rapport de force d'autant plus défavorable que l'employé est sous la protection ou plutôt dans la dépendance de son employeur. Les travailleurs domestiques perçoivent en général des salaires modiques que n'hésitent à retenir parfois certains

---

[177] Sur la situation de ceux et celles que l'on nomme sans « papiers » : Bonnechère, M., Immigration et travail décent, *Dr. Ouvr.* 2010, pp. 1-16.

[178] *Cf.* not. Destremeau, B., L'émergence d'un marché du travail domestique au Yémen : Une étude sur Sana' a, *Revue Tiers-Monde*, 2002, n°470, pp. 327-351.

employeurs véreux sous différents prétextes[179]. Leurs connaissances linguistiques limitées, leur non-appartenance aux tribus du pays et leur faible niveau d'éducation associés à leur statut illégal les empêchent de signaler ces abus.

Par ailleurs, leurs conditions de travail s'apparentent dans la majorité des cas à des situations d'esclavage domestique et de servitude. Ces travailleurs domestiques sont souvent exposés à des conditions et amplitude de travail inhumaines facilitées par le caractère invisible de leur travail[180]. Par exemple, le cas des femmes de ménage faisant la lessive à la main pour un foyer de cinq personnes au minimum, elles travaillent sans répit sept jours sur sept de 6h du matin jusqu'à 20 h du soir et n'ayant aucun congé. Il peut en aller de même d'hommes et jeunes garçons souvent employés comme gardiens de villas ou de maisons. Traités comme des « chiens de garde » ils ont l'obligation de veiller nuit et jour à la sécurité du foyer[181]. Enfin ils n'ont pas le droit d'entrer dans la maison et doivent attendre que tout le monde mange pour se satisfaire des restes[182].

Il s'agit là d'une population vulnérable et clandestine, ignorant souvent les droits fondamentaux garantis par les conventions internationales, en particulier celle de l'OIT sur le travail forcé. Ces personnes sont des proies faciles vouées à l'exploitation dans la mesure où il n'existe aucun cadre légal spécifique régissant le travail domestique à Djibouti. Le Code du travail de 2006 est resté muet sur la question. Il ne la règlemente, ni l'exclut explicitement de son champ d'application. Ce désintérêt du législateur s'explique sans

---

179 *Cf.* not. D'Souza, A., Le travail domestique sur la voie du travail décent. Rétrospective de l'action de l'OIT, Bureau de l'égalité entre hommes et femmes, Document de travail , BIT, Genève, 2010, p. 22.

180 A ce sujet, Philippe Auvergnon écrit : « un des particularismes du travail domestique est son caractère invisible. Le plus souvent seul travailleur ou travailleur solitaire, le domestique est surtout « isolé » derrière les murs du domicile privé de son employeur et de la famille de ce dernier. Cette mise à l'écart du monde extérieur favorise des conditions de travail et d'emploi aussi floues que mauvaises » (*Cf.* Auvergnon, Ph., *op. cit.*, p. 292).

181 *Cf.* D'Souza, A., *op. cit.*, p. 22.

182 *Cf.* D'Souza, A., *op. cit.*, p. 24.

doute par le fait que les employés domestiques soient majoritairement étrangers et en situation de clandestinité[183].

Un nouveau fait pourrait faire changer d'avis le législateur et attirer son attention : ces emplois jugés avilissants et déshonorants dans le passé sont, depuis quelque temps, investis de plus en plus par des djiboutiens. Les femmes djiboutiennes se mettent en effet à remplacer les travailleuses domestiques étrangères, surtout chez les familles occidentales dans lesquelles elles peuvent trouver des conditions d'emploi et de rémunération décentes. La même tendance est perceptible chez les hommes djiboutiens employés dans le secteur du gardiennage. La distension des liens de solidarité intrafamiliale, les effets déstructurants de la crise économique et une certaine libéralisation des valeurs concernant le travail poussent de nombreuses femmes à occuper ces emplois domestiques. A la différence de leurs homologues somaliens et éthiopiens, les employés domestiques nationaux sont, en général, embauchés selon la réglementation en vigueur et bénéficient des protections qu'offre la loi à tous les salariés.

B - La liberté contractuelle

La liberté contractuelle posée en principe par le droit des contrats[184]prévaut aussi en droit du travail[185]. Les parties sont libres de définir elles-mêmes les formes et termes de leurs contrats sous réserve de ne pas « déroger aux lois qui intéressent l'ordre public et les bonnes mœurs ». La liberté de contracter a un double sens : tantôt

---

[183] Toutefois, l'arrêté n° 1056 du 21 juillet 1956 (*JO CFS* de juillet 1956, p. 134) fixant les conditions d'emploi et les salaires des gens de maison continue de s'appliquer en vertu de l'article 297 du Code du travail même s'il ne couvre qu'une minorité de travailleurs domestiques.

[184] Articles 6 et 1134 du Code civil français. Le droit civil français applicable encore à Djibouti est celui hérité de l'époque coloniale, les lois civiles prises par le législateur français après l'indépendance n'étant pas applicables à Djibouti. Le Code civil resté en vigueur est celui de l'année 1976. Il faut toutefois exclure les parties du Code civil français traitant du droit de la famille, de la succession et libéralités.

[185] Article 9 du Code du travail.

elle fonctionne comme une règle de forme, l'énoncé qui la traduit étant le principe du consensualisme (**1**), tantôt au nom de l'ordre public, elle implique un contrôle d'opportunité et fonctionne comme une règle de fond (**2**).

1 - Une règle de forme

En principe, la validité du contrat de travail n'est assujettie à aucune condition de forme et les moyens de preuve exigés par la loi sont souvent écartés dans la pratique (**a**). Mais, pour la protection de certains salariés, le législateur exige que le contrat fasse l'objet d'un écrit (**b**).

a) Le principe du consensualisme

L'article 9 du Code du travail dispose que « les contrats de travail sont passés librement ». Ils peuvent être purement verbaux ou être constatés par écrit. Tel est le sens du principe du consensualisme[186]. En permettant au contrat de se concrétiser par le seul échange des consentements sous une forme quelconque, un tel principe répond au mieux aux besoins d'une économie libérale[187]. Mais la forme (verbale ou écrite) choisie par les parties n'est pas sans conséquence en matière de preuve.

Si le Code de 2006 rappelle bien dans l'article 9 le caractère consensuel du contrat, il n'a, en revanche, prévu aucune disposition concernant la preuve de la formation de ce dernier[188]. Ainsi doit-on se

---

[186] Ce terme désigne la liberté des formes et s'oppose au formalisme qui encadre l'expression de la volonté dans des formalités imposées. Le droit civil français applicable en partie à Djibouti retient le principe du consensualisme. Ainsi, la condition de forme ne figure pas parmi les conditions essentielles pour la validité d'un contrat au sens de l'article 1108 du Code civil (*Cf.* not. Benabent, A., Droit civil, Les obligations, 13ème éd., Montchrestien, 2012, n° 101).

[187] Cela s'explique par le fait que le principe du consensualisme est un facteur de simplicité, de rapidité et d'économie. Sans lui, la conclusion des contrats entre absents est difficile, voire impossible.

[188] Le législateur de 2006 n'a pas repris les dispositions de l'article 35 du Code de 1952 qui précisaient que « la preuve peut être rapportée par tous moyens »

rapporter aux solutions jurisprudentielles qui, limitant l'application de l'article 1341 du Code civil, aboutissent dans la plupart des cas, à en autoriser la preuve par tous moyens. Du commencement de preuve par écrit qui ouvre le chemin à d'autres procédés de preuve, les juges ont toujours eu une conception souple des règles relatives à la preuve. Le défaut de comparution d'un défendeur [189] ou des simples témoignages[190] ont été jugés comme tels. En tout état de cause, quand le contrat a reçu un début d'exécution, son existence ne fait généralement pas l'objet de contestation, et les problèmes de preuve ne portent que sur l'étendue des obligations des parties. Ils sont eux-mêmes en partie réglés par le fait que ces obligations sont souvent précisées par la loi, les conventions collectives ou le règlement intérieur de l'entreprise.

b) Les limites du consensualisme

Bien que le consensualisme demeure le principe régissant la formation des contrats de droit commun, la singularité de la relation de travail vient relativiser encore davantage la réalité d'un tel principe. D'une manière générale, il se voit censuré et est contraint de concéder une certaine place au formalisme au motif qu'il présente « l'inconvénient de permettre des consentements irréfléchis, donnés à la légère ou même inexistants. De plus il ne donne pas aux tiers une assurance sur l'acte et son contenu ; il peut mettre l'une des parties à la merci de l'autre, qui nierait son engagement. Il est fait pour les contractants forts, adultes et honnêtes »[191]. En droit du travail, l'infériorité économique de fait dans laquelle se trouve le futur salarié par rapport à l''employeur lors du recrutement[192] peut accentuer ces

---

[189] Tribunal du travail Djibouti du 26 septembre 2006 (inédit) : le juge retient le défaut de comparution du défendeur et les témoignages de deux collègues de travail comparus à l'audience comme des éléments caractérisant l'existence d'une subordination juridique entre le demandeur et l'employeur.

[190] Cour suprême Djibouti du 21 novembre 1993 (inédit).

[191] *Cf.* Malaurie, Ph., Aynes, L., Stottel-Munck, Ph., Les obligations, 6ème éd., Defrénois, 2013, n°535. Voir aussi Benabent, A., *op.cit.*, n° 101.

[192] Otto Kahn Freund cité par Daniel Blackburn écrivait en 1972 à propos de la relation de travail ceci : « la relation entre employeur et salarié est typiquement celle qui existe entre celui qui a le pouvoir et celui qui n'en a pas. A la base, c'est un acte de soumission. Dans la pratique, c'est une

inconvénients et suscite, par conséquent, une réglementation encadrant la formation du contrat de travail, désormais soumise, dans certains cas, à l'accomplissement de formalités obligatoires.

L'imposition d'un écrit répond avant toute chose à un souci de protection de salariés jugés vulnérables de par leur statut et dont la réalité du consentement peut être altérée. Le contexte économique djiboutien actuel et singulièrement le niveau de chômage[193] favorise cette vulnérabilité qui peut conduire *in fine* à une soumission inconditionnelle lors de la conclusion du contrat de travail.

Par ailleurs, la mise à l'écart du consensualisme participe d'une politique publique visant à contrôler le respect de la législation particulière relative aux contrats atypiques[194]. Au titre des contrats particuliers par leur nature, on peut compter le contrat de travail à durée déterminée (CDD), le contrat de travail temporaire ou le contrat d'apprentissage. Dérogeant par nature au contrat de travail de droit commun, à savoir le contrat à durée indéterminée (CDI), ceux-ci doivent être écrits et contenir un certain nombre de mentions prévues par le Code du travail. Eu égard au fait qu'ils ne peuvent être conclus que dans certaines circonstances, ce formalisme est destiné à permettre au salarié ainsi qu'à l'administration du travail et, le cas échéant, au juge de vérifier qu'ils ont bien été passés pour une des causes autorisées[195].

---

condition de subordination, travestie par cet indispensable produit de l'imagination juridique connu sous le contrat d'embauche » (*Cf.* Blackburn, D., Rôle, impact et avenir de la législation du travail, *Education ouvrière*, n° 2-3, 2006, p. 144);

193 L'enquête sur l'emploi réalisée en 2010 montre que le chômage restait élevé à 54% (*Cf.* BAD, Djibouti. Document de stratégie-pays 2011-2015, août 2011, p. 8).

194 Pour Antoine Mazeaud, le formalisme n'a de sens qu'en présence de contrats de travail précaires et à temps réduit, qui s'écartent précisément du modèle à temps plein et à durée indéterminée (*Cf.* Mazeaud, A., L'organisation du rapport contractuel : aspect général et réflexions à partir notamment des travaux de la commission Virville, *in* Teyssié, B. (dir.), « La négociation du contrat de travail » Dalloz, 2004, p. 25).

195 « Même si le principe du consensualisme conserve toujours une large part, le fait est que, sous la pression des circonstances, le législateur a fini par concéder que, outre qu'elle est le domaine idéal de l'anarchie, l'absence de forme peut dans une certaine mesure fausser les prévisions qui

Le Code du travail ne prévoit pas une sanction unique en cas de méconnaissance des règles de forme qu'il pose, voire, dans certains cas, ne prévoit aucune sanction. En matière de CDD, l'article 15 du Code du travail de 2006 dispose que « tout contrat de travail qui ne répond pas aux exigences du contrat à durée déterminée est considéré comme un contrat à durée indéterminée ». Ce faisant, il englobe principalement la forme écrite et la limite temporelle fixant le terme de CDD sous une même catégorie qu'il dénomme « exigences » en sanctionnant leur méconnaissance de manière identique à savoir la requalification quasi automatique[196] du contrat en contrat à durée indéterminée. L'automaticité de la sanction se justifie par le fait que si le CDD ne fait pas l'objet d'un écrit ou ne comporte pas de limitation temporelle, cela peut rendre impossible le contrôle du respect des règles relatives à la limitation des cas de recours à ce type de contrat de travail. Sous l'empire de la législation antérieure, ce contrôle se faisait plutôt en amont.

Le Code de 1952 subordonnait expressément la validité du CDD à la formalité de l'écrit[197]. Cette solution radicale s'expliquait par le fait que le CDD engageant le travailleur pour plus de trois mois était soumis au visa de l'inspection du travail qui contrôlait, à l'occasion, la conformité de ses clauses aux dispositions légales étant donné que ce contrôle ne pouvait se faire en l'absence d'écrit[198]. Une telle disposition avait également pour effet de protéger le travailleur contre les abus qui pourraient se produire du fait de leur ignorance, non seulement des textes, mais encore des conditions de travail dans

---

conditionnent la réussite des politiques de l'emploi » (*Cf.* Ndiaye, P. M., La sauvegarde de la liberté du travail et le droit sénégalais, EJDA, 1999, p. 45). Un autre auteur, sur le temps et l'espace et la considération au travail, met en avant les frustrations que peuvent engendrer l'absence d'un contrat moral dont la violation équivaut à un manque de considération, vecteur de nombreuses frustrations. La considération doit, selon l'enquête de cet auteur, passer par l'information et la transparence (*Cf.* Adegbidi, F.V., Susciter l'engagement au travail en Afrique, éd. L'Harmattan, 1998, p. 137).

196 Le qualificatif « considéré » utilisé par l'article 15 du Code du travail, synonyme de « réputé » dans le petit dictionnaire Larousse 2013 consacre une sorte de présomption irréfragable et donc l'automaticité de la sanction de requalification du contrat en CDI.

197 Article 32 du Code de 1952.

198 Ibid.

lesquelles ils seraient amenés d'évoluer[199]. En contrepartie de la suppression de la formalité de visa, le législateur a institué, en cas de défaut d'écrit et de limitation temporelle du contrat, une sorte de présomption irréfragable qui a pour effet de rendre irrecevable l'offre d'administrer la preuve contraire[200].

Ensuite, s'agissant du contrat d'intérim, nouveauté introduite par le Code de 2006, l'article 35 dudit Code oblige les agences privées d'emploi à adresser trimestriellement à l'inspection du Travail un état récapitulatif des contrats conclus. Ceux-ci doivent être écrits et comporter un certain nombre de mentions[201] destinées à permettre le contrôle du respect des conditions de fond auxquelles les textes subordonnent la conclusion du contrat d'intérim. Le non-respect peut entraîner des sanctions prévues par décret, pouvant aller jusqu'à la fermeture de l'agence. En revanche, le décret portant réglementation des agences privées pour l'emploi[202] et le Code du travail restent tous les deux muets sur la sanction de l'inobservation de ces formalités.

Enfin, concernant le contrat d'apprentissage, celui-ci doit, en plus d'être écrit, faire l'objet d'un visa des services compétents du Ministère chargé du travail. Le non respect de ces formalités entraîne la nullité de plein droit du contrat[203]. Si l'omission du visa est imputable à l'employeur, l'apprenti peut réclamer des dommages et intérêts après avoir fait constater la nullité du contrat[204].

Quelques conventions collectives imposent l'écrit pour tout contrat de travail, qu'il soit à durée déterminée ou indéterminée[205].

---

199 *Cf.* not. Anonyme, Code du travail : guide de l'usager, Société d'éditions africaines, Paris, 1953, pp. 87-88.
200 Tribunal du travail Djibouti du 30 décembre 2007 (inédit).
201 Ces mentions sont énumérées par l'article 35 du Code du travail et concerne : l'identité de chaque travailleur avec son numéro de pièce d'identité, la nature exacte du poste occupé et le niveau de qualification ou de formation, la durée présumée du contrat, ainsi que l'identité de l'entreprise utilisatrice.
202 Décret n°2004-0054/PR/MESN du 1er avril 2004 portant réglementation des agences privées pour l'emploi.
203 Article 68-1 du Code du travail.
204 Article 68-3 du Code du travail.
205 Article 7 de la convention d'établissement des Entreprises Coubèche.

Cet écrit doit alors indiquer en particulier la qualification professionnelle et l'emploi occupé. L'inobservation de cette obligation ne sera pas sanctionnée par la nullité du contrat, mais par les actions tendant à l'exécution de la convention. Ces textes conventionnels sont animés par la volonté de protéger le salarié. La rédaction d'un écrit précisant ses droits et obligations est pour lui un gage de sécurité et facilite en même temps le contrôle de l'application de la législation du travail.

Les contrats atypiques ne se forment donc pas selon le principe du consensualisme mais selon le principe du formalisme. Une part de liberté est certes accordée aux parties contractantes, mais nous avons vu que toute une série de formalités légales leur étaient imposées selon le type de contrat atypique considéré. L'objectif poursuivi est double : il s'agit de protéger, d'une part, des catégories de salariés qui méritent une protection plus conséquente que d'autres, et d'autre part de veiller au respect de la législation du travail, instrument d'une politique publique de l'emploi[206]. Cependant, il existe un autre moyen de parvenir à cet objectif : la mise en œuvre de la théorie de l'ordre public dans les relations de travail[207].

2 - Une règle de fond

A titre exceptionnel et pour des raisons d'ordre économique et social, l'administration de l'Etat providence, d'ailleurs en net recul depuis l'avènement du « Moins d'Etat » continue d'apporter des limitations à la liberté de décision de l'employeur, en matière d'embauche. Ces limitations ou restrictions peuvent prendre, selon

---

[206] *Cf.* not. Couturier, G., Les finalités et les sanctions du formalisme, *in* « Le formalisme », Journée Jacques Flour, Travaux de l'association H. Capitant, Rép. Défrenois 2000, p. 880.

[207] *Cf.* not. Gaudu, F., L'ordre public en droit du travail, *in* Etudes offertes à J. Ghestin, LGDJ-Montchrestien, 2001, p. 363; Revet, Th., L'ordre public dans les relations de travail, *in* « L'ordre public à la fin du XXIème siècle », Dalloz 1996, p. 43; Lyon-Caen, A., Jeammaud A. et Le Friant, M., L'ordonnancement des relations de travail, *D.* 1998, chron. 359; Bonnechere, M., L'ordre public en droit du travail ou la légitime résistance du droit du travail à la flexibilité, *Dr. ouvr.* 1998, p. 171.

les cas, la forme d'interdictions de contracter (**a**) ou d'obligations de contracter (**b**).

a) Les interdictions de contracter

Les interdictions de contracter sont nombreuses et fondées soit sur la protection de la santé (**a-1**), soit sur la régulation économique[208] (**a-2**) soit encore sur la lutte contre le travail noir et le cumul d'emplois (**a-3**).

a-1) L'interdiction d'employer des enfants

La législation du travail soucieuse de protéger la santé des enfants restreint la capacité à s'embaucher de ces derniers en fixant l'âge minimum en dessous duquel l'enfant ne peut valablement contracter. Cet âge, fixé par l'article 5 du Code du travail, est de 16 ans révolus et concorde avec celui de fin de la scolarité obligatoire[209]. Ainsi, la loi est en conformité sur ce point avec la convention n° 138 de l'OIT et fait même mieux que celle-ci qui fixe l'âge minimum général d'emploi à 15 ans. Si le respect de l'âge minimum d'accès à l'emploi est effectif dans l'économie formelle, il reste néanmoins ineffectif dans les secteurs de l'économie informelle qui emploient des enfants à des tâches susceptibles de porter préjudice à leur santé[210].

---

[208] A ce sujet, Lise Casaux écrit ceci: « il est indéniable qu' existe aujourd'hui un principe général de liberté individuelle du travail, mais la portée de cette liberté varie selon la nature de l'activité qui est exercée. Les limites qui y sont apportées sont nombreuses. Toutes n'ont cependant pas le même fondement: les unes ont une fin protectrice de l'intérêt des travailleurs: interdiction du travail des enfants, limitation du travail des femmes…ou parfois des intérêts de la collectivité: interdiction du travail au noir, limitation de l'accès à certains emplois. D'autres restrictions ont pour but de prévenir un risque de concurrence » (*Cf.* Casaux, E., La pluriactivité ou l'exercice par une même personne physique de plusieurs activités professionnelles, LGDJ, 1993, p. 31).

[209] Article 14 de la loi n° 96/AN/00/4ème L du 10 août 2000 portant orientation du système éducatif djiboutien.

[210] CIT, 103ème session, 2013, CEACR, Demande directe, convention n° 138, Djibouti. Sur les limites des conventions de l'OIT sur l'âge minimum d'accès dans le monde, voir Lansky, M., Le travail des enfants: un défi à relever, *RIT*, Vol. 136, n°2, 1997, p. 253.

Le Code du travail prévoit l'intervention d'un arrêté ministériel fixant les dérogations d'emploi des jeunes travailleurs, la nature des travaux et les catégories d'entreprises qui leur sont interdits, et l'âge limite auquel s'applique cette interdiction[211]. En l'absence de cet arrêté annoncé par la loi, c'est un vieil arrêté datant du 18 juin 1955 qui demeure applicable.

a -2) L'interdiction d'employer les femmes enceintes ou revenant de leurs couches

Le législateur de 2006 a accordé une attention accrue à la maternité. Il a entendu d'une part, protéger efficacement la santé de la femme en état de grossesse ou récemment accouchée ; d'autre part, de lui permettre de vaquer à ses occupations domestiques si elle le souhaite ou même de rompre le contrat de travail sans préavis. Ainsi, le Code de 2006 interdit formellement à l'employeur de faire travailler la femme enceinte et à celle-ci de travailler pendant une période de huit semaines avant la date présumée de son accouchement et de six semaines après la délivrance[212]. Il y a là une nouveauté par rapport à la législation antérieure qui autorisait la salariée enceinte de reporter six semaines de congé prénatal sur la période postnatale[213]. Cette faculté de report du congé de maternité valable jusqu'à la sixième semaine traduisait certes une reconnaissance de la liberté d'organisation dudit congé par la salariée enceinte.

Mais l'exercice d'une telle faculté n'était soumis à aucune condition restrictive et ne requérait pas par exemple un certificat médical dûment délivré par un médecin agrée déclarant que la femme enceinte pouvait travailler avant l'accouchement sans que sa santé ou celle de son enfant en pâtisse.

L'absence de conditions relatives à la mise en œuvre d'un tel droit semblait s'expliquer par la faiblesse du régime indemnitaire de la salariée enceinte. Celle-ci n'ayant droit qu'à la moitié de son

---

[211] Article 111 du Code du travail.
[212] Article 113-3 du Code du travail.
[213] Article 19 de l'arrêté n° 787 du 17 juin 1955 relatif au travail des femmes et des femmes enceintes, *JO CFS* du 1er juillet 1955, p. 286.

salaire[214] était souvent contrainte financièrement de rester au service de son employeur jusqu'à la limite de temps autorisée, parfois au mépris de son état de santé. C'est la raison pour laquelle le législateur de 2006 résout ces contraintes en imposant, d'une part, une période d'interdiction d'employer la femme enceinte ou en couche, et d'autre part, en alignant son régime d'indemnisation sur celui de la femme fonctionnaire[215]. L'interdiction de travailler pendant les quatorze semaines de congé de maternité ne concerne pas la femme fonctionnaire, qui elle, conserve la liberté de travailler jusqu'à la sixième semaine de congé[216].

Par ailleurs, le décret du 7 septembre 2002 interdit aux conjointes (ou conjoints) des membres du gouvernement d'occuper un emploi public pendant la durée d'exercice des fonctions de leurs époux (ses). Les épouses concernées par cette mesure et occupant un emploi dans la fonction publique sont placées d'office en position de mise en disponibilité à durée indéterminée pendant laquelle elles cessent de recevoir leurs traitements[217]. Même si ce décret indique que les épouses (ou époux) des membres du gouvernement peuvent être maintenus en position d'activité sur dérogation de l'autorité compétente, cette mesure de mise en congé spéciale qui vise à prévenir les abus et le favoritisme peut apparaitre discutable : tout d'abord, dans la pratique, elle s'applique principalement aux femmes épouses dans la mesure où le gouvernement est composé à grande

---

214 Article 11 de la loi n° 73/AN/89/2ème L du 19 juin 1989 portant codification du régime des prestations familiales.

215 Lors des discussions parlementaires ayant précédé l'adoption du Code de 2006, le président de la Commission des lois a parlé de « politique de deux poids deux mesures » et a souligné cette différence de traitement statutaire en matière d'indemnisation de la maternité. L'alignement du régime d'indemnisation de la salariée contractuelle sur celui de la femme fonctionnaire s'inscrit donc dans une logique de mise en conformité avec la convention internationale sur l'élimination de toutes les formes de discrimination à l'égard des femmes du 18 décembre 1979 (*Cf.* Procès verbal de la séance publique de l'Assemblée nationale du 25 décembre 2005 durant laquelle a été adopté le Code de 2006).

216 Article 20-2 du décret n° 83-104/PR/FP du 10 septembre 1983 fixant le régime des congés et absences des fonctionnaires.

217 Article 1er du décret n° 2002-0178/PR/MESN du 7 septembre 2002 portant mise en disponibilité sans traitement des épouses ou époux des membres du Gouvernement en exercice.

majorité d'hommes. Ensuite, elle vise tous les emplois publics sans aucune distinction. Aucun tri n'ayant été fait entre les situations professionnelles neutres et celles propices aux délits de favoritisme.

Enfin, la privation de rémunération et du droit à l'avancement peuvent être préjudiciables tant du point de vue de l'autonomie financière que de l'évolution de leur carrière[218].

a-3) L'interdiction du travail noir et du cumul d'emplois

En principe, le travailleur doit toute son activité professionnelle à l'entreprise sauf dérogation stipulée au contrat[219]. Il s'agit là d'une règle supplétive[220]qui ne s'applique que si les parties ne prévoient pas dans leur contrat une clause autorisant le travailleur d'exercer, en dehors de son temps de travail, toute autre activité professionnelle. Animé par un esprit libéral, le législateur de 2006 laisse, en l'occurrence, aux parties contractantes la liberté d'organiser leurs relations de travail en leur permettant d'écarter par voie conventionnelle l'obligation légale d'exclusivité professionnelle. On peut néanmoins déplorer le caractère laconique de cette règle d'exclusivité professionnelle qui ne précise ni son champ d'application (la nature des activités professionnelles et les types de contrat concernés), ni les conséquences de son inobservation[221]. Par ailleurs, la plupart des conventions collectives dérogent au principe légal d'exclusivité à la condition que l'activité exercée en dehors des heures de travail n'entre pas en concurrence avec celle de l'employeur et qu'elle ne contrevienne pas à la bonne exécution des services convenus[222].

---

[218] Ces dispositions sont au demeurant attentatoires au principe d'égalité en droit du travail (*Cf.* not. Leroy, Y., L'égalité professionnelle: vers une approche générale et concrète, *RJS* 11/02, p. 887; Wacquet, Ph., Le principe d'égalité en droit du travail, *Dr. soc.* 2003, p. 276; Bailly, P., L'égalité des salariés en droit du travail, *in* « Rapport annuel de la Cour de cassation de 2003 », La documentation française, Paris, 2004, p. 81.

[219] Article 64-1 du Code du travail.

[220] Sur la notion de règle supplétive : Perés-Dourdou, C., La règle supplétive, LGDJ, 2004, 688 p.

[221] *Cf. infra* nos développements sur le cumul des emplois.

[222] *Cf.* not. Article 15 de la convention collective des employés de banque.

Enfin, l'article 7 de la loi portant statut général des fonctionnaires interdit aux fonctionnaires d'exercer une activité lucrative hors de leur emploi dans l'administration. Cependant, cette interdiction ne s'applique pas à la production d'œuvres scientifiques, littéraires ou artistiques. Aussi, les fonctionnaires peuvent être autorisés à procéder à des consultations ou expertises ou à donner un enseignement en rapport avec leur qualification professionnelle. La seule limite posée est qu'il ne s'agisse en aucun cas d'activités exercées au profit d'entreprises privées à l'encontre d'une administration ou d'un office ou établissement public[223].

Ce régime de cumul d'activités, qui concerne les fonctionnaires, les agents non titulaires et les ouvriers n'est pas respecté dans les faits. Nous verrons que le marché du travail djiboutien enregistre depuis quelques années l'arrivée dans le secteur formel[224] ou informel d'un nombre de plus en plus important de personnes travaillant pour le compte de l'Etat. Ce phénomène de cumul d'activités trouve sa cause dans la crise économique des années 90 (arriéré des salaires, modicité des salaires, hausse des impôts, chômage) qui incite des actifs à chercher un second emploi, surtout dans le secteur informel. Il n'est pas surprenant que ces nouveaux patrons réussissent mieux dans les affaires dans la mesure où « ils possèdent souvent un capital humain et social (accès au crédit, accès au marchés publics, carnet d'adresses bien rempli, maîtrise du circuit administratif…) »[225].

b) Les obligations de contracter

Les obligations de contracter s'expriment dans des priorités d'embauchage ou de réembauchage institués en faveur de certaines catégories de salariés pour des raisons économiques ou sociales. Ils constituent des atteintes importantes au pouvoir de direction du chef d'entreprise et à sa liberté contractuelle. Mais le Doyen Colliard

---

223 Article 7 du décret du 19 juin 1984 déterminant les conditions de certaines positions et de certaines modalités de cessation définitive de fonctions.

224 Comme leur statut de fonctionnaire leur interdit de faire du commerce, ils recourent à un prête nom familial pour intégrer le secteur formel.

225 *Cf.* not. Mahamoud Houssein, I, Contraintes institutionnelles et réglementaires à Djibouti et le secteur informel à Djibouti, Thèse, Economie, 2008, Paris-Est Créteil, p. 59.

estime que ces atteintes ne sont pas dirimantes. Il affirme que « dans la mesure où l'Etat n'intervient que pour porter son assistance, non pas à tous les travailleurs mais seulement à des catégories de travailleurs « victimes de la vie », ces limitations restreignent certes, la liberté de l'employeur, jusque-là exclusive et inviolable, mais elles ne font pas disparaître la prérogative qui conserve son intensité lorsque le titulaire est placé en dehors du champ d'application de la norme qui organise un régime tout à fait spécial, d'ailleurs volontairement inégalitaire auquel le législateur s'efforce, par ces priorités de rétablir l'équilibre même des situations » [226].

Tout travailleur licencié pour motif économique bénéficie d'une priorité d'embauchage dans son ancienne entreprise. Il s'agit là néanmoins d'une priorité relative dans la mesure où elle est limitée à une année[227]. Par ailleurs, le travailleur n'est pas obligé d'accepter l'offre d'emploi qui lui est faite. Quant à l'employeur, il est simplement tenu de porter à la connaissance du bénéficiaire tout poste devenu vacant ou crée depuis son départ de l'entreprise[228]. Le bénéficiaire de la priorité peut alors déposer sa candidature et l'employeur conserve toujours le libre choix de son collaborateur, en présence d'une pluralité de demandes prioritaires sur un même poste. Enfin, le Code du travail ne prévoyant pas de sanction en cas de non-respect de la priorité d'embauche, toute laisse à penser que les employeurs pourront être tentés de choisir un candidat externe au détriment du candidat prioritaire.

Par ailleurs, une obligation particulière d'emploi est organisée dans le cadre des zones franches[229]. Ainsi, le personnel des

---

[226] *Cf.* Colliard, J.-Cl., Libertés publiques, Précis Dalloz, 1968, p. 603.
[227] Article 53-1 Code du travail.
[228] Article 54-1 Code du travail.
[229] Il existe six zones franches à Djibouti. La Doraleh free zone constitue la principale zone franche de Djibouti. Elle a bénéficié de l'attribution d'une superficie de 14 630 575 mètres carrés en janvier 2004. Elle partage cette superficie avec le port de Doraleh. Dotée d'infrastructures aux normes internationales, la zone franche de Doraleh offre des services d'implantation de bureaux et de stockages pour des sociétés de logistique. Elle espère aussi attirer des petites unités industrielles. Elle est la référence en matière de zone franche à Djibouti. Les autres zones franches sont : la zone franche du Port autonome internationale de Djibouti (PAID), crée en 1980 dont une

entreprises installées à l'intérieur des zones franches doit être composé à 30% de travailleurs nationaux à la fin de leur première année d'exploitation. Cette proportion devant atteindre 70% du personnel djiboutien au terme des cinq années d'activités en zones franches[230].La force contraignante de cette disposition paraît néanmoins relative puisqu'aucune sanction n'est prévue. Ses termes relevant plus de la recommandation que de la stricte prescription[231].

§ 2 - La libéralisation de l'accès à l'emploi

La libéralisation de l'accès à l'emploi passe, dans une économie libérale, par la levée de toutes les contraintes administratives ou juridiques, entravant la liberté de recruter ou de se faire recruter. Les réformes institutionnelles introduites dans les années 90, notamment avec la loi « Daach »[232], ont permis de réduire, entres autres, les rigidités jugées excessives du marché du travail. Pour l'employeur ceci s'est traduit par la consécration de la liberté de recrutement direct (**A**). Du côté du salarié, ceci se traduit par l'interdiction formelle de toute clause susceptible d'interdire l'exercice d'une activité professionnelle après l'expiration de son contrat de travail (**B**).

---

extension a été mise en place en avril 2003 ; la zone franche du port de pêche de Djibouti établie en 1999 ; le Djibouti Dry Port crée en 2000 ; le Doraleh Terminal Pétrolier opérationnel depuis 2005 ; et la Djibouti Automobile and Heavy Equipement Zone qui a vu le jour en septembre 2009 (*Cf.* not. CNUCED, Examen de la politique d'investissement à Djibouti, 2013, p. 40).

230 Article 29 de la loi n° 53/AN/04/5ème L du 17 mai 2004 portant Code des Zones Franches.

231 Sur la pertinence de la création des zones franches dans les pays en développement en termes de création d'emplois: voir Panier, E., Les zones franches d'exportation dans les pays en développement. Aspects locaux de la déterritorialisation d'un espace au profit de l'investisseur. L'exemple africain du Togo, Revue électronique *Jurisdoctoria*, n° 10, juillet 2013, consultable sur le site internet: http:// www.jurisdoctoria. net.

232 Loi n° 140 /AN/ 97/3ème L du 23 septembre 1997 portant aménagement du Code de 1952.

A - La reconnaissance de la liberté de recrutement direct

Nous étudierons, dans un premier temps, le principe (**1**) avant d'examiner les aménagements qui lui sont apportés par le législateur (**2**).

1 - Un principe législatif

Le principe posé par la loi est celui de la liberté reconnue à tout chef d'entreprise de recruter son personnel lui-même, directement ou s'il le juge utile de demander l'assistance de structures privées spécialisées dans le placement de main d'œuvre[233].

Cette réglementation consacre l'abandon du monopole anciennement conféré au Service national de l'emploi par la loi du 3 février 1983 portant organisation de l'administration centrale du ministère du Travail et de la Prévoyance sociale. En application de cette loi, les employeurs devaient connaître obligatoirement leurs besoins en main d'œuvre au Service national de l'emploi et afficher, pour information du personnel, les emplois vacants et les catégories professionnelles de ces emplois[234]. Le recrutement direct ne pouvant intervenir qu'après l'autorisation du Service national de l'emploi, dès lors que celui-ci se trouvait dans l'impossibilité de fournir la main d'œuvre sollicitée[235]. Les dispositions de la loi de 1983 interdisaient par la même occasion le placement privé et surtout le placement à but lucratif[236].

Cette procédure trouvait sa cause dans la double volonté de protéger les salariés et de donner à l'Etat la maîtrise du marché du

---

[233] L'article 38 de la loi du 23 septembre 1997 précitée affirme désormais que « tout chef d'entreprise, d'établissement ou tout autre employeur dispose de la faculté de recruter directement la main-d'œuvre nationale ou de recourir aux services compétents du Ministère chargé du travail ».

[234] Article 36 de la loi n° 21/AN/83 du 3 février 1983 portant organisation de l'administration centrale du Ministère du Travail et de la Prévoyance sociale.

[235] Ibid.

[236] Ibid., article 35.

travail[237]. Mais une telle procédure n'était pas exempte de critiques : elle présentait les inconvénients de lourdeur bureaucratique et d'inadéquation fréquente entre les profils recherchés et les candidatures retenues. De plus, le fait que l'Etat cumule le statut de pourvoyeur exclusif d'emplois avec celui de premier employeur était, d'une certaine façon, préjudiciable pour les entreprises privées. Grâce au monopole de placement qu'il détenait de par la loi, l'Etat était en effet bien placé pour se servir en premier parmi les candidats sortants des systèmes formels de formation, privant du coup le secteur privé des ressources humaines qualifiées nécessaires à son développement[238].

Ces critiques se sont potentiellement fait entendre avec le développement de la crise économique, à la moitié des années 90; celle-ci contraint l'Etat djiboutien à se désengager d'un grand nombre de secteurs. Sous les injonctions des institutions financières internationales, une nouvelle politique visant à libéraliser le marché du travail a pris le relais de l'interventionnisme étatique qui prévalait depuis l'indépendance[239]. Au cœur de cette politique va se trouver la question de la consécration du recrutement direct et de l'ouverture du marché du placement à la concurrence[240].

---

[237] *Cf.* not. Willmann, Ch., Placement et recrutement, LexisNexis 2009, Travail Traité Fasc. 17-10, p. 10.

[238] *Cf.* not. Nicolella, M., Le monopole des bureaux publics de placement de main d'œuvre est abusif s'il n'est pas en mesure de satisfaire la demande de marché de travail, *Gaz. Pal.* 1998, 2, somm. p. 306.

[239] A ce sujet, un auteur fait observer que les réformes engagées sous la pression des institutions financières ont eu « pour objectifs essentiels la libéralisation du marché du travail, la limitation du rôle de l'Etat (...). Ces réformes ont substantiellement modifié le droit du travail et se sont traduites notamment par l'abolition du monopole des services publics de placement de la main d'œuvre » (*Cf.* not. Nononsi, A., Les mutations de l'Etat postcolonial et l'évolution du droit du travail en Afrique francophone : de la protection des travailleurs aux droits de l'homme au travail, *Penant*, n° 871, 2010, p.225).

[240] *Cf.* not. Rousseau, Y., Du monopole public du placement à un nouveau service public de l'emploi, *Dr. soc.*, 2005, p 456 ; Véricel, M. Restructuration du marché du travail et ouverture à la concurrence du service public de l'emploi, *Dr. ouvr.* 2008 p. 209.

La reconnaissance de la liberté d'embauche direct et celle de faire appel aux services des agences privés d'emploi (APE) ont été affirmés par la loi du 23 septembre 1997 portant aménagement du Code de 1952. Ainsi, sont abrogées les dispositions antérieures contraires qui accordaient le monopole d'embauche au Service national de l'emploi. Cependant, ni la loi de 1997, ni le Code du travail de 2006 ne suppriment cet office. Ils le mettent simplement dans une situation de concurrence avec des entreprises privées de placement auxquelles les demandeurs d'emploi peuvent désormais s'adresser. Le maintien d'une telle structure[241] demeure quelque peu insignifiant face à ce nouveau cadre normatif libéralisant totalement l'exercice de l'activité de placement. Le fait que le champ d'activité des agences privées pour l'emploi couvre tous les secteurs d'activité professionnelle à l'exclusion du secteur « hôtellerie, bar » en constitue une preuve indéniable[242]. L'ouverture à la concurrence des services de placement procède d'un raisonnement purement idéologique, lié aux théories libérales véhiculées par les institutions internationales. Selon ces théories, le recours à l'initiative privée, pour les missions d'insertion et d'accompagnement des chômeurs, débouche nécessairement sur de meilleurs résultats que si on laissait ces missions entre les mains des seuls services publics[243].

La libéralisation des activités de placement laisse tout de même subsister toute une série d'interdictions ou obligations : conformément au principe antérieur, sont réaffirmés tout d'abord la nécessaire gratuité de ces activités pour les personnes à la recherche

---

[241] Le Service National de l'Emploi a été remplacé par l'Agence Nationale de l'Emploi, de la Formation et de l'Insertion Professionnelle (ANEFIP) par la loi du 22 décembre 2007. Cette dernière, en plus des missions et prérogatives du Service National de l'Emploi, s'est vu attribuer de nouvelles compétences qui étaient dévolues à l'Inspection du travail.

[242] Jean-Pierre Lachaud écrit, à ce propos : « Depuis la déréglementation du marché du travail, la mission du Service national de l'emploi ne se résume plus qu'à la centralisation des données relatives au marché du travail à des fins statistiques et ne reçoit de la part des entreprises qu'une faible proportion des embauches directes effectuées au cours d'une année » (*Cf.* Lachaud, J-P, Marché du travail, emploi et pauvreté à Djibouti. Analyses et politiques, OIT, Genève, 2004, p. 129).

[243] *Cf.* not. Véricel, M., La libéralisation totale du marché du placement des demandeurs d'emploi, *Dr. soc.*, 2010, p. 1179.

d'un emploi et le respect de la vie privée des personnes qui y ont recours. Les agences privées pour l'emploi doivent en outre communiquer trimestriellement à l'inspection du travail la situation des embauches, et annuellement, un état récapitulatif des contrats qu'elles ont conclus. De plus, l'activité de placement privé est soumise à l'obtention préalable d'un agrément délivré par l'autorité compétente ainsi qu'à des conditions de moralité et de garantie financières. En revanche, aucune qualification professionnelle n'est requise. Enfin, ces conditions s'accompagnent d'un régime spécifique répressif qui manque des fois à l'appel. Alors que le non-respect des conditions administratives et de garantie est assorti de sanctions pénales, la méconnaissance du principe de gratuité, elle, ne reçoit aucune sanction pénale de la part des textes. Pareille omission conforte sans doute les pratiques des prélèvements de frais de placement sur les salaires des intérimaires par les agences privées pour l'emploi. Une pratique dénoncée de plus en plus par les deux centrales syndicales djiboutiennes auprès des organes de contrôle de l'OIT[244]. Dans un contexte de fort chômage, certains opérateurs privés n'hésitent ainsi pas à opérer des ponctions sur salaire en contrepartie de leur service de placement.

La liberté de recrutement, qu'elle soit direct ou indirect, va en principe de pair avec l'égalité de traitement pour tous les demandeurs d'emploi. En effet, à l'occasion de l'embauchage, toute discrimination est illégale lorsqu'elle est fondée sur le sexe, l'âge, la race, l'origine sociale, la nationalité ou l'ascendance nationale, l'activité syndicale, les opinions politiques ou religieuses[245]. Cette interdiction est elle aussi accompagnée d'un régime répressif épars : la seule discrimination punie par le Code du travail de 2006 est celle fondée sur l'activité syndicale. Les autres types de discrimination sont, eux, punis par le Code pénal. Cet éparpillement du régime répressif s'ajoute au fait que le principe de non-discrimination à l'embauche est, parmi les principes fondamentaux du droit du travail, celui qui rencontre le plus d'obstacles. Ces difficultés tiennent

---

[244] CIT, 103ème session, 2013, observation, CEACR, convention n° 96, Djibouti.
[245] Article 3 du Code du travail.

à des difficultés de preuve[246] mais surtout à des motifs ethniques et économiques dont le point commun reste un fort taux de chômage.

Globalement l'accès à l'emploi demeure difficile pour certaines catégories : les citoyens originaires d'ethnies sous représentées, les femmes et les personnes handicapées. Ainsi le principe de la liberté d'embauche et contractuelle peut constituer un blocage pour un candidat à l'emploi issu d'une famille ou d'une ethnie différente de celle de l'employeur dès lors qu'on sait que le recrutement se fait souvent par le biais de relations familiales ou ethniques. Ces pratiques s'inscrivent de fait dans le prolongement des règles de solidarité qui caractérisent la société djiboutienne[247]. Il s'agit de recruter prioritairement au nom d'une supposée solidarité les personnes issues de la parentèle au sens étroit ou élargi.

Pareille modalité « traditionnelle » de recrutement se trouve d'une certaine façon facilitée par le fait que l'article 3 du Code du travail ne fait pas état du lien familial ou ethnique parmi les motifs prohibés de discrimination[248]. Quelle qu'en soit la cause, la question de l'effectivité des dispositions antidiscriminatoires en matière d'embauche se pose dans une société où même les personnes victimes de cette forme de discrimination rechignent à porter plainte et considèrent normal le « puisage » par l'embaucheur de sa main

---

[246] *Cf.* not. Lochak, D., Réflexions sur la notion de discrimination, *Dr. soc.* 1987, p. 788 ; Lanquetin, M.T., Le principe de non-discrimination, *Dr. soc.* 2001, p. 186 ; Belorgey, J.-M., Discriminations. Essais de clarification des concepts et éléments de droit comparé, *Dr. soc.* 2002, p. 683 ; Chevallier, J., Lutte contre les discriminations et Etat-providence, *in* Borrillo, D. (dir.), « Lutter contre les discriminations », La Découverte, coll. Recherches, Paris, 2003, p. 305.

[247] *Cf.* Mahamoud Houssein, I, *op. cit.*, p. 58.

[248] Ces dispositions antidiscriminatoires font état de critères tels que la race, la couleur et l'origine sociale qui ne sont pas à proprement parler des critères de différentiation sociale à Djibouti. Le législateur djiboutien serait inspiré s'il intégrait, à l'instar de son homologue français, « l'appartenance ou la non appartenance vraie ou supposée à une ethnie ou une nation dans la liste des éléments discriminants prohibés » (*Cf.* not. Willmann, Ch., Définir la « race » et l'ethnie, préalable à la lutte contre le racisme en entreprise, *Dr. soc.*, 2007, pp. 936-950).

d'œuvre dans le cercle familial[249]. On observe aussi que le secteur public, sensé montrer l'exemple dans la lutte contre toutes les discriminations à l'embauche, n'est pas épargné par le phénomène. L'existence de quotas tribaux voire ethniques officieux fait que pour certains concours ou recrutements, les personnes originaires de certaines ethnies doivent se battre plus que d'autres pour pouvoir être recrutées[250].

Le recours à la cellule familiale ou ethnique connaît toutefois des limites. D'abord, il n'est pas expansible indéfiniment. Ensuite, la compatibilité des qualifications de travailleurs avec les exigences du poste à pourvoir peut ne pas être au rendez-vous : une recrue familiale non qualifiée peut constituer un handicap pour l'entreprise ou le service si la technicité des tâches qui lui sont demandées exige une compétence particulière ou une formation préalable[251].

Les femmes connaissent, elles aussi, des difficultés d'accès à l'emploi. Elles se heurtent souvent à des refus d'embauche parce qu'elles n'auraient pas répondu à « certaines avances » des agents recruteurs. Les plaintes pour harcèlement sexuel en matière d'embauche sont rares à Djibouti. Deux raisons semblent l'expliquer : tout d'abord, le Code du travail ne comporte aucune disposition concernant le harcèlement sexuel ou moral[252]. Ceci peut contribuer fortement à limiter le nombre des actions en justice des victimes.

---

249 Dans les lois sociales africaines, selon un auteur, « ne pas faire la part belle aux siens équivaut à une négation de ses propres valeurs et le contrevenant court le risque d'être vomi » (*Cf.* not. Smith, S., Négrologie, Pourquoi l'Afrique meurt ? éd. Calmann-Levy, 2003, p. 144).

250 A ce propos, un auteur écrit: « la dictature du tribalisme s'exerce partout dans l'administration. Nous voulons conserver notre organisation à base tribale et intégrer dans le même temps la modernité qui suppose la prééminence du mérite sur l'appartenance ethnique, l'indépendance de l'individu qui doit compter sur lui-même et sur les institutions au lieu de recourir à la solidarité tribale, source de parasitisme» (*Cf.* Ahmed Farah, D., Splendeur éphémère, éd. L'Harmattan, 2000, p. 75).

251 *Cf.* not. Mahamoud Houssein, I., *op. cit.*, p.59.

252 *Cf.* not. Adam, P., La figure juridique du harcèlement moral managérial, Semaine sociale Lamy 2011, n° 1482, p. 4. Pour cet auteur, l'intention harcelante doit être comprise comme l'accomplissement volontaire d'actes humiliants, vexatoires, avilissants ou psychologiquement déstabilisants.

Surtout, le tabou entourant ces pratiques de pression dissuade les victimes de porter plainte ; celles-ci craignant la surexposition et la honte dans une société minée par le poids des traditions religieuses. Le résultat final est que les différences entre hommes et femmes en termes d'accès à l'emploi sont significatives. Le taux d'emploi des femmes était de 12% en 2010[253] et, ce, en dépit de mesures prises en faveur de l'intégration professionnelle de la femme: la création en 2008 d'un ministère consacré à la promotion de la femme, de l'instauration d'un système de quota dans les fonctions électives et dans l'administration de l'Etat[254], du développement de la micro finance etc.

Tout au long de ces développements, nous avions démontré que la liberté d'embaucher de l'employeur par lui-même qui il veut était quasi souveraine, et ce, dans la mesure où les quelques restrictions légales entourant son exercice sont souvent contrecarrées par les lois sociales. Nous verrons maintenant que si la liberté de recruter est consacrée par les textes, le choix de l'employeur ne peut se porter que sur une personne titulaire d'une pièce d'identité nationale (nationaux) ou d'un permis de travail (étrangers).

2- L'aménagement du principe

Sous l'empire de la législation antérieure, l'accès à l'emploi des nationaux était contrôlé par le Service national de l'emploi. Obligation était faite à tout travailleur d'être enregistré auprès de ce dernier. L'employeur, avant de solliciter les services d'un individu, en tout cas avant de l'engager devait s'assurer que celui-ci était enregistré sous peine de se voir infliger des amendes. L'idée sous-jacente à l'enregistrement préalable était de servir les besoins en statistiques de l'emploi à Djibouti, grâce à un recensement

---

[253] *Cf.* not. BAD, *op. cit.*, p. 6.

[254] Articles 2 et 3 de la loi n° 192/AN/02/4ème du 13 novembre 2002 L instituant le système de quota dans les fonctions électives et dans l'Administration de l'Etat. Dans le secteur privé, il n'existe pas à ce jour de telles obligations. A propos du fait de savoir si l'égalité professionnelle peut passer par des quotas, voir la Revue de Droit du Travail (n°2, août 2006) et les contributions de : Junter, A., Les mesures proactives : une méthode au service de l'égalité, p. 72 et Lanquetin, Th., Les quotas, une étape dans la réalisation d'une égalité effective, p. 74.

systématique et une identification catégorielle des demandeurs d'emploi. L'enregistrement servait également à renseigner sur les mouvements du marché de l'emploi. Ce système de contrôle administratif présentait néanmoins des inconvénients en termes de charge de travail pour l'administration, ce qui la détournait de missions plus essentielles. Il avait en outre des effets négatifs sur l'emploi, tout aussi bien parce qu'il impliquait des blocages réels à l'embauche que parce qu'il induisait un climat défavorable à l'emploi auprès des entrepreneurs, notamment des éventuels investisseurs étrangers[255].

L'option choisie par le législateur djiboutien est d'affirmer la liberté de recruter tout travailleur national; ceci passant nécessairement par la levée de tous les freins inhérents au système d'enregistrement préalable. Des exceptions sont néanmoins ménagées pour certaines catégories de travailleurs, comme les intérimaires et les apprentis.

Il en va différemment du recrutement des travailleurs étrangers subordonné à un système d'autorisation préalable reposant sur des considérations relevant pour partie de la légalité, pour partie de l'opportunité. Concrètement, le législateur soumet l'octroi d'un contrat de travail d'un étranger à un visa qui est de légalité, c'est-à-dire qui tend à vérifier si le contrat est conforme au Code du travail, et d'opportunité, afin de voir s'il ne prive pas un national de l'emploi considéré. Ce visa entraîne la délivrance d'une autorisation de travail délivrée par le ministre chargé du travail[256]. Celle-ci prend la forme d'un permis de travail que l'étranger candidat à l'embauchage doit se faire délivrer par les services de l'emploi suite à l'accomplissement de la formalité du visa, avant de pouvoir régulièrement entrer au service d'une entreprise installée sur le territoire djiboutien.

Un employeur qui emploie un travailleur de nationalité étrangère démunie d'un permis de travail s'expose à des sanctions

---

[255] *Cf.* not. Béraud, J.M., Etude préalable à l'adoption d'un acte uniforme en droit du travail dans le cadre de l'Organisation pour l'harmonisation en Afrique du Droit des Affaires (OHADA), OIT, 2003, p. 6.

[256] Article 26 du Code du travail.

pénales[257].De son côté, l'étranger qui travaille sans autorisation ou dont l'autorisation n'a pas été renouvelée travaille dans le cadre d'un contrat nul. La nullité découle de la violation d'une règle d'ordre public général. Mais l'article 30 du Code du travail prévoit en même temps la possibilité pour le travailleur de faire constater par le juge la nullité du contrat et de réclamer des dommages et intérêts si l'omission du visa est due au fait de l'employeur. Pareille mesure permet d'éviter que des employeurs peu scrupuleux n'exploitent à leur profit la sanction d'un contrat de travail conclu avec des travailleurs étrangers en violation de la loi.

Ce contrôle administratif de l'accès au marché du travail pour les étrangers est néanmoins tempéré par deux séries de dérogation. La première est de fait alors que la seconde est de droit. Toute une série de compétences dévolues à l'inspection du travail est effectuée dans les faits par l'autorité des ports et des zones franches. La délivrance des visas au personnel travaillant pour le compte des entreprises installées en zone franche en fait partie alors que ce transfert de compétence ne repose sur aucun fondement juridique. La CEACR a relevé à ce propos, d'une part, que suivant l'article 31 de la loi portant Code des zones franches « le Code du travail régit les relations de travail à l'intérieur des zones franches » et que, d'autre part, le reste de la législation relative à la zone franche ne contient aucune disposition à cet égard[258]. Pour obtenir une carte de permis de travail, toute société installée en zone franche et employant un travailleur étranger introduit pourtant une demande de permis de travail auprès du centre des formalités unique des entreprises et opérateurs de la zone franche qui relève de l'autorité des ports et des zones franches[259].

Par ailleurs, cette compétence exclusive de contrôle de l'accès au marché du travail par les services de l'emploi ne s'applique pas aux travailleurs étrangers employés par les sociétés installées au camp militaire américain. L'article 5 d'un accord intervenu entre les

[257] Article 60 de la loi n ° 201/AN/07/5ème L du 22 décembre 2007 fixant les conditions d'entrée et de séjour en République de Djibouti.
[258] CIT, 102ème session, 2012, Observation, CEACR, convention n°81, Djibouti.
[259] *Cf.* not. Milberg, W. et Amengal, M., Développement économique et conditions économiques dans les zones franches: un examen des tendances, Document de travail, Genève, OIT, 2008, 82 p.

Etats-Unis et Djibouti[260] dispense les employés des fournisseurs des Etats-Unis[261] de la production d'un visa de séjour pour rester sur le territoire national.

Cette dispense équivaut, en l'occurrence, à une neutralisation de la procédure légale de contrôle d'accès des étrangers au marché du travail dans la mesure où le visa de séjour pour travail constitue, selon le Code du travail, la conséquence juridique directe de l'obtention de l'autorisation de travail. En outre, cet accord fait bénéficier ces travailleurs étrangers d'exonérations d'impôts et de taxes de sorte qu'ils perçoivent des salaires exorbitants[262].

Si la première dérogation ne s'écarte pas trop des objectifs de protection de la main d'œuvre nationale dans la mesure où le législateur impose en même temps des quotas nationaux progressifs, il en va différemment de la seconde qui peut susciter des critiques sur ce point. La soustraction des travailleurs étrangers employés par les fournisseurs des Etats-Unis de la législation nationale du travail est susceptible de porter un coup à la politique publique de protection de la main d'œuvre nationale. Elle induit toute une série de pratiques et de comportements déloyaux qui peuvent être préjudiciables aux travailleurs nationaux. En effet, on remarque, dans les faits, que les fournisseurs des Etats-Unis font venir sans aucune restriction des

---

[260] Accord entre le gouvernement des Etats-Unis d'Amérique et le Gouvernement de la République de Djibouti concernant l'accès à des installations situées sur le territoire de la République de Djibouti et leur utilisation du 19 février 2003. Au-delà des dérogations faites à la législation nationale du travail, cet accord n'a pas fait l'objet d'un débat parlementaire et subséquemment d'une loi de ratification. Ceci contredit l'article 70 de la Constitution qui assujettit entre autres l'entrée en vigueur des traités ou accords à la formalité de ratification parlementaire

[261] L'expression « fournisseurs des Etats-Unis »désigne les sociétés et entreprises non-djiboutiennes, ainsi que leurs employés, ayant passé un contrat avec le gouvernement des Etats-Unis, concernant les activités relevant du présent accord (article 1er alinéa 2)

[262] L'article 9 de l'accord précité précise en effet que « concernant tout revenu provenant des Etats-Unis ou de sources extérieures à la République de Djibouti, le Gouvernement de la République de Djibouti accorde une exonération d'impôts au personnel des Etats-Unis, à leurs fournisseurs et aux employés de ceux-ci, à part les ressortissants de la République de Djibouti ».

travailleurs étrangers (philippins, indiens, pakistanais, somaliens, kenyans...) dont les qualifications existent souvent sur le marché national du travail. Il y'a là un manque à gagner aussi bien pour les actifs nationaux à la recherche d'emploi dans un contexte de fort chômage que pour les caisses de l'Etat du fait de l'exonération fiscale dont bénéficient ces travailleurs étrangers.

Le régime social, fiscal et salarial des travailleurs étrangers se différentie nettement de celui des travailleurs djiboutiens. Ces derniers sont, eux, assujettis à la législation nationale et sont employés dans leur grande majorité par des agences privées d'emploi changeant de nom tous les ans au gré des appels d'offre. Celles-ci les paient nettement moins que leurs collègues de travail étrangers à qualifications équivalentes. Cette différence de traitement qui peut être justifiée en partie par les coûts liés à l'expatriation et par le paiement des cotisations sociales est très mal ressentie par les travailleurs nationaux[263]. Face à cette discrimination salariale, certains d'entre eux ne manquent pas d'ingéniosité pour se faire passer pour des somaliens avec qui il existe des similitudes linguistiques et culturelles. En procédant donc de la sorte, ils mettent toutes les chances de leur côté pour pouvoir être recrutés directement avec la complicité des fournisseurs des Etats-Unis et bénéficier, en conséquence, des mêmes avantages salariaux que les salariés expatriés.

B-L'interdiction formelle des clauses de non-concurrence

Pour se prémunir contre la concurrence susceptible d'être faite par le travailleur à son entreprise, les chefs d'entreprise exigent parfois que ce dernier s'interdise, à l'expiration du contrat, de se livrer à aucune activité professionnelle soit pour son compte, soit au

---

[263] La grève de ces travailleurs djiboutiens en juin 2013, suite à la décision du nouvel acquéreur du contrat de gestion de l'infrastructure militaire de licencier la moitié d'entre eux et de réduire 50% des salaires, a mis en évidence ces différences salariales (*Cf.* not. Lettre de l'Océan Indien n° 1359 du 28 juin 2013, Djibouti. KBR récolte une grève, p. 5).

service d'une autre entreprise[264]. Une telle clause se conçoit légitimement si elle a pour objectif d'empêcher une concurrence dommageable aux intérêts de l'entreprise, d'autant plus fâcheuse que le travailleur y aura acquis son savoir-faire professionnel, appris ou découvert des secrets, noué des liens avec la clientèle de son employeur[265]. Mais, une telle clause est restrictive de deux grandes libertés : liberté du travail et liberté d'entreprise[266]. En outre, elle peut paraître contre-nature dans le cadre d'un système libéral qui, par définition, promeut les libertés d'entreprendre, de concurrence et la mobilité de l'emploi. Enfin, elle peut être ressentie comme socialement injuste dans la mesure où elle aurait pour effet d'imposer, dans un contexte de crise d'emploi, à des salariés qui connaissent aujourd'hui d'énormes difficultés pour obtenir un nouveau travail des contraintes supplémentaires[267]. Le législateur de 2006 sensible à la seconde série d'arguments a décidé d'interdire formellement les clauses de non concurrence (**2**). Il s'agit d'un changement radical par rapport aux dispositions du Code de 1952 qui lui essayait de concilier les intérêts contradictoires des parties et admettaient la validité de ces types de clauses en les soumettant à des conditions strictes (**1**).

---

[264] En ce sens, elle doit être distinguée de l'obligation de loyauté qui interdit notamment au travailleur de se livrer à une activité concurrente pendant l'exécution du contrat de travail, que le contrat soit suspendu ou non, c'est-à-dire même pendant ses congés. Une telle obligation est d'essence légale et n'a donc pas besoin d'être indiquée dans le contrat (*Cf.* not. Dross, W., Clausier : Dictionnaire des clauses ordinaires et extraordinaires des contrats de droit privé, Litec, Paris 2011, pp. 331-349).

[265] Raison pour laquelle elle n'est généralement pas prohibée en droit comparé (*Cf.* Béraud, J.-M., *op. cit.*, p. 43).

[266] *Cf.* not. Vacarie, I et Lyon-Caen, A., Droits fondamentaux et droit du travail, *in* « Droit syndical et droits de l'homme à l'aube du XXIème siècle » Mélanges en l'honneur de J.-M. Verdier, Dalloz 2000, p. 445 ; Champaud, Cl., Les clauses de non-concurrence (ou comment concilier liberté de contracter, liberté d'entreprendre et liberté de travailler), *RJC*, juin 1986, p.161.

[267] *Cf.* not. Vachet, G., La liberté du travail et l'obligation de non-concurrence du salarié, *in* « Les droits fondamentaux des salariés face aux intérêts de l'entreprise », PUAM, 1994, p. 64-65.

1- Sous l'empire du Code de 1952

Alors que les limites et la licéité des clauses de non-concurrence ont toujours été déterminées en France par la jurisprudence, c'est le législateur qui est intervenu dans les territoires d'Outre-mer[268].

Aux termes du dernier alinéa de l'article 37 du Code de 1952 « est nulle de plein droit toute clause d'un contrat portant interdiction pour le travailleur d'exercer une activité quelconque à l'expiration du contrat. En cas de rupture du contrat, cette clause est valable si la rupture est le fait du travailleur ou résulte d'une faute lourde de celui-ci. Toutefois, en ce cas, l'interdiction ne peut porter que sur une activité de nature à concurrencer l'employeur, elle ne peut dépasser deux ans et ne peut s'appliquer que dans un rayon de deux cent kilomètres autour du lieu du travail ». Certes, déjà à l'époque, pour sanctionner le comportement déloyal du travailleur, les règles relatives à la responsabilité civile de droit commun permettait à l'employeur d'exercer contre son ex-salarié et ses éventuels complices l'action en concurrence déloyale. Mais, comme le stipule le proverbe « mieux vaut prévenir que guérir » : il vaut donc se prémunir par le biais de la clause de non concurrence au lieu de réparer le préjudice qui en résulte au moyen de l'action en concurrence déloyale. Par ailleurs, cette dernière action suppose que l'existence d'une faute soit prouvée. Or, le salarié peut concurrencer son ancien employeur sans pour autant commettre une faute. En outre, le Code de 1952 réprime le débauchage en l'érigeant en délit civil[269] et pénal[270]. Mais il soumet l'action de concurrence déloyale pour débauchage de salarié à des conditions certes alternatives mais difficilement démontrables[271]. A

---

[268] *Cf.* Kirsch, M., La clause de non-concurrence. Evolution en Afrique par rapport à la jurisprudence française et la loi du 15 décembre 1952, *TPOM*, 1972, n° 321, p. 7108.

[269] Article 43 du Code de 1952.

[270] Article 228 du Code de 1952.

[271] Le Code du travail de 1952, dans son article 42, précise dans quelles conditions, cette responsabilité peut être engagée. La première condition exigée par le texte est que le travailleur ait rompu abusivement le contrat de travail qui le liait à son précédent employeur, en causant un préjudice à ce dernier. En outre, le nouvel employeur envers lequel s'engage le travailleur doit s'être rendu coupable de débauchage ; il en est ainsi dans trois cas :

cet égard, ces deux actions apparaissent moins efficaces que les clauses de non-concurrence qui, elles, s'apparentent plus à des clauses de non rétablissement ou de non réembauchage. Ce contre quoi se prémunit l'employeur ici est carrément le risque de départ de son ex salarié chez son concurrent.

Cependant, une telle clause n'est licite, selon l'article 37 précité, que lorsque la rupture est le fait du travailleur (démission) ou résulte de la faute lourde de celui-ci et, dans un cas comme dans l'autre, elle est valide, dés lors que l'activité exercée est de nature à concurrencer l'employeur. Pour cantonner la clause à un secteur d'activité précis de nature à concurrencer l'employeur, le législateur de 1952 avait aménagé sa dimension spatio-temporelle : elle ne pouvait dépasser deux ans et ne pouvait s'appliquer que dans un rayon de deux cent kilomètres autour du lieu de travail. Ces deux limitations sont exigées cumulativement et non alternativement si on s'en tient à la lettre du texte[272]. Enfin, le non-respect de la clause de non-concurrence par le travailleur l'expose au paiement de dommages et intérêts pour la réparation du préjudice subi par l'employeur[273].

Nonobstant la pertinence des conditions strictes entourant la clause de non-concurrence, celle relative à la limitation spatiale peut, dans les faits, compromettre sérieusement les chances de retrouver un nouvel emploi lorsque l'on sait que toute l'activité économique est concentrée dans les espaces centraux de la ville de Djibouti situés dans un rayon d'environ 10 kms. Dès lors, est-il équitable d'interdire

---

lorsqu'il est démontré qu'il est intervenu dans le débauchage ; quand il a embauché un travailleur qu'il savait déjà lié par un contrat de travail ; lorsqu'il a continué à occuper un travailleur après avoir appris que celui-ci était encore lié à un autre employeur par un contrat de travail.

[272] Selon deux auteurs, « ces restrictions apportées aux clauses de non-concurrence s'expliquent aisément. En effet, des clauses d'une portée générale auraient pour conséquence de soumettre le salarié à la loi de l'employeur, en conférant à celui-ci, au-delà du contrat, un pouvoir qui ne serait pas justifié par le risque de concurrence et n'aurait rien de commun avec l'obligation de fidélité » (*Cf.* Lafond, A., Micholin, J., Code du travail de la France d'outre-mer. Commentaires et textes, Litec, Paris, 1954, pp. 174-175).

[273] *Cf.* not. Kirsch, M., *op. cit.*, p. 7109.

à des salariés évoluant dans un marché de l'emploi géographiquement réduit, de postuler à des emplois et dans des secteurs d'activité où ils sont spécialement compétents ? Le fait qu'une telle clause soit limitée dans l'espace ne revient-il pas au fond à une illimitation dans l'espace et, subséquemment, à une impossibilité de retrouver du travail lorsque l'on sait les faibles capacités de création d'emploi de l'économie nationale[274] ? Enfin, le fait qu'une contrepartie financière n'ait pas été prévue par la loi en vue[275], notamment de compenser le préjudice du salarié résultant de la restriction faite à sa liberté de travailler, n'est-il pas susceptible de mettre ce dernier dans une situation de détresse financière s'il n'arrive pas à retrouver du travail[276] ?

La crise économique des années 90 a ravivé ces problématiques et mis en évidence la nécessité de lever tous les obstacles de droit et de fait à l'accès à l'emploi. En l'occurrence, il s'agit d'accorder une totale liberté d'action au salarié après l'expiration du contrat et de prohiber toute mesure patronale susceptible d'empêcher celui-ci de retrouver un emploi correspondant à ses compétences, en lui opposant par exemple une clause de non-concurrence. Ainsi, l'option libérale choisie par le législateur dans la moitié des années 90 aboutit à une solution radicale à savoir l'interdiction pure et simple de la clause de non concurrence.

---

[274] *Cf.* not. BAD, *op. cit.*, p.8.

[275] *Cf.* not. Chalvignac, F., A la recherche des fondements de l'exigence d'une contrepartie financière à la clause de non-concurrence , *TPS*, n° 2, 2004, p. 7; Galvada, N., Les critères de la validité de la clause de non-concurrence en droit du travail, *Dr. soc.* 1999, p. 582; Pélissier, J., Conditions de validité des clauses de non-concurrence, *D.*, 2002. p. 3110.

[276] Une telle situation porte d'ailleurs atteinte à l'article 6-1 du Pacte international sur les droits économiques et sociaux, ratifié par la République de Djibouti en 2002, qui prévoit expressément le droit pour un salarié de gagner sa vie par un travail librement choisi ou accepté (*Cf.* not. Pettiti, Ch.,La clause de non-concurrence en droit du travail et l'applicabilité directe du Pacte international relatif aux droits économiques, sociaux et culturels du 16 décembre 1966, Droits fondamentaux, n° 7, janvier 2008, 7 p.).

2-Sous l'empire du code de 2006

C'est la loi du 23 septembre 1997 portant aménagement du Code de 1952, venant en tête des premières lois libérales, qui interdit la clause de non concurrence[277]. On observe que cette loi prévoyait en son sein la reprise de l'intégralité de ses dispositions par le nouveau code du travail programmé déjà à cette époque[278] mais qui ne verra que le jour environ une décennie plus tard. Effectivement l'article 64 du code de 2006 réaffirme qu' « est nulle de plein droit toute clause d'un contrat portant interdiction pour le travailleur d'exercer une activité quelconque à l'expiration du contrat ». Par ailleurs, le Code de 2006 abroge tacitement ou ne reprend pas l'article 43 du Code de 1952 qui établissait la responsabilité de l'employeur dans le cas du débauchage abusif. Le législateur de 2006 a sûrement considéré qu'en cette époque caractérisée par la libéralisation de l'économie, et où les bailleurs de fonds réclament avec insistance la pleine reconnaissance des libertés d'entreprise et de concurrence ainsi que la flexibilité du travail, la théorie du débauchage n'est plus, ce qu'autrefois elle fut. En dépit des conditions qui peuvent l'entourer, le dispositif du débauchage n'en est pas moins désuet, c'est-à-dire en passe d'être relayé à une époque antérieure, époque où la notion de rupture abusive d'un contrat de travail n'était pas, comme aujourd'hui, relativisée. Les rares décisions rendues dans le cadre de l'article 64 du Code du travail invalident en toute logique les clauses de non-concurrence[279].

Néanmoins, la liberté que recouvre en principe le salarié à l'expiration du contrat de travail ne lui permet pas pour autant d'exercer une activité similaire à celle de son ancien employeur dans des conditions déloyales. La plupart des contrats individuels contiennent des clauses de confidentialité valables même après l'extinction des liens de travail. L'ancien employeur peut donc exercer en principe une action en concurrence déloyale sur le fondement de l'article 1147 du Code civil à l'encontre de son ancien salarié. A défaut de clause de confidentialité, il peut toujours se

---

[277] Article 34 de la loi du 23 septembre 1997 portant aménagement du Code de 1952.

[278] Ibid., article 41.

[279] Cour d'appel de Djibouti du 4 novembre 2012 (inédit).

placer sur le terrain de la responsabilité civile délictuelle et invoquer les articles 1382 et 1384 du Code civil à l'encontre de son ancien salarié et/ou à l'encontre du nouvel employeur quand l'intéressé a été réembauché[280]. Les juges vont, dans les deux cas, bien distinguer l'acte concurrentiel en lui-même qui ne peut plus donc être sanctionné tant qu'il relève de la liberté du travail, et les procédés concurrentiels déloyaux (détournement de clientèle ou de fichiers, de divulgation de secrets affectant l'ancien employeur…) qui, eux, méritent d'être réprimés[281].

En dépit des arguments offerts par le droit commun pour sanctionner les comportements déloyaux de leurs anciens salariés, les employeurs rechignent généralement à intenter des actions en justice. En témoignent la rareté du contentieux relatif à la concurrence déloyale. En effet, les employeurs victimes de ces procédés concurrentiels déloyaux, en plus de leur méconnaissance des subtilités de la loi, éprouvent un sentiment de résignation face à ces situations. Ils préfèrent laisser se faire concurrencer directement ou indirectement par leurs anciens salariés plutôt que de s'embarquer dans des procès aux issues incertaines.

---

[280] Sur cette question, Jean-Jacques Serret défend l'idée que le droit de la responsabilité civile délictuelle devrait suffire à trancher ce genre de litige même si l'administration de la preuve est toujours délicate. A contrario, une reconnaissance trop large par la jurisprudence de la clause de non-concurrence risque de réduire la liberté du travail en autorisant les entreprises à s'approprier indûment les compétences et les connaissances de ce dernier (*Cf.* Serret, J.-J., Le droit commun des obligations et la concurrence d'un ancien salarié, *Dr. soc.* 1994, p. 759).

[281] *Cf.* not. Béraud. J.-M., *op. cit.*, p. 43;

Section 2- La liberté d'organisation collective

Les travailleurs djiboutiens ont très tôt pris conscience de l'intérêt de se rassembler au sein d'organisations syndicales pour défendre au mieux leurs intérêts en se constituant un contre-pouvoir face au pouvoir du chef d'entreprise. Les syndicats qui succèdent aux corporations traditionnelles[282] jouent ce rôle depuis la moitié du XXème siècle avec l'appui du droit. Si nous remontons l'histoire sociale de la République de Djibouti, nous découvririons que le syndicalisme a connu, à l'instar des pays africains, des phases alternées d'autonomie et de domestication sans pour autant jamais s'affirmer en marge du droit[283].

La consécration juridique des syndicats dans les territoires d'Outre-mer a été véritablement l'œuvre du Code de 1952[284]. Celui-ci consacre les trois grands principes caractéristiques issus des conventions internationales de l'OIT que sont la liberté syndicale, la

---

[282] «Avant l'émergence des syndicats, comme en France avant la révolution de 1789, les professions et les métiers en République de Djibouti s'organisaient en corporations au sein desquelles on trouvait la même hiérarchisation : apprentis, compagnons, maîtres. Ces corporations existaient surtout en ville, il y avait un « amin » qui jouait le rôle de médiateur entre les membres en réglant leurs différends le cas échéant à l'amiable. En cas d'échec de cette médiation, l'affaire était portée devant le « mouhtassib » (le censeur des mœurs). Elles disparurent avec les nouvelles industries capitalistes qui firent leur apparition à la fin du 19ème siècle en imposant de nouvelles réalités économiques, sociales et professionnelle » (*Cf.* Ali Ragueh, M., Essai de sociologie juridique sur la réception du droit du travail français en République de Djibouti, Thèse, Droit, 1998, Nantes, pp. 77-78).

[283] *Cf.* not. Deprez, J., Evolution et particularisme du droit du travail en Afrique occidentale, Annales africaines, 1960, pp. 7-39 ; Gonidec, P.F, L'évolution du syndicalisme en Afrique noire, *Penant*, n° 631, 1962, p. 167; Esperet, G., L'évolution du syndicalisme en Afrique noire, *Dr. soc.*, 1958, p. 149.

[284] Le décret du 7 août 1944 valable jusqu'au vote du Code de 1952 reconnaissait certes le principe de la liberté syndicale mais les autorités coloniales limitaient autant que possible l'action des syndicats africains (*Cf.* not. Auvergnon Ph., Modèles et transferts normatifs en droits du travail de pays africains, Bulletin de droit comparé du travail et de la sécurité sociale, 2005, p. 117-138).

pluralité syndicale et l'autonomie syndicale[285]. Par ailleurs, il reconnaît les associations professionnelles fondées sur la coutume, sans toutefois les assimiler complètement aux syndicats[286]. Ces principes fondamentaux qui ont été mis en veilleuse par la loi dite de « mobilisation »[287] seront restaurés par la Constitution pluraliste du 15 septembre 1992 et repris expressément dans le code du travail de 2006.

A la lecture de la loi du 16 février 2011 corrigeant les déficits de liberté syndicale que présentait la première mouture dudit code, nous verrons que la consolidation juridique des syndicats emprunte, en théorie, deux chemins. Le premier est celui de la protection de l'activité syndicale assurée par la liberté de constitution et de fonctionnement des syndicats et, plus largement, par la liberté syndicale (**§1**). Le second chemin correspond à l'institution de représentants du personnel et à l'instauration de la négociation collective qui seules permettent de rendre effective l'action collective (**§2**)

§1- La création et le fonctionnement des syndicats

La liberté syndicale est garantie par la Constitution pour tous les citoyens[288]. De son côté, l'article 212 du Code du travail précise que « les salariés ou les employeurs, sans distinction d'aucune sorte, ont le droit de constituer librement des syndicats de leur choix dans des secteurs d'activité et des secteurs géographiques qu'ils déterminent ». Ces dispositions ont rendu possible le pluralisme syndical. En effet, elles présupposent la fin du monopole de la représentation syndicale par l'organisation syndicale unique, l'Union

---

[285]Articles 3 à 27 du Code de 1952.

[286]Article 28 du Code de 1952.

[287]Voir pour deux visions opposées de la loi n° 199/AN/81 du 24 octobre 1981 portant sur la Mobilisation Nationale: Laudouze, A., Djibouti : nation carrefour, éd. Karthala, 1989, pp. 98-99 ; Coubba, A., Djibouti : une nation en otage, L'Harmattan, 1993, pp. 170-172.

[288] L'article 15 de la Constitution dispose en effet que « les citoyens ont le droit de constituer librement des associations et syndicats sous réserve de se conformer aux formalités édictées par les lois et règlements ».

Générale des Travailleurs Djiboutiens (UGTD) créée en 1979 afin de prévenir toute velléité d'agitation sociale[289].

En même temps l'affirmation du pluralisme syndical[290] s'accompagne de celle du principe de l'autonomie des organisations syndicales. Il y'a manifestement, au moins dans les textes, un désir de faire table rase d'un passé où le syndicat n'était que l'ombre du parti unique, soumis aux ingérences de l'administration et d'acteurs occultes[291].

La protection de la liberté syndicale se traduit donc par l'absence d'ingérence des pouvoirs publics dans le fonctionnement du syndicalisme, qu'il s'agisse de la constitution du syndicat (**A**), de son fonctionnement (**B**) ou de la gestion de ses ressources (**C**).

A- La réduction des formalités de constitution

Jusqu'à une époque très récente, la constitution d'un syndicat obéissait à des formalités préalables de dépôts et à un strict contrôle de la légalité (**1**). La protection de la liberté syndicale s'accommodant mal d'une telle procédure, le législateur s'est résolu à supprimer en 2011 le contrôle de la légalité afin de se mettre en conformité avec la convention n°87 de l'OIT sur la liberté syndicale et la protection du droit syndical (**2**).

---

289 *Cf.* not. Deprez, J., *op. cit.* p. 8.

290 Ce nouveau pluralisme a conduit la fondation, le 27 juin 1992, d'une nouvelle centrale syndicale l'UDT (Union Djiboutienne du Travail) par de syndicats de base affiliés jusque là à l'UGTD qu'ils jugent rester docile vis-à-vis du pouvoir politique (*Cf.* not. La Lettre de l'Océan Indien n° 537 du 25 juillet 1992, Djibouti. L'implosion du syndicat unique, p. 3).

291 Sur l'histoire des organisations syndicales africaines longtemps affiliés et dépendantes des organisations françaises, puis prises dans un lien très fort avec le parti unique : Syndicats à vous maintenant ! Pour une démocratie durable, Kester, G. et Sidibé, O. (dir.), éd. L'Harmattan, Paris, 1997, 446 p; Fonteneau, G., Histoire du syndicalisme en Afrique, éd. Karthala, 2004, 176 p.; Person, Y., Les syndicats en Afrique noire, *Le mois en Afrique*, n°172-173, avril-mai 1980, pp. 22-46.

1- Les rigidités de l'ancienne procédure de constitution

L'ancien article 215 du Code du travail de 2006 assujettissait la constitution d'un syndicat à des règles de forme également applicables aux modifications apportées aux statuts et aux modifications survenant dans la direction ou l'administration du syndicat. Les fondateurs du syndicat devaient déposer les statuts et la liste des personnes chargées de son administration ou de sa direction en indiquant les prénoms, nom, filiation, date et lieu de naissance et la profession exercée par ces personnes. Le dépôt avait lieu en triple exemplaire contre récépissé délivré par l'inspection du Travail. Les statuts devaient prévoir la dénomination, l'objet et le siège du syndicat, les conditions dans lesquels se réunissaient les assemblées générales ordinaires et extraordinaires ; en outre, devaient être précisées les conditions de sa dissolution ainsi que les modalités de dévolution de son actif et de son passif.

Dans les trente jours suivant ce dépôt, l'inspection du travail transmettait au ministre du Travail et au Procureur de la République, un exemplaire des statuts et de la liste des membres chargés de l'administration et de la direction du syndicat en y joignant un rapport d'enquête faite par lui sur les circonstances et conditions de formation du syndicat et notamment, la date et le lieu du congrès constitutif et les origines professionnelles des membres. Le Procureur de la République vérifiait la régularité des statuts et de la situation des dirigeants du syndicat au regard des prescriptions des articles 212 et 214; il notifiait directement ses conclusions au ministre de l'Intérieur, à l'inspection du travail et aux dirigeants du syndicat dans les trente jours suivant la transmission du dossier par l'inspection du travail[292]. Au vu du rapport établi par l'inspection du travail, le

---

[292] Ce dispositif ressemble singulièrement à un article additionnel déposé sous forme d'amendement par certains députés lors des discussions parlementaires qui ont précédé l'adoption du Code du travail de 1952. Celui-ci prévoyant que les fondateurs de syndicat devraient communiquer au procureur de la République du ressort les statuts et la situation des dirigeants du syndicat. Selon deux auteurs, « c'est sous le fallacieux prétexte de la jeunesse et de l'inexpérience des syndicats d'outre-mer que l'adoption de ce texte était préconisée. Une telle disposition eût été dangereuse; d'abord elle eut introduit à l'égard des territoires d'outre-mer une discrimination, puisque le Code du travail métropolitain ne prévoit aucune disposition

ministre du Travail délivrait ou non le récépissé portant reconnaissance légale du syndicat. Comme le laisse nettement apparaître les dispositions de l'article 215 du code de 2006, l'impérieuse nécessité de suivre une procédure marquée par une autorisation administrative avait pour effet de dépouiller de toute existence légale le syndicat qui ne s'y conformait pas. N'ayant pas de personnalité civile, il ne pouvait jouir des droits réservés aux syndicats[293].

A ce stade, il était effectivement permis de se demander si cette procédure de contrôle largement décrite était conforme aux principes de la liberté syndicale et, notamment, à la convention n° 87 de 1948 de l'OIT sur la liberté syndicale[294]; l'article 2 de cette dernière prévoit en effet que les travailleurs et les employeurs ont le droit, sans autorisation préalable, de constituer les organisations de leur choix. Pourtant, il a été admis que ces procédures de contrôle préalables à la constitution du syndicat ne violaient pas la convention n°87 dès lors que les formalités de publicité et d'enregistrement ne pouvaient l'objet d'un refus de la part des autorités ou que le refus ne pouvaient être fondé que sur l'inobservation de certaines formalités[295]. Cependant, il arrivait souvent que le contrôle des autorités publiques aille plus loin. C'était le cas lorsque l'approbation des statuts relève du pouvoir discrétionnaire d'une autorité publique. L'enregistrement imposé par l'ancien article 215 du Code du travail

---

semblable. Mais surtout, c'était introduire un contrôle de police dans le système syndical » (*Cf.* Lafond, A., Michollin, J., *op. cit.*, p. 92).

293 Cette disposition est plus restrictive que l'article 5 du Code de 1952 qui prévoyait un simple dépôt de dossier à la marie ou au siège de la circonscription administrative où le syndicat est établi (*Cf.* Chauleur, P., Le régime du travail dans les territoires d'outre-mer, Encyclopédie d'outre-mer, 1956, pp. 191-192).

294 La convention n°87 sur la liberté syndical et la protection du droit syndical du 17 juin 1948 est la doyenne des huit conventions fondamentales de l'OIT. Elle a été ratifiée par la République de Djibouti en août 1978 (*Cf.* not. Dunning, H., Les origines de la convention n° 87 sur la liberté syndicale et la protection du droit syndical, *RIT*, Vol. 137, n°2, 1998, pp. 165-186).

295 « Les fondateurs d'un syndicat doivent observer les prescriptions de publicité et les autres dispositions analogues qui peuvent être en vigueur en vertu d'une législation déterminée » (BIT, La liberté syndicale. Recueil de décisions et de principes du Comité de la liberté syndicale du Conseil d'administration du BIT, Genève, 2006, § 244).

de 2006 en vue de la constitution du syndicat s'apparentait à ce type de contrôle poussé, d'autant que cet enregistrement ne pouvait être accordé que par une décision du ministre chargé du travail, décision elle-même subordonnée au dépôt des statuts par les fondateurs et à un rapport d'enquête circonstancié de l'inspecteur du travail. Une telle procédure conférait, en l'occurrence, à l'administration le pouvoir, plus ou moins discrétionnaire, de décider si une organisation réunit ou non les conditions requises pour se faire enregistrer[296]. La CEACR a estimé a maintes reprises qu'« une telle situation pourrait aboutir dans la pratique à nier le droit des travailleurs et des employeurs de constituer des organisations sans autorisation préalable, en violation de l'article 2 de la convention »[297]. S'il est périlleux pour l'ordre public et la paix sociale de laisser se constituer des organisations sans le moindre contrôle étatique, il n'en demeure pas moins que les autorités publiques doivent s'abstenir de compliquer l'accès à la vie syndicale. La CEACR s'est faite plusieurs fois l'écho du Comité de la liberté syndicale en demandant au Gouvernement djiboutien de supprimer ce formalisme contraignant qui a pour effet d'empêcher l'accès à la vie syndicale.

2- La simplification de la procédure de constitution

La loi du 16 février 2011[298] a levé les restrictions administratives à la liberté syndicale en apportant des modifications aux articles 41, 215 et 214 du Code du travail. Elle prend en compte les points de divergence, soulevés par les organes de l'OIT, entre le Code du travail et la convention n° 87 sur la liberté syndicale. La loi témoigne d'un changement de conception du législateur en matière de constitution et d'organisation des syndicats.

---

[296] Sur l'incompatibilité entre autorisation administrative et l'article 2 de la convention n° 87 : Von Potobsky, G., Liberté syndicale : l'impact de la convention n° 87, *RIT*, Vol. 137, n°2, 1998, pp. 215-242 ; Sweeptson, L., Droits de l'homme et liberté syndicale : évolution sous le contrôle de l'OIT, *RIT*, Vol. 137, n°2, 1998, pp. 187-214; Pouyat, A. J., Les normes et les procédures de l'OIT en matière de liberté syndicale, *RIT*, Vol. 137, n°3, 1982, pp. 309-325.

[297] CIT, 100ème session, 2010, observation CEACR, convention n°87, Djibouti.

[298] Loi du 16 février 2011 n° 109/AN/10/6ème L. portant modification partielle des dispositions des articles 41, 214 et 215 de la loi du 28 janvier portant code du travail.

La nouvelle loi règlemente en effet le droit syndical, avec comme première caractéristique, par rapport à la situation antérieure, la suppression du contrôle de la légalité à laquelle était soumise la création de tout syndicat. Cette évolution est d'une grande portée; elle consacre, du moins en théorie, la rupture avec les postulats idéologiques qui avaient pendant un certain temps justifié la subordination de la constitution des syndicats à une autorisation préalable. On rompt avec les lourdes formalités administratives qui rendaient difficile l'exercice du droit à l'organisation syndicale. Les fondateurs auront désormais pour seule obligation de déposer à l'inspection du travail les statuts ainsi que le nom et la profession des personnes chargées de l'administration et de la direction du syndicat. L'information est obligatoire lors de la création du syndicat ainsi qu'à l'occasion de tout changement de statuts ou de direction.

La seconde caractéristique de cette loi est qu'elle supprime l'interdiction générale d'accès aux fonctions syndicales jusqu'alors faite aux personnes condamnées pour toute sorte d'infraction. L'ancien dispositif interdisait l'accès aux fonctions de direction ou d'administration à trois catégories d'individus ; il s'agissait d'abord de ceux condamnés par quelque juridiction que ce soit, sauf pour infraction inspirée par un mobile d'ordre politique ou syndical ou pour blessures ou homicides involontaires, à une peine supérieure à 3 mois d'emprisonnement ; il s'agissait par ailleurs des individus qui ont été condamnés pour vol, escroquerie, abus de confiance, abus de blanc-seing, soustraction ou détournement de deniers publics ; il s'agissait enfin des individus exerçant des fonctions de direction ou d'administration d'un parti politique. L'interdiction frappant la dernière catégorie d'individus peut se concevoir légitimement lorsque l'on sait que les activités politiques n'entrent pas a priori dans la sphère des compétences reconnues aux syndicats en vertu du principe de spécialité[299]. Les deux premières interdictions posaient des problèmes évidents de compatibilité avec la convention n° 87 sur la liberté syndicale. Sur ce dernier point, la CEACR a considéré que « l'article 214 en considérant toute personne condamnée inapte à occuper des fonctions syndicales, est rédigée de manière large et

---

[299] *Cf.* not. Merlin, J., Liberté syndicale et spécialité syndicale, *Dr. soc.* 1998, pp. 571-572 ; Duguet, Y., Constitution, objet et fonctionnement des syndicats professionnels, *RPDS*, 1995, p. 257.

permettrait de couvrir des situations dans lesquelles la condamnation n'est pas de nature à rendre inapte à occuper des fonctions syndicales »[300]. Un tri s'imposait entre les condamnations prononcées en ne retenant que celles prononcées pour des délits qui par leur nature peuvent mettre en cause l'intégrité de l'intéressé pour l'exercice d'une fonction syndicale. Le nouvel article 214 issu de la loi de février 2011 dispose désormais que « les membres chargés de l'administration doivent être de nationalité djiboutienne ou travailleur étranger régulièrement établi sur le territoire national, et jouir de leurs droits civils et politiques ».

La troisième caractéristique est la faculté donnée aux travailleurs investis d'un mandat syndical de rester dans une relation d'emploi et ne de plus voir leur contrat suspendu pour activités syndicales. C'est une évolution notable qui marque une rupture avec l'idée d'incompatibilité de l'exercice d'une fonction syndicale avec une vie professionnelle, véhiculée par les ex articles 41 et 42 du Code du travail. De telles dispositions, en prévoyant une suspension quasi automatique du contrat de travail et du salaire de tout travailleur qui assumerait des fonctions syndicales étaient de « nature de porter préjudice aux droits de tout travailleur de former une organisation de son choix ou de s'y affilier, ou d'exercer une fonction syndicale »[301]. Le nouvel article 41 issue de la loi de février 2011 supprime donc la possibilité de suspension automatique du contrat de travail du dirigeant syndical.

Si la loi a corrigé, du moins en théorie, les déficits constatés de liberté syndicale que présentait le Code du travail dans sa version initiale, force est de constater qu'elle reste muette sur deux points importants. Tout d'abord, elle n'indique pas la nature des sanctions à appliquer en cas d'inobservation des nouvelles formalités de constitution. Cette question est d'un intérêt certain ; l'exemple a donné qu'un syndicat ait fonctionné sans se conformer aux prescriptions[302].Théoriquement un syndicat ne peut mener d'action

---

[300] CIT. *op.cit.*

[301] Articles 2 et 3 de la convention n° 87 de l'OIT.

[302] Dans nombre de pays étrangers, les syndicats n'ont pas la personnalité civile et ne cherchent pas à l'acquérir : ceci s'explique par le désir d'échapper aux effets d'éventuelles condamnations à des dommages et intérêts, voire à

qu'après l'accomplissement des formalités qui lui permettent d'acquérir la personnalité morale. Or, dans le cas où il n'est pas enregistré et qu'il développe néanmoins ses activités, le recours à la justice ne lui est pas ouvert. Certes la loi prévoit des sanctions pénales mais ces dernières ne concernent que les organisations syndicales dissoutes. Or, une organisation qui n'a pas d'existence légale ne peut pas faire l'objet d'une dissolution. A titre de comparaison, la loi française de 1er juillet 1901 relative à l'association, restée en vigueur à Djibouti, prévoit, elle, des sanctions pénales à l'encontre de ceux qui auront contrevenu aux dispositions de l'article 5 relatives aux formalités de constitution[303]. Il faut enfin rappeler, qu'en matière de sanctions pénales, la loi doit prévoir expressément l'infraction en application de l'article 3 du Code pénal qui dispose « nul ne peut être frappé d'une peine qui n'est pas prévue par la loi, si l'infraction est un crime ou un délit, ou par le règlement si l'infraction est une contravention ».

Si pour tous les travailleurs salariés du secteur privé et du secteur parapublic soumis aux dispositions du Code du travail, le droit de se constituer en syndicats se voit simplifier par ladite loi, des difficultés demeurent en ce qui concerne les fonctionnaires. La loi du 26 juin 1983 portant Statut général des fonctionnaires reconnaît certes à ces derniers la jouissance du droit syndical[304]. Aussi, le décret du 10 septembre 1983 fixant les conditions d'exercice du droit syndical et du droit de grève soumet l'existence légale des syndicats à des simples formalités de dépôts qui doivent être effectuées auprès du chef du Gouvernement. Il impose en même temps la communication des statuts à quatre autorités, à savoir le ministre de la Fonction publique, le ministre de l'Intérieur, le ministre du Travail et le

---

des poursuites pénales dans les régimes autoritaires (*Cf.* Pélissier, J., Auzero, G., Dockès, E., Droit du travail, Dalloz, 29ème édition, p. 1043).

303 *Cf.* not. Verdier, J.-M., Les effets du non-dépôt des statuts, *Dr. soc.*, 1978, p. 380.

304 Sur le droit des fonctionnaires de constituer des syndicats dans les pays de l'Afrique : voir Oumarou, M., Le dialogue social dans l'administration publique des pays membres de l'Union économique et monétaire ouest-africaine (UEMOA), Document n° 11, BIT, janvier 2007, p. 22 ; Breton, M., Droit de la fonction publique des Etats d'Afrique francophone, Edicef, 1990, p. 170.

Procureur général près la Cour d'appel[305]. Ces obligations d'information qui n'ont rien de répréhensible en soi, peuvent toutefois s'apparenter à une autorisation préalable dès lors qu'elles sont accompagnées dans la pratique d'une enquête de moralité menée par le service des renseignements généraux et visant les fondateurs du syndicat concerné.

De fait, ceci est susceptible de violer la liberté d'association des fonctionnaires qui peuvent être contraints d'abandonner toute idée de groupement aux fins de défendre leurs intérêts professionnels[306]. Cette pratique a été conçue à l'époque où le pluralisme syndical était, en fait, mis en veilleuse par la loi dite de mobilisation du 24 octobre 1981. Depuis l'adoption du pluralisme syndical concrétisée par la Constitution de 1992 alors en vigueur, une telle pratique devrait être caduque, les fonctionnaires étant libres de s'organiser en syndicats. Il s'avère donc urgent de mettre en place une nouvelle règlementation contre cette pratique. En attendant cette règlementation, les principes d'organisation posés par la loi du 16 février 2011 pourraient servir de guide même si le Code du travail n'est pas applicable aux fonctionnaires[307].

Même s'il ne peut plus se fonder sur la loi dite de mobilisation du 24 octobre 1981, le pouvoir politique use, en pratique, de tous les subterfuges pour freiner l'émergence de syndicats libres dans les secteurs privés et publics. Pour en prévenir la création, il multiplie les intimidations, et, s'il en apparaît quand même ici ou là, les autorités ne leur délivrent pas de récépissé de constatation légale. Pire, après l'insuccès des tentatives de développement de « syndicats maison »[308], on pratique aujourd'hui le clonage syndical qui consiste à

---

305 Article 3 de la loi n° 43/AN/83/1ère L. de la loi 26 juin 1983 portant statut général des fonctionnaires.

306 Cette pratique ne touche pas exclusivement les agents de l'Etat et peut concerner les fondateurs de syndicats relevant d'entreprises publiques et privées.

307 Article 1er du Code du travail.

308 En 1995, le gouvernement, pour contrer les syndicats indépendants, a suscité la création d'une nouvelle fédération syndicale, la Confédération djiboutienne du travail (CODJITRA) ainsi qu'une organisation de jeunes syndicalistes (CONJEUTRA). L'intersyndicale UDT/UGDT, appuyé par la CISL, a eu à porter plainte auprès de la Commission de vérification des

usurper une dénomination syndicale au profit de groupements partisans crées de toutes pièces en vue de l'occupation de l'espace syndical. Ainsi, l'Union djiboutienne du travail (UDT), apparue en 1992 dans le nouvel ordre constitutionnel, et l'UGTD, qui s'est affranchie de la tutelle du régime se sont vu opposées deux centrales syndicales « maisons » portant leurs deux dénominations par le pouvoir politique jusqu'aux instances de l'OIT qui, heureusement, ne se laisse pas abuser[309].

Ces atteintes à la liberté de constitution des syndicats par le premier employeur du pays (l'Etat) expliquent en grande partie la rareté des syndicats et la faiblesse du nombre de ses adhérents. Par ailleurs, le contexte de fort chômage, la compétition pour l'accès à l'emploi et sa conservation à tout prix dans le cadre d'une économie libéralisée alimente de plus en plus la méfiance des travailleurs à l'égard des mouvements syndicaux jugés inefficaces voire dangereux. Gardant le souvenir douloureux des congédiements abusifs dont ont été victimes de leaders syndicalistes[310], la majorité des travailleurs préfèrent aujourd'hui exprimer autrement leurs revendications professionnelles, notamment à travers de canaux externes et hésitent de se constituer en syndicats. Ce faisant, ils recourent à d'autres structures de protection à savoir l'allégeance au parti au pouvoir, des associations ethniques, des réseaux de parenté et de solidarité[311]. Ces

---

pouvoirs du BIT qui finit par invalider l'existence de la CODJITRA en 1997(*Cf.* not. FIDH, Observatoire pour la protection des droits de l'homme, Djibouti, les défenseurs des droits économiques et sociaux paient le prix fort, août 2006, p.17-25; Djibouti. Des syndicats pro-gouvernementaux, La Lettre de l'Océan Indien, n° 866 du 17 juillet 1999 p. 4).

309 *Cf.* not. Warsama Adoyta. M., Djibouti, une dictature amie, éd. Ecrire, Bruxelles, 2012 ; USA Department of State, Djibouti human rights report, 2013, p. 23-24.

310 La quasi-totalité des dirigeants de l'intersyndicale UGTD/UDT se sont vus licenciés en raison de leur action syndicale de 1995 (*Cf.* FIDH. Observatoire pour la protection des droits de l'homme, Djibouti, les défenseurs des droits économiques et sociaux paient le prix fort, août 2006, pp. 17-18).

311 En fait, il faut reconnaître en Afrique, particulièrement à Djibouti, l'intervention du licenciement, quelle qu'en soit la cause, est gravement vécue car, dans bien des cas, le salarié évolue dans une famille où il constitue l'unique pilier, voire le seul soutien. C'est ce qu'un auteur africain a tenté d'expliquer. Pour lui, « le sujet africain, où qu'il aille est tenu par sa

organisations court-circuitent l'action syndicale, affaiblissent les syndicats et réduisent considérablement ses capacités de recrutement[312]. Vidés de leurs membres et désertés par les travailleurs (syndiqués existants ou potentiels), les syndicats libres et indépendants restants ont pris l'habitude de « végéter » dans un contexte de privations de droits et de libertés syndicaux[313].

B- L'interdiction de la dissolution des syndicats par voie administrative

Comme pour la constitution du syndicat, la protection de la liberté syndicale contre l'Etat implique aussi l'interdiction de la dissolution d'un syndicat par voie administrative. Ce mode de dissolution est exclu formellement par le droit international du travail ; le Code du travail n'autorise que les dissolutions statutaire et judiciaire tout en les réglementant (**1**). Ce dernier ne règle pas, en revanche la question connexe de la scission syndicale (**2**).

---

famille qui le maintient dans une sorte d'asservissement volontaire et inconsciente. Le fonctionnaire ou cadre qui travaille doit nourrir et s'occuper non seulement de sa famille nucléaire dans le sens occidental du terme, mais il doit s'occuper de ses frères, cousins et de tout le village qui est assimilé à la famille, par le lien de sang ou de cousinage (…) ce sont là des éléments ancrés dans les représentations mentales collectives, et qui déterminent les rapports sociaux et conduites » (*Cf.* Dia. S., La solidarité familiale, une des causes du sous-développement en Afrique, juillet 2010, article consultable sur le site internet: www.ivoireinfo.com).

312 Ces organisations suscitées sont plus ouvertes, plus consensuelles dans leur démarche, mais elles constituent une véritable interface pour les intérêts de leurs membres. De là, il n'est pas exagéré d'affirmer que l'Etat et les employeurs privés, pour affaiblir davantage les syndicats, encouragent ces organisations informelles à intervenir dans la résolution des conflits au détriment des syndicats (*Cf.* not. Auvergnon Ph., La représentation collective en droit social : une perspective comparative, Actes du séminaire international de droit comparé du travail et de la sécurité sociale, Bordeaux, Comptrasec, 2004, pp. 7-23).

313 *Cf.* not. Djibouti : Entretien avec un défenseur de l'autonomie des syndicats d'enseignants, Bulletin d'information de l'Internationale de l'Education du 13 mars 2012, article consultable sur le site internet: www.ei-ei.org/fr/news/news_detail/2103.

1 -Un principe issu du droit international du travail.

La dissolution par voie administrative du syndicat est une atteinte sérieuse à la liberté de son fonctionnement incompatible avec la convention n°87 de l'OIT ratifiée par la République de Djibouti qui dispose clairement en son article 4 que « les organisations des travailleurs et d'employeurs ne sont pas sujettes à la dissolution ou à suspension par voie administrative ». Le Code du travail, de son côté, interdit expressément ce mode de dissolution[314].

Si l'article 4 de la convention complète les garanties relatives à la constitution et au fonctionnement des organisations en leur offrant des garanties contre une dissolution ou une suspension arbitraire par voie administrative, il ne leur confère aucune immunité au regard du droit commun. Les organisations syndicales et leurs membres restent tenus, aux termes de l'article 8 de la convention, de respecter la légalité. Ainsi, une organisation qui viserait à porter atteinte à la sécurité interne et externe de l'Etat ne saurait invoquer les principes de la liberté syndicale pour se soustraire à l'application des règles de droit commun valant pour toutes les associations illicites. Toutefois, le corollaire de cette obligation imposée aux organisations et à leurs membres reste que la législation ne doit pas porter atteinte ni être appliquée de manière à porter atteinte aux garanties prévues par la convention. Pour le Comité de la liberté syndicale, les mesures de suspension ou de dissolution ne doivent pouvoir intervenir qu'à la suite d'une décision judiciaire afin de garantir pleinement les droits de la défense[315]. De facto et de jure, il ne devrait exister que trois modes de dissolution : volontaire, statutaire et judiciaire. La dissolution volontaire ou statutaire est acquise soit par l'arrivée du terme prévu dans les statuts, soit par une décision prise à la majorité des syndiqués ou, à défaut de stipulation d'une majorité, à l'unanimité. L'expression utilisée par l'article 216 « suivant les règles déterminées par l'assemblée générale » implique que d'autres choix décisionnels peuvent être envisagés.

---

[314] Article 216 du Code du travail.

[315] *Cf.* not. BIT, La liberté syndicale, Recueil de décisions et de principes du Comité liberté syndicale du Conseil d'administration du BIT, 5ème édition (révisée), 2006, pp. 683-684.

Outre ces deux cas, l'article 216 du Code du travail indique aujourd'hui que le syndicat peut être dissous par décision de justice. Mais il ne précise pas pour quel motif, ni par quel tribunal. Cette discrétion du Code peut jeter le trouble quant au tribunal compétent à ce sujet. Le fait que le législateur n'ait pas conféré un caractère pénal aux violations des articles règlementant la constitution des syndicats pourrait présupposer la compétence des tribunaux judiciaires. La dissolution judiciaire ne pourra pas être ordonnée à la demande du Procureur de la République, qu'elle n'aura pas le caractère d'une pénalité et qu'il n'appartiendra pas aux tribunaux répressifs d'en connaître. Il semble donc que seuls les tribunaux civils pourront prononcer cette dissolution[316]. Ils ne pourront le faire qu'à la demande d'une des parties intéressés, et leur rôle ne se limitera à constater qu'à défaut d'un des éléments substantiels nécessaires à la constitution du syndicat, l'acte de constitution est nul. Dans la pratique, la différence entre les deux types de dissolution judiciaire est importante. Certes, on ne peut préjuger ici de la façon dont les tribunaux civils interpréteront l'article 216 et, ce, en l'absence de jurisprudence djiboutienne sur ce point. Mais alors que la dissolution pénale aurait pu intervenir pour sanctionner une infraction même légère aux règles de création et de fonctionnement du syndicat, la dissolution par le tribunal civil n'est possible que si la création du syndicat est entachée d'irrégularités telle qu'elle peut être considérée comme nulle[317]. C'est donc le libéralisme qui prévaut en matière de dissolution puisque celle-ci ne peut résulter d'une décision administrative et que l'action du juge est étroitement encadrée.

Enfin, la dissolution, une fois prononcée, est suivie de la liquidation des biens du syndicat ; la personnalité morale du syndicat survit pour les besoins de la liquidation. Ce sont là des principes généraux communs à toutes les structures dotées de la personnalité morale. Mais la loi, encore une fois, ne règle pas en détail les

---

[316] Le Code de 1952 se bornait, lui aussi, à affirmer que la dissolution du syndicat peut être volontaire, statutaire ou judiciaire sans préciser qu'elle puisse être prononcée par la juridiction répressive (*Cf.* Brun, A., Galland, H., Droit du travail. Métropole et territoires d'outre-mer. Droit commun et régimes spéciaux, éd. Sirey, 1958, p. 697).

[317] *Cf.* not. Anonyme, Code du travail des TOM, *op. cit.*, p. 67-68.

opérations de liquidation comme pour les sociétés commerciales[318]. Une seule disposition peut être relevée concernant la dévolution des biens du syndicat : l'alinéa dernier de l'article 216 dispose qu'en aucun cas, ces biens ne peuvent être repartis entre les membres adhérents. Ils sont, en toute hypothèse, dévolus conformément aux statuts, ou à défaut, selon les règles déterminées par l'assemblée générale et à défaut de celles-ci, par décision judiciaire.

2 - La question irrésolue de la scission syndicale

La scission s'entend de l'éclatement d'un syndicat suite à des conflits internes. Elle ne doit pas être assimilée à la démission d'un syndicat ou à son exclusion d'une union, d'une confédération ou d'une fédération de syndicats dont il ferait partie. C'est une notion spécifique qui correspond à une situation particulière que la loi djiboutienne n'a ni définie, ni réglementé.

Les conflits internes du syndicat peuvent surgir au sujet de changement de fait dans l'orientation du groupement (mener des actes de pression par la grève, mise à l'index ou boycott illégitime à titre de sanctions…). Le désaccord fondamental entre la majorité partisane de ce changement et la minorité opposée, se règle, soit par la démission de la fraction minoritaire, soit par une requête en dissolution judiciaire pour mésentente profonde entre les membres, soit par une requête en annulation des décisions prises par la majorité si elles ne sont pas compatibles avec les statuts ou avec l'objet du syndicat[319].

En revanche, la scission syndicale soulève la question de la dévolution de ses biens. Faut-il obliger les scissionnistes à démissionner collectivement du syndicat et à en fonder un nouveau, lequel n'aurait aucun droit sur les biens de l'ancien syndicat ? Faut-il permettre au syndicat de devenir membre d'une confédération en conservant son nom et ses biens ? Faut-il enfin répartir les biens entre les deux syndicats issus de la scission, proportionnellement au nombre de leurs membres ?

---

[318] Articles L 317-14 à L 327-30 du Code de commerce de Djibouti.

[319] *Cf.* not. Pélissier, J., Auzero, G., Dockès, E., *op. cit.*, pp. 1050-1053.

En l'absence de jurisprudence djiboutienne sur ce point, nous allons nous référer au droit français. Le contentieux de la scission en droit français se résume en deux exemples historiques majeurs : d'une part, la scission en 1947 de nombreux syndicats CGT locaux avec la confédération CGT, qui donnera naissance en avril 1948 à la CGT-FO, d'autre part celle survenue en 1964 au sein de la CFTC, au niveau national, d'où est résulté la CFDT[320]. A chaque fois était posée la question de savoir si la scission peut être décidée à la majorité des adhérents ou doit l'être à l'unanimité. Bien que les solutions soient nuancées, eu égard notamment à l'importance du changement d'orientation, la Cour de cassation a principalement retenu la règle de la majorité pour les scissions locales, sauf stipulation des statuts exigeant l'unanimité[321], alors que le caractère national de la scission de la CFTC, couplé à un changement radical d'orientation (suppression de la référence chrétienne) a conduit à préférer la règle de l'unanimité[322].

C- l'autonomie politique, financière et matérielle des syndicats

Ce principe est affirmée à l'article 3 de la Convention n° 87 de l'OIT : « les autorités publiques doivent s'abstenir de toute intervention de nature à limiter ou entraver le droit des syndicats d'élaborer leurs statuts, d'élire librement leurs représentants, d'organiser leur gestion et leur activité ». L'idée de base est de laisser aux travailleurs et aux employeurs eux-mêmes le soin de décider des règles à observer pour la gestion de leurs organisations et pour les élections en leur sein, dans le respect d'un cadre légal global élaboré par les pouvoirs publics. Ceci implique, en d'autres termes, que les syndicats puissent élire librement leurs représentants (**1**) et organiser tout aussi librement la gestion de leurs biens (**2**) et finances (**3**).

---

[320] *Cf.* not. Lokiec, P., Droit du travail, Tome 2, PUF, 2011, pp. 33-34.

[321] Soc. 28 mai 1959, *JCP*, 1959, II, 11243, note R. Lindon ; D., 1960, note J. Brèthe de La Gressaye.

[322] Soc. 9 mai 1968, *Dr. soc.* 1969, p.285, note J.-M. Verdier.

1- La liberté de choisir la direction syndicale

Le syndicat est une structure démocratique au sein de laquelle jouent, le principe électif et la loi de la majorité. Les dirigeants du syndicat sont élus par l'assemblée générale des adhérents. Celle-ci est l'organe souverain qui fonctionne conformément au principe majoritaire.

La loi fixe des conditions minimales d'éligibilité. On relèvera qu'elle n'impose plus la condition de nationalité pour accéder aux fonctions d'administration ou de direction d'un syndicat[323]. Depuis le Code du travail de 2006, tout travailleur étranger régulièrement établi sur le territoire national peut accéder aux fonctions d'administration ou de direction d'un syndicat[324]. D'autre part, le Code du travail n'impose aucune condition d'âge. Celui de 1952 était lui aussi muet sur la question. La Constitution fixe l'âge requis pour être éligible aux fonctions de président de la République à quarante ans[325], de membre du Conseil constitutionnel à trente-cinq ans[326] et de député à 23 ans[327]. Rien ne justifie donc que la loi soit plus sévère pour la gestion d'un syndicat que pour, notamment, l'exercice d'un mandat parlementaire. Par ailleurs, le Code du travail n'impose pas que l'administrateur ou le directeur d'un syndicat en soit membre. Cette condition semble pourtant être évidente. Il est difficilement concevable qu'une personne qui n'est pas membre d'un syndicat, soit chargée de son administration ou de sa direction. Toutefois, le silence du législateur peut conduire à l'application du principe selon lequel tout ce qui n'est pas interdit est permis. C'est la raison pour laquelle le législateur aurait dû préciser qu'il faut être membre du syndicat pour être chargé de son administration ou de sa direction. Pareille précision aurait le mérite de dissiper tout doute à ce sujet.

En revanche, le législateur a toujours pris le soin de fixer des conditions d'inéligibilité aux fonctions d'administration et de

---

323 L'article 6 du Code de 1952 imposait que les membres chargés de l'administration ou de la direction d'un syndicat soient citoyens de l'Union Française (*Cf.* not. Chauleur, P., *op. cit.*, p. 192).

324 Article 214 du Code du travail.

325 Article 23 de la Constitution.

326 Ibid, Article 76.

327 Ibid, Article 46.

direction d'un syndicat. L'ancien article 214 du code de 2006 interdisait les fonctions de direction ou d'administration : aux individus qui ont été condamnés par quelque juridiction que ce soit, sauf pour infraction inspirée par un mobile d'ordre politique ou syndical ou pour blessures ou homicides involontaires, à une peine supérieure à 3 mois d'emprisonnement ; aux individus qui ont été condamnés pour vol, escroquerie, abus de confiance, abus de blanc-seing, soustraction ou détournement de deniers publics ; aux individus exerçant des fonctions de direction ou d'administration d'un parti politique.

Les conditions ci-dessus appellent certaines observations. L'inéligibilité de la personne qui a été condamnée à une peine d'emprisonnement supérieure à trois mois peut s'expliquer de prime abord par le souci de ne confier l'administration et la direction d'un syndicat qu'à des personnes de bonne conduite, vie et mœurs et dont la moralité est à l'abri de tout soupçon. Mais une telle règle péchait par sa généralité et surtout par son intemporalité. Le fait que la règle interdise l'accès aux fonctions d'administration et de direction à tout individu ayant écopé d'une peine de prison supérieure à trois mois, quelles que soient la juridiction et l'époque, semblait trop restrictive et susceptible de conduire à une discrimination injustifiée entre les candidats administrateurs d'un syndicat requérant. Le législateur aurait pu formuler de manière plus équitable ce cas d'inéligibilité en le libellant par exemple comme suit : « est interdit aux fonctions de direction ou d'administration, les individus qui ont été condamnés à une peine de prison supérieure à trois mois au cours des trois dernières années. Cette condamnation devant être de nature à rendre inapte à occuper des fonctions syndicales ». Mieux, le législateur a choisi une formulation qui ne fait allusion à aucune condamnation pénale. Le nouvel article 214, issu de la loi du 15 février 2011, précise tout simplement que les membres chargés de l'administration et de la direction d'un syndicat doivent être de nationalité djiboutienne ou tout travailleur étranger régulièrement établi sur le territoire national, et jouir de ses droits civils et civiques c'est-à-dire n'avoir fait l'objet d'aucune des condamnations entraînant la suppression du droit de vote.

L'exclusion de la désignation de toute personne occupant des fonctions de direction ou d'administration d'un parti politique qui marque la rupture avec l'époque où les partis politiques s'immisçaient dans le choix des dirigeants syndicaux est maintenue par le nouvel article 214. Cette règle interdisant le cumul des responsabilités syndicales avec l'exercice de fonction de propagande d'un parti politique s'explique par la volonté de défendre l'indépendance du mouvement syndical par rapport aux partis politiques[328]. Concrètement, une telle règle se justifie par l'ambigüité que pourrait créer un cumul de mandats correspondant à des fonctions différentes par nature et, subséquemment, par la confusion qu'elle pourrait créer chez les salariés ; s'adresseraient-ils à un représentant d'un parti politique ou à un responsable syndical ? Ensuite, le cumul des mandats pourrait mettre la personne concernée dans une situation pour le moins inconfortable si le parti politique qu'il dirige ou administre prenait sur un sujet donné une position opposée dans ses principes comme dans sa forme à ce que la majorité des adhérents du syndicat demandent. Enfin, il ne serait pas inutile de rappeler que l'histoire des rapports de connivence entre les partis politiques et les syndicats nous apprend que ces derniers n'ont en jamais tiré aucun avantage appréciable. Au contraire, on peut dire que ce sont ces liens qui firent avorter leur développement[329].

Cependant, la loi limite l'interdiction du cumul aux seules fonctions de direction et d'administration des partis politiques. Elle ne se prononce pas sur le cas des députés et n'impose pas que ces derniers puissent être interdits d'exercer des fonctions syndicales. La Constitution, de son côté, n'inclut pas dans les conditions d'inéligibilité au poste de député l'exercice de fonctions syndicales

---

328 Il faut savoir que les syndicats djiboutiens, tant du point de vue leur création et fonctionnement, n'ont jamais été coupés des partis politiques existants durant toute leur histoire. L'UGDT, créée par le pouvoir par fusion de la Fédération nationale des travailleurs djiboutiens (FNTD) et de la Confédération générale des travailleurs djiboutiens (CGTD) illustre l'étatisation et la politisation du syndicat qui ont prévalu jusqu'à l'adoption de la constitution de 1992 (*Cf.* Warsama Adoyta, M., *op. cit.*, p. 24).

329 *Cf.* not. Tagum Fombeno, H.-J., Libre propos sur la liberté syndicale en Afrique noire francophone, *Revue Internationale de Droit Africain-EJDA*, 2001, n° 50, p. 56 et s.

alors que les arguments susvisés semblent se vérifier dans le cas présent[330].

Par ailleurs, en dépit du fait que la liberté des adhérents de choisir leurs dirigeants syndicaux soit inscrite dans les textes de loi, sa mise en pratique se heurte souvent à des ingérences étatiques dans les élections syndicales. Tel fut précisément le cas en 1999 lorsque l'UDT et la CISL ont eu à déposer plainte devant la Commission des vérifications des pouvoirs du BIT pour substitution de représentation syndicale légale et légitime et usurpation de titre et de rôle à l'encontre de la délégation gouvernementale qui se présentait systématiquement aux réunions du BIT et de l'OIT en compagnie de représentants syndicaux qui lui étaient inféodés. Ces derniers ayant été désignés lors d'un congrès organisé par le pouvoir politique en juillet 1999[331].

2- La libre disposition des biens

Le syndicat est une personne morale[332]. Il possède un patrimoine. La loi lui reconnaît le droit d'acquérir et posséder, à titre gratuit ou à titre onéreux, des biens meubles et immeubles[333]. Les syndicats peuvent également constituer entre leurs membres des caisses spéciales de secours mutuel[334]. L'exercice des droits syndicaux seraient gravement compromise si les locaux, les biens du syndicat et les caisses spéciales ne pouvaient jouir d'aucune protection légale. Les autorités publiques pourraient y porter atteinte notamment par des perquisitions, saisies, fermetures ou mises sous scellés des bureaux, occupations de ceux-ci par les forces de l'ordre[335]. Selon la

---

330 *Cf.* not. Oppenheim, J.P, La question du cumul des mandats politiques et syndicaux à la CFDT, *Revue Française de science politique*, 1975, Vol. 25, n° 2, pp. 317-336 ; Lyon-Caen, G., Syndicats et partis politiques, *Dr. soc.* 1970, pp. 69-80.

331 Cf. not. FIDH, Observatoire pour la protection des défenseurs des droits de l'homme, *op. cit.* p. 19.

332 Le dépôt des statuts fait acquérir au groupement syndical la personnalité civile.

333 Article 217-1 du Code du travail.

334 Article 217-2 du Code du travail.

335 *Cf.* not. Servais, J.-M, La liberté syndicale, l'inviolabilité des locaux syndicaux, le secret de la correspondance et des conversations syndicales,

loi, les biens meubles et immeubles définitivement acquis et qui sont nécessaires aux activités des syndicats ainsi que leurs caisses spéciales sont insaisissables[336].

Le syndicat ne bénéficie pas pour autant d'une immunité contre toutes perquisitions de ses locaux. Mais celles-ci ne peuvent se faire que conformément aux dispositions du Code de procédure pénale[337]. Elles doivent être pratiquées par un officier de police judiciaire, en présence des responsables syndicaux auteurs de l'infraction. En cas d'impossibilité, l'officier de police judiciaire aura l'obligation de les inviter à désigner un représentant de son choix. A défaut, il choisira deux témoins requis à cet effet par lui, en dehors des personnes relevant de son autorité administrative. Les perquisitions ne peuvent commencer avant six heures et après vingt et une heures, sauf exceptions prévues par la loi.

Par ailleurs, les biens du syndicat et les caisses spéciales peuvent être saisis par décision judiciaire lorsque la juridiction compétente les considère comme la garantie nécessaire du paiement des dommages et intérêts dont le syndicat pourrait se trouver redevable. En aucun cas, les perquisitions des locaux syndicaux et la saisie de leurs fonds spéciaux ne peuvent être opérées à la discrétion des autorités administratives ni pour des faits qui ne sont pas constitutifs d'infraction à la loi pénale. De la même façon, la mise sous scellés et la fermeture des locaux syndicaux pour des faits non infractionnels constituent des atteintes à l'exercice des droits syndicaux.

Pourtant, à Djibouti, le principe de l'insaisissabilité des biens connaît des violations répétées de la part des autorités politiques. Par exemple, le siège de l'UDT a été saccagé à plusieurs reprises par les forces de l'ordre. Quatre fois en 1995, puis une fois en 1997, 1999 et 2001. A partir de cette date, l'organisation a arrêté de renouveler l'ameublement de ses locaux. De plus, de 1999 à 2003, l'organisation

---

RIT, Vol. 119, n°2, 1980, pp. 233-244; BIT, Les autorités publiques et la protection des biens syndicaux, *Relations Industrielles*, Vol. 30, 1973, pp. 49-62.

336 Article 219 du Code du travail.

337 Articles 51 à 53 du Code de procédure pénale.

syndicale est restée sans électricité, ni téléphone, ni accès internet ; leur boîte postale ainsi que leurs archives ont été par ailleurs confisquées, et ce, en dehors, des conditions posées par la loi[338].

3- La liberté de gestion financière

Les syndicats djiboutiens jouissent d'une liberté totale dans l'administration de leurs finances. L'article 221 du Code du travail autorise les syndicats à puiser dans des sources de financement différenciées. La principale d'entre elles est constituée par les cotisations des adhérents. Le montant des cotisations est laissé au libre choix des syndicats. L'employeur n'a pas l'obligation légale de procéder à la retenue à la source de la cotisation syndicale (*check-off*). Cela n'exclut pas que suite à un accord entre l'employeur, le travailleur et le syndicat intéressé, une procédure de retenue et de versement de la cotisation, soit mise en œuvre. La loi n'affirme, ni n'exclut que les modalités de perception et de versement par les travailleurs des cotisations syndicales soient déterminées par voie d'accord ou de convention collective[339].Au financement par les adhérents s'ajoutent les revenus de leurs biens mobiliers et immobiliers, les recettes provenant des manifestations culturelles et sportives, les dons et legs ainsi que les emprunts et autres ressources financières décidées par l'assemblée générale[340].

En dépit de la diversification par la loi des sources de financement des syndicats, ceux-ci se plaignent souvent de difficultés financières liées à leurs principales sources de financement que sont les cotisations des membres. Celles-ci ne sont pas versées régulièrement du fait des difficultés récurrentes des travailleurs liées à la faiblesse des niveaux de salaire. Les syndicats sollicitent donc du gouvernement l'octroi d'une subvention. La contribution technique, matérielle et financière de l'employeur est quelque fois souhaitée. Une telle sollicitation des organisations syndicales est-elle conforme à la liberté syndicale ? N'y a-t-il pas risque d'ingérence dans le fonctionnement et d'empiètement sur l'autonomie de ces organisations professionnelles ?

---

338 CIT, 103ème session, Observation, CEACR, convention n° 98, Djibouti.

339 Articles 258 et 259 du Code du travail.

340 Article 221 du Code du travail.

Le droit accordé aux travailleurs par la convention n°87, de constituer des organisations de leur choix et celui de ces organisations d'élaborer leurs statuts et règlements et d'organiser leur gestion et leur activité supposent l'autonomie financière. Celle-ci implique que les organisations des travailleurs ne soient pas financées d'une manière qui les place à la discrétion des pouvoirs publics ou de l'employeur. Ainsi, il n'est pas interdit aux pouvoirs publics et aux employeurs d'apporter un appui technique dans le précompte des cotisations syndicales ainsi qu'une aide financière et matérielle aux organisations syndicales de travailleurs.

Le précompte des cotisations syndicales sur les salaires ne pose pas de problèmes au regard des normes de l'OIT dès lors qu'il résulte d'une décision libre du salarié. Dans ce cas, il peut équivaloir à « une cession volontaire de salaire »[341]. Par ailleurs, la jurisprudence du Comité de la liberté syndicale autorise l'organisation syndicale à être financée aussi bien par l'employeur que par les pouvoirs publics[342]. Le Code du travail djiboutien, ne s'oppose pas d'ailleurs à ce que de tels appuis ou aides viennent des pouvoirs publics et de l'employeur à condition toutefois qu'ils ne prennent une forme telle que l'autonomie surtout financière des organisations professionnelles en soit entamée. La pratique révèle que certains employeurs ont refusé de retenir les cotisations pour le compte des organisations syndicales en dépit de l'existence d'une procuration spéciale du travailleur à ce sujet, portant ainsi atteinte au droit d'organisation. C'est le cas de la suspension en 2003 de la cotisation syndicale retenue à la source c'est-à-dire perçue directement du salaire du personnel syndiqué par la direction de la poste[343]. Il s'agit là d'une mesure de rétorsion visant à priver le syndicat des postiers des ressources financières nécessaires à son fonctionnement alors que l'employeur s'était engagé, en l'occurrence, à retenir, sans frais, sur la paie de tout salarié syndiqué, la cotisation syndicale[344].

---

341 *Cf.* not. Béraud, J.-M., *op. cit.*, p. 67.

342 *Cf.* not. Efrén, C., La retenue des cotisations syndicales à la source: Etude comparative, *RIT*, Vol. 99, n°5, 1969, pp. 523-552.

343 *Cf.* FIDH, Observatoire pour la protection des droits économiques et sociaux, *op. cit.*, p. 21.

344 *Cf.* not. Bikoko, J.M., Le syndicalisme à la croisée des chemins: 50 ans après le début des indépendances en Afrique, L'Harmattan, 2012, p. 90-92.

Il apparaît au terme de cette étude que la liberté syndicale s'inscrit dans le cadre de rapports conflictuels entre pouvoirs publics, employeurs et travailleurs. Même si le temps des syndicats courroies de transmission du parti unique semble révolu, il reste que le gouvernement djiboutien a du mal à se faire à la nouvelle donne. Les attaques et les initiatives antisyndicales entamées à partir de 1995 n'ont pas cessé depuis et sont perçues comme la survivance d'un passé peu respectueux des droits des travailleurs[345]. Par-delà l'évolution normative, le bilan en pratique est par bien des aspects négatif. L'explication paraît tenir à un manque certain d'effectivité des mécanismes de protection de la liberté syndicale. Si cette liberté fait l'objet d'un recul à Djibouti, c'est que les sanctions encourues en cas de violations ne sont pas appliquées et que ces mêmes violations sont en grande partie l'œuvre des pouvoirs publics censés garantir son respect. Ce qui est vrai pour les règles protectrices de la liberté syndicale, l'est également en partie pour les règles régissant la représentation du personnel et la négociation collective.

§2 - La représentation et la négociation collective

La liberté syndicale se traduit par la reconnaissance d'un véritable pouvoir de représentation des salariés et se concrétise dans l'affirmation du droit de la négociation et des conventions collectives. On exposera d'abord les conditions de représentation des travailleurs dans l'entreprise (**A**), puis les nouvelles formes de concertation instaurées en 2006 (**B**).

---

[345] Sur le maintien de la pénétration du pouvoir politique qui caractérisent quelques syndicalismes africains, voir Tagum Fombeno, H.-J, *op. cit,;* Pougoué, P.-G, Nouveaux enjeux du droit du travail en Afrique Noire francophone et dynamique syndicale, in « Droit syndical et droits de l'homme à l'aube du XXIème siècle », Mélanges en l'honneur du Professeur Jean-Maurice Verdier, Dalloz, 2001, p. 127; Kamto, M., Les rapports Etat-société civile en Afrique, *RJPIC*, 1994, p. 285; Muhirva, G., Les syndicalismes et ses incidences socio-politiques en Afrique, le cas de l'UNTZA, Université du Zaïre, PU Zaïre, 1982.

A - Les conditions d'existence d'une délégation du personnel

Les représentants directs du personnel au sein de l'entreprise ou de l'établissement sont élus. Ce sont les délégués du personnel qui assurent cette représentation. Ils furent institués par le Code du travail du 15 décembre 1952 et par l'arrêté n° 477 du 14 avril 1954[346] concernant l'élection et l'exercice des fonctions des délégués du personnel. Le Code de 2006 conserva l'institution en modifiant partiellement les règles que contenaient lesdits textes. Il a fixé les conditions de désignation des délégués du personnel dans les entreprises et définit leur mission. De la même façon qu'autrefois, les conventions collectives peuvent comprendre des dispositions concernant les délégués du personnel. Mais, le plus souvent, les conventions ne font que reproduire tout ou partie des textes, n'ajoutant rien au statut de ces représentants. On exposera d'abord les modalités de désignation des délégués du personnel (**1**), puis le statut qui leur est dévolu par la loi pour l'exercice de leur mission (**2**).

1 - La désignation des délégués du personnel

Le principe démocratique traditionnel implique que les délégués du personnel soient élus par l'ensemble des représentés. En effet, un tel principe ne s'applique pas seulement au choix des gouvernants de la chose publique (présidentielles, législatives…) par le peuple, mais aussi au niveau de l'entreprise[347] quand il s'agit de défendre les droits et intérêts des travailleurs au sens de l'article 1er du Code du travail[348]. Ces derniers ont le pouvoir de désigner ceux ou celles d'entre eux dignes d'accomplir cette mission.

---

346 Arrêté n° 477 du 14 avril 1954, *JO CFS* du 20 juin 1954, p. 232.

347 *Cf.* not. Petit, F., L'influence du droit électoral politique sur les élections professionnelles dans l'entreprise, *Dr. soc.* 2000, p. 603.

348 Seuls les travailleurs salariés du secteur privé et du secteur parapublic bénéficient des règles de représentation contenues dans le Code du travail. Ceux issus du secteur informel ne sont pas ou quasiment pas représentés collectivement auprès des employeurs ou des autorités publiques (*Cf.* Cunniah, D., La représentation collective en droit social : un point de vue syndical, Actes du séminaire international de droit comparé du travail et de la sécurité sociale, Bordeaux, Comptrasec, 2004, p. 65-71).

Cette solution s'est toujours heurtée à l'opposition des syndicats qui, invoquant leur caractère représentatif, ont de tout temps souhaité les désigner. Le système retenu en 2006 est le même que celui ayant existé antérieurement. Il s'apparente à un compromis : il y a bien élection, mais sur présentation des organisations syndicales les plus représentatives[349]. A défaut de syndicats représentés ou de présence de liste par un ou des syndicats, ce sont les membres du personnel eux-mêmes qui désignent les délégués du personnel[350]. Leur nombre varie en fonction des effectifs de l'entreprise. L'élection des délégués du personnel est obligatoire dans toute entreprise ou établissement occupant cinquante salariés, contrairement à l'arrêté de 1954 qui visait les entreprises ou établissements occupant plus de dix salariés. Il s'agit là d'un relèvement important du seuil à partir duquel l'élection d'un délégué du personnel est obligatoire. Une telle modification a pour inconvénient de priver de représentation des milliers de salariés d'autant que la loi ne prévoit aucun mécanisme de désignation par les travailleurs d'un de leurs pairs dans les entreprises ou établissements occupant moins de cinquante salariés[351].

Cette situation privatrice de représentation doit toutefois être relativisée pour deux raisons. Tout d'abord, les conventions collectives peuvent assouplir, en vertu du principe de faveur, la condition d'effectif requise en prévoyant la tenue d'élections en deçà du seuil d'effectif légalement exigé[352]. Ensuite, dans le même ordre d'esprit, les conventions collectives peuvent prévoir la mise en place de délégués syndicaux qui pourraient suppléer à l'absence de délégués du personnel[353].

---

349 Article 234-1 du Code du travail.

350 Article 234-2 du Code du travail.

351 L'effectif requis pour l'élection des délégués du personnel est réduit à dix travailleurs dans l'avant projet d'Acte uniforme OHADA portant droit du travail (article 165 du projet d'Acte uniforme OHADA).

352 Souvent, les conventions consultées ne dérogent pas favorablement à la règle et se contentent de renvoyer aux dispositions du Code du travail en matière d'élections des délégués du personnel.

353 L'article 258 du Code du travail fait figurer l'institution des délégués syndicaux dans la liste indicative des sujets susceptibles d'être traités par les conventions collectives. Ceci qui signifie que la loi laisse aux conventions

Le chef d'entreprise a l'obligation, sous peine de sanctions pénales, d'organiser des élections dès lors qu'une entreprise emploie l'effectif requis[354]. Toutefois, le Code du travail ne reprend pas, en cas de défaillance de ce dernier, le mécanisme de substitution de l'employeur tel que le prévoyait l'arrêté de 1954. En effet, ce dernier précisait qu'un arrêté pouvait confier cette mission à une autre autorité, en cas d'empêchement de l'employeur ou à sa demande. Cette omission du législateur ne signifie aucunement l'abrogation du dispositif de remplacement prévu par le texte réglementaire eu égard aux discussions parlementaires préalables à l'adoption du Code de 2006 actant la reconduction de l'arrêté du 14 avril 1954. L'article 297 du Code du travail disposant que « les dispositions réglementaires antérieures restent en vigueur en tant qu'elles ne sont pas contraires au présent Code », nous amène donc à considérer qu'il est toujours possible à l'inspection du travail de se substituer à l'employeur en cas de manquement de ce dernier à son obligation légale d'organiser des élections professionnelles. Ces mécanismes d'atténuation sont nécessaires lorsque l'on sait que les délégués du personnel sont élus avec difficulté et souvent sous la pression du patronat.

Par ailleurs, en vertu de l'article 231 du Code du travail, tous les travailleurs de l'entreprise ou de l'établissement ayant une ancienneté d'au moins six mois ont la qualité d'électeurs. Les conditions requises pour être électeur ont été assouplies ; les conditions d'âge et de probité (l'absence de condamnations entraînant privation du droit électoral) ont disparu. En revanche, ce texte reste muet en cas de suspension du contrat de travail. Etant toujours membre du personnel de l'entreprise, le salarié dont le contrat est suspendu devrait participer aux élections.

Les électeurs sont répartis en deux collèges : les employés et manœuvres d'une part, les agents de maîtrise, cadres et assimilés d'autre part, afin que soit assurée, en tout état de cause la

---

collectives le soin d'instituer les délégués syndicaux et de fixer les règles en la matière.

354 L'article 290 du Code du travail prévoit une peine d'amende de un million de francs (5000 euros) à deux millions (10 000 euros) et d'un mois d'emprisonnement, et en cas de récidive, de deux mois d'emprisonnement et d'une amende double, ou de l'une de ces deux peines seulement à tout employeur qui fait obstacle à la mise en place des délégués du personnel.

représentation de catégories de salariés minoritaires dans l'entreprise. Ces deux collèges désignent chacun des représentants distincts, dans une proportion fixée par accord entre la direction et les syndicats intéressés ou à défaut d'accord par l'inspecteur du travail. En vue de permettre séparément la représentation des ouvriers, des employés, des agents de maîtrise ou assimilés, le nombre et la composition des collèges électoraux peuvent être modifiés par accord collectif, mais seulement si celui-ci est signé par toutes les organisations syndicales représentatives présentes dans l'entreprise. S'agissant de l'éligibilité, il faut distinguer les conditions générales (salariés de deux sexes et travaillant dans l'entreprise depuis douze mois au moins, à l'exclusion des proches parents du chef d'entreprise) et une condition particulière : être présenté par l'une des organisations syndicales représentatives, du moins au premier tour du scrutin. Les personnes éligibles ne pouvant librement poser leur candidature sauf en l'absence des syndicats les plus représentatifs qui sont seules autorisées à présenter les listes des candidats[355].

Il est prévu que l'employeur annonce la date des élections, au moins quinze jours à l'avance[356]. Elles ont lieu pendant les heures de travail[357]. Comme toute élection, elles doivent respecter la liberté et le secret du vote[358]. Les pressions de l'employeur, celles d'un syndicat patronné par lui peuvent entraîner l'annulation du scrutin par le juge. De plus, le vote pour l'élection des membres titulaires et suppléant se fait en même temps à la représentation proportionnelle[359]. Ce mode de scrutin qui est en accord avec le principe du pluralisme syndical a pour but d'éviter l'effacement de groupements représentatifs mais

---

[355] Ces modalités de désignation des représentants du personnel diffèrent sensiblement de celles qui prévalent dans la Fonction publique. En effet, le décret du 10 septembre 1983 relatif au comité consultatif de la Fonction publique et aux commissions administratives fait reposer exclusivement le choix des représentants du personnel fonctionnaire sur des critères d'appartenance au grade au détriment des critères de désignation retenus par le code du travail, à savoir le monopole syndical de présentation des candidatures, la possibilité de négocier le nombre et la composition des collèges électoraux (*Cf.* Oumarou, M., *op. cit.*, pp 24-26).

[356] Article 235 du Code du travail.

[357] Article 236 du Code du travail.

[358] Ibid.

[359] Article 234 du Code du travail.

minoritaires. Le panachage est interdit. Seuls sont valables les votes allant à l'une des listes en présence. Si la majorité absolue n'est pas atteinte au premier tour, un second tour est organisé. Les syndicats représentatifs perdent alors leur monopole de présentation ; d'autres listes que les leurs peuvent être présentées. Seront élus les candidats ayant obtenu le plus de voix[360].

Le contentieux électoral consacre le droit pour tout candidat à l'élection de représentants des travailleurs de contester celle-ci en formulant un recours qui peut être relatif à l'électorat, à l'éligibilité ou à la régularité des opérations électorales. A cet effet, le Président du Tribunal du travail est compétent pour statuer sur les recours adressés, d'urgence et en dernier ressort[361].

En dépit de la consécration légale et règlementaire de la représentation des travailleurs, on relève des établissements ou entreprises où il n'existe pas de délégation du personnel ou bien son existence est « fantaisiste » et sans moyens d'action[362]. Plusieurs causes sont à la base de l'absence ou de la quasi inaction des délégués des travailleurs dans les entreprises. Parmi ces causes, on pourrait citer tout d'abord l'analphabétisme et l'illettrisme qui posent le problème de l'accessibilité des destinataires aux règles de droit dans les pays en voie de développement[363]. La consécration d'un droit ne suffit pas à elle seule, encore faut-il que celui ou celle au profit de qui ce droit est consacré le connaisse et le revendique pour pouvoir en tirer le bénéfice nécessaire. Ensuite, les rapports entre employeurs et syndicats étant ce qu'ils sont, c'est-à-dire conflictuels, bon nombre

---

360 Article 236 du Code du travail.

361 Article 240 du Code du travail.

362 Voir le rapport annuel d'activité du Ministère du Travail chargé de l'Administration (2012) qui fait état d'entreprises dans lesquelles n'existerait aucune délégation du personnel.

363 Un auteur faisait déjà observer que dans les pays en voie développement, « les difficultés de connaissance et de diffusion du droit sont elles-mêmes des obstacles à l'application du droit. De plus, le droit moderne est un droit écrit alors que le droit traditionnel est généralement coutumier, il est souvent rédigé dans une langue véhiculaire différente de la langue locale ou nationale »*Cf.* not. Granger, R., Problèmes d'application du droit moderne dans les pays en voie de développement, Secrétariat d'Etat à l'Information et au Tourisme, 1965, p 14.

d'entreprises acceptent mal la présence syndicale et la mise en place de la représentation du personnel ou de représentants du personnel. Ainsi, la direction du port de Djibouti a refusé au syndicat du personnel du port (SPP), organe le plus représentatif de l'établissement, la participation aux élections des délégués du personnel[364]. Enfin, la quasi-inaction des pouvoirs publics facilite le durcissement de cette politique antisyndicale dans les entreprises. Le législateur a pourtant chargé l'inspecteur du Travail de veiller à l'application du code du travail et l'arrêté d'avril 1954 l'autorise, sous certaines conditions, à suppléer aux carences éventuelles des employeurs. En matière de représentation des travailleurs dans l'entreprise, il a les prérogatives d'organiser les élections au sein de toute entreprise ou tout établissement, de veiller à ce que la délégation des travailleurs soit bien installée par l'employeur et soit dotée des moyens nécessaires pour lui permettre de bien fonctionner. Or, on constate parfois l'inexistence ou la non-opérationnalité de l'intervention de l'inspection du travail en la matière[365]. Tel est le cas des zones franches dans lesquelles l'inspection du travail est supplantée dans les faits par les autorités des ports et des zones franches. Selon les aveux mêmes du gouvernement djiboutien, la supervision des entreprises admises en zone franche est du ressort des autorités des ports et des zones franches, également compétentes pour la délivrance des visas aux travailleurs étrangers et pour connaître du contentieux des délégués du personnel. Ce désengagement organisé de l'inspection du travail ne repose pourtant sur aucun fondement juridique. La CEACR ayant relevé que ni le Code du travail ni le Code des zones franches ne contiennent de dispositions organisant ce transfert des compétences[366].

---

364 *Cf.* not. CISL, Djibouti et les normes fondamentales du travail reconnues à l'échelon international, rapport en prévision de l'examen par le conseil général de l'OMC des politiques commerciales de Djibouti, Genève, 27 février- 1er mars 2006.

365 *Cf.* not. Auvergnon, Ph., Laviolette, S. et Oumarou M., Des fonctions et limites des administrations du travail en Afrique subsaharienne: actualité de la Convention n° 150 de l'OIT, *RIT*, 2011, Vol. 150, n° 1 et 2, p. 89.

366 CIT, 103ème session, 2013, Observation, CEACR, convention n°81, Djibouti.

2 - Le statut des représentants du personnel

Les représentants élus des salariés ont la double qualité de salarié et de titulaire d'un mandat représentatif. Un certain nombre de règles leur sont applicables en leur seule qualité de représentant du personnel, en dehors de toute considération liée à leur contrat de travail. Ces règles d'ordre public forment un « statut » qui leur donne principalement accès à un crédit d'heures (**a**), ainsi qu'à un dispositif spécial de protection contre le licenciement, sous l'égide de l'inspection du travail (**b**).

a- Le crédit d'heures de délégation

Les titulaires bénéficient, au titre d'heures de délégation, d'un crédit personnel de six heures quarante minutes par mois nécessaires à l'exercice de leur mission[367]. L'article 243 du Code du travail spécifie que ce temps peut augmenter en cas de circonstances exceptionnelles sans en préciser les conditions. Comme leur nom l'indique, il est des cas dans lesquels le délégué, après épuisement de son crédit mensuel, doit pouvoir continuer sa mission ; il en va ainsi en cas de menace de réduction d'effectifs nécessitant les déplacements des délégués du personnel afin de s'informer des dispositions à prendre[368].

Il pourra en toute légalité dépasser, ce mois-là, son crédit tout en étant intégralement payé. Le dépassement du crédit initial d'heures de délégation constaté devra être proportionné à l'évènement en cause. Le temps passé à des réunions convoquées à l'initiative du chef d'entreprise ne peut être retranché des six heures et quarante minutes. Il ne s'agit pas d'un forfait d'absences

---

367 Relevons que les salariés peuvent encore bénéficier d'heures de délégation en vertu de dispositions particulières. Il en va par exemple ainsi des salariés, membres des conseils communaux et/ou du conseil de Djibouti-ville en vertu de la loi n° 122/AN/05/5ème L du 1er novembre 2005 portant sur le statut de la ville de Djibouti. En revanche, la loi ne fait « aucune mention d'autorisation et de crédits d'heures pour le compte des élus régionaux comme si le législateur avait estimé qu'il n'y avait pas d'entreprises publiques ou privées au niveau des collectivités territoriales » (*Cf.* Hassan, A., La décentralisation en République de Djibouti, éd. Karthala, 2013, p. 99).

368 *Cf.* not. Pélissier, J., Auzero, G., Dockès, E., *op. cit.*, p. 1215.

rémunérées, mais d'un crédit finalisé : le délégué est payé pour remplir la mission qui est la sienne. Le temps de délégation est de plein droit considéré comme temps de travail et payé au taux normal[369].

Nombreux sont les délégués du personnel qui n'utilisent pas entièrement leur crédit d'heures. Le Code du travail reste muet sur la faculté de reporter, avec l'accord de l'employeur, les heures non utilisées au mois suivant ou *a fortiori* de les capitaliser pour l'avenir. Par ailleurs, il est aussi fréquent que le délégué dépasse le crédit légal. Ce dépassement s'explique en partie par l'uniformité du crédit d'heures de délégation[370]. Plus le travail de représentation des délégués sera important notamment en fonction de la taille de l'entreprise, plus la probabilité de dépassement des heures légales de délégation sera forte.

L'utilisation des heures de délégation échappe à tout contrôle a priori. L'employeur n'a pas à autoriser le délégué à s'absenter des lieux de travail, ni, *a fortiori*, à se faire juge de l'opportunité de cette absence. Néanmoins, il a le droit de recourir à des techniques de nature à lui permettre de comptabiliser les heures d'absence du délégué, afin de vérifier que le crédit légal n'est pas dépassé. Par ailleurs, il a la possibilité d'exercer un contrôle *a posteriori* sur leurs activités. Rien ne l'empêche donc de vérifier si ces heures ont été effectivement « utilisées exclusivement aux tâches afférentes à l'activité du délégué du personnel» [371].

Le départ en délégation n'exige qu'une seule simple information du chef d'entreprise. Quelles que soient les circonstances, personne ne peut s'opposer à ce départ, sauf évidemment s'il y a menace pour la sécurité de l'entreprise. Ils peuvent donc quitter leur poste sans autorisation, circuler dans et hors l'entreprise, prendre

---

[369] Article 243-1 du Code du travail.

[370] Le crédit d'heures de délégation reste identique quels soient le nombre de délégués élus et la taille de l'entreprise. Il aurait peut être fallu que le législation djiboutienne module, à l'instar de certaines législations, ce crédit d'heures en fonction de l'effectif du personnel (*Cf.* not. Guéry, G., Pratique du droit du travail, Gualino, 12ème éd., 2006, p. 469).

[371] Article 22 de l'arrêté du 14 avril 1954 précité.

contact avec les salariés ou se réunir dans le local que l'employeur doit mettre à leur disposition[372].

b- La protection contre la rupture du contrat de travail

Pour assurer la protection des délégués contre la rupture de leur contrat de travail à l'initiative de l'employeur, le législateur a retenu le principe d'une autorisation obligatoire et préalable de licenciement que l'employeur doit demander et obtenir de l'inspection du travail[373]. La procédure spéciale instituée à cet effet, à l'origine par l'article 167 du Code de 1952[374], a été modifiée par le Code de 2006 dans le sens d'un léger assouplissement au profit de l'employeur. La procédure instituée tente de concilier deux intérêts contradictoires : protéger la fonction des délégués du personnel et respecter le droit de résiliation unilatérale de l'employeur pour justes

---

[372] L'obligation de mettre un local à la disposition des délégués est toutefois relative : selon l'article 245 du Code du travail, elle est fonction des capacités matérielles de l'employeur et de la taille de l'entreprise (cinquante salariés).

[373] L'employeur qui n'aurait pas respecté la procédure ci-dessous décrite s'expose à une double sanction, à savoir pénale et civile : d'une part, la sanction pénale d'une peine de prison d'un mois et d'une amende de un à deux millions de FDJ (article 290 paragraphe j) pour obstacle à la mise en place des délégués du personnel et à l'exercice de leurs fonctions. D'autre part, la sanction civile a pour but de consacrer soit la nullité absolue si le licenciement du délégué a été prononcé ou exécuté dans des conditions irrégulières, le délégué congédié pouvant réintégré l'entreprise, soit le versement d'une indemnité forfaitaire égale à 12 mois ,sans préjudice des autres indemnités (article 252). Dans la pratique, les tribunaux préfèrent accorder des dommages et intérêts en se fondant sur le fait que l'obligation étant une obligation de faire, elle peut toujours donner lieu en cas d'inexécution à des dommages et intérêts. Enfin, cette solution qui est celle du droit français est préférable car peu de salariés ont le courage et le force morale d'affronter l'épreuve qui consiste à revenir dans l'entreprise d'où ils ont été évincés et de reprendre leur travail. Comme le note un auteur, il est à craindre qu'à la suite du refus de licenciement du délégué du personnel, « sa vie professionnelle ne baigne pas dans une atmosphère de grande convivialité » (*Cf.* Ray, J.-E., Mutations de l'entreprise et modification du contrat de travail, Paris, Liaisons, 2000, p. 123).

[374] *Cf.* not. Kirsch, M., La rupture du contrat de travail des délégués du personnel, *RJPIC*, 1960, p. 149.

motifs. Ce faisant, elle délimite l'étendue de la protection des délégués du personnel quant aux personnes et quant aux actes visés.

L'article 247 du Code du travail contient un principe de protection réduit eu égard aux personnes bénéficiaires. Seuls sont en effet protégés les délégués en fonction, pendant toute la durée de leur mandat, aussi bien les titulaires que les suppléants. A ce stade, on peut regretter que la loi n'ait pas étendu cette protection aux anciens délégués du personnel[375] et aux candidats aux élections dans des limites de temps qui seraient préalablement définies. Pareil regret peut également être formulé à propos de la non-extension de cette protection aux délégués syndicaux et aux assesseurs du Tribunal de travail. Nos regrets s'expliquent par le fait que ces différents mandataires, à l'instar des délégués en fonction, peuvent être amenés, dans l'exercice de leur mission, à interpeller l'employeur ; pareille posture peut aboutir à la longue ou assez vite à créer quelques tensions dans leur relation avec l'employeur et à une vigilance accrue de la part de ce dernier vis-à-vis de ces salariés particuliers. L'employeur pourra par exemple chercher à les prendre en défaut dans le but de les sanctionner disciplinairement alors que le motif véritable sera lié à l'exercice du mandat de représentants[376].

En outre, à l'occasion de leur mission, les délégués sont astreints à accomplir un surcroît de travail sans contrepartie. Il est dès lors normal que les textes de loi les protègent, au même titre que les délégués en fonction, contre une éventuelle perte de leur emploi. Enfin, cette limitation en termes de protection risque d'entraver la liberté des candidatures aux élections sociales, les salariés pouvant

---

[375] Tribunal du travail Djibouti du 17 janvier 2006 : En revanche, il a été jugé que la non-organisation par l'employeur d'élections consécutivement à l'expiration des mandats précédents constituait un motif d'application de la procédure spéciale de protection contre le licenciement au profit des ex délégués du personnel.

[376] *Cf.* not. Verdier, J.-M., Les représentants des salariés : "protégés" ou "exposés" ? Liberté fondamentale et logique du statut, *in* « Analyse juridique et valeurs en droit social », Mélanges en l'honneur de Jean Pélissier, Paris, Dalloz, 2004, pp. 571-590; Pougoué, P.-G., Réflexions sur la protection des délégués du personnel contre les licenciements en droit du travail camerounais, *Revue camerounaise de droit*, n° 27, 1984, p. 3 et s.

redouter, en cas d'échec, un licenciement[377]. La convention collective applicable aux agents contractuels de l'Administration Publique et aux Etablissements Publics prend en compte les considérations susvisées en étendant la protection spéciale de l'article 247 du Code du travail aux candidats présentés par les organisations syndicales pour la période des élections ainsi qu'aux délégués sortants « vaincus » aux élections, ceci jusqu'au moment où il sera procéder à de nouvelles élections[378]. De la même façon, le décret du 30 décembre 2012[379] étend la protection de l'article 247 du Code du travail aux membres travailleurs du Conseil National du Travail, de l'Emploi et de la Sécurité Sociale.

Par ailleurs, l'article 247 du Code du travail ne prévoit expressément et exclusivement que le licenciement comme acte nécessitant l'autorisation préalable de l'inspection du travail. En principe donc, tout autre mode de rupture du contrat de travail échappe à cette autorisation. Il en ainsi, notamment, de la démission du délégué lui-même, du non-renouvellement de son contrat à durée déterminée à l'arrivée du terme. Il est tout à fait normal que la protection ne puisse pas jouer lorsque le travailleur manifeste sans équivoque son intention de rompre le contrat de travail. Mais en cas de démission invoquée par l'employeur et non prouvée, le licenciement est irrégulier si la procédure de demande de licenciement n'a pas été déclenchée[380].

L'absence de protection des délégués titulaires de contrats temporaires est problématique dans la mesure où elle peut induire un certain nombre de risques : Tout d'abord, on peut se demander si le délégué va exercer son mandat avec l'ardeur inhérente à ses fonctions, s'il a des doutes relatifs au renouvellement de son contrat

---

[377] *Cf.* not. Verdier, J.-M., Représentants syndicaux ou élus des salariés. Un droit positif chargé d'équivoques, *RJS*, 1999, p. 824.

[378] Article 10 de la Convention collective applicable aux agents contractuels de l'Administration Publique et aux Etablissements Publics de la République de Djibouti du 26 décembre 2011.

[379] Article 12 du décret n° 2012-273/PR/MTRA du 30 décembre 2012 portant organisation et fonctionnement du Conseil National du Travail, de l'Emploi et de la Sécurité Sociale (CONTESS).

[380] Tribunal du travail Djibouti du 12 mai 1998 (inédit).

de travail[381]. Ensuite, l'entreprise peut se retrouver sans institution du personnel, dans l'hypothèse où le mandat des délégués couvre une période supérieure à la durée de leur contrat[382]. Ces craintes, si légitimes qu'elles soient, doivent toutefois être tempérées par deux éléments: d'une part, la rupture anticipée d'un contrat à durée déterminée ne peut intervenir qu'en des cas limitativement énumérés par la loi (faute lourde, difficultés économiques sérieuses appréciées par l'inspection du travail)[383]. D'autre part, certaines conventions collectives règlent en amont ces problèmes en incluant parmi les conditions d'éligibilité la titularité d'un contrat de travail à durée indéterminée[384].

Le fait que les mesures unilatérales de l'employeur telles que la rétrogradation et la mutation[385] ne nécessitent pas l'autorisation préalable de l'inspecteur du Travail est également problématique dans la mesure où lesdites mesures peuvent avoir pour effet de fausser les règles relatives à la représentation du personnel. La rétrogradation peut en effet amener le délégué à changer de collège ou à être aux pas de l'employeur avec le risque, de ne plus être représentatif. La mutation, quant à elle, pourra entraîner la cessation de fait des fonctions du délégué d'autant qu'il n'est prévu aucun régime légal de protection provisoire après l'expiration, de droit ou de fait, du mandat électif.

La procédure légale, organisée par les articles 247 à 253 du Code du travail, est caractérisée par la nécessité d'une autorisation du licenciement par l'inspection du travail. Avant tout licenciement d'un délégué du personnel, l'employeur doit requérir l'autorisation de

---

[381] A ce sujet, selon certains auteurs, « l'action des représentants du personnel est elle-même conditionnée par l'efficacité du statut protecteur. Il n'y a pas de protection du salariat sans une protection efficace de ses représentants » (*Cf.* Rose, H., Struillou, Y., Droit du licenciement des salariés protégés, Economica, 3ème éd., Paris, 2007, p. 19).
[382] *Cf.* not. Pougoué. P.-G, *op. cit.* p. 6.
[383] Article 46 du Code du travail.
[384] *Cf.* not. Article 8 de la nouvelle Convention collective des employés de banque : cette disposition pourrait néanmoins constituer une atteinte à la libre désignation des délégués du personnel.
[385] *Cf.* not. Verkindt, P.-Y., La modification du contrat de travail du salarié protégé, Mélanges H. Sinay, 1994, p. 281.

l'inspecteur du Travail. Contrairement à son homologue français, le législateur djiboutien ne nous informe pas réellement sur la forme et les modalités de dépôt de la demande d'autorisation de licenciement auprès de l'inspecteur du Travail[386]. Cependant, nous pouvons imaginer que cette demande doit être formulée par écrit, ne serait-ce que pour permettre à l'employeur d'indiquer les motifs du licenciement envisagé d'une part, et éventuellement, faire office de preuve d'autre part. L'inspecteur doit rendre sa décision dans les vingt et un jours suivant la réception la demande d'autorisation de licencier. Pendant ce délai, l'inspecteur va procéder notamment à une enquête contradictoire en vue de prendre sa décision. Le défaut de réponse dans ce délai vaut autorisation implicite de licenciement[387]. Cette dernière règle procédurale constitue une innovation de la réforme de 2006 qui s'inscrit dans une logique de simplification des démarches administratives au profit de l'employeur.

Lorsque le motif invoqué à l'appui de la demande de licenciement est une faute lourde imputable au représentant, l'employeur, en même temps qu'il saisit l'inspecteur du travail, peut, sur le champ, prononcer une mise à pied conservatoire[388]. Cette mesure temporaire permet d'écarter le délégué du personnel de l'entreprise pendant l'accomplissement de la procédure légale. Il n'empêche que cette mesure perturbe l'exercice des fonctions représentatives. C'est la raison pour laquelle elle n'est permise qu'en cas de faute lourde lorsque l'intéressé ne pourrait sans graves inconvénients rester dans l'entreprise pendant la durée de la procédure. La loi impose à l'employeur d'introduire sans délai la demande d'autorisation du licenciement à l'inspecteur du Travail en y mentionnant la mise à pied prononcée. Elle produit ses effets jusqu'à la décision de l'inspecteur de Travail. Elle est rétroactivement annulée si l'autorisation de licenciement est refusée.

Si la mise à pied conservatoire du délégué du personnel entraîne la suspension du contrat le liant à l'employeur, qu'en est-il

---

[386] Du côté du droit de l'OHADA aussi, la carence demeure la même. Aucune disposition de l'avant-projet ne fait allusion à la manière dont cette autorité est saisie.

[387] Article 249 du Code du travail.

[388] Article 248 du Code du travail.

de la suspension du mandat ? Sur ce point le Code du travail reste muet. Logiquement, on en a déduit qu'il y a aussi suspension de ses fonctions de représentant. Il ne peut donc plus prendre part aux activités de délégués du personnel et user des moyens d'action liés à cette fonction. Par contre, il devrait demeurer électeur et éligible aux élections professionnelles. Quant à la question de sa rémunération pendant la mise à pied conservatoire, elle est directement réglée par la loi. En effet, d'après l'article 42 du Code du travail n'inclut pas la mise à pied dans les cas de suspension ouvrant droit au maintien des salaires.

B - L'instauration de nouvelles formes de concertation

Le droit à la négociation collective est reconnu sur le plan international par la convention n°98 de l'OIT qui dispose, en son article 4 : « des mesures appropriées aux conditions nationales doivent, si nécessaire, être prises pour encourager et promouvoir le développement et l'utilisation les plus larges de procédures de négociation volontaire de conventions collectives entre les employeurs et les organisations d'employeurs, d'une part, et les organisations de travailleurs d'autre part, en vue de régler, par ce moyen, les conditions d'emploi ». En droit interne, la promotion du procédé de la négociation collective ou de la concertation trouve ses origines dans le Code de 1952. Inspiré de la loi française du 11 février 1950[389], le Code de 1952 consacrait le principe de liberté de discussion des conventions collectives, rejetant ainsi l'idée avancée lors de la discussion parlementaire, de soumettre les conventions collectives à l'agrément des pouvoirs publics pour suppléer à la faiblesse des syndicats de travailleurs[390]. C'est sous l'empire de ce Code que plusieurs conventions collectives ont été conclues en Territoire des Afars et des Issas (TFAI)[391]. Ces conventions collectives

---

[389] Loi n° 50-205 du 11 février 1950 relative aux conventions collectives et aux procédures de règlement des conflits collectifs de travail, *JORF* du 12 février 1950, p. 1688.

[390] *Cf.* not. Chauleur, P., *op. cit.* pp. 281-282.

[391] *Cf.* not. Kirsch, M., Le droit du travail africain, éd. TPOM, 1975, Tome 2, p. 221.

ont été reconduites après l'indépendance politique et sont restées en vigueur jusqu'à l'adoption du Code de 2006. Certaines sont encore applicables dans certaines branches d'activité, ce qui n'est sans poser des problèmes de compatibilité avec le Code de 2006[392].

Le Code de 2006 maintient la préférence de la négociation collective ou de la concertation à la réglementation par les pouvoirs publics des conditions de travail. Mieux encore, il amplifie l'autonomie normative des partenaires sociaux par l'amplification de l'objet des conventions collectives ainsi que par la diversification des niveaux de la négociation (**1**). Ces innovations doivent toutefois être nuancées par la programmation dans les textes de l'intervention des pouvoirs publics dans certaines hypothèses (**2**).

1- La diversification des niveaux de la négociation

L'introduction des « conventions collectives contrats » limitées à un établissement ou à une entreprise est certainement l'apport essentiel du législateur de 2006. Elle créée un ordre juridique socioprofessionnel distinct de celui exclusivement basé sur des critères géographiques qui prévalait sous l'empire du Code de 1952, dans l'esprit du dirigisme strict de l'époque. L'article 68-3 du Code de 1952 fait en effet ressortir qu'il ne pouvait y avoir de « conventions collectives contrats », que fédérales, territoriales, régionales ou locales. En d'autres termes, il ne reconnaissait pas les « conventions collectives contrats » circonscrites à un établissement ou à une entreprise. Une telle disposition se justifiait par le souci de ne pas donner à des « syndicats-maison », dépendant étroitement de l'employeur, le pouvoir de signer une convention collective[393].

La nouvelle approche du législateur fait fi des considérations susvisées et se veut avant tout pragmatique. Elle répond à un besoin de différentiation et d'adaptation dans la fixation des normes relatives aux conditions d'emploi, de travail et de rémunération. L'objectif est de favoriser la recherche, par les partenaires sociaux

---

392 Ces problèmes d'incompatibilité concernent de nombreux sujets du travail (durée du travail, heures supplémentaires, clause de non-concurrence etc.).

393 *Cf.* not. Anonyme, Code du travail des TOM, *op. cit.*, p.117.

eux-mêmes, des solutions les plus adéquates en rapport avec les difficultés juridiques et les potentialités à chaque entreprise. Ceci à une époque où les entreprises sont engagées dans des opérations de restructuration pour s'adapter à l'économie de marché[394].

L'article 254 du Code du travail dispose désormais que « la convention collective peut être conclue dans le cadre d'un établissement, d'une entreprise, d'une branche d'activité. Elle peut également être conclue pour plusieurs branches d'activité ». De son côté, l'article 262 du même Code précise que « des accords concernant un ou plusieurs établissements déterminées peuvent être conclus ». Ainsi, la négociation peut être menée dans l'entreprise ou établissement et peut concerner une ou plusieurs catégories socioprofessionnelles, et intéresser une pluralité d'entreprises. La négociation peut aussi être de branche, de profession ou d'interprofessions au plan national, régional ou local[395]. Aucune règle caractéristique de l'un ou l'autre de ces cadres de négociation n'a été posée par la loi. Il est seulement prévu que la négociation soit menée par des « commissions paritaires » dont les membres sont désignés par chacune des parties. Au nom des salariés, la désignation des négociateurs est un droit réservé aux organisations syndicales représentatives, selon le cas, dans l'entreprise. Au nom des employeurs, la loi donne compétence pour négocier aux organisations syndicales d'employeurs représentatives, mais mentionne « un ou plusieurs employeurs pris individuellement »[396].

La loi ne fixe que quelques limites[397] au contenu des conventions ou accords collectifs de travail et n'impose aucun

---

[394] *Cf.* not. Bélier, G., Legrand. H., La négociation collective en entreprise, éd. Liaisons, 2013, 304 p.

[395] Si la possibilité de négocier à tous les niveaux est un principe essentiel du nouveau droit du travail, elle ne s'accompagne d'aucune obligation de négocier. La négociation n'a lieu que si l'une des parties habilitées par la loi pour conclure des conventions ou accords collectifs de travail le demande. Le Code du travail ne consacre aucun titre ou section à la négociation collective, le législateur s'étant davantage intéressé au résultat de celle-ci, à savoir la convention collective.

[396] Articles 254 et 262 du Code du travail.

[397] L'article 259 du Code du travail dispose que « les conventions collectives ne peuvent modifier les dispositions du présent Code concernant les sujets

contenu obligatoire. Il s'agit là d'une nouveauté par rapport à la législation précédente qui imposait des dispositions obligatoires aux conventions collectives[398]. La liste énumérée par l'article 258 du Code de 2006 n'ayant qu'une valeur purement indicative, les partenaires sociaux peuvent y déroger en adoptant les règles de leur choix.

Par ailleurs, dans le domaine des rapports individuels de travail comme dans celui des rapports collectifs, la convention collective peut avoir diverses fonctions. Elle peut compléter la loi, chaque fois qu'une disposition légale renvoie expressément à la convention collective pour la détermination des conditions, des critères ou des procédures d'application du droit qu'elle énonce. Ces renvois sont nombreux dans le nouveau droit du travail djiboutien même si nous verrons, plus tard, qu'ils conduisent souvent à des vides juridiques, notamment dans les cas où la convention collective ne réglemente pas les sujets objet du renvoi.

En outre, la convention collective peut venir améliorer la situation des salariés par des dispositions plus favorables que celles des textes étatiques, chaque fois que des dispositions légales ou réglementaires ne s'imposent qu'en tant qu'elles assurent un minimum[399]. Le fondement de cette règle est évident : la loi et les règlements constituent le statut minimum interprofessionnel garanti qui peut être amélioré par voie conventionnelle ou contractuelle.

---

suivants : conditions d'embauche et de licenciement des travailleurs ; organisation et fonctionnement de l'apprentissage, de la formation professionnelle et de la formation permanente ; conditions particulières du travail des femmes et des enfants, ; modalités d'application du principe « à travail égal, salaire égal » quels que soient l'origine, le sexe et l'âge du travailleur ».

398 Article 74 du Code de 1952.

399 L'article 254-3 du Code du travail dispose en effet que « la convention peut mentionner des dispositions plus favorables aux travailleurs que celles des lois et règlements en vigueur. Elle ne peut déroger aux dispositions d'ordre public définies par ces lois et règlements ». La référence à l'ordre public ne fait que rappeler que l'existence d'un ordre public absolu. Ce qui est dit ce qu'on peut déroger aux lois et réglements *in melius* . En revanche, il n'est pas dit si l'on peut ou non déroger *in pejus,* toujours évidemment dans le respect des dispositions légales ou réglementaires. L'article 259 précité interdit toutefois tout aménagement conventionnel d'un certain nombre de sujets (*Cf.* supra).

Toutefois, l'application se heurte à deux difficultés. D'une part, il convient de distinguer les dispositions d'ordre public social relatif auxquelles il peut être dérogé dans un sens favorable aux salariés et celles d'ordre public social absolu auxquelles il ne peut être dérogé[400]. D'autre part, il convient d'identifier la norme la plus avantageuse lorsque deux normes ayant le même objet, de sources différentes coexistent. Enfin, la convention peut, encore, innover et conférer des droits nouveaux aux salariés en rapport avec des sujets que la loi n'aura pas réglementé. La question des indemnités de remplacement prévues par certaines conventions collectives[401] constitue un bel exemple d'illustration de cette hypothèse.

Les dispositions de la loi en rapport aux matières susvisées, sont identiques pour les entreprises publiques[402] et privées. Elles se caractérisent par une conception pragmatique et libérale qui accorde aux partenaires sociaux une autonomie normative plus grande que celle qu'ils avaient dans le passé. La création de nouvelles instances de consultation et de concertation semble aussi s'inscrire dans le cadre de cette nouvelle conception même si la présence vigilante des pouvoirs publics dans lesdites instances peut, dans une certaine mesure, contrecarrer son aspect libéral.

2- La création d'instances de consultation et de concertation

Le législateur a non seulement donné aux partenaires sociaux le pouvoir de déterminer leurs conditions de travail, mais il a voulu que, lorsque l'exécutif use de ses pouvoirs propres, il s'entoure des conseils de ces derniers. Ainsi, la loi institue deux sortes d'organismes consultatifs dotés de compétences respectives. Le premier est le Conseil national du travail, de l'emploi et de la formation professionnelle (CNTEFP). Ses compétences générales ressemblent exactement à celles qui étaient attribuées au Conseil supérieur du travail par le Code de 1952. Pratiquement, il est habilité

---

[400] *Cf.* not. Jeammaud. A., Le principe de faveur, enquête sur une règle émergente, *Dr. soc.*, 1999, pp. 115-124.

[401] Article 36 de la convention collective des employés de Banque.

[402] Désormais, les directions des entreprises publiques et des établissements publics à caractère industriel et commercial peuvent négocier les conditions d'emploi et de travail ainsi que les garanties sociales des personnels qui ne relèvent pas du statut de la fonction publique.

à étudier, donner son avis et formuler des propositions sur tous les problèmes concernant le travail et les travailleurs des entreprises publics et privées[403]. Cependant, ce conseil ne peut jouer son rôle que si les conditions concrètes dans lesquelles il fonctionne le lui permettent. Ces conditions sont fixées par décret selon l'article 279 du Code du travail mais il faut convenir que la réalité de son fonctionnement tient aussi à l'attitude de ses membres.

Le décret du 30 décembre 2012 fixe effectivement les règles l'organisation et le fonctionnement de cette structure qui change de dénomination au passage[404]. Ce texte réglementaire abroge un décret de 2008[405]. On se bornera à en citer les plus pertinentes à savoir la protection contre le licenciement dévolue aux membres travailleurs de la commission, l'obligation de requérir la présence égale des représentants des travailleurs et des employeurs avant l'émission de tout avis, et l'allégement des conditions d'éligibilité. On peut déplorer la répartition inégale du nombre des sièges entre représentants d'employeurs et représentants de salariés[406], ainsi que le nombre élevé des membres composant le conseil qui risque à terme d'alourdir ses travaux.

Par ailleurs, le Code de 2006 a créé un second organisme : la commission nationale paritaire des conventions collectives et des salaires. Telle qu'elle ressort de l'article 280, cette commission doit être consultée au sujet de la conclusion, l'extension et l'application des conventions collectives. Il semble que cette disposition ait pour but de donner au ministre du Travail un moyen d'exercer une influence sur les conditions d'élaboration ou d'application d'une convention collective. Comme pour le CONTESS, l'efficacité de cette

---

[403] Article 276 du Code du travail.

[404] Décret n° 2012-273/PR/MTRA portant organisation et fonctionnement du Conseil National du Travail, de l'Emploi et de la Sécurité Sociale (CONTESS).

[405] Décret n° 2008-0023/PR/MESN portant conditions d'organisation et de fonctionnement du Conseil National du Travail, de l'Emploi et de la Formation Professionnelle (CNTEFP).

[406] Cette répartition des sièges se fait largement au profit des employeurs, neuf contre deux seulement (article 3) à la différence du décret du 20 janvier 2008 abrogé qui, lui, assurait l'égalité entre travailleurs et employeurs en termes de représentation au sein du Conseil.

commission dépend en grande partie du décret prévu par l'article 282 du Code du travail ainsi que des conditions pratiques dans lesquelles elle sera appelée à fonctionner. Or, force est de constater que ces deux conditionnalités manquent toujours à l'appel, en particulier la parution dudit décret.

Dans la pratique, l'application de toutes ces dispositions destinées à impulser le dialogue social continue d'être bloquée à Djibouti. Le climat de forte suspicion politique à l'égard des organisations syndicales depuis les années 1990 en est en partie la cause. Par ailleurs, la prépondérance du pouvoir exécutif sur les autres institutions du pays complique la situation. Comment comprendre que le caractère représentatif des syndicats soit décidé par le ministre du Travail sur la base de critères fantaisistes, même si cette décision est susceptible d'un recours devant le tribunal administratif[407]. Une telle ingérence d'un membre du gouvernement suffit pour faire échec aux principes de la convention n° 98. En outre, il faut souligner les insuffisances des cadres de négociation précités ainsi que le manque de formation des dirigeants syndicaux qui limite leur capacité de négociation. Dans ces conditions, la complicité supposée ou réelle entre les partis politiques de l'opposition, associée à l'ineffectivité des textes déterminant la représentativité ne peuvent que laisser libre cours à l'intention gouvernementale et aux employeurs privés pour décider avec qui ils veulent ou non négocier.

En somme, le pire ennemi du dialogue social à Djibouti est l'immobilisme. Les institutions du tripartisme et du dialogue social instituées par le législateur censées jouer un rôle d'impulsion à cet égard semblent en état de léthargie. La non-révision de certaines conventions collectives datant de l'époque coloniale constitue une preuve indéniable du faible niveau du dialogue social. L'article 295 du Code du travail dispose que « les conventions collectives conclues

---

[407] A condition que ce recours aboutisse, les chances de succès de l'invalidation de la décision administrative sont minces lorsque l'on sait l'inféodation du pouvoir judiciaire par le pouvoir politique (*Cf.* BAD. *op. cit.* p. 4 ; Abdi, J-P, Tableau de bord sur une politique de justice, 2005, LDDH, Djibouti ; Nkou Mvondo, P., La crise de la justice de l'Etat en Afrique noire, étude des causes du divorce entre la justice et les justiciables, *Penant*, n° 824, 1997, p. 208; Coulibaly, A., La rénovation de la justice en Afrique. Le rôle du juge dans la construction de l'Etat de droit, *RJPIC*, n°1, 1999, p. 50).

antérieurement au présent Code, restent en vigueur en celles de leurs dispositions qui ne lui sont pas contraires, durant une période maximale de trois années après la promulgation de celui-ci ». Le législateur a ainsi lancé un ultimatum aux partenaires sociaux, leur intimant l'ordre de mettre en conformité, sous peine de caducité, les anciennes conventions collectives au nouveau Code. Or, à ce jour, même si quelques nouvelles conventions[408] ont été signées, beaucoup de conventions collectives n'ont pas été jusqu'à présent renégociées. Cette situation place beaucoup de salariés dans une incertitude juridique même si les juges continuent en général à donner des effets juridiques à ces conventions *a priori* caduques

---

408 Il s'agit généralement de conventions collectives d'entreprise dont la conclusion s'explique en grande partie par les difficultés de la négociation sociale au niveau interprofessionnel.

Chapitre 2
L'ORIENTATION DU DROIT

Historiquement, l'intervention de l'Etat s'était toujours traduite par l'adoption de législations restreignant l'autonomie des parties au contrat de travail[409]. Une telle approche est remise en cause à partir des années 90. A compter de là, des pans entiers de la réglementation des conditions d'emploi, de travail et de rémunération, définis traditionnellement par l'Etat, vont être renvoyés à la libre détermination des parties au contrat. La faculté est ainsi reconnue aux partenaires sociaux, aussi bien dans le secteur privé que public, de produire et de développer des normes concernant tant les relations individuelles du travail que les rapports collectifs (**Section 1**). Par ailleurs, toujours en invoquant la désuétude, réelle ou supposée, de l'ancienne réglementation du travail, mais aussi la nécessité d'une meilleure compétitivité des entreprises, des mesures d'allégement des contraintes pesant sur elles vont être prises (**Section 2**).

---

[409] Jean-Pierre Lachaud, écrit, à ce propos, qu': « A Djibouti, la législation nationale du travail, longtemps issue du Code du travail d'Outre-mer de 1952, a incarné, tout d'abord, l'intérêt national par rapport à l'exploitation coloniale, en régulant le comportement des employeurs et, ensuite, le souci d'assurer une sécurité juridique et économique accrue aux travailleurs. Cette protection et valorisation des travailleurs nécessitant la remise en cause de la liberté contractuelle des parties au contrat de travail » (*Cf.* Lachaud, J.-P., Pauvreté et marché du travail à Djibouti, *op. cit*, p. 129).

Section 1- Une tendance à la contractualisation

La contractualisation peut être définie comme la prééminence de la logique contractuelle sur la logique statutaire dans l'élaboration et la mise en œuvre des règles du droit du travail. Pour certains auteurs, elle n'est qu'une manifestation des idéaux de la « régulation » ou de la « gouvernance »[410]. Elle constitue avant tout une relativisation de la place du législateur. Celui-ci, par la loi, exprime directement la volonté souveraine du peuple. Dans le cadre et du fait de la contractualisation, la volonté législative n'est plus souveraine. La loi devient relative, d'une part, parce que le pouvoir du législateur est partagé, d'autre part, parce que le pouvoir du législateur est affaibli[411].

Ce phénomène de contractualisation touche le droit du travail djiboutien. Ce dernier, après avoir fait longtemps primer la logique statutaire sur celle contractuelle en faveur du salarié[412], a commencé à effectuer, ces dernières années, un rééquilibrage des rapports entre salariés et employeurs pour engendrer, *in fine*, un droit du travail contractualisé du moins sur certains aspects. Cette évolution est le

---

410 *Cf.* Supiot A., La contractualisation des relations de travail en droit français, *in* Auvergnon, Ph. (dir.), « La contractualisation du droit social » Comptrasec, Bordeaux, 2003, p. 23. *Cf* aussi Supiot, A., Un faux dilemme : la loi ou le contrat ?, *Dr. soc.* 2003, p. 63.

411 Comme l'écrit Philippe Auvergnon : « Là où il avait un rôle important l'Etat ne disparaît pas, il se fait humble, change de rôle, propose un service d'accompagnement. Il participe directement, passivement ou activement, à une réorganisation des relations entre sources du droit, au changement de formes et de contenus des contrats individuels comme des contrats collectifs » (*Cf.* Auvergnon, Ph., L'hypothèse d'une contractualisation du droit social dans plusieurs systèmes juridiques, *in* Auvergnon Ph. (dir.), « La contractualisation du droit social» Comptrasec, Bordeaux, 2003, p. 14). Pour sa part, Alain Supiot écrit que: « le phénomène dit de la contractualisation ne consiste nullement en un reflux de la loi face au contrat ni en un recul du dirigisme face au laissez-faire. Loin de signifier un retour aux origines contractuelles du droit du travail, il s'exprime par l'apparition de nouveaux concepts et de nouvelles techniques juridiques qui visent à dépasser l'opposition de l'hétéronomie et de l'autonomie » (*Cf.* Supiot, A., La contractualisation des relations de travail en droit français, *op. cit.*, p. 27).

412 *Cf.* Lachaud, J.-P., *op. cit*, p. 129.

reflet de la volonté de tenir compte « des nouvelles nécessités économiques » sans porter atteinte à la justice sociale en permettant à l'employeur et au salarié de déterminer dans le contrat de travail et, via la négociation collective, dans les conventions et accords collectifs les conditions de leur collaboration.

L'étude de la contractualisation du droit du travail djiboutien va consister à mettre en évidence les éléments attestant de la prééminence de cette logique contractuelle au niveau des relations de travail. Afin de déterminer l'ampleur de la contractualisation du droit djiboutien du travail et ses limites, nous aborderons la contractualisation à travers ses manifestations dans trois domaines: la détermination du salaire (**§1**), le renvoi à la convention collective de questions antérieurement abandonnées à la loi (**§2**) ainsi que la diversification des formes contractuelles **(§3**).

§1 - La liberté de fixation du salaire

La détermination du salaire repose sur le principe du laisser-faire et, ce, depuis la loi du 23 septembre 1997 portant aménagement du Code de 1952. Celle-ci précise que « que la rémunération fixée au contrat de travail résulte des accords d'entreprise, des conventions collectives ou, le cas échéant, d'un accord entre les parties du contrat. Aucun plancher de rémunération n'est fixée par la législation »[413]. Cette loi votée sur les conseils fermes des Institutions financières internationales consacre la libéralisation des salaires et annule les dispositions antérieures prévoyant un salaire minimum (**A**). Toutefois, ce recul de l'intervention normative de l'Etat dans le domaine des salaires se voit tempérée par une série de pratiques diverses et de principes universels (**B**).

A- La suppression du SMIG

Le Code de 2006, reprenant à son compte l'intégralité des dispositions de la loi du 23 septembre 1997, consacre la suppression du salaire minimum interprofessionnel garanti (SMIG). Cette initiative législative se caractérise par une certaine forme de radicalité dès lors qu'elle démantèle le système de fixation et de révision du SMIG issu des textes antérieurs. Pareille option a été prise sous la pression des Institutions financières internationales, en particulier le FMI, dans le cadre du Programme d'Ajustement Structurel, qui exigeaient un assouplissement des textes de loi en conformité avec l'économie de marché[414]. En somme, on est alors passé d'un régime de détermination des salaires fondé sur l'intervention des pouvoirs

---

[413] Article 31 de la loi n° 140/AN/97/3ème L du 23 septembre 1997 portant aménagement du Code de 1952.

[414] Les principaux axes de ce programme ont concerné l'assainissement des finances publiques, la restructuration des entreprises publiques, la libéralisation du droit du travail, la démobilisation du personnel policier et militaire recruté lors de la guerre de 1991-1994, l'amélioration de la politique fiscale etc. (*Cf.* not. Hassan Houssein, S., Djibouti: Economie du développement et changements institutionnels et organisationnels, éd. L'Harmattan, 2007, p. 25).

publics laissant cependant une réelle marge aux négociations salariales[415](**1**) à un régime de libéralisation totale des salaires (**2**).

1- La détermination réglementaire des minimas salariaux

Le salaire minimum interprofessionnel garanti (SMIG) est la somme minimale fixée par les autorités publiques en deçà de laquelle aucun travailleur ne peut être rémunéré sous peine de sanctions[416]. L'exigence d'un salaire minimum garanti fut longtemps un principe d'ordre public imposé par la loi. Il fut institué par les dispositions de l'article 95 du Code de 1952 qui précisaient que les salaires minima interprofessionnels garantis sont fixés par des arrêtés du chef du territoire[417]. Il s'agit là de salaires minima garantis, c'est-à-dire que ni les conventions collectives, ni les contrats individuels ne pouvaient fixer un salaire inférieur[418]. L'employeur qui rémunérait un travailleur à un taux inférieur au minimum fixé par l'Etat encourait une sanction pénale consistant en une peine d'amende[419].

La reconduction des lois héritées de l'époque coloniale par la loi constitutionnelle du 27 juin 1977 a conduit à conférer les

---

[415] Si la négociation des salaires se voyait reconnu toute leur place, la loi intervenait soit pour fixer elle-même un minimum légal, soit pour promouvoir un minimum conventionnel par la négociation collective garantie d'un meilleur équilibre des forces économiques (*Cf.* not. Savatier, J., Les minima de salaire, *Dr. soc.* 1997, p. 575).

[416] Paul Durand définit le SMIG comme « la rémunération minima, horaire ou mensuelle, des ouvriers ou employés âgés de plus de 18 ans, d'aptitude physique normale, et appartenant, pour chaque industrie ou profession, à la catégorie professionnelle la moins qualifiée. Ce salaire est fixé à un taux uniforme dans toutes les industries ou professions visées par la réglementation des salaires » (*Cf.* Durand, P., Traité de droit du travail, Tome 2, Dalloz, Paris, 1950, p. 632).

[417] L'arrêté n° 1070 du 31 août 1953 fut le premier texte officiel pris en application de l'article 95 du Code de 1952 (*JO CFS* du 1er septembre 1953, p. 324). Sur les conditions historiques de la mise en place du SMIG en CFS: Dubois, C., Djibouti 1888-1967. Héritage et frustration ?, Paris, éd. L'harmattan, 1997, p. 289).

[418] Tribunal du travail de Djibouti, 14 mars 1968, *TPOM*, n° 260, p. 5754.

[419] Article 226-b du Code de 1952.

prérogatives du chef du territoire[420] au Chef du Gouvernement, en l'occurrence celle de fixer par arrêté le taux du SMIG. L'intervention du Gouvernement devait prendre en considération pour déterminer le salaire minimum, deux paramètres, à savoir les besoins vitaux des travailleurs et les possibilités économiques du pays. On tenait compte de l'évolution des prix des produits et services de première nécessité et de large consommation[421].

Mais la loi n'instituait aucun système contraignant qui obligerait le Gouvernement à ajuster périodiquement par rapport aux paramètres susvisés le salaire minimum. Cette omission législative peut expliquer en partie le fait que le Gouvernement ait eu à relever qu'une seule fois le SMIG après l'indépendance. C'est en 1980 que le Gouvernement djiboutien a communiqué pour la première et dernière fois des informations sur les résultats de l'application des méthodes de fixation des salaires à minima[422]. Il s'en est suivi une longue période durant laquelle aucune hausse du SMIG n'a été opérée et ce, jusqu'à sa suppression. L'inertie du pouvoir réglementaire en la matière peut s'expliquer par des raisons économiques qui ont, elles aussi, leurs limites. Le caractère élevé des salaires à Djibouti comparé à ceux des pays limitrophes[423] laisse en effet peu de marge de manœuvre au pouvoir réglementaire dans un environnement de forte compétitivité entre Etats. La faiblesse de l'inflation structurelle, en lien avec la mise en place d'une caisse

---

420 *Cf.* not. Lampuè, P., Le pouvoir réglementaire des représentants du gouvernement dans les TOM, *Revue Juridique et Politique de l'Union française*, 1949, p. 257.

421 A partir de 1953, SMIG et SMAG ont été relevé plusieurs fois ; les dates de ces relèvements révèlent une accélération de l'inflation (*Cf.* not. Kirsch, M., L'évolution du SMIG, *TPOM*, 1972, n° 325, p. 7042 ; Kirsch, M. Salaires minima en Afrique noire, *TPOM*, 1976, n° 413, p. 110).

422 Arrêté du 20 juillet 1980 fixant les salaires minimum interprofessionnels garantis en République de Djibouti fixant le SMIG mensuel à 15851 FD (environ 90 Dollars US).

423 *Cf.* Banque mondiale. Analyse des dépenses publiques à Djibouti : Mettre les finances publiques au service de la croissance et de la réduction de la pauvreté, Djibouti, 2006, p.7.

d'émission[424], a peu ou prou délégitimé le bien-fondé d'une quelconque révision du SMIG[425].

Ces arguments tirés des dimensions de l'économie nationale sont toutefois insuffisants pour justifier la longue politique abstentionniste du pouvoir règlementaire en matière de fixation de salaire. Ils occultent le problème récurrent de l'inflation importée qui auraient dû conduire, à l'instar des pays développés, à des ajustements périodiques du SMIG au profit des travailleurs à bas salaires[426].

Ce salaire minimum était interprofessionnel, c'est-à-dire qu'il concernait toutes les professions. Cependant, les arrêtés prévoyaient distinctement un SMIG applicable à toutes les professions non agricoles et un SMAG applicable aux entreprises agricoles seulement. Enfin, la loi exigeait, que parmi les mentions obligatoires des conventions collectives extensibles, figure l'échelle indiciaire par rapport au SMIG, des salaires minima correspondant aux diverses qualifications de la hiérarchie professionnelle de la branche d'activité considérée. En l'absence de conventions étendues ou dans le silence des conventions ordinaires, un arrêté pouvait fixer les catégories professionnelles et les salaires minima correspondants[427].

---

[424] Depuis sa création en 1949, le Franc de Djibouti (FD) est lié de manière stable au Dollar US. Le taux de change est actuellement de 177,7 FD pour un Dollar US. Cette convertibilité de la monnaie nationale est assurée par le maintien d'avoirs extérieurs au moins égaux à la monnaie en circulation interdisant de recourir à la planche à billets. Sur le lien entre Currency Board et inflation structurelle : Wolf, H. Ghosh, A., Berger, C., Gulde, A.-M., Currency boards in retrospect and prospect, MIT Press, Cambridge, 2008, p. 81.

[425] *Cf.* not. Lachaud, J.P, *op. cit.*, p. 26.

[426] Sur l'évolution de l'inflation à Djibouti : Banque centrale de Djibouti, Rapport annuel d'activité, 2011, p 21.

[427] Cela signifie que toutes les catégories étaient définies selon une hiérarchie, qu'à chaque catégorie correspond une rémunération de base et que chaque salaire catégoriel est relié, indiciairement, au SMIG ou au SMAG. L'arrêté du 22 juillet 1980 fixant les salaires des travailleurs des établissements commerciaux, du bâtiment et des ateliers fut le dernier texte de référence en la matière.

La promulgation de la loi du 23 septembre 1997 a ouvert une période de déréglementation[428] des rémunérations. La crise économique et financière du début des années 1990[429] a conduit à poser dans de nouveaux termes, les questions relatives à la fonction du salaire et à ses modes de détermination, accompagnant ainsi le passage d'une économie administrée par l'Etat à une économie de marché.

2- Le choix de la déréglementation salariale

La rupture avec le système national de fixation des salaires minima, conçu dans le cadre d'une économie planifiée et dirigée par l'Etat a été brutale, radicale, totale. Il s'agit d'une déréglementation de grande ampleur, sans équivalent dans aucune des autres matières du droit du travail ayant trait aux relations individuelles de travail. Ainsi, l'ensemble des dispositions que le Code de 1952 consacrait à la rémunération, et surtout les nombreux textes pris pour leur application, ont été purement et simplement abrogés. Le droit de la rémunération a été contractualisé de façon quasi intégrale.

Le Code de 2006 ne consacre que cinq articles à la détermination du salaire[430]. Pour leur application, le législateur ne renvoie à aucun texte réglementaire. La prérogative de fixer par arrêté le taux du SMIG que donnait la législation antérieure au Gouvernement est supprimée. En droit, rien ne s'oppose désormais à une personnalisation quasi intégrale de la rémunération par le biais

---

[428] *Cf.* not. Mahamoud Houssein, I., *op. cit.*, p. 141.

[429] Cette crise est la résultante de problèmes aussi bien internes (troubles internes au Nord du pays) qu'externes dés la fin de 1991 (réduction de l'aide budgétaire, concurrence régionale accrue, afflux de réfugiés des pays limitrophes, etc.) qui dégradent la situation économique nationale. « Au total, au cours de la période 1992-1996, la situation économique s'est fortement dégradée et la croissance du PIB nominal a été négative. Les déficits publics se sont détériorés et l'Etat a été contraint de recourir à des emprunts forcés auprès des entreprises publiques et de laisser s'accumuler les arriérés de paiement » (*Cf.* PNUD, Djibouti. Rapport national sur le Développement humain, 2000, p. 32).

[430] Alors que le Code de 1952 consacrait 8 articles à la détermination de la rémunération (Art. 91-98).

du contrat de travail[431]. Quant aux conventions collectives de travail, l'article 258 du Code du travail leur permet, sans qu'il s'agisse d'une obligation, de fixer les salaires applicables par catégorie professionnelle dans l'entreprise ; elles peuvent également disposer, s'il y a lieu, sur les indemnités de services rendus, les heures supplémentaires, sur les primes d'assiduité ainsi que sur les modalités de remboursement des frais engagés par le salarié investi d'une mission. L'énoncé par l'article précité des sujets dont peut traiter la convention collective en matière de rémunération n'est pas exclusif puisque le législateur l'a fait précéder de l'adverbe "notamment".

La détermination des salaires par la convention, l'accord collectif et le contrat individuel de travail, quoiqu'elle ne soit pas obligatoire, est néanmoins considérée comme la démarche la mieux indiquée, dans la nouvelle économie de marché[432]. Le principe de la libre négociation des salaires a vocation à s'appliquer aussi bien dans les entreprises privées que dans les entreprises publiques. Mais où la représentation des travailleurs est généralement inexistante, ceci emporte le risque de l'absence de conventions collectives ou d'accords salariaux. Dans ces conditions, la détermination des salaires relèvera exclusivement du contrat individuel de travail c'est-à-dire le plus souvent du pouvoir souverain d'un employeur aux mains libres.

---

431 L'article 60 du Code du travail précise que la rémunération fixée au contrat de travail résulte des accords d'entreprise, des conventions collectives ou, le cas échéant, d'accord entre les parties au contrat.

432 En Afrique, les bailleurs de fonds ont souvent fait de la contractualisation des salaires une conditionnalité de leur aide au détriment des questions d'équité sociale. Pour une analyse plus détaillée de ces questions : N'Diaye, I.-Y. et Samb, M., Neutralisation et flexibilisation du droit du travail sénégalais: de l'ajustement économique à l'ajustement juridique, *in* Fall, B. (dir.), « Ajustement structurel et emploi au Sénégal », Codestria, Dakar, 1997, p. 103; Lachaud, J.-P., Le désengagement de l'Etat et les ajustements sur le marché du travail en Afrique francophone, BIT, Genève, 1989, 81 p. ; BIT, Les révisions des Codes du travail en Afrique francophone, Document de travail pour l'atelier conjoint BIT/ Banque Mondiale, Washington DC 16-17 octobre 1995.

Malgré le choix exclusif de la liberté contractuelle pour déterminer les salaires, l'Etat, responsable de la politique économique et sociale, n'a pas opéré, dans les faits, le désengagement normatif annoncé. L'objectif non avoué reste, au plan économique, le contrôle de la masse salariale et la maîtrise de l'inflation. Au plan social, il s'agit de garantir aux travailleurs un certain niveau de pouvoir d'achat[433].

B- La persistance de la référence au SMIG

Le SMIG n'a pas totalement disparu du paysage normatif comme cela était prévu par la nouvelle réforme libérale. L'institution du SMIG continue de servir de référence pour le calcul de diverses prestations servies au salarié (**1**). Une telle référence ressort également à travers les problèmes d'incompatibilité que pose l'abolition du SMIG avec la convention n° 26 de l'OIT ratifiée par la République de Djibouti (**2**).

1-Les effets induits du SMIG sur les prestations assurantielles

L'intérêt de la référence du SMIG apparaît, en dehors du droit du travail, dans le champ plus large de la protection sociale et accessoirement en droit des assurances. Certaines prestations prévues par les lois relatives à la Sécurité sociale sont calculées par référence

---

[433] La convention collective du 26 décembre 2011 applicable aux agents contractuels de l'Administration et des Etablissements publics de la République répond en partie à ces objectifs puisque le SMIG conventionnel datant de 1973 a été multiplié par 2,5. Cette revalorisation salariale fait fi des salariés du secteur privé qui dépendent souvent soit de conventions collectives contenant des grilles de rémunération non révisées depuis 1980, soit restent sans couverture conventionnelle. Sur l'utilité sociale du salaire minimum: Gregg, P., Le salaire minimum, en tant que moyen d'action pour les pouvoirs publics, *Revue économique de l'OCDE*, 2000, p 153; Saget, C., Lutte contre la pauvreté et emploi dans les pays en développement: de l'utilité d'un salaire minimum, *RIT*, Vol. 140, n° 3, 2001, pp. 287-322; Foko, A., La rémunération du travail et la paix sociale, *in* « L'esprit du droit africain », Mélanges en l'honneur de P.-G Pougoué, L'esprit du droit africain éd. Lamy, 2014, p. 279.

aux salaires minimaux[434]. C'est ainsi que le plancher de salaires à prendre à considération pour le calcul des cotisations sociales correspond au SMIG[435] et l'indemnité journalière qui est due au travailleur pendant la période de son incapacité totale est également calculée sur la base du salaire minimal de la catégorie professionnelle à laquelle il appartient[436].

Dans la réglementation relative aux entreprises d'assurance, de nombreux dommages (corporels, économiques, frais funéraires) des victimes des accidents de la circulation ou de leurs ayants droits sont réparés par une indemnité calculée par rapport au SMIG[437]. On retiendra, par ailleurs, que le Code Général des Impôts octroie à l'administration fiscale « le droit de se référer à la grille salariale établie par la convention collective du commerce, du bâtiment et ateliers pour établir l'imposition des salariés de l'employeur en cas de doutes sur l'exactitude des données fournies par l'employeur »[438].

Les exemples susmentionnées tirés de droits extérieurs mais connexes au droit du travail nous révèlent combien la libéralisation des salaires annoncée par les textes n'a pas abouti à la suppression de toute indice de référence. Les instruments internationaux de l'OIT

---

434 *Cf.* not. Issa-Sayegh, J., Questions impertinentes sur la création d'un droit social régional dans les Etats africains de zone franc, *Bulletin de droit comparé et de la sécurité sociale*, Université de Bordeaux IV, 1999, p. 195.

435 Cette mesure interne dictée par des impératifs comptables peut avoir néanmoins un effet pervers : la soustraction du champ d'application du droit du travail de gros contingents de salariés renvoyés de fait au secteur informel.

436 Article 104 de la loi n° 154/AN/02/4ème L. du 31 janvier 2002 portant codification du fonctionnement de l'OPS et du régime général de retraite des travailleurs salariés.

437 Articles 147 et 178 de la loi n° 40/AN/99/4ème L du 8 juin 1999 fixant la réglementation applicable aux entreprises d'assurance.

438 Le texte auquel fait référence le Code général des impôts dans son article 13 qu'il dénomme improprement convention est en réalité un texte réglementaire datant de l'époque coloniale. Il s'agit de l'arrêté n° 66/24/SPCG du 29 mars 1966 réglementant les conditions générales, d'emploi des travailleurs du commerce, du bâtiment et des ateliers de la Côte Française des Somalis, modifié par les arrêtés n° 1944/SG/CG du 26 décembre 1968, 72-329/SG/CG du 1er mars 1972, 74-339/DG/CG du 7 février 1974.

relatifs aux salaires plaident eux aussi en faveur de la préservation de ce minimum commun en imposant l'intervention des autorités publiques si aucun système satisfaisant de fixation des salaires n'existe.

2- L'universalité d'application du SMIG

L'exigence d'un salaire minimum est également un principe universel imposé par les instruments internationaux de l'OIT, en particulier la convention n° 26 ratifiée par la République de Djibouti[439]. Cette norme prévoit, dans son article 1er, que tout membre « s'engage à instituer ou à conserver des méthodes permettant de fixer des taux minima de salaires pour les travailleurs employés dans des industries ou parties d'industries où il n'existe pas de régime efficace pour la fixation des salaires par voie de contrat collectif ou autrement et où les salaires sont exceptionnellement bas ». Une telle disposition oblige donc les autorités publiques à intervenir si aucun système satisfaisant de fixation de salaire n'existe, c'est-à-dire quand il n'existe pas de régime efficace de fixation par voie de convention collective et que les salaires sont exceptionnellement bas. La suppression du SMIG peut donc, en l'absence de conventions collectives ou de système de fixation d'un salaire minimum, constituer une violation de la convention de l'OIT n° 26. Cela semble être le cas à Djibouti où les possibilités de négociations salariales s'avèrent, depuis plusieurs années, quasi inexistantes.

La vétusté des conventions collectives et de leurs grilles de salaire datant dans leur grande majorité des années 70 corrobore ce regrettable état de fait. Même si quelques conventions ont pu être révisées, beaucoup d'entre elles n'ont pas encore fait l'objet de renégociation par les partenaires sociaux. Dans ce contexte, la mesure relative à la suppression du SMIG pourrait donc s'analyser, du point de vue de la législation internationale, comme une illégalité tant sur le plan du fond que de la forme[440]. La CEACR a rappelé à ce propos et

---

[439] En revanche, la convention n° 131 de l'OIT concernant la fixation des salaires minima n'a pas été ratifiée par la République de Djibouti.

[440] L'abolition du SMIG n'est pas en soi contraire à la convention n° 26 dans un environnement favorable au dialogue social c'est-à-dire faisant associer les partenaires sociaux au processus de fixation des minimas salariaux. Or, à Djibouti, les syndicats indépendants font toujours l'objet d'atteintes

à maintes reprises au Gouvernement djiboutien que l'établissement d'un mécanisme de fixation du salaire minimum en dehors du système de négociation collective est essentiel pour assurer une protection efficace aux travailleurs qui ne sont pas encadrés par les règles relatives aux conventions collectives[441].

Au-delà de ces problèmes d'incompatibilité juridique, la mise en place d'un salaire minimum revêt une importance primordiale pour les travailleurs qui se situent au bas de la hiérarchie professionnelle. Ainsi, les migrants et autres groupes de population victimes d'une discrimination fondée, sur l'origine ethnique ou nationale, sont les premiers concernés dans la mesure où ils sont majoritairement représentés dans la catégorie des bas salaires et ont d'infimes chances de sortir de ladite catégorie[442].

§ 2- Les renvois à la négociation collective

Depuis l'adoption du Code de 2006, la source négociée se voit attribuée un rôle accru dans la détermination des règles du droit du travail. Le domaine susceptible d'être occupé par les actes collectifs devient aussi large que celui occupé par la loi. L'article 258 du Code

---

constantes et graves allant du harcèlement policier et judiciaire au licenciement et même jusqu'à l'emprisonnement de dirigeants syndicaux. Comment dans ces conditions discuter avec des partenaires sociaux que l'on met en prison ? La capacité des syndicats à jouer le rôle que la Convention n°26 leur attribue est plus que limitée lorsque l'on sait les limitations administratives apportées à la création des syndicats (*Cf.* FIDH, Observatoire pour la protection des droits de l'homme, Djibouti, *op. cit.*, p. 27).

441 CIT, 103ème session, 2013, observation CEACR, Convention n°26, Djibouti.

442 Selon le BIT, « la mise en place d'un salaire minimum revêt une importance primordiale pour les travailleurs qui se situent en bas de la hiérarchie professionnelle. Les femmes, les migrants et autres groupes de populations victimes d'une discrimination fondée, entre autres, sur l'origine ethnique ou nationale, l'âge, le handicap ou l'état de santé sont les premiers concernés puisqu'ils sont majoritairement représentés dans la catégorie de bas salaires et ont moins de chances que d'autres de sortir de cette catégorie » (*Cf.* BIT, L'heure de l'égalité au travail, Rapport global en vertu du suivi de la Déclaration relative aux principes et droits fondamentaux, 2003 (Rapport I (B)), Rapport du Directeur général à la CIT, 91ème session, Genève, 2003, p 15).

du travail relatif au contenu des conventions collectives vise l'ensemble des conditions d'emploi et de travail. La liste qu'il dresse des sujets dont peuvent traiter les conventions collectives est précédée de l'adverbe notamment. Dès lors que la participation des partenaires sociaux à la production normative est élargie[443], la question se pose des modes d'articulation entre la loi et la convention collective en tant que sources complémentaires ou concurrentes. La plupart des règles édictées par les organes de l'Etat, lois et règlements, présentent un caractère d'ordre public ; les exemples de règles supplétives sont limités. En droit commun, les lois qui intéressent l'ordre public et les bonnes mœurs interdisent que les clauses d'une convention puissent les contrarier[444]. En droit du travail, le respect de l'ordre public orienté vers la protection des travailleurs, implique qu'en aucun cas les droits que les lois ou règlements garantissent aux travailleurs, ne peuvent être supprimés ou restreints par les clauses d'une convention collective[445].

Mais l'analyse des prescriptions légales relatives à différents pans du droit du travail révèle bien que leur teneur n'est pas la même et ne conduit pas aux mêmes effets eu égard au respect de l'ordre public. En effet, l'impérativité des règles étatiques varie selon la matière traitée. Deux hypothèses peuvent être envisagées. Tout d'abord, certaines normes ne laissent, de par leur formulation, aucune marge de manœuvre aux partenaires sociaux pour exercer leur pouvoir normatif. Ce sont des règles intangibles pour lesquelles la loi se reconnaît compétence exclusive. Par ailleurs, d'autres normes légales renvoient expressément à la convention collective pour fixer, dans la matière considérée, de normes plus favorables aux salariés, que les normes légales, porteuses d'un minimum social[446]. Il en est

---

[443] La règle de droit forgée par l'accord serait plus efficace économiquement et pertinente socialement (*Cf.* Teyssié, B., A propos de la pertinence économique du droit du travail, *in* Canivet G., Frison Roche M.-A et Klein M. (dir.), « Mesurer l'efficacité économique du droit », LGDJ, 2005, p. 67).

[444] L'article 6 du Code civil dispose qu'«on ne peut déroger, par des conventions particulières, aux lois qui intéressent l'ordre public et les bonnes mœurs ».

[445] Article 254 du Code du travail.

[446] Certains auteurs français parlent « d'ordre public absolu »pour désigner les règles étatiques auxquelles les sources professionnelles ne peuvent déroger, même dans un sens favorable aux salariés, et « d'ordre public

ainsi, par exemple, des majorations des heures supplémentaires(**A**). Enfin, en dehors des modes d'articulation déterminés par la teneur des règles légales, il peut arriver que la convention collective puisse accorder aux partenaires sociaux des opportunités ou avantages pour lesquels il n'existe pas d'équivalent dans la loi ou règlement. Il en est ainsi, par exemple, de la modulation (**B**) et de l'indemnité de licenciement, laissées à la compétence exclusive des partenaires sociaux (**C**).

A- La majoration des heures supplémentaires

L'article 88 du Code du travail dispose que « les heures supplémentaires sont rémunérés à un taux majoré fixé par voie de convention collective ou d'accord collectif ». Le législateur de 2006 a donc délégué la question de la rémunération des heures supplémentaires aux partenaires sociaux. Cette délégation n'est pas en soi une nouveauté puisque le Code de 1952 s'abstenait lui-même de fixer les taux de majoration. Aux termes des articles 74 et 78 du Code de 1952, il appartenait aux conventions collectives ou, à défaut, à des arrêtés des chefs du territoire, de fixer la rémunération des heures supplémentaires. La différence avec le Code de 2006 est l'absence de renvoi exprès à un texte réglementaire qui ferait office de règle subsidiaire en l'absence de dispositions conventionnelles. Cette carence textuelle se voit néanmoins corrigée par l'article 297 du Code de 2006 qui réhabilite les dispositions réglementaires antérieures non contraires audit Code, en l'occurrence une partie de celles de l'arrêté du 28 février 1975. Les systèmes de majoration des heures supplémentaires choisis par les différentes conventions collectives applicables à Djibouti dérogent, en général, à la solution réglementaire dans un sens favorable aux travailleurs (**1**).Toutefois, ils ont vocation à exclure dés lors que leur application ne couvre pas

social »pour désigner les règles auxquelles il pourrait être dérogé, mais seulement dans un sens plus favorable aux salariés » (*Cf.* not. Bonnechere, M., La loi, la négociation collective et l'ordre public en droit du travail : quelques repères, *Dr. Ouvr.* 2001, p. 411 ; Borenfreund G. et Souriac M.-A., Les rapports de la loi et de la convention collective : une mise en perspective, *Dr. soc.* 2003, p. 72).

certaines heures et ne bénéficie pas à certaines catégories de travailleurs (**2**).

1 - Des systèmes de majoration dérogatoires

Le texte réglementaire de référence en matière de rémunération des heures supplémentaires l'arrêté du 28 février 1975 portant réglementation des heures supplémentaires[447]. Il fait varier la rémunération en fonction du moment auquel ces heures sont effectuées et le taux avec le nombre d'heures effectuées. Toutefois, l'application de ce texte n'est pas exempte de difficultés et d'anachronismes. Pris sur le fondement de l'article 112 du Code de 1952, il considère que les heures effectuées au-delà de la quarantième heure donnent lieu à des majorations. Or, le législateur de 2006 a porté, pour des raisons de rentabilité économique[448], la durée hebdomadaire du travail à quarante-huit heures. Cette confusion intertextuelle, pourtant réglée par l'article 297 du Code du travail, génère un contentieux dans lequel on retrouve des réclamations de paiement d'heures supplémentaires demandant qu'on fasse courir le décompte des heures supplémentaires à partir de la 41ème heure en lieu et place de la 49ème heure[449].

Dans l'ensemble, les conventions collectives disposant sur la question maintiennent ou dérogent à la solution réglementaire dans un sens favorable aux travailleurs. Elles procèdent ainsi, soit en modifiant les règles de décompte des heures supplémentaires, soit en augmentant les taux de majoration. Il peut arriver également que les deux techniques soient utilisées cumulativement par certaines conventions collectives. A titre d'exemple, la convention collective nationale des employés de banque revoit à la baisse la durée hebdomadaire du travail, prévoit des majorations pouvant aller jusqu'à 75% du salaire horaire pour les heures supplémentaires de jour, et de 100% pour les heures supplémentaires de nuit et de jours

---

[447] Arrêté n° 75-335/SG/CG du 28 février 1975, *JO TFAI* du 1er mars 1975, p. 102.

[448] *Cf.* Procès-verbal de la séance publique de l'Assemblée nationale durant laquelle a été adoptée le Code du travail.

[449] En réalité, seuls les pourcentages de majoration restent valables au regard du nouveau droit du travail, le décompte des heures supplémentaires devant donc se faire à partir de la 49ème heure.

fériés. Cette solution est beaucoup plus favorable aux travailleurs que celle de l'arrêté de 1975 précité, qui prévoit des majorations commençant à 25% et atteignant, au mieux, 50% du salaire horaire.

2 - Des systèmes de majoration exclusifs

Les systèmes de majoration prévus par la loi et mis en place par les conventions collectives ne s'appliquent pas à certains types d'heures et à certaines catégories de travailleurs.

Les heures supplémentaires ne donnent pas lieu à versement d'une rémunération majorée lorsqu'elles relèvent des dérogations prévues par l'article 84 du Code du travail. Le législateur a prévu, en effet, que dans certains cas la durée légale du travail pourrait pratiquement dépasser 48 heures par semaine sans ouvrir droit aux majorations pour heures supplémentaires. Ces dérogations sont de trois ordres, à savoir les équivalences, la récupération d'heures perdues et la modulation éventuellement prévue par les conventions collectives[450].

Les heures d'équivalence sont pratiquées dans certaines professions ou certains emplois dont l'exercice connaît ordinairement des heures creuses pendant lesquelles le salarié est désœuvré pour cause de temps morts dans la production ou d'absence de clientèle. Le Code du travail de 2006 prévoit qu'une durée équivalente à la durée légale puisse être instituée, soit par décret après avis du Conseil National du Travail, de l'Emploi et de la Formation Professionnelle (CNTFP), soit par convention collective[451]. Seules les heures effectuées au-delà de cette « durée équivalente », constituent des heures supplémentaires. Les heures d'équivalence ne sont pas rémunérées, sauf accord collectif en ce sens. Cette technique d'augmentation de la durée légale de travail sans majoration de salaire n'est pas une nouveauté[452]. En revanche, ses modalités de mise en place ont été modifiées dans le sens de la contractualisation par le

---

[450] La modulation est une nouvelle dérogation introduite par le nouveau Code du travail et relevant de la compétence quasi exclusive des partenaires sociaux.

[451] Article 85 du Code du travail.

[452] Article 112 du Code de 1952.

législateur de 2006. Les équivalences peuvent désormais être instituées par le biais d'une convention collective. Les partenaires sociaux sont libres d'apprécier l'opportunité, dans chacun des cas, de déroger ou non à la durée légale[453]. S'agissant d'une question aussi importante que celle de la durée du travail, il aurait été judicieux que la loi fixe, au préalable, un cadre contraignant pour les partenaires sociaux afin de prévenir les éventuels abus[454]. Il aurait été notamment souhaitable d'opter dans cette matière pour une démarche mettant en œuvre, de façon complémentaire, les voies réglementaires et conventionnelles[455].

Par ailleurs, il faut écarter du régime des heures supplémentaires, les heures dites de récupération puisqu'il ne s'agit que d'heures déplacées, exécutées dans des situations exceptionnelles. Le Code du travail prévoit, ici aussi, que la réglementation de la récupération fasse l'objet d'un arrêté, pris après avis du CNTFP, ou de dispositions de conventions collectives. A défaut de la prise dudit arrêté, la récupération est surtout pratiquée actuellement au titre des récentes conventions collectives d'entreprise. C'est généralement le cas lorsque la durée normale d'une semaine par suite d'un chômage d'un ou deux jours ouvrables, compris entre un jour férié et un jour de repos hebdomadaire. La récupération est également pratiquée lorsque l'interruption du travail résulte de causes accidentelles empêchant l'accomplissement de la durée normale d'une semaine de travail. En revanche, toutes les

---

453 Sous l'empire du Code de travail de 1952, seul le pouvoir réglementaire était habilité à déterminer par branche d'activité et par catégorie professionnelle, s'il y a lieu, les modalités d'application de la durée du travail et des dérogations telles que les équivalences (*Cf.* Chauleur, P., *op. cit.*, pp. 371-375).

454 Cette crainte se voit renforcée par la non-sortie du décret relatif aux règles d'équivalence prévu par l'article 85 de sorte que rien ne limite, en l'état actuel du droit, les partenaires sociaux dans leur pouvoir de fixer des durées d'équivalence exorbitantes .

455 Il faut remonter à l'arrêté du 23 octobre 1953 déterminant le régime des dérogations prévues à l'article 112 du Code de 1952 pour retrouver une référence réglementaire à la technique des équivalences et de la récupération. L'application dudit arrêté n'a pas cependant été confirmée, ni infirmée par les autorités publiques djiboutiennes (CIT, 103ème session, 2013, observation CEACR, Convention n°1, Djibouti).

conventions consultées prévoient que les heures perdues par suite de grève ou de lock-out ne sont pas récupérables[456].

Enfin, différentes catégories de travailleurs se voient exclus, de droit ou de fait, du régime des heures supplémentaires. C'est le cas des cadres qui ont toujours été soustraits à la réglementation des heures supplémentaires. Sous l'empire du Code de 1952, la jurisprudence décidait que les cadres « bénéficiant d'appointements et d'avantages importants, jouissant d'une indépendance trouvant contrepartie dans l'obligation de consacrer le temps nécessaire, aux moments opportuns, à la satisfaction de la mission qui leur est impartie, ne peuvent prétendre au paiement d'heures supplémentaires réservées à ceux qui, assujettis à un travail d'exécution resserré dans le cadre d'un horaire fixe, sont rémunérés à un salaire peu élevé »[457]. La portée de cette jurisprudence doit néanmoins être circonscrite puisqu'aucun texte n'interdit les heures supplémentaires aux cadres. En réalité, le problème peut être résolu de façon globale. Si les heures supplémentaires ont été accomplies dans un établissement par l'ensemble du personnel appartenant au même service, il n'y a pas de raison d'en priver les cadres. Mais si les cadres ont accompli des heures de travail librement et individuellement en dehors de l'horaire normal pratiqué dans l'établissement pour satisfaire aux exigences de leurs fonctions, il n'y a pas lieu de parler d'heures supplémentaires. C'est ce qui ressort aujourd'hui à la fois de certains textes conventionnels[458] et de la jurisprudence qui excluent la rémunération des heures supplémentaires effectuées individuellement et librement par un gradé ou un cadre en dehors de l'horaire normal de service auquel il appartient[459]. De plus, on doit signaler que des contrats de travail liant certains employés civils au Département de Défense des USA

[456] *Cf.* not. Article 23 de l'accord d'entreprise Colas du secteur du bâtiment et des travaux publics.

[457] *Cf.* not. Kirsch, M., Mémento du droit du travail outre-mer : juridiction, contrat, salaire, *Penant*, 1968, pp. 298-299.

[458] *Cf.* not. Article 23 de la nouvelle convention collective des employés de banque.

[459] Tribunal du travail Djibouti du 11 mars 2009 (inédit) : un cadre d'une banque s'est vu refusé la rémunération d'heures supplémentaires parce qu'il les aurait effectué individuellement et librement en dehors de l'horaire normal de service auquel il appartenait.

stipulent des durées hebdomadaires de travail de 56 heures et prévoient des possibilités de dépassement sans qu'il y ait lieu à rémunération supplémentaire[460].Cette clause contractuelle trouve son fondement juridique dans l'accord international entre Djibouti et les Etats-Unis d'Amérique du 19 février 2003 qui exclut le personnel civil employé au camp militaire américain de la législation nationale du travail[461].

Dans un autre registre, on observe que la plupart des travailleurs du secteur informel (personnel domestique, chauffeurs de bus et de taxis, vendeurs de magasins...) sont de fait exclus du bénéfice de la réglementation relative à la durée du travail. Les heures de travail sont particulièrement longues pour ces travailleurs aux salaires peu élevés. Ne possédant ni document matérialisant la réalité du contrat de travail, ni bulletin de salaire, ces catégories de salariés ne sont pas immatriculés à la Caisse Nationale de Sécurité Sociale (CNSS). Dans ces conditions, ils ne bénéficient d'aucune protection de sorte que la réglementation des heures supplémentaires leur est déniée[462].

B- La modulation du temps de travail

Depuis le Code de 1952, les règles essentielles auxquelles obéissait la répartition du temps de travail étaient restées intactes.

---

[460] Des exemples de contrats des employés des fournisseurs des Etats-Unis d'Amérique consultés contiennent la clause libellée en anglais comme suit : « the employee's normal workweek shall consist of 56 hours, per week. Employee is a salaried employee, and shall work additionnal hours or days if required by the workload to accomplish assigned duties without additionnal compensation ».

[461] Article 5 de l'Accord international entre le Gouvernement des Etats-Unis d'Amérique et le Gouvernement de la République de Djibouti concernant l'accès à des installations situées sur le territoire de la République de Djibouti et leur utilisation.

[462] On ne peut que souligner ici l'importance de la mobilisation d'un organisme international comme l'OIT pour faire accéder ces travailleurs au moins à un minimum de droits (*Cf.* not. BIT, « La transition de l'économie informelle à l'économie formelle », Rapport V (I) CIT 103ème session 2014 ; Recommandation n° 204 adoptée le 15 juin 2015).

L'orientation libérale des réformes du marché du travail entreprises par l'Etat djiboutien a eu pour effet d'introduire plus de flexibilité dans le modèle établi. Il s'est agi concrètement d'introduire des possibilités de dérogation au module hebdomadaire pour que les entreprises puissent procéder à une répartition du temps de travail sur une période plus longue que la semaine(**1**). On notera également qu'avec le nouveau Code du travail, le législateur a reconnu un rôle quasi exclusif au droit conventionnel dans la mise en œuvre des dispositions relatives à la modulation du temps de travail (**2**).

1 - Une dérogation au module hebdomadaire

L'intérêt du législateur en 2006 ne s'est pas arrêté aux questions intéressant le volume d'heures de travail auquel peut être soumis, à titre individuel, un salarié. Il a fait preuve d'inventivité en consacrant de nouvelles dispositions aux modes de répartition dans le temps de ce volume d'heures. L'introduction de la modulation du temps de travail s'inscrit dans cette logique de modernisation et de flexibilisation des dispositifs d'aménagement du temps de travail[463].

La modulation des heures de travail repose sur le constat que dans certaines entreprises ou branches d'activités la masse de travail à exécuter est plus grande en certaines périodes de l'année et que d'autres périodes sont considérées comme creuses. Les employeurs des entreprises concernées peuvent donc faire varier la durée du travail sur tout ou partie de l'année. Il va s'agir concrètement de réduire la durée de travail en deçà de 48 heures par semaine en saison creuse et la porter à plus de 48 heures en haute saison, sans compensation au titre des heures supplémentaires. Ceci conduit évidement un changement par rapport à la législation antérieure qui, en matière de durée de travail, ne comptait qu'une référence hebdomadaire.

Le Code de 1952 interdisait la compensation des horaires entre les semaines. Un horaire supérieur à la durée hebdomadaire ne pouvait être compensé par un horaire inférieur à celle-ci lors d'une semaine suivante, et inversement. L'horaire ne pouvait donc varier

463 *Cf.* Merlin, L., La durée annuelle du travail : une figure en hausse, *Dr. soc.* 1999 p. 863.

qu'à la hausse, par le jeu des heures supplémentaires, pas à la baisse (sauf à pouvoir se situer dans les conditions de chômage partiel), puisque cette baisse ne saurait en effet être compensée par les dépassements d'horaires ultérieurs[464]. Cette variation à la hausse était coûteuse pour l'employeur puisqu'il devait payer des heures supplémentaires. L'impossibilité de faire varier à la baisse la durée de travail pouvait également l'être lorsque l'entreprise connaissait des périodes de moindre activité et n'avait pas d'occupation suffisante à offrir aux salariés[465]. L'introduction de la modulation par la loi tend à débarrasser l'entreprise de ces contraintes qui nuisent à sa compétitivité. Il est évident qu'une répartition possible des horaires sur une période plus longue que la semaine est de nature à dégager plus de productivité[466].

En revanche, ce qui est critiquable est le fait que le législateur n'ait pas pris le soin de préciser de limites à l'intérieur desquelles seraient mis en place les dispositifs de modulation. Le Code du travail ne consacre que quatre articles à la modulation. Le point commun de ces articles est qu'ils délèguent complètement aux partenaires sociaux les modalités de mise en œuvre de la modulation. Celle-ci fait donc l'objet d'une autoréglementation par l'entreprise[467], en dehors de toute prévision de source légale. Or, un niveau minimal de réglementation légale étant souvent un gage de sécurité juridique[468], l'absence de fixation par le législateur d'un cadre

---

464 Aucune équivalence de la durée légale de travail sur une unité de temps supérieure à la semaine n'était envisagée pour décompter la durée du travail et appliquer les règles qui en découlent. L'arrêté du 23 octobre 1953 déterminant le régime des dérogations prévues à l'article 112 du Code de 1952 ne prévoit ni règle d'équivalence, ni références chiffrées renvoyant à une durée du travail qui ne serait pas hebdomadaire.

465 *Cf.* not. Barthélemy, J., L'éclatement du module hebdomadaire en matière de durée de travail, *Dr. soc.* 1987, p. 368.

466 Ibid.

467 *Cf.* not. Favennec-Héry, F., Vers l'autoréglementation du temps de travail dans l'entreprise, *Dr. soc.* 2005, p. 789.

468 Pour le Conseil d'Etat français « le principe de sécurité juridique implique que les citoyens soient, sans que cela appelle de leur part des efforts insurmontables, en mesure de déterminer ce qui est permis et ce qui est défendu par le droit applicable. Pour parvenir à ce résultat, les normes édictées doivent être claires et intelligibles et ne pas être soumises, dans le temps, à des variations trop fréquentes, ni surtout imprévisibles » (Rapport

préalable en matière de modulation risque de générer à terme des abus préjudiciables aux travailleurs concernés.

2- Un dispositif sous-réglementé

La mise en œuvre de la modulation est subordonnée à l'existence d'une convention collective ou d'un accord collectif agrée par le ministre du Travail qui la prévoit et offre cette possibilité aux employeurs. Sans cette habilitation, le recours à la modulation n'est pas régulier[469].

Hormis l'agrément délivré par le ministère du travail, la loi ne fixe ni de règles à la négociation qui garantissent l'équilibre des pouvoirs, ni de seuils infranchissables au nom du respect de la santé constituant des limites à l'autonomie collective de décision, c'est-à-dire des durées quotidienne, hebdomadaire, mensuelle, annuelle à ne pas dépasser. A ce propos, il a été relevé que l'absence de disposition indiquant que la durée moyenne de travail ne saurait excéder 48 heures dans le cadre d'une modulation posait des problèmes d'incompatibilité avec la convention n° 1 de l'OIT[470].

Le traitement des problèmes intéressant la répartition du temps de travail par la voie exclusive de la politique contractuelle imposerait normalement que des conditions soient exigées de la négociation pour que l'équilibre des pouvoirs soit certain. Celle de l'agrément des autorités publiques, est de fait insuffisante ; elle mériterait sans doute d'être complétée par des conditions de fond, à savoir les justifications économiques et sociales du recours à la modulation, l'indication des durées maximales de travail. Dès lors, l'institution de normes minimales aurait peut être pour effet de prévenir les abus et les approximations susceptibles de naître des accords de modulation[471].

---

du Conseil d'Etat pour 2006, Sécurité juridique et complexité du droit, Etudes et documents du Conseil d'Etat, ECDE, La documentation française, 2006, p. 291 et s.).

469 Article 93 du Code du travail.

470 *Cf.* CIT, *op. cit.*, 2013.

471 Un mécanisme d'édiction de planchers ne pouvant être transgressés vers le bas mais susceptibles d'être améliorés par voie de négociation collective existe même dans les pays à forte tradition libérale de l'Amérique du Nord

Ces craintes doivent être toutefois relativisées au regard du contenu des quelques conventions traitant de la question de la modulation. Alors que la loi ne leur impose rien, celles-ci font dans leur ensemble référence à la durée moyenne de travail de 48 heures ainsi qu'aux durées maximales journalières et hebdomadaires fixées par le Code du travail[472]. Enfin, bien qu'elle soit consacrée par les textes, la modulation du temps de travail reste encore peu connue et peu pratiquée par les entreprises djiboutiennes. Cet écart entre le droit et les faits peut trouver un début d'explication dans la résistance des mentalités des acteurs sociaux qui conçoivent toujours difficilement un calcul de la durée du travail sur une période plus longue que la semaine ; la méconnaissance du droit de la modulation confortée par le laconisme de la loi en la matière peut également justifier le très faible degré de réception et d'effectivité de ce dispositif.

C- L'indemnité de licenciement

L'indemnité de licenciement n'est pas une création de la loi. Celle-ci se contente, sans la rendre obligatoire, de renvoyer aux conventions collectives, indiquant simplement que cette éventuelle indemnité ne se confond pas avec d'éventuels dommages et intérêts[473]. Bien que l'article 258 du Code du travail l'engobe dans la liste des clauses facultatives des conventions collectives[474], la plupart de celles-ci l'ont prévue et réglementer. Son régime juridique est donc fixé par les conventions collectives et complété par la jurisprudence

---

(*Cf.* not. Trudeau, G., *The Contractualization of Labour Relations Law : An Illustration of North American Trends*, In Managerial Law, Vol. 45, 2003, p.135).

472 Ni la réglementation, ni les conventions collectives ne font référence à une durée annuelle du travail. L'étalon de mesure reste la semaine.

473 Article 26 de la loi du 13 janvier 1997 précité portant aménagement du Code de 1952.

474 Le Code de 2006, à la différence de celui de 1952, n'impose plus des clauses obligatoires aux conventions collectives et dresse à la place une liste indicative de clauses qui pourraient inspirer les partenaires sociaux. Mais, concernant l'indemnité de licenciement, la loi de 1952 ne l'intégrait pas dans les clauses obligatoires et se contentait elle aussi d'en faire allusion en renvoyant dans son article 42 au contrat de travail ou à la convention collective.

(**2**), sans que sa nature juridique ait été élucidée de façon satisfaisante (**1**).

1 - Une nature juridique controversée

L'indemnité de licenciement n'est versée, comme son nom l'indique, qu'en cas de licenciement. Ce sont les conventions collectives qui ont répandu le droit à l'indemnité de licenciement. Il arrive parfois aussi que le contrat de travail et exceptionnellement l'usage, prévoient une indemnité de licenciement. Le Code du travail et la loi portant aménagement du Code de 1952 se contentent de la citer accidentellement sans en préciser la nature juridique et les conditions d'attribution. D'ailleurs, ces deux textes se réfèrent expressément à la convention collective ou au contrat individuel de travail pour l'existence même de celle-ci.

Les travailleurs qui ne peuvent donc se prévaloir ni d'une disposition explicite d'une convention collective ou de leur contrat individuel de travail, n'auront pas droit à l'indemnité de licenciement en l'absence de tout minimum établi par la loi. Cette hypothèse d'absence de toute indemnité de licenciement se voit néanmoins corrigée par les juges qui opèrent une interprétation extensive d'un arrêté datant de l'époque coloniale[475]. Ce texte réglementaire ne se présente pas comme une règle subsidiaire qui serait applicable en l'absence d'alternative conventionnelle ou contractuelle. Ce défaut de précision n'empêche pas, pourtant, les juges d'étendre l'application de ce texte en accordant l'indemnité de licenciement à des travailleurs licenciés sans couverture conventionnelle et issus d'établissements ne rentrant pas dans son champ d'application[476].

Concernant la nature juridique de l'indemnité de licenciement, deux thèses se sont toujours affrontées. Selon la première, l'indemnité de licenciement aurait un fondement

---

[475] Arrêté n°66/24/SPCG du 29 mars 1966 réglementant les conditions générales, d'emploi des travailleurs du commerce, du bâtiment et des ateliers de la Côte Française des Somalis, modifié par les arrêtés n° 1944/SG/CG du 26 décembre 1968, 72-329/SG/CG du 1er mars 1972, 74-339/DG/CG du 7 février 1974.

[476] Cour Suprême Djibouti du 19 mars 2000 (inédit) ; Tribunal du travail Djibouti du 28 mars 2006 (inédit).

rémunératoire. Elle s'analyserait comme complément de salaire correspondant au travail fourni par le travailleur durant ses années de service et le versement seul serait différé pour intervenir lors de la cessation de la relation de travail[477]. Pour la seconde, l'indemnité de licenciement aurait un caractère réellement indemnitaire, ayant pour fait générateur la rupture du contrat ; elle serait destinée à réparer le préjudice résultant de la perte de l'emploi même si cette réparation est forfaitaire puisque calculée exclusivement en fonction de l'ancienneté[478].

La jurisprudence s'est rangée implicitement derrière la seconde thèse en contredisant nettement la première. Elle y voit, comme son nom l'indique, une indemnité forfaitaire qui répare le préjudice du fait de la rupture du contrat, même si certaines garanties de paiement, applicables à la créance du salaire sont étendues à l'indemnité de licenciement par la loi elle-même[479]. Ainsi, en matière de sécurité sociale, l'indemnité de licenciement n'entre pas dans l'assiette des cotisations sociales dans la mesure où elle constitue des dommages-intérêts et non un supplément de rémunération versé à l'occasion du travail. De même, en matière fiscale, l'indemnité de licenciement n'est pas imposable au titre de l'impôt sur le revenu dans la mesure où elle répare un préjudice distinct résultant d'une perte de revenus.

2 - Le rattachement de l'indemnité de licenciement au préavis

En l'absence d'indemnité légale de licenciement, les conventions collectives suppléent donc en fixant d'une part, le montant de l'indemnité conventionnelle de licenciement et, d'autre part, les règles relatives aux conditions de son octroi.

L'indemnité de licenciement est un avantage lié à l'ancienneté. Le droit à l'indemnité de licenciement suppose donc un minimum

---

477 *Cf.* Durand, P., Traité du droit du travail, Tome 2, Dalloz, Paris, 1950, n° 485 ; Savatier, J., Réflexions sur les indemnités de licenciement, *Dr. soc.* 1989, p. 125.

478 *Cf.* not. Camerlynck, G.H., L'indemnité de licenciement, *JCP* 1957. I. 1391 ; Mouly, J., A propos de la nature juridique de l'indemnité de licenciement, *D.* 2008, p. 582.

479 Article 153-2 du Code du travail.

d'ancienneté variable selon la terminologie des conventions collectives. On parle de présence, de présence continue[480], de service effectif continu[481] ou d'ancienneté[482]. L'idée est toujours la même : la justification de l'indemnité est le fait que le travailleur a consacré une partie de sa vie au bon fonctionnement d'une entreprise donnée. La durée de services exigée est variable selon les branches d'activité ou les entreprises. Elle est de six mois, d'un an, de trois, cinq ou dix ans, selon les cas. Certaines conventions se réfèrent au temps de service effectif exigé pour l'attribution des congés payés[483]. Il constitue un minimum. Pour une durée supérieure de services, l'indemnité est augmentée en fonction de la durée de services. Le point délicat est le calcul de la durée de services exigé pour ouvrir droit à l'indemnité. Le cours du contrat de travail peut en effet être interrompu momentanément pour des raisons diverses[484]. Les périodes pendant lesquelles le contrat a été suspendu doivent-elles être comptées comme temps de présence dans l'entreprise ? La majeure partie des conventions collectives calcule l'ancienneté sur les années de travail effectif en excluant certaines périodes de suspension prévues par le Code du travail[485]. Certaines conventions prennent soin, en revanche, de préciser que certains faits, pourtant interruptifs de l'ancienneté au sens légal, ne le sont pas : absence pour congés exceptionnels, fermeture de l'établissement par suite de l'appel de l'employeur sous les drapeaux ou de son départ pour une période obligatoire d'instruction militaire, périodes obligatoires d'instruction militaire du travailleur[486], etc.

---

[480] *Cf.* Article 41 de la convention collective des employés de banque du 17 janvier 2011.

[481] *Cf.* Article 17 de la convention collective des hôtels, restaurants et débits de boissons du Territoire français des Afars et des Issas (TFAI) du 15 avril 1957.

[482] *Cf.* Article 20 de la Convention applicable aux agents contractuels de l'Administration Publique et aux Etablissements Publics de la République de Djibouti du 26 décembre 2011.

[483] *Cf.* Article 16 de l'arrêté du 26 mars 1966 improprement dénommée " Convention collective du commerce, du bâtiment et des ateliers"

[484] L'article 41 du Code du travail dresse la liste des cas de suspension du contrat de travail.

[485] Article 42 du Code du travail.

[486] *Cf.* Article 18 de la convention collective de l'industrie du pétrole.

La plupart des conventions collectives assujettissent l'octroi de l'indemnité de licenciement à l'absence de faute lourde privative de l'indemnité de préavis. La charge de la preuve de la faute lourde privative de l'indemnité de licenciement incombe à l'employeur qui en est le débiteur et prétend ne pas la devoir. Ce faisant, le droit conventionnel soumet à un même régime juridique l'indemnité de licenciement et le préavis en ce qui concerne l'impact de la faute lourde commise par le salarié sur ses droits. Cela signifie que l'employeur n'est redevable ni du préavis, ni de l'indemnité de licenciement en cas de confirmation d'une faute lourde par les juges. Ces derniers ont toujours appliqué à l'indemnité de licenciement les dispositions régissant celle du préavis stipulant la privation de l'indemnité de préavis en cas de commission de faute lourde[487], pour déduire que le travailleur licencié est, dans ce cas, privé de l'indemnité de licenciement[488].

Le rattachement de l'indemnité de licenciement au préavis opéré en l'occurrence n'est pas conforme avec la loi qui soumet l'un et l'autre à deux régimes distincts. Celui du préavis est légal et fait référence au statut professionnel du travailleur tandis que les règles gouvernant l'indemnité de licenciement sont fondamentalement conventionnelles et font généralement appel à l'ancienneté du salarié. Par conséquent, en raison des différences statutaires qui les caractérisent, la logique aurait été que l'indemnité du licenciement puisse être cumulée avec l'indemnité pour inobservation du préavis ou être accordée séparément par le juge selon les cas. Des éclaircissements de la loi sur ces points seraient des plus nécessaires.

§ 3- La diversification des formes contractuelles

Les programmes d'ajustement structurel mis en œuvre en situation de crise économique et financière, sur fond d'offensive idéologique libérale, ont eu un impact important sur le statut de

---

487 L'article 58 alinéa 2 du Code du travail dispose que « la rupture du contrat peut intervenir sans préavis en cas de faute lourde ».

488 Tribunal du travail Djibouti du 11 décembre 1967, *TPOM* 237, p. 5248 ; Cour suprême de Djibouti du 16 décembre 1990 (inédit) ; Tribunal du travail de Djibouti du 28 mars 2009 (inédit).

l'emploi salarié. Cet impact est d'ailleurs certainement bien plus important que celui induit par le changement des normes juridiques. Il y'a assurément une flexibilisation des formes contractuelles de recours à la force de travail, en même temps qu'un recul de l'emploi salarié stable, protégé par le droit du travail. La réforme de 1997 confirmée par le Code de 2006 ouvre la voie à une logique d'individualisation et de contractualisation des rapports de travail. L'objectif est de favoriser une gestion managériale des personnels qui tienne compte des besoins de l'entreprise, appréciées par ses dirigeants, et des contingences de l'activité économique.

Cette demande de flexibilité formulée par les entreprises s'est traduite par des mesures législatives qui ont conduit à une aggravation de la précarité[489] et de l'isolement des travailleurs[490]. L'extension des possibilités de recours au contrat à durée déterminée (CDD) participe de cette tendance même si cette nouvelle opportunité reste limitée dans le temps et à des situations d'emploi expressément prévues par la loi (**A**). On notera également la promotion de nouvelles formes contractuelles essentiellement triangulaires. La relation triangulaire classique organisée par le droit du travail fut et est celle qui résulte du tâcheronnat (**B**). Depuis le Code du travail de 2006, il faut y ajouter celle qui résulte de la mise à disposition des travailleurs par une agence privée pour l'emploi (**C**).

A - L'élargissement du recours au CDD

L'élargissement du recours au CDD ne peut se concrétiser que si on neutralise les deux règles-obstacles propres à ce type de contrat : pas plus de deux contrats successifs à durée déterminée, pas plus de deux ans par contrat[491]. Sur l'une de ces deux questions, le renouvellement, le régime juridique des CDD a connu des

---

[489] *Cf.* not. Schiray, M., La précarisation du travail, *in* « Problèmes politiques et sociaux »,La Documentation française, Paris, 1988, n° 575, p. 64.

[490] *Cf.* not. Auvergnon, Ph., La peur des travailleurs et le droit du travail, *Droit et Société*, 2000, n° 46, p. 577 ; Lee, E., La mondialisation et l'emploi : des craintes justifiées ?, *RIT*, Vol. 135, n°5, 1996, p. 532.

[491] *Cf.* Issa-Sayegh J., Questions impertinentes sur la création d'un droit social régional dans les Etats africains de la zone franc, *op. cit.*, p. 170.

transformations importantes. Jusqu'en 2006, les CDD ne pouvaient être renouvelés lorsqu'ils arrivaient à échéance que dans la limite d'un seul renouvellement[492], quel que soit le cas de recours[493]. Avec le nouveau Code du travail, cette règle a été abandonnée. La conclusion d'un CDD reste certes soumise à une durée maximale légalement déterminée (**1**) mais les conditions de son renouvellement ne sont plus réglementées (**2**). C'est la liberté contractuelle qui est désormais privilégiée surtout avec la suppression de la formalité de visa (**3**).

1 - L'imposition d'une durée maximale

Dans le but de favoriser la conclusion de contrats à durée indéterminée, le législateur a toujours limité la durée des CDD. Ainsi, de tels contrats ne peuvent excéder deux ans. En effet, aux termes de l'article 11 du Code du travail, « tout contrat conclu pour une durée déterminée ne peut excéder, en cas de renouvellement répétitif la durée totale de 12 mois renouvelable une fois ». Cette limitation est louable et nécessaire pour les postes dont les besoins au sein de l'entreprise sont pérennes. En revanche, elle risque de constituer une contrainte à l'embauche de collaborateurs dont les compétences et le savoir-faire ne sont nécessaires que dans le cadre de projets bien délimités dans le temps. Dans de telles hypothèses, la limite des CDD à deux ans impose un roulement de personnel qui pénalise les entreprises.

L'imposition d'une durée maximale n'est pas la seule restriction à la liberté reconnue aux parties de recourir aux CDD. La législation leur impose l'obligation de fixer avec précision la durée du contrat. En effet, selon les termes de l'article 14 du Code du travail, « le contrat à durée déterminée doit mentionner dans son corps, dès son approbation, la limite temporelle fixant son terme ». Ainsi, aucune exception, permettant aux parties de se libérer de ladite obligation n'est aujourd'hui admise[494]. La qualification « limite

---

[492] Article 31 du Code de 1952.

[493] *Cf.* not. Lahaise, G., Les contrats à durée déterminée successifs, *Dr. soc.* 1983, p. 652.

[494] Ni le Code de 1952, ni l'arrêté du 8 avril 1954 déterminant les formes et modalités d'établissement du contrat de travail et de l'engagement à l'essai n'imposait clairement une telle obligation. L'article 1er dudit arrêté

temporelle fixant son terme » signifie que le terme de la relation de travail doit être fixé, soit en indiquant expressément la date d'échéance, soit en précisant le nombre de jours, de semaines, de mois ou d'années pour lequel le contrat est conclu. L'objectif recherché dans cette mesure est que le salarié puisse connaître la date de cessation de travail. Le législateur consacre ainsi l'allergie du droit du travail à la notion civiliste de *dies incertus*[495].

L'attention du législateur s'est en réalité limitée à l'imposition d'une durée maximale et à l'obligation de fixer une durée précise correspondant à l'activité pour laquelle le travailleur a été recruté. En revanche, le renouvellement et la succession ne font l'objet d'aucune prescription légale dans la nouvelle législation alors que l'observation des pratiques d'entreprises révèle bien que la fraude liée au contournement des règles du CDD est réalisée par ces procédés.

2 - La déréglementation des conditions de renouvellement

En l'absence de prescriptions légales restrictives, le CDD arrivé à expiration peut donc être renouvelé autant de fois que les parties en conviendront[496].Le renouvellement a pour objet de

---

énumérant les mentions obligatoires des contrats de travail donnait aux parties le choix d'indiquer soit la nature, soit la durée du contrat.

495 *Cf.* not. Camerlynck, G.H., L'allergie du droit du travail à la notion civiliste de dies incertus. Etudes de droit du travail offertes à Brun, A., 1974; Gautier, Y., Les interactions du droit civil et du droit du travail, *in* Teyssié, B. (dir.), « Les sources du droit du travail », PUF, 1998, p. 129; Lemoine, E., Les principes civilistes dans le droit du travail, LPA, 2001, n° 119, p. 8; Couturier, G., Les techniques civilistes et le droit du travail, *D.* 1975, chron. p. 151.

496 La législation antérieure interdisait la conclusion entre les mêmes parties, de plus de deux contrats à durée déterminée, et de renouveler, plus d'une fois, un contrat à durée déterminée. Il s'ensuivait, en tout état de cause, que le troisième contrat ne peut être qu'à durée indéterminée (Tribunal du travail de Djibouti du 5 juillet 1968, *TPOM*, n° 268, p. 5925). Le Code de 2006 ouvre largement les cas de liberté de renouvellement en matière de CDD. C'est l'analyse qui est faite par M. Philippe Auvergnon à propos de la disposition similaire du projet d'acte uniforme de l'OHADA : « on voit ici que très paradoxalement, le choix a été fait d'exclure d'une règle a priori limitatrice de précarité nombre de travailleurs dans des cas de recours traditionnels au CDD » (*Cf.* Auvergnon, Ph., Des esprits présents dans le

dépasser la durée du contrat initialement fixée, avec maintien du salarié dans le même emploi, et en rapport avec le même cas de recours ayant justifié la conclusion du contrat. Dans un tel cas de figure, il conviendrait d'établir un avenant pour préciser le nouveau terme.

Logiquement, si le contrat a effectivement été conclu conformément à l'un des cas de recours défini par la loi[497], et si la durée fixée correspond bien à l'activité qui en est l'objet, son renouvellement n'interviendrait que rarement, et seulement dans certains cas. Or, le nombre *a priori* inconsidéré de renouvellements ne s'avérant pas justifié par le cas de recours annoncé paraît témoigner que nombre de CDD sont conclus pour pourvoir un emploi qui aurait du l'être par un contrat à durée indéterminée. Très souvent, les pratiques patronales en matière de ce qu'elles présentent comme étant des « renouvellements » de CDD, semblent confirmer cette analyse. Le régime du renouvellement du CDD est d'autant plus permissif que l'employeur peut décider librement de ne pas maintenir le salarié dans son emploi à l'expiration de la période de deux ans, sans être tenu de justifier sa décision par un motif quelconque. Dans ce cas, il pourra même recruter un autre salarié par CDD, dans la limite de la même période, pour occuper le même emploi. Il en résulte qu'un poste de travail permanent peut être indéfiniment occupé par des travailleurs temporaires[498].

---

projet d'acte uniforme OHADA droit du travail, « L'esprit du droit africain », Mélanges en l'honneur du Professeur P.-G. Pougoué, *op. cit.*, p. 126).

497 Article 12 du Code du travail.

498 Cette pratique astucieuse conforme à la lettre de la loi mais contraire à son esprit se voit aussi confortée par des facteurs socioéconomiques : la menace du chômage très prégnant à Djibouti contraint les travailleurs à accepter des renouvellements successifs sans fin car faire un procès à son patron revient à limiter ses chances d'embauchage ou de réembauchage dans une autre boîte. Toutefois, une décision semble prendre le contrepied de cette pratique en procédant à la requalification d'un contrat de gardiennage conclu du 1er avril 2004 au 31 juillet 2005 en CDI après que ledit contrat ait été renouvelé plus de 15 fois (*Cf.* Jugement du Tribunal du travail de Djibouti du 24 janvier 2006 (inédit) rendu au visa de l'article 5 de la loi de septembre 1997 portant aménagement du Code de 1952 devenu l'article 11 du Code du travail(inédit)).

Par ailleurs, la question de la succession de CDD n'a pas retenu l'attention du législateur. A défaut de toute interdiction ou conditions légales, l'employeur est tout à fait libre de conclure avec un même salarié plusieurs CDD successivement sur un même poste ou des postes différents. Peu importe que les contrats se succèdent immédiatement ou soient espacés par des périodes d'inactivité. Les contrats successifs conclus dans ces conditions doivent être considérés comme étant des CDD distincts, et leur succession, quel qu'en soit le nombre et la durée totale, n'a pas pour effet de lier les parties par une relation de travail à durée indéterminée.

En tout état de cause, il ne peut y avoir ni renouvellement ni succession tacite de contrats de travail institués pour une durée limitée. Le maintien du salarié dans l'emploi au-delà du terme initialement prévu, sans contrat écrit, a pour effet de faire naître une relation de travail à durée indéterminée. Cette interprétation que l'on peut donner au texte légal est confirmée par la jurisprudence[499].

3 - L'allègement des conditions de forme

Animé par une volonté de simplification des formalités d'embauche, le législateur de 2006 a procédé à la suppression de la formalité de visa de l'article 32 du Code de 1952. Celui-ci soumettait les CDD à la formalité de visa dit d'approbation. Ce visa était apposé, après visite médicale du travailleur, par l'autorité compétente investie de la mission de constater l'identité du travailleur, son libre consentement et la conformité du contrat de travail aux dispositions applicables en la matière, de vérifier que le travailleur est libre de tout engagement, et enfin de donner aux parties contractantes lecture, et, éventuellement, traduction du contrat[500].

S'il pouvait apparaître que cette formalité apportait une garantie nécessaire au libre consentement du salarié et opérer un contrôle *a priori* des conditions de recours au CDD, elle constituait en

---

499 *Cf.* not. Tribunal du travail Djibouti du 11 mars 2009 (inédit) ; Cour d'Appel Djibouti du 30 septembre 2012 (inédit).
500 *Cf.* not. Anonyme, Code du travail des TOM, *op. cit.*, p. 88.

même temps une entrave à la liberté de contracter[501]. Le législateur de 2006, encouragé par le discours libéral accompagnant les restructurations de l'économie à la fin des années 90, a décidé de supprimer le contrôle administratif préalable auquel ont été longtemps soumis les CDD[502]. Toutefois, on peut déplorer le fait que le législateur n'ait pas envisagé, en contrepartie de cette suppression, de sanctionner pénalement la violation des règles relatives au CDD. Un tel dispositif contenu dans le Code de 1952[503] n'ayant pas été reconduit par celui de 2006 aurait donné aux autorités publiques les moyens d'action nécessaires au respect de la législation[504].

La dépénalisation[505] des sanctions encourues en cas de violation des règles relatives au CDD se voit néanmoins remplacée et tempérée par une autre sanction, à savoir la requalification du contrat en contrat à durée indéterminée. Cette sanction n'est pas une nouveauté dans la mesure où elle a toujours été appliquée par les juridictions en dépit de son absence de prévision par le Code de 1952. Quelle que soit l'irrégularité, les juges retenaient une présomption simple d'existence d'un CDD. Il appartenait à la partie qui prétendait être liée par un CDD d'en apporter la preuve. Il était certain qu'en l'absence d'écrit, il était difficile de renverser cette présomption ; et ce d'autant que la loi exigeait, par ailleurs, que les CDD soient visés par l'autorité administrative compétente.

La requalification du CDD est désormais officialisée par le Code du travail. Elle correspond aux hypothèses de détournement de

---

[501] *Cf.* not. Béraud, J.-M., *op. cit.*, p. 6 ; *Cf.* aussi Paul Humblot qui qualifiait ces formalités « d'inopportunes, superfétatoires et inopérantes » (*Cf.* Humblot, P., Aperçu sur le nouveau Code du travail dans les TOM, *Penant*, n° 608, 1953, pp. 1-11).

[502] Cette nouvelle mesure concerne seulement les CDD conclus avec les salariés nationaux. Les CDD des non-nationaux restent, eux, soumis à la formalité de visa pour des raisons de politique nationale de l'emploi (article 25 du Code du travail).

[503] Article 221-a du Code de 1952.

[504] *Cf.* not. Béraud, J.-M., *op. cit.*, p. 12.

[505] Antoine Lyon-Caen a observé que « la fermeté de la loi se manifeste désormais plus dans les dispositions civiles de sanction que dans les dispositions pénales » (*Cf.* Lyon-Caen, A., Le recours au contrat à durée déterminée, *Dr. soc.* 1983, p. 5).

fonction, d'absence de terme ou d'écrit, de prolongation illégale de succession de CDD au-delà de la durée maximale[506]. En sus de son officialisation, la loi consacre l'automaticité de cette requalification puisqu'aux termes de l'article 12 « tout contrat de travail qui ne répond pas aux exigences du contrat à durée déterminée est considéré comme un contrat à durée indéterminée ». L'usage du terme « considéré » institue ainsi une présomption irréfragable qui a pour effet de rendre irrecevable l'offre d'administrer la preuve contraire. Dans cette hypothèse, il ne s'agit plus d'une simple présomption. Ainsi l'absence de tout contrat écrit, aussi bien que l'omission dans un contrat écrit des mentions caractéristiques du contrat à durée indéterminée, a théoriquement pour conséquence la qualification du contrat en vertu de la présomption de durée indéterminée que formule l'article 12 précité[507].

A côté de cette technique de flexibilisation de l'emploi qu'est le contrat de travail à durée déterminée, il existe une autre forme de flexibilisation qui s'effectue non plus par le droit du travail, mais à l'aide de contrats de droit commercial induisant des relations triangulaires.

B - Le recours au tâcheronnat

Le tâcheronnat n'est pas une création de la réforme de 2006. Il fut institué par le législateur de 1952 non sans quelque controverse. La définition du statut du tâcheron a, en effet, longuement nourri les discussions parlementaires ayant précédé l'adoption du Code de 1952. Le texte voté en première lecture par l'Assemblée créait une incontestable confusion entre le tâcheron et le sous-entrepreneur. La définition finalement adoptée et reprise par le législateur de 2006, si

---

506 *Cf.* not. Roy-Loustaurneau, C., Contrat à durée déterminée: requalification-sanction et qualification, *Dr. soc.* 2003, p. 465; Savatier, J., La requalification des contrats à durée déterminée irrégulière, *Dr. soc.* 1987, p. 407.

507 *Cf.* not. Roy-Loustaunau, C., Réflexions sur le rôle du juge dans la requalification sanction du contrat à durée déterminée après la loi du 12 juillet 1990, *JCP* 1991 E 1101.

elle est moins ambigüe, demeure confuse[508](**1**). Au-delà de cette ambigüité statutaire, les conditions dans lesquelles le tâcheron exerce son activité sont sources de méprises pour les travailleurs et parfois de marchandages à leur détriment. Aussi, le Code du travail a-t-il expressément réglementé la conclusion de ce type de contrat et mis en place un régime juridique marqué par un mécanisme de substitution de l'entrepreneur dans les obligations du tâcheron (**2**).

1 - Un statut juridique ambigu

Le contrat de tâcheronnat est une convention par laquelle un tâcheron s'engage à exécuter un travail déterminé ou à fournir certains services, pour le compte d'un entrepreneur et en qualité de sous entrepreneur (sous-traitant)[509]. Le tâcheron est un maitre ouvrier qui, à titre occasionnel, recrute des ouvriers, leur fournit l'outillage et les matières premières pour réaliser le travail ou le service qu'il s'est engagé à exécuter dans les délais requis[510]. D'une part, un contrat de sous-entreprise lie l'entrepreneur principal au tâcheron, d'autre part un ou plusieurs contrats de travail lient le tâcheron à son ou à ses ouvriers. Cette forme de travail est très prégnante dans le secteur des

---

[508] *Cf.* not. Chauleur, P., *op. cit*, p. 269.

[509] En dehors du tâcheronnat, le Code du travail ne traite pas de la figure de l'entreprise sous-traitante. De ce fait, il est permis de penser que la sous-traitance entendue par les juristes français correspond à ce qui est présenté dans le Code du travail djiboutien sous le nom de tâcheronnat. La sous-traitance est définie par la loi française n° 75-1334, du 31 décembre 1975 comme « l'opération par laquelle une entreprise confie à une autre le soin d'exécuter pour elle et selon un certain cahier de charges préétabli, une partie des actes de production et de services dont elle conserve la responsabilité économique finale ». L'avant projet d'Acte uniforme OHADA, sur la sous-entreprise de main d'œuvre est, à cet égard, beaucoup plus explicite. Il utilise en son article 79 de façon synonymique les concepts de sous-entreprise et de sous-traitance. Aux termes des dispositions dudit article « la sous entreprise, lorsqu'elle désigne une prestation de service ou une sous-traitance d'activité, est licite. Elle est une convention par laquelle un chef d'entreprise confie l'exécution d'un travail ou la fourniture d'un service à une entreprise indépendante, employeur d'une main d'œuvre salariée travaillant sous sa direction et son contrôle » (*Cf.* Béraud, J.-M., *op. cit.*, p. 14).

[510] Article 79 du Code du travail.

bâtiments et construction à Djibouti, compte tenu de la souplesse de la formule contractuelle.

Les tâcherons ont un statut juridique et social qui n'est pas bien défini puisqu'ils se situent entre les entrepreneurs et les travailleurs. Ce sont rarement des entrepreneurs ou des artisans régulièrement inscrits au registre du commerce ou au registre des métiers. Il s'agit de travailleurs indépendants et qualifiés qui, à titre occasionnel (et non habituellement, sinon ce serait des commerçants ou des artisans) concluent des contrats de sous-entreprise. C'est cette ambigüité ou ambivalence qui fait qu'il est souvent difficile de qualifier de "travailleurs" ou de "tâcherons" certains intervenants dans l'entreprise utilisatrice. Le critère décisif est celui de l'indépendance ou de la subordination du tâcheron vis-à-vis de son client[511] et non nécessairement celui de sa rémunération[512].

Dans la pratique, il arrive que le contrat de travail et le contrat d'entreprise se combinent dans le cadre du tâcheronnat. Si cette combinaison se multiplie indéfiniment par le recours à la sous-entreprise et au tâcheronnat, elle risque de cacher aux travailleurs leur vrai employeur et de provoquer, par la diminution de la marge bénéficiaire d'un entrepreneur à un sous-entrepreneur et de ce dernier à un tâcheron, une aggravation du risque d'insolvabilité ou une méconnaissance des droits des salariés, voire les deux à la fois. Pour éviter ces risques préjudiciables aux travailleurs, le législateur a prévu la possibilité pour les travailleurs de s'adresser à l'entrepreneur principal en cas de défaillance du tâcheron.

---

[511]Une manifestation de l'indépendance du tâcheron est qu'il fournit lui-même le matériel et l'outillage et se fait aider, le cas échéant par des travailleurs choisis et appointés par lui-même : Tribunal du travail. Djibouti du 21 juillet 1972, *TPOM*, 1973, n° 335, p. 7401.

[512] La rémunération forfaitaire peut être le signe d'un contrat de tâcheronnat. Quant à la rémunération à la tâche ou aux pièces, elle serait un indice d'un contrat de travail : Tribunal du travail Djibouti du 12 mai 1965, *TPOM*, 1966, n° 189, p. 4182. *Cf* aussi Kirsch, M., Contrat de travail et contrats voisins, TPOM, 2009, p. 124.

2 - La substitution dans les obligations du tâcheron

L'inexécution de ses obligations par le tâcheron peut être de nature à inquiéter l'entrepreneur principal puisqu'en vertu de l'article 80 du Code du travail les travailleurs peuvent engager la responsabilité de ce dernier. Cette responsabilité varie tout d'abord en fonction des lieux dans lesquels sont exécutés les travaux. L'article 80 distingue deux situations en cas d'insolvabilité du tâcheron. Si les travaux sont exécutés dans les ateliers ou chantiers de l'entrepreneur principal, celui-ci est purement et simplement substitué au tâcheron en ce qui concerne ses obligations à l'égard des travailleurs. Au contraire, quand les travaux sont exécutés ailleurs que dans les ateliers et chantiers de l'entrepreneur principal, celui-ci est responsable du paiement des salaires dus aux travailleurs. La responsabilité est également limitée dans ses effets. Le législateur n'envisage tout d'abord que les obligations financières puisqu'il n'organise la substitution qu'en cas d'insolvabilité du tâcheron. Sont donc exclues les obligations non pécuniaires, même si elles peuvent avoir des conséquences pécuniaires (hygiène et sécurité, déclarations, etc..). Ensuite, quand les travaux ne sont pas exécutés dans les ateliers, magasins ou chantiers de l'entrepreneur, le législateur limite la substitution au paiement de salaire. Sont donc exclues les indemnités liées à la rupture, les cotisations sociales, et peut être certaines indemnités versées au cours de l'exécution du contrat et ne pouvant être assimilées au salaire[513]

Mais pour que le recours des travailleurs lésés contre l'entrepreneur principal soit efficace, il faut que le salarié connaisse la qualité de tâcheron de son employeur et le nom de l'entrepreneur principal. C'est pourquoi l'article 81 oblige que ces renseignements soient affichés en permanence dans les ateliers ou chantiers utilisés. Enfin pour que l'inspecteur du Travail puisse vérifier que cette prescription est correctement exécutée et que le tâcheron ne cache pas sa qualité, l'entrepreneur principal est obligé de tenir à jour la liste de

---

513 *Cf.* not. Kiemde, P., Droit du travail et de la sécurité sociale, Précis de droit burkinabé, 2006, p. 58; Pougoué, P.-G., Cameroun. Situation de travail et protections de travailleurs, p. 11. Disponible sur www.ilo.org.public/english/ifpdial/downloads/wpnr/cameroun.pdf.

ses sous-entrepreneurs[514]. Ces différentes prescriptions légales ne sont pas respectées dans les faits pour diverses raisons. Tout d'abord, ceci tient au fait que la loi ne donne aucune précision sur le contenu des informations demandées, ni sur les sanctions attachées au refus ou à l'omission d'exécuter ces formalités. Ensuite, le fait que les tâcherons évoluent souvent dans des secteurs d'activités « informalisées », éloignés des centres urbains explique en partie l'inapplication des formalités légales en matière de tâcheronnat[515]. Enfin, l'insuffisance des effectifs et des pouvoirs de l'Inspection du travail conforte ces situations d'illégalité qui participent à la précarisation des travailleurs concernés et au développement des situations de précarité[516].

---

[514] Article 82 du Code du travail.

[515] Ce que confirme Martin Kirsch quand il écrit à propos de la problématique de l'application du droit du travail dans les pays africains francophones que « si le droit du travail est généralement bien appliqué par les entreprises d'une certaine importance et par celles situées dans les centres urbains, il n'en est pas toujours de même dès que l'on s'éloigne de ces centres ou lorsqu'il s'agit de petites entreprises, notamment celles à caractère familial » (*Cf.* Kirsch, M., Trente ans de législation du travail en Afrique, *Revue des Marchés tropicaux et méditerranéens*, 1983, pp 371-376); Rachid Filali Meknassi affirme, quant à lui, que l'ineffectivité du droit du travail, dans les pays en voie de développement, varie en fonction des secteurs d'activité et de la taille des entreprises: « Dans les entreprises structurées employant de nombreux travailleurs qualifiés, la conformité aux normes du travail est à la base de l'organisation efficace de celui-ci et de l'obligation d'en rendre compte, "accountability" à laquelle s'astreignent les dirigeants à l'égard des administrateurs, des clients et des partenaires (....). En revanche, lorsque la viabilité de l'entreprise est faible, que son personnel ne constitue pas une ressource rare et que son accessibilité à la sanction marchande ou légale est douteuse, elle peut être tenté d'autant plus de s'écarter de la norme légale que le contexte socioculturel général admet les pratiques auxquelles elle aura ainsi recours » (*Cf.* Filali Meknassi, R., L'effectivité du droit du travail et l'aspiration au travail décent dans les pays en développement : une grille d'analyse, Genève, BIT, 2007, p. 12).

[516] *Cf.* not. Faure-Muret, E., Les raisons de la précarité, *Dr. soc.* 1989, p. 677.

C- L'introduction du contrat d'intérim

A Djibouti, l'introduction du contrat d'intérim a été l'œuvre du décret portant réglementation des agences privées pour l'emploi promulgué en 2004[517]. Avant cette date, le principe était que les entreprises avaient l'interdiction de faire travailler leurs salariés sous les ordres d'une autre entreprise. La raison de cette prohibition était qu'historiquement la fourniture de main d'œuvre à but lucratif était considérée comme une exploitation abusive des travailleurs[518]. Se posait également le problème de savoir quelle entité devait assumer la responsabilité de l'employeur. Sous la pression des Institutions financières internationales (IFI) qui souhaitaient une plus grande flexibilité des modes d'emploi pour faire face à la crise, le travail intérimaire a été légalisé et ouvert à toutes les activités économiques à l'exclusion du secteur de « l'hôtellerie, bar »[519].

Sur le plan économique, pareille formule permet aux entreprises utilisatrices d'une part de faire face à un accroissement provisoire des charges de travail qui, eu égard à son caractère conjoncturel, ne saurait justifier l'embauche définitive de nouveaux salariés et, d'autre part, de combler rapidement les vides laissés par des membres du personnel absents pour cause de maladie, de maternité, de congé de formation, etc. Par ailleurs, la formule permet d'employer des travailleurs qui du fait de la crise économique sont chômeurs et n'ont pas pu trouver un emploi permanent[520]. En dépit des protestations des syndicats, la reconnaissance des APE n'a jamais été considérée comme illégale sur le plan interne et international[521] dans la mesure où loin de s'effacer après avoir fourni le travailleur requis au client, l'APE demeure l'employeur permanent et assume toutes les obligations vis-à-vis de l'intéressé et de l'Etat.

---

[517] Décret n° 2004-0054/PR/MESN du 1er avril 2004 portant réglementation des agences privées pour l'emploi.

[518] *Cf.* not. Blaise, H., A la frontière du licite et de l'illicite, la fourniture de main d'œuvre, *Dr. soc.* 1990, p. 418 ; Jurice., M., Le prêt de la main d'œuvre illicite, *Act. Jur.* 1990, n°85, p. 3.

[519] Article 13 du décret 1er avril 2004 précité portant réglementation des agences privées pour l'emploi.

[520] *Cf.* not. Pélissier, J, Auzero, G., Dockès, E., *op. cit.* p. 317.

[521] Convention n° 96 de l'OIT sur les bureaux de placements payants ratifiée par la République de Djibouti, le 03 août 1978.

Mais cette nouvelle technique triangulaire, mettant en relation l'APE, l'entreprise utilisatrice et le travailleur intérimaire, s'insère mal dans le schéma classique des relations bilatérales issues du contrat de travail et impose une intervention législative adéquate, destinée à remédier aux dangers et aux abus révélés par la pratique[522]. Le législateur djiboutien a réglementé les deux contrats participant à l'opération d'intérim afin de réduire au minimum les inconvénients les plus graves de cette dissociation pour les travailleurs. Ainsi, le législateur a encadré les conditions de recours et de conclusion du contrat d'intérim (**1**). Il a également envisagé les conséquences du recours à ce type de contrat marquées par le « décroisement » des droits et obligations des parties (**2**).

1- Les conditions de recours du contrat d'intérim

Les textes législatifs et réglementaires djiboutiens visent deux objectifs à travers le contrat d'intérim : protéger l'emploi permanent et garantir le sérieux et la fiabilité des APE. Est considéré comme APE, toute personne physique et morale dont l''une des activités est de mettre à la disposition provisoire d'entreprises utilisatrices, des salariés qu'en fonction d'une qualification convenue, elle embauche et rémunère à cet effet. La création d'une APE doit faire l'objet d'une déclaration auprès du Ministère chargé du Travail[523] suivie d'un agrément délivré par ce dernier[524]. Une fois autorisée, l'APE est

---

522 Les contrats d'intérim peuvent être considérés comme un premier pas vers quelque chose de plus permanent car ils facilitent l'adéquation entre les personnes et les postes. Mais ces contrats peuvent aussi constituer une jungle du marché du travail, un secteur dans lequel une quantité importante de travailleurs flotte entre l'emploi et le chômage. L'utilisateur fait appel à l'intérimaire pour faire face à la demande fluctuante de production c'est-à-dire qu'il contribue à l'effort de travail. Mais quand tout va bien, c'est le travailleur intérimaire qui subit les effets de l'ajustement.

523 En 2010, on recensait 23 agences privées pour l'emploi en République de Djibouti, (*Cf.* Djibouti. Aperçu global de la situation de l'emploi, 2010, Agence nationale de l'emploi, de la formation et de l'insertion professionnelle (ANEFIP), 2010, p.5).

524 D'après l'article 5 du décret du 1er avril 2004 précité, l'APE a un délai de 15 jours pour produire les pièces du dossier de demande d'agrément sous peine de voir sa demande rejetée. Mais le texte n'impose aucun délai pour l'Administration pour la délivrance de l'agrément.

soumise à un contrôle permanent, portant notamment sur les opérations qu'elle effectue[525].

Sur le plan contractuel, ces opérations se traduisent par l'institution de deux types de relations contractuelles, les unes avec les salariés, les autres avec les entreprises utilisatrices. En effet, la relation triangulaire définie par la loi entre l'APE, l'entreprise utilisatrice et le travailleur intérimaire trouve son expression dans l'existence de deux contrats parallèles. L'APE est liée par deux contrats : d'une part, avec le salarié qu'elle prend en charge, d'autre part, avec l'utilisateur à la disposition duquel elle met ce dernier.

L'accord passé entre l'APE et chacun de ses salariés mis à la disposition provisoire d'un utilisateur est un véritable contrat de travail. L'APE est dans la situation d'un employeur lié à un préposé par une convention à durée déterminée. Celle-ci doit être constatée par écrit et reproduire les clauses de l'accord unissant l'APE à l'entreprise utilisatrice. Parmi ses clauses, doit figurer celle relative à la durée[526]qui ne peut, renouvellement compris, excéder vingt-quatre mois[527]. Dans l'hypothèse où une APE ne se conformait pas aux dispositions précédentes, il y a fort à parier que la convention l'unissant au salarié puisse être analysée en un contrat de travail de droit commun. Le travail intérimaire ne doit pas, en effet, être utilisé pour porter atteinte aux intérêts des travailleurs permanents des entreprises utilisatrices. Il en est ainsi chaque fois que l'on fait recours aux salariés des APE pour remplacer des salariés grévistes ainsi que pour des postes ayant fait l'objet d'un licenciement économique au cours des douze mois précédents. Il en est ainsi aussi chaque fois que l'entreprise utilisatrice veut affecter les travailleurs temporaires à des

---

525 Le ministère chargé du Travail peut procéder à l'interdiction définitive d'exercer l'activité d'APE ou la suspension des activités de l'entreprise pendant une durée de deux ans à dix ans lorsqu'il constate la violation de certaines dispositions réglementaires.

526 En revanche, il est admis que, dans quelques cas, le contrat de travail intérimaire peut avoir un terme imprécis (remplacement d'un salarié dont le contrat est suspendu, emploi saisonnier, emploi pour la durée d'un chantier ou d'une mission).

527 Article 40 du Code du travail.

travaux dangereux qui font l'objet d'une surveillance médicale spéciale[528].

Le travail intérimaire constitue une forme particulière de relation de travail pour l'entreprise utilisatrice qui est dégagée des obligations liées à l'emploi à durée indéterminée et des règles à respecter en cas de licenciement. Mais les deux employeurs se trouvent liés par un ensemble de règles contraignantes qui constituent pour le travailleur intérimaire un minimum de garanties juridiques. L'APE cesse d'être l'employeur réel et fait assumer par l'entreprise utilisatrice la gestion matérielle de la main d'œuvre. Ce transfert de responsabilité exige des règles de protection au profit du travailleur intérimaire. Chaque fois qu'une APE met à la disposition met un travailleur à la disposition d'un utilisateur, un contrat de mise à disposition doit être conclu par écrit. La formalité de l'écrit est destinée à protéger les intérêts du salarié intérimaire[529]. En outre, elle permet indirectement de défendre l'emploi permanent. En marquant expressément la relation directe entre l'APE et le travailleur intérimaire, on évite les confusions concernant l'identification du véritable employeur et la qualification de l'employeur[530]. La question essentielle est celle de savoir le sort d'un tel contrat quand il est simplement verbal. S'agit-il d'un contrat nové en contrat à durée indéterminée ou d'un contrat nul[531] ? Le décret du 1er avril 2004 portant réglementation des APE et le Code du travail n'en disent rien. Il n'y a néanmoins lieu de croire que la formalité d'un écrit, imposée par la réglementation dans les relations entre l'APE et l'utilisateur étant d'ordre public, son omission entraîne l'annulation du contrat en tant que contrat d'intérim pour laisser place à un contrat à durée indéterminée liant directement le travailleur à la ''pseudo'' entreprise utilisatrice.

---

528 Article 15 du décret du 1er avril 2004 précité.

529 Selon un auteur, « la rédaction d'un écrit assure une information plus complète et une protection accrue du salarié temporaire » (*Cf.* Decoopman, N., Dalloz 1982, chron. 224, le travail temporaire, n° 18).

530 *Cf.* Siau, B., Le travail temporaire en droit comparé européen et international, LGDJ, 1996, p. 255.

531 En droit français, l'omission de l'écrit entraîne la nullité absolue du contrat qu'il appartient au juge de soulever d'office (Soc. 17 avril 1980, Bull. Civ. n° 318).

Le décret d'avril 2004 indique que pour chaque travailleur mis à disposition d'un utilisateur, un contrat de mise à disposition doit être conclu par écrit entre ce dernier et l'APE. Ce contrat doit préciser, le motif du recours au travail intérimaire[532], la durée de mise à disposition assortie, en tant que de besoin, d'une clause prévoyant la possibilité de changer le terme, le cahier des charges et le montant de la rémunération avec primes et accessoires[533]. On doit déduire de ces formalités la nécessité de faire évoluer le travailleur intérimaire dans un cadre juridique fixe et clair mais la loi ne donne aucune précision sur les sanctions attachés au refus ou à l'omission d'indiquer les mentions légales, ni sur la partie à qui incombe principalement cette formalité.

Toutes les règles de forme susvisées visent à prévenir un recours abusif à la main d'œuvre intérimaire. En pratique, elles n'ont pas l'effet escompté. On assiste aujourd'hui à un véritable détournement de la fonction complémentaire du travail intérimaire. Certaines entreprises utilisent de façon continue les services de travailleurs intérimaires qui se voient affectés à des tâches réellement permanentes. Très souvent, ce sont les mêmes personnes qui sont recrutées. Ainsi, on trouve des travailleurs qui sont intérimaires depuis cinq ans dans la même entreprise. Dans de tels cas, il est fort probable qu'on puisse y voir un CDI. En cas de différend, les juges pourraient conclure ici aussi à l'existence d'un CDI même s'il n'existe aucune disposition expresse prévoyant une telle éventualité. Dans le même temps, le recours au travail intérimaire se fait très souvent au prix d'une « déprotection » qui se manifeste pendant l'exécution même de la prestation de travail.

2- Le décroisement des droits et obligations

Le travailleur intérimaire est placé dans une position écartelée : lié à l'APE, il est aussi, en partie intégré à l'entreprise utilisatrice. Il est uni à l'APE par un contrat de travail[534]. Il appartient

---

[532] Cette mention doit être assortie de justifications précises : indication du nom du travailleur remplacé s'il s'agit d'un remplacement absent ou ayant quitté définitivement son emploi.

[533] Article 17 du décret du 1er avril 2004 précité.

[534] Guy Poulain préférerait voir dans l'entreprise utilisatrice « le véritable employeur » en ayant recours à la théorie du mandat (*Cf.* Poulain, G., La

à l'APE de le rémunérer étant précisé que les travailleurs intérimaires sont exclus du champ d'application de la mensualisation. Le paiement de leur rémunération se fait en général en contradiction avec le principe d'égalité de traitement. Il se traduit par des avantages salariaux moindres que ceux des travailleurs permanents de même qualification. Les travailleurs intérimaires ne bénéficient pas d'un supplément de salaire comme la prime d'ancienneté versée en considération de leur fidélité à l'entreprise. Cela est désavantageux pour ceux connaissant dans les faits une succession de contrats de travail d'intérim et qui alors ne peuvent pas cumuler suffisamment d'ancienneté pour prétendre aux augmentations de salaires et aux primes[535]. La réglementation prévoit seulement qu'une grille de rémunération fasse l'objet de négociation entre les représentants des travailleurs, les représentants des entreprises utilisatrices et les représentants des APE[536]. Il faut toutefois minimiser, en pratique, la portée de cette règle lorsque l'on sait les difficultés qu'ont les travailleurs intérimaires de s'organiser avec leurs collègues pour former un syndicat ou pour y adhérer au sein d'une même entreprise au regard de leur éparpillement dans plusieurs entreprises utilisatrices.

---

distinction des contrats de travail à durée déterminée et indéterminée, LGDJ, 1971, p. 81). La majorité de la doctrine a cependant considéré que le travailleur devait être le salarié de l'entreprise intérimaire. (*Cf.* Catala, N., Le travail temporaire en France : problèmes juridiques, *Dr. Soc.* 1969, p. 233).

535 Bruno Siau explique ce problème de rémunération par « la dualité d'employeurs, pratique sinon juridique, qui "parasite" le régime normal de rémunération des salariés » (*Cf.* Siau, B., *op. cit.* pp. 294-295). Isabelle Laurent-Merle, quant à elle, l'explique par l'absence d'un statut du salarié temporaire. Quand un tel statut existe, on constate qu'il est alors souvent proche de celui du salarié permanent (...) Les lois allemande, anglaise mais aussi irlandaise reconnaissent que le montant de la rémunération ne sera pas nécessairement identique à celle perçue par le salarié permanent remplacé. On relève en effet en Irlande et au Royaume-Uni que les salariés temporaires sont nettement moins bien rémunérés que les salariés permanents de l'entreprise (*Cf.* Laurent-Merle, I., Le travail temporaire en Europe: un environnement juridique en évolution, *D.*, p. 1643).

536 Article 8 du décret du 1er avril 2004 précité.

Il reste que les travailleurs intérimaires sont, en réalité, très mal payés et perçoivent à peine le SMIG[537]. Pis, ils subissent parfois des pratiques de prélèvements de frais de placement sur leurs salaires et, ce, en contradiction avec l'article 7 du décret du 1er avril 2004 portant réglementation des APE qui interdit expressément à celles-ci de mettre à la charge des travailleurs des frais ou des honoraires[538].

Cette précarisation est confortée ou facilitée par une série de facteurs juridiques, administratifs et sociaux. Tout d'abord, l'absence de sanctions légales prévues en cas de non-respect de l'interdiction de mettre à la charge des travailleurs intérimaires les honoraires et frais afférents à leur recrutement pourrait expliquer en partie ces prélèvements abusifs sur salaire. Ensuite, la rareté des contrôles des activités des APE par les services administratifs compétents offre un sentiment d'impunité à ces dernières et contribue davantage à l'isolement des travailleurs intérimaires. Le législateur a en effet chargé l'Agence nationale de l'emploi, de la formation et de

---

[537] On pourrait déplorer, en l'occurrence, le fait que le législateur djiboutien n'ait pas pensé à mettre en place un mécanisme exprès destiné à atténuer les différences entre le salaire perçu par le travailleur intérimaire et un travailleur de l'utilisateur exerçant dans les mêmes conditions de qualification que le travailleur mis à disposition. A titre de comparaison, la loi espagnole du 1er juin 1994 prévoit un calcul des rémunérations des intérimaires par alignement sur la convention collective en vigueur dans l'entreprise d'intérim, et à défaut seulement sur celle de l'utilisateur (article 11) (*Cf.* Siau. B., *op. cit.*, p. 298); Par ailleurs, en France, le principe de l'égalité de rémunération est consacré par le Code du travail. En matière de travail temporaire, le législateur français précise que la rémunération que perçoit un salarié lié par un contrat de travail temporaire ne peut être inférieure à celle que percevrait dans l'entreprise utilisatrice, un salarié de qualification équivalente occupant le même poste (*Cf.* article L. 1251-18 du Code du travail français). La rémunération devant s'entendre outre le salaire de base, de tous les autres avantages et accessoires perçus par un travailleur permanent (Article L. 3221-3 du Code du travail français). En outre, lorsque les augmentations générales des salaires interviennent en cours de contrat dans l'entreprise utilisatrice, elles doivent être répercutées sur la rémunération des travailleurs intérimaires; l'entreprise utilisatrice doit en informer l'entreprise de travail temporaire (*Cf.* circulaire ministérielle du 24 février 1982, J.O. du 13 mars 1982, p. 838).

[538] CIT, 103ème session, 2013, Demande directe CEACR, Convention n° 96, Djibouti.

l'insertion professionnelle (ANEFIP) de faire respecter l'application des dispositions du décret du 1er avril 2004[539]. Or, force est de constater que les différents rapports d'activité de cette structure ne font état d'infractions commises par des APE, ni de sanctions prises à leur encontre. Enfin, le contexte de fort chômage amène les travailleurs à protester rarement de peur que d'autres, prêts à accepter ces ponctions salariales, ne viennent les remplacer.

Par ailleurs, la mise à disposition pose de multiples difficultés relatives au décompte des effectifs et aux conditions de la désignation des représentants du personnel. La loi clarifie certains points en laissant subsister certaines zones d'ombre. Elle déconnecte à juste titre la question du décompte des effectifs de celle de l'électorat et de l'éligibilité. Ainsi, concernant l'évaluation des effectifs des entreprises utilisatrices, il convient d'ajouter à leurs effectifs permanents, le nombre moyen, compte tenu des éventuelles variations saisonnières, des salariés sous contrat de travail intérimaire mis à leur disposition durant l'exercice considéré[540]. Mais n'étant pas salariés des entreprises utilisatrices, ils ne peuvent être inscrits sur les listes électorales établies en leur son sein en vue de l'élection des délégués du personnel et encore moins à représenter eux-mêmes « une communauté de travail dont ils ne partagent les intérêts que pour partie »[541]. En revanche, le législateur n'est pas très précis sur la possibilité des travailleurs intérimaires de faire présenter toutes réclamations individuelles ou collectives, concernant les conditions d'exécution du travail, par les délégués du personnel de l'entreprise utilisatrice. Une telle mesure, si elle était retenue, aurait permis de mettre un terme à leur isolement au sein de cette dernière, longtemps dénoncée par les syndicats[542].

---

539 Article 31 de la loi n° 203/AN/ 07/5ème L du 22 décembre 2007 portant création de l'ANEFIP.

540 Article 226 du Code du travail.

541 *Cf.* not. Vatinet, R., La mise à disposition de salariés, *Dr. soc.* 2011, p. 666.

542 Voir dans ce sens, Saincaise, G., Les mises à dispositions de salariés, Thèse, Paris II, 2007; Morvan, P., Salariés mis à disposition et institutions représentatives du personnel, *JCP*, éd. S. 2007, p. 27; Guyader, H., L'intégration des salariés mis à disposition dans l'entreprise utilisatrice, *RJS*, 2007, p. 798.

L'entreprise utilisatrice est habilitée à assumer l'essentiel des prérogatives dévolues à un employeur. Elle est en droit d'exercer la plupart des pouvoirs habituellement octroyés à l'employeur, qualité qu'elle ne possède point juridiquement à l'égard du travail intérimaire mais que l'utilisation de certaines prérogatives lui donne en fait. Il revient à l'entreprise utilisatrice de définir la tâche à réaliser, d'en contrôler l'exécution et d'en vérifier le résultat. On voit se dessiner ici la différence entre le contrat de travail et les conditions de travail. Cependant, il arrive parfois qu'il soit difficile de tracer la frontière entre ce qu'il relève des conditions de travail et ce qui relève du contrat de travail. La loi indique, par exemple, que les motifs de la mission doivent être indiqués dans le contrat de mise à disposition et reproduites dans le contrat de travail temporaire. On peut se demander si le salarié peut utilement opposer son contrat de travail à une dégradation de sa situation ayant pour origine un changement des motifs de la mission tels qu'indiqués dans le contrat d'intérim[543].

Les APE sont tenus de verser une caution au Trésor public. Le montant de la garantie fait l'objet d'un réexamen annuellement en fonction de l'évolution du chiffre d'affaires. En cas de défaillance de l'APE, la caution assure le paiement des salaires et de leurs accessoires, des indemnités de précarité et de congés payés, des cotisations obligatoires dues à la Caisse Nationale de Sécurité Sociale (CNSS)[544]. On peut déplorer que le législateur n'ait pas pensé à un mécanisme de substitution dans les obligations de l'APE dans le cas où la caution se révèlerait insuffisante pour couvrir les dettes sociales de cette dernière. En pareil cas, il serait équitable de prévoir une action directe au profit du travailleur intérimaire vis-à-vis de l'entreprise utilisatrice. Quand bien même la défaillance de l'APE se révèlerait après l'expiration du contrat de mise à disposition, il faudrait maintenir l'idée d'une action directe, quitte à l'utilisateur de se retourner contre l'APE[545]. Il ne faudrait pas oublier que le travail

---

[543] Article 63 du Code du travail.

[544] Articles 3 et 6 du décret du 1er avril 2004 précité.

[545] Le législateur djiboutien pourrait s'inspirer sur ce point de l'Avant Projet d'Acte uniforme OHADA qui prévoit qu'« en cas de défaillance de l'entreprise de travail intérimaire et si la caution s'avère insuffisante pour le paiement des sommes dues aux travailleurs et aux organismes sociaux, l'entreprise utilisatrice est substitué dans les obligations de l'entreprise intérimaire vis-à-vis des travailleurs mis à dispositions » (article 5).

intérimaire est exécuté très souvent par de travailleurs économiquement vulnérables. Leur faire supporter, ne serait-ce que partiellement, l'insolvabilité de l'APE serait désastreux.

Section 2- L'allègement des contraintes

L'impératif d'allégement des contraintes normatives constitue l'autre volet des réformes libérales entreprises par le législateur à la fin des années 90. Ici aussi, la crise économique et l'intensification de la concurrence internationale ont conduit à considérer que l'excès de protection était un élément perturbateur des mécanismes du marché ; elle serait l'une des causes du ralentissement de l'emploi et fait peser sur l'entreprise des contraintes trop lourdes en la plaçant en situation d'infériorité économique par rapport à celle évoluant dans les systèmes à large permissivité[546]. Ainsi, les IFI qui réclamaient avec insistance l'allégement des dispositifs contraignants ont fini par obtenir satisfaction sur plusieurs points dont certains apparaissent significatifs. Le premier se rapporte au licenciement dont le régime était soumis à des règles relativement strictes et contraignantes[547]. Le droit du licenciement a connu désormais une évolution importante marquée essentiellement par l'élargissement des possibilités de rupture accordées aux employeurs (**§1**).

Le mouvement de flexibilisation se manifeste également sur d'autres terrains. Ill se reflète, notamment par la limitation de l'indemnisation du salarié licencié illégalement (**§2**). Il est permis de s'interroger sur les limites de cette évolution puisqu'à partir d'un

---

[546] A ce propos, un auteur écrit « *ce n'est pas seulement la protection sociale mais aussi le droit du travail qui est considéré comme une série d'entraves, de poids, de rigidités, d'attaches handicapant la course des entreprises dans le nouvel espace mondial (...). Ainsi l'ensemble des sécurités mises en place jusqu'aux années soixante dix, grâce aux politiques économiques garantissant le plein-emploi, aux politiques de protection sociale et au droit du travail apparaît-il, à la lumière des nouvelles contraintes auxquelles sont confrontées les entreprises, non plus comme des dispositifs organisant la sécurité des travailleurs mais comme des entraves susceptibles de se retourner contre les entreprises (parce qu'elles sont empêchées de s'adapter rapidement à la demande mondiale), contre le pays (parce qu'on empêche les entreprises non compétitives de disparaître et les nouvelles de se créer), contre les salariés et l'ensemble des ressortissants du pays trop protecteur* » (*Cf.* Méda, D., Flexibilité: quel équilibre entre flexibilité et sécurité?, *Dr. soc.* 2009, p. 764).

[547] *Cf.* Ibid. p. 764.

certain seuil c'est l'existence même d'un droit du travail qui risque d'être en cause[548].

§ 1 - L'élargissement des possibilités de licencier

Le droit de résilier un contrat à durée indéterminée est d'ordre public. Il est consacré dans presque toutes les législations de travail[549]. Pour rompre sans courir le risque d'être condamné pour licenciement injustifié, l'employeur doit s'appuyer sur une cause légitime.

Parfois, la cause peut être difficile à trouver alors que l'employeur éprouve le désir de se débarrasser de certains salariés dans l'intérêt économique de l'entreprise. Le Code djiboutien de 2006 reconnaît désormais la possibilité d'invoquer des raisons économiques, mais à charge, dans un souci de protection des salariés, de respecter une procédure très stricte. La possibilité conférée à l'employeur de procéder à des licenciements pour motif économique n'est pas vraiment un droit nouveau, né avec la réforme économique libérale engagée à la fin des années 90. Néanmoins, l'intérêt pour l'application de ce régime est bien un phénomène nouveau du fait de l'ampleur de la crise économique et des mesures de politique libérale décidées sous l'injonction des IFI.

A l'origine, le législateur de 1952 admettait, lui aussi, les licenciements pour motif économique. Mais, il n'avait rien prévu pour organiser de tels licenciements et l'on appliquait les règles du droit commun en la matière, à savoir que les licenciements étaient légitimes dés lors qu'ils étaient motivés par l'intérêt de l'entreprise. Aussi, par souci de protection, il avait une conception restrictive et

---

548 *Cf.* not. Supiot, A., Le droit du travail bradé sur le « marché des normes », *Dr. soc.* 2005, p. 1087 ; De Quenaudon, R., La doctrine « progressiste » : une lecture du droit du travail en crise, *D.* 2005 p. 1736 ; Lyon-Caen, G., Permanence et renouvellement du droit du travail dans une économie globalisée, *Dr. ouvr.*, 2004, p. 49 ; Jeammaud, A., Le droit du travail en changement. Essai de mesure, *Dr. soc.* 1998, p. 211.

549 *Cf.* not. Audinet, J., Le licenciement du salarié en droit comparé, *RIT*, Vol. 18, n°2, 1966, pp. 365-391.

n'admettait que les licenciements pour « raison économique ». Tout en conservant l'exigence du motif, le Code de 2006 adopte une conception extensive du motif économique de licenciement (**A**). Par ailleurs, les règles procédurales connaissent avec le Code de 2006 un changement important : l'autorisation administrative que l'employeur devait obtenir de l'inspection du travail, pour pouvoir procéder à des licenciements économiques est supprimée pour promouvoir l'autonomie des dirigeants d'entreprise[550] (**B**). Enfin, le législateur de 2006, se montrant sensible aux intérêts des entreprises, a admis que la maladie prolongée entraînant l'incapacité totale au travail puisse être un motif légitime de rupture du contrat de travail (**C**).

A- L'extension de la notion de licenciement économique

Un auteur a pu dire sur la notion de motif économique de licenciement qu'elle était « la moins claire qui soit »[551]. Bien que le législateur de 2006 ait défini le licenciement économique la première fois[552], cette notion reste difficile à appréhender. Nous tenterons donc d'apporter des éclaircissements à cette matière largement décrite par

---

[550] Et non pas pour ouvrir la voie au contrôle du juge. En France, la suppression de l'autorisation administrative des licenciements pour motif économique en 1986 a conduit à s'interroger sur l'étendue du contrôle que les juges allaient exercer sur la cause économique invoquée par l'employeur : « jusqu'où peut aller ce contrôle si les juges ont le souci de respecter le pouvoir de direction des chefs d'entreprises et, donc, celui de ne pas substituer, en matière de gestion d'entreprise, leur appréciation à celle de ces derniers? » (*Cf.* Pélissier, J., La cause économique du licenciement, chronique, *RJS* 8-9/92, p. 527).

[551] *Cf.* Ollier, P. Le contrôle du motif économique de licenciement, *Dr. soc.* 1978, p. 35.

[552] Le Code de 1952 ne contenait pas de disposition sur le licenciement pour motif économique. Ce vide juridique était partiellement comblé par la jurisprudence et les conventions collectives.

la doctrine[553] en définissant les critères du motif économique (**1**), puis en examinant son champ d'application (**2**).

1-Les critères du motif économique

L'article 48-4 du Code du travail définit le motif économique comme « la suppression ou la transformation substantielle du poste de travail occupé par le salarié pour des raisons tenant soit aux changements technologiques, soit à l'organisation, aux difficultés économiques ou à la fermeture de l'entreprise ». De cette définition, il ressort en premier lieu que le licenciement pour motif économique est celui non inhérent à la personne du travailleur, c'est-à-dire celui qui ne résulte pas d'une faute du travailleur ou de son insuffisance professionnelle. C'est parce qu'il n'est pas inhérent à la personne du travailleur que l'article 53 du Code du travail prévoit que « le travailleur licencié pour un motif économique conserve pendant une année la priorité d'embauche dans l'entreprise ». Mais toute rupture non inhérente à la personne du travailleur n'est pas un licenciement pour motif économique : la force majeure n'entre pas dans cette définition parce qu'il y rupture et non licenciement[554].

Pour avoir le caractère économique, le licenciement doit, en second lieu, être consécutif à des changements technologiques (automatisation des chaînes de production), soit à des restructurations internes[555], soit à des difficultés économiques (baisse de production, difficultés d'approvisionnement ou d'écoulement). Le motif économique est donc celui tenant à la volonté de l'employeur

---

[553] *Cf.* not. Pélissier J., La cause économique dans la loi votée le 19 décembre 2001 en dernière lecture à l'Assemblée nationale, *Dr. ouvr.* 2002, p. 145 ; Waquet, Ph., La cause économique du licenciement, *Dr. soc.* 2000, p. 168 ; du même auteur, Le licenciement économique dans la loi de modernisation sociale, *Dr. soc.* 2002, p. 265.

[554] La faillite et la liquidation judiciaire ne sont pas considérées comme des cas de force majeure par la loi de sorte que l'employeur est contraint dans ces deux cas à respecter la procédure de licenciement économique (Tribunal du travail Djibouti du 30 janvier 2007, inédit).

[555] Il faut ici rappeler que la modification de la situation juridique de l'employeur ne doit pas entraîner une rupture des contrats de travail conformément à l'article 62 du Code du travail de 2006 (reprise de l'article 46 du Code de 1952).

de réorganiser ou restructurer son entreprise, suite à des difficultés économiques, à des changements technologiques ou pour de simples raisons d'efficacité. On ne manquera pas de souligner la nouvelle interprétation extensive qu'opère le législateur de 2006 du motif économique. L'employeur peut, ainsi, décider de réorganiser son entreprise sans que cette dernière connaisse des difficultés économiques, simplement pour accroître les bénéfices d'une activité qui est loin d'être déficitaire ; c'est ainsi par exemple qu'un employeur peut licencier des salariés ayant une certaine ancienneté, pour ne pas payer des salaires trop élevés, et les remplacer en embauchant de nouveaux salariés sous couvert de fausse transformation de poste[556]. Le législateur de 1952 n'admettait pas ces opportunités de licenciements économiques. Il avait une conception restrictive du motif économique de sorte que seule l'existence de difficultés économiques et financières pouvait justifier le licenciement économique.

L'employeur a donc le droit de procéder à des licenciements économiques en vertu de son pouvoir de direction de l'entreprise. Il peut donc par suite, procéder soit à des suppressions d'emplois, soit à des transformations d'emplois, soit à des modifications d'emploi. Dans ce dernier cas (modification de contrat), le travailleur qui refuserait la modification de son contrat peut être licencié pour motif économique dans l'hypothèse où la modification est substantielle[557].

---

[556] Cour suprême de Djibouti du 15 juin 2008 (inédit) : Un employeur avait été accusé sans succès de manœuvres frauduleuses visant à liquider à un moindre coût ses plus anciens employés.

[557] Pour établir le caractère substantielle ou non d'une modification du contrat de travail émanant de l'employeur au sens de l'article 63 du Code du travail, il est nécessaire de se reporter à l'intention des parties lors de la conclusion du contrat. Est substantielle toute condition sans l'assurance de laquelle le travailleur n'aurait pas contracté. Il s'agit bien entendu d'une appréciation de fait des juges du fond (*Cf.* Kirsch, M., La modification du contrat proposé par l'employeur ou par le travailleur, *TPOM*, n° 947, 2005, p. 44).

2- Un champ d'application élargi

La procédure des articles s'applique à tous les travailleurs quelques soient leurs catégories d'emplois, aux contrats en cours comme aux contrats suspendus. Mais quelques questions restent sans réponse à cette heure.

La première question est de savoir jusqu'à quel point la procédure du licenciement pour motif économique s'applique au licenciement d'un seul salarié ? Le libellé des articles réglementant la procédure de licenciement pour motif économique n'est pas clair sur ce point. L'employeur doit respecter la procédure prévue car le but de cette procédure est de l'amener à discuter avec les représentants du personnel pour rechercher une solution autre que le licenciement ou de permettre le contrôle de la réalité du motif, afin d'éviter que par exemple l'invocation d'une réorganisation sous le couvert d'une fausse réorganisation ne cache la volonté d'exclure ou simplement un choix arbitraire. Mais l'employeur doit-il soumettre le seul cas d'un travailleur aux différentes phases de la procédure décrite par les articles 50 et 51 du Code du travail qui prévoient l'obligation d'informer l'inspecteur du travail et la consultation des délégués du personnel. La réponse ne peut être que nuancée : la phase d'information et de consultation de l'inspecteur du travail et des délégués doit être respectée, mais le licenciement d'un seul travailleur ne requiert pas une procédure d'établissement de liste.

La deuxième question est de savoir si les titulaires de contrat à durée déterminée (CDD) sont concernés. La question se pose d'autant plus que l'article 46 indique qu'il peut être mis fin avant terme à un CDD qu'en cas d'accord écrit entre les parties, de force majeure, de faute lourde et de difficultés économiques et financières ou encore technique, signalées par écrit à l'Inspection du Travail, dans le cadre des dispositions prévues à l'article 41 alinéa 15 du Code du travail. Ces dernières font référence au cas de force majeure résultant de catastrophes naturelles qui ont pour effet d'empêcher l'une des parties d'accomplir ses obligations pendant une durée maximum de trois mois. On ne manquera pas de souligner la redondance législative inhérente à la double référence à la notion de force majeure et la mauvaise qualité rédactionnelle des derniers alinéas de l'article 41. Ces éléments font en réalité présumer une erreur de rédaction et nous conduisent à penser que le législateur entendait viser, selon toute vraisemblance, l'alinéa 18 en lieu et place de l'alinéa 15 de l'article 41. L'alinéa 18 de l'article 41, de par son libellé, concorde avec l'article 46 du Code travail et fait référence au chômage technique[558]. Toujours est-il que le signalement par écrit des difficultés économiques et financières doit être fait antérieurement au prononcé de la rupture anticipée sous peine de dommages et intérêts, sans préjudice de toutes autres indemnités. Cet aspect contraignant de la procédure présente des similitudes avec la procédure relative au licenciement économique des articles 50 et 51 du Code du travail de sorte qu'il est permis de soutenir que si le législateur a dû expressément soumettre ce type de rupture anticipée de CDD à une procédure d'information des autorités administratives, c'est qu'il tenait ladite rupture pour un véritable licenciement. La rupture avant terme d'un CDD pour difficultés économiques et financières pourrait s'apparenter, dans ces conditions, à un licenciement pour motif économique.

La troisième question concerne le licenciement économique des délégués du personnel. Le Code du travail ne vise pas expressément cette hypothèse. Cette omission législative conduit certains employeurs à écarter la nécessité de respecter les formalités protectrices du délégué du personnel étant donné que la procédure de licenciement économique a été respectée[559]. Le problème s'est posé devant la Cour suprême de Djibouti à propos de l'autorisation administrative de licenciement d'un délégué du personnel dans le cadre d'une procédure de licenciement économique. La Cour a estimé que si les salariés protégés sont associés à cette cessation de relation

---

558 L'alinéa 18 du Code du travail dispose que le contrat de travail est suspendu « en cas de difficultés économiques et financières, ou techniques, signalées, par écrit, à l'Inspection du travail. En tout état de cause, cette suspension appelée chômage technique ne peut l'être que pour une durée déterminée n'excédant pas trois mois renouvelable une seule fois. A l'expiration de ce délai, l'employeur doit décider de licencier ou de reprendre les intéressés. Il informe directement l'Inspecteur de sa décision finale»

559 A quoi bon informer deux fois l'autorité administrative en requérant son autorisation de licencier un délégué du personnel lorsque celle-ci et le délégué du personnel concerné ont été associés à la mise en œuvre du projet de licenciement projeté ?

professionnelle, il doit leur être appliqué les mesures protectrices particulières les concernant[560].

La dernière question concerne le salarié menacé de perdre son emploi pour des raisons économiques et qui trouve avantage à conclure avec l'employeur une résiliation à l'amiable. Cette solution ou pratique échappe aussi bien au droit de la démission qu'à celui du licenciement. Elle est désignée par l'expression de « départ négocié »[561] et ne fait pas partie des prévisions du législateur. Lorsque la rupture du contrat de travail intervient du fait du commun accord des parties, elle ouvre droit pour le salarié, à la charge de l'employeur, au versement d'une indemnité supérieure au montant de l'indemnité légale qu'il aurait perçue s'il avait été licencié. Mais, il convient de relever que la loi n'est pas intervenue pour encadrer cet acte de rupture[562]. La mise en œuvre de cet acte de rupture peut se

---

[560] Cour suprême Djibouti 29 janvier 2006 (inédit).

[561] Le départ volontaire s'entend, au sens strict, « d'un mode de rupture original du contrat de travail qui survient par résiliation amiable, quel qu'en soit le motif (personnel ou économique). Il est ce « contrat à l'envers » qui, en termes de l'article 1134 alinéa 2 du Code civil, aboutit à la révocation par consentement mutuel d'une convention revêtue de force obligatoire » (*Cf.* not. Morvan, P., Libérer le départ volontaire pour motif économique, *Dr. soc.* 2005, p. 59). La rupture négocié doit être différenciée de la transaction régie par l'article 2044 du Code civil. Selon cet article, la transaction est un contrat par lequel les parties terminent une contestation née ou préviennent une contestation à naître. La transaction contrairement à la rupture amiable est un acte conclu consécutivement à une rupture du contrat de travail et qui met fin par des concessions réciproques à toute contestation née ou à naître résultant de la rupture. Il est parfois difficile de distinguer les deux actes. Un critère chronologique peut donc servir de fil conducteur. Si celui-ci est insuffisant, un auteur propose de prendre en considération l'objet de la convention signée par les parties et distinguer s'il porte sur la rupture elle-même ou sur les conséquences d'une rupture. De ce fait, une transaction ne peut être conclue qu'une fois la rupture devenue définitive, c'est-à-dire après réception de la lettre de licenciement (*Cf.* Califano, M., Transaction et résiliation amiable: un consensualisme renaissant, *Dr. Ouvr.* 1989, p. 419)

[562] La rupture amiable du contrat de travail, tout comme la résiliation judiciaire, est prévue expressément pour les contrats à durée déterminée. Aux termes des dispositions de l'article 46 du Code du travail djiboutien, « Le contrat de travail à durée déterminée peut être rompu avant l'échéance du terme: 1) pour faute lourde, telle que définie à l'article 59 du présent

faire en suivant deux types de démarches. Dans un premier cas, la résiliation et les indemnités auxquelles elle ouvre droit, figure parmi les mesures que l'employeur soumet à l'avis consultatif de l'inspecteur du Travail et à la concertation avec les délégués du personnel. Cette démarche n'exclut pas cependant l'intervention de la volonté individuelle. Il faut que l'accord du salarié concerné soit requis en définitive. Cette démarche s'inscrit donc, dans la procédure légale de licenciement économique et semble, pour cette raison, réduire l'isolement des salariés concernés. Dans un second cas, le recours à la résiliation conventionnelle n'a pas pour source la procédure légale de licenciement. En dehors des règles auxquelles la loi soumet ladite procédure, l'employeur adresse directement aux salariés une offre collective d'indemnité de départ à ceux qui décideraient d'accepter la résiliation conventionnelle de leur contrat de travail. Cette démarche solitaire pourrait être considérée comme étant irrégulière parce qu'elle s'effectuerait sans l'observation de la procédure légale de licenciement[563]. Toutefois, la Cour suprême admette la licéité de ces ruptures mettant un terme à des contrats à durée indéterminée pour des motifs économique ; peu importe que cet accord soit intervenu dans le cadre du premier cas ou dans celui du second[564].

Code ou dans le règlement intérieur de l'entreprise, susceptible, en cas de contestation, d'être appréciée par la juridiction compétente; 2) en cas de force majeure; 3) en cas de difficultés économiques et financière ou encore technique, signalées, par écrit à l'inspection du Travail, dans le cadre des dispositions prévues à l'article 41 alinéa 15; 4) par décision judiciaire; 5) par accord écrit entre les parties (...) » (Cf. Kirsch, M., La rupture du contrat de travail à durée déterminée, *TPOM*, 2010, p. 44).

563 *Cf.* not. Radé, Ch., La résolution amiable du contrat de travail sur la sellette, *D.* 2000, p. 265; du même auteur, L'autonomie du droit du licenciement (brefs propos sur les accords de rupture amiable du contrat de travail et les transactions), *Dr. soc.* 2000, p. 178; Auvergnon, Ph., Voyage périlleux dans la boîte noire de la résolution des différends sociaux en France, *in* « Le règlement amiable des différends sociaux », éd. L'Harmattan, 2007, p. 41.

564 Cour suprême de Djibouti du 15 juin 2008 (inédit). Cette position de la jurisprudence djiboutienne concorde avec la loi française du 25 juin 2008, dite loi de modernisation du marché du travail qui a consacré la licéité de la rupture conventionnelle du contrat de travail à durée indéterminée (*Cf.* not. Radé, Ch., Retour sur une espèce en voie de disparition: la rupture amiable du contrat de travail, *Dr. soc.* 2009, p. 557; Favennec-Héry, F., Un nouveau

B- La suppression de l'autorisation administrative de licenciement

La suppression du contrôle administratif du licenciement est l'un des aspects les plus sensibles et les plus controversés de la réforme du droit du travail de 1997. Le licenciement économique était, en effet soumis, à l'autorisation préalable obligatoire de l'inspecteur du Travail. Le Code de 2006 substitue à cette exigence jugée trop contraignante pour les entreprises, une procédure légère d'information et de consultation (**1**) qui se finalise par la détermination des salariés susceptibles de perdre leur emploi (**2**).

1- La procédure d'information consultation

L'employeur qui prend l'initiative d'un licenciement pour motif économique doit, avant toute décision, informer l'inspecteur du Travail de son projet. Il doit indiquer l'évolution des effectifs de l'entreprise au cours des douze dernières années, les raisons économiques ou techniques précises du projet, le nombre de salariés dont le licenciement est envisagé, les qualifications professionnelles concernées et la période au cours de laquelle les licenciements pourraient être notifiés[565]. L'inspecteur du Travail n'a plus le pouvoir d'autoriser ou de refuser les licenciements économiques, la loi exige seulement de l'employeur la communication à l'inspecteur des informations susmentionnées.

La procédure d'information concerne également les délégués du personnel lorsqu'ils existent dans l'entreprise[566]. L'employeur est

---

droit de la rupture du contrat de travail, *Dr. soc.*, 2008, p. 660; Pélissier, J., Modernisation de la rupture du contrat de travail, *RJS*, 2008, p. 106; Auzero, G., La rupture conventionnelle du contrat de travail: illusion de la sécurisation, *RDT*, 2008, p. 522).

[565] Article 50 du Code du travail.

[566] Les règles procédurales relatives à l'information et à la consultation des représentations du personnel ne sont obligatoires que dans les entreprises employant au moins 50 salariés au sens de l'article 226 du Code du travail. Aucune procédure n'est prévue lorsque l'entreprise emploie moins de 50 salariés, même si le droit de recourir à la compression des effectifs est reconnu à tout employeur quel que soit le nombre de travailleurs employés dans l'entreprise. Autrement dit, les prescriptions légales, qui fixent une

tenu d'adresser aux délégués du personnel les mêmes informations que celles fournies à l'inspecteur du Travail. En outre, il est tenu de les convoquer en vue de recueillir leurs suggestions sur les mesures de licenciement qu'il a l'intention de prendre. L'employeur doit d'une part s'expliquer sur la situation économique et financière susceptibles d'entraîner des suppressions d'emploi, sinon une modification à la baisse des contrats de travail, d'autre part, présenter le projet de licenciement et indiquer le nombre de salariés et les qualifications professionnelles concernées. Les délégués du personnel peuvent, à l'occasion de ces réunions, réagir et s'exprimer sur le projet. L'article 51 du Code du travail précise qu'ils peuvent à ce moment émettre leurs observations et propositions sur le contenu du projet qui leur est soumis.

La loi ne précise pas si ces réunions donnent lieu obligatoirement à l'établissement d'un procès-verbal. De plus, elle n'oblige pas l'employeur à fournir en retour une réponse motivée aux éventuelles remarques et propositions. De telles obligations auraient été pourtant utiles pour contribuer à assurer le sérieux d'un projet pouvant entraîner des conséquences aussi graves que la perte d'emplois et, subsidiairement, en cas de litige, fournir des éléments d'appréciation contradictoires de la validité du projet.

En revanche, la loi enferme l'organisation de ces réunions dans un délai de huit jours[567] à compter de la date de délivrance des informations prévues à l'article 50 du Code du travail. En termes de l'article 51 alinéa 1er, « aucun licenciement économique ne peut être notifiée moins de huit jours après l'accomplissement des formalités prévues à l'article précédent négocié ». Mais que se passe-t-il si l'employeur, après avoir informé les délégués du personnel des mesures de licenciement qu'il entend prendre, ne leur accorde pas le temps suffisant pour formuler leurs suggestions et s'empresse de notifier les licenciements aux travailleurs ? L'employeur ne devrait en principe prendre aucune décision avant l'épuisement de ce délai. Il

---

norme d'effectif ne concernent qu'une partie des obligations de l'employeur relatives à la procédure et non le champ d'application du régime juridique du licenciement économique dans son ensemble.

[567] Ce délai est porté à vingt et un jours lorsque le projet porte sur des licenciements de plus de dix jours (article 51 du Code du travail).

reste que le non-respect de cette disposition n'étant assorti d'aucune sanction, les employeurs ont tendance à la méconnaître. Cette attitude est souvent censurée par les juges du fond qui décident que le non respect du bref délai accordé aux délégués du personnel pour formuler leurs suggestions ôte au licenciement son caractère réel et sérieux au sens de l'article 48 du Code du travail[568].

2- Le choix des salariés susceptibles de perdre leur emploi

Avant que la rupture des contrats de travail n'intervienne, la compression des effectifs pose la question du choix des salariés susceptibles de perdre leur emploi. Ce choix est laissé à la discrétion de l'employeur. Le Code de 2006, à l'instar de celui de 1952, s'est gardé de se prononcer sur la définition des critères d'établissement de la liste des salariés. Une telle omission législative constitue une source de préoccupation pour les représentants du personnel. Ceux-ci craignent que le choix ne s'effectue sur des variables très personnelles et non en fonction de la gravité de la situation qui va être celle des futurs chômeurs.

A l'occasion de chaque opération de compression des effectifs, l'employeur doit recueillir les propositions des délégués du personnel « tendant à éviter les licenciements, en diminuer le nombre ou à en atténuer les effets pour les salariés concernés »[569]. L'atténuation des effets des mesures de licenciement projetées passe concrètement par la définition avec les représentants du personnel des critères permettant de fixer l'ordre des licenciements[570]. Mais, en l'absence de critères légaux contraignants en matière de fixation de l'ordre des licenciements, l'intervention des représentants du personnel se réduit à une simple consultation dont la portée

[568] *Cf.* not. Tribunal du travail Djibouti des 30 janvier 2007, 21 décembre 2011, 5 décembre 2012 (inédits). Dans ces différentes espèces, les juges ont estimé que les règles procédurales des articles 50 et 51 sont d'ordre public, de sorte que leur violation ôte aux licenciements économiques prononcés leur caractère réel et sérieux au sens de l'article 48 du Code du travail.

[569] Article 51 du Code du travail.

[570] *Cf.* not. Jaconot, D., Choix et respect des critères de l'ordre du licenciement, *D.* 1999, p. 46 ; Verkindt, P.-Y., La question de l'ordre des licenciements, *Dr. soc.* 1996, p. 26.

dépendra essentiellement de l'intérêt que l'employeur voudra bien accorder à ses résultats.

En revanche, la convention ou l'accord collectif applicable dans l'entreprise peut déterminer les critères qui devront être pris en compte pour établir la liste nominative de salariés touchés par un licenciement économique. Si tel est le cas, ces règles conventionnelles s'imposeront aussi bien aux représentants du personnel qu'à l'employeur. La question peut être posée cependant, de savoir si dans ces conditions les délégués du personnel doivent être consultés sur les critères du choix, chaque fois que l'employeur décidera d'engager la procédure relative au licenciement économique. Une application stricte des règles procédurales en vigueur exige une réponse affirmative. Mais en tout état de cause, l'avis des représentants du personnel sur les critères ne peut remettre en cause les normes conventionnelles en cette matière, si leur modification ne fait pas l'objet d'un accord entre les parties qui les ont fixées[571].

Les conventions collectives traitant de la question de l'ordre des licenciements énoncent quelques critères à titre indicatif sans les hiérarchiser[572]. Ces textes conventionnels précisent souvent que le choix des salariés susceptibles de perdre leur emploi se fait en fonction de la valeur professionnelle, de l'ancienneté et, dans la mesure possible, de la situation de famille des intéressés. On remarquera que ces critères procèdent essentiellement d'une conception de ce que requiert l'intérêt de l'entreprise. Les critères qui prennent en considération des facteurs sociaux, comme les charges de famille du salarié ou la situation des salariés qui présentent des caractéristiques sociales rendant leur réinsertion professionnelle difficile sont relégués au second plan. Il est permis de penser qu'il

---

[571] Article 255 du Code du travail

[572] En revanche, la convention collective applicable aux agents contractuels de l'Administration publique et aux Etablissements publics de la République de Djibouti dans ses versions anciennes et actuelles hiérarchise les critères de l'ordre de licenciement. Elle classe dans l'ordre hiérarchique la valeur professionnelle, la situation familiale et l'ancienneté du salarié (*Cf.* not. Cour suprême Djibouti du 16 juin 1991 (inédit) : un employeur est condamné après qu'il ait mis un salarié sur la liste des salariés licenciés pour motif économique en violation de l'article 16 de la convention collective du 28 juin 1973 applicable au personnel non fonctionnaire des services de l'Etat).

s'agit ici d'une nouvelle expression du souffle de libéralisme touchant l'encadrement des relations de travail à Djibouti.

Les critères retenus ne sont effectivement mis en œuvre qu'à la date du licenciement lui-même et ne figureront pas sur la lettre de notification afin d'éviter des mésaventures à certains salariés à la recherche d'un emploi. Leur futur employeur serait sans doute déçu de constater que le critère retenu était la valeur professionnelle. Dans cette perspective, le salarié conserve enfin pendant un an une priorité d'embauche dans l'entreprise. Il est tenu de communiquer à son employeur tout changement d'adresse survenu après son départ de l'entreprise. En cas de vacance, l'employeur est tenu d'aviser le travailleur par lettre recommandée avec accusé de réception envoyée à la dernière adresse connue du travailleur ou par tout autre moyen adéquat[573]. Le travailleur doit se présenter à l'entreprise ou à l'établissement dans un délai maximum de huit jours suivant la date de réception de la lettre. Bien que la loi ne prévoie l'information du travailleur qu'en cas de vacance d'emploi, on peut considérer que sa priorité de réembauchage peut s'exercer sur un nouvel emploi crée comme sur un nouvel emploi devenu vacant. Peu importe que cette vacance soit provisoire[574] ou définitive (décès, licenciement, départ à la retraite).

Il doit s'agir logiquement d'un emploi de même catégorie, c'est-à-dire identique, similaire ou équivalent même si le législateur n'a pas jugé opportun de préciser ce point. Certaines conventions collectives précisent que le travailleur prioritaire doit posséder les capacités professionnelles correspondant aux emplois vacants[575]. Si

---

[573] Le législateur djiboutien conscient des difficultés de distribution de courrier liées à l'absence totale d'un système d'adressage précis a voulu renforcer par la mention « tout autre moyen adéquat » les possibilités d'entrée en contact avec le salarié prioritaire.

[574] Congés maladie…mais dans ce cas, il nous semble que le travailleur ne peut exiger de l'employeur de pourvoir ces emplois ; il ne peut exercer son droit de priorité que si l'employeur se propose de remplacer le travailleur provisoirement absent. En outre, le contrat qu'il passe avec le bénéficiaire de la priorité ne peut être qu'à durée déterminée.

[575] *Cf.* not. Article 15 de la convention collective applicable aux agents contractuels de l'Administration Publique et aux Etablissements Publics de la République de Djibouti.

donc il est certain que le travailleur licencié ne peut prétendre être réembauché sur un emploi identique à celui qu'il occupait avant son licenciement pour motif économique, la question n'est pas réglée de savoir comment s'exerce le droit de priorité au cas où plusieurs travailleurs peuvent prétendre au même emploi ? Faut-il appliquer les critères de l'ordre de licenciements retenus au cours de la procédure légale ou prévus éventuellement par la convention collective, préférer les plus aptes et, en cas d'égalité d'aptitudes professionnelles, les plus anciens ? Dans le silence de la loi, la logique doit conduire à retenir ces critères.

Enfin, on doit observer que le Code du travail reste muet sur les sanctions à appliquer en cas de violation du droit de priorité. De ce fait, il est permis de douter de l'efficacité de ce dispositif destiné en principe à dissuader certains employeurs de licencier les salariés les plus fragilisés ou les moins productifs, pour proposer ultérieurement leurs postes à d'autres[576].

C - L'introduction du licenciement en cas de maladie prolongée du salarié

Les relations de travail ont cette particularité qu'elles naissent d'un contrat à exécution successive, se déployant sur un temps relativement long. Son exécution nécessite une grande disponibilité de la part de travailleurs devant fournir un rendement fixé par l'employeur dans le cadre de l'organisation de son entreprise. Or, plusieurs aléas peuvent venir peser sur l'exécution du contrat de travail et perturber le bon fonctionnement de l'entreprise.

Parmi ces aléas, la maladie du salarié en est un du fait qu'elle entraîne un arrêt de travail plus ou moins prolongé[577]. Bien qu'il soit

---

[576] Cependant, le salarié prioritaire peut se placer sur le terrain de la responsabilité civile en invoquant la faute de l'employeur pour obtenir des dommages et intérêts.

[577] Alain Supiot écrit, à ce propos, que « le droit du travail a aussi pour objet d'opérer la saisine juridique de tous les aléas physiques qui pèsent sur l'accomplissement du travail. Le corps étant l'objet du contrat de travail, tout ce qui l'affecte affecte aussi nécessairement ce contrat : l'âge, le sexe, la

de principe que la maladie n'est qu'une cause de suspension[578] du contrat de travail (**1**), elle peut, dans certains cas, par sa prolongation et le trouble qu'elle apporte au fonctionnement de l'entreprise, devenir une cause légitime de rupture de travail (**2**).

1 - L'effet suspensif de la maladie

Le droit à la protection de l'emploi du salarié malade ou victime d'un accident de travail a toujours été un souci du législateur. En effet, selon l'article 41 du code du travail[579], la maladie ne fait que suspendre l'exécution du contrat; le lien contractuel subsiste entre les parties[580]. Les questions soulevées concernent aussi bien les

---

maternité, la maladie, etc. » (*Cf.* Supiot, A., Critique du droit du travail, PUF, 2ème éd., 2011, p. 72).

578 La suspension s'applique à tout arrêt de travail provoqué par une altération de la santé du salarié. « la préservation et la restauration de la santé apparaissent alors comme des valeurs supérieures aux obligations nées du contrat de travail, elles justifient la suspension (*Cf.* Béraud, J.-M., Maladie et perte d'emploi, *Dr. soc.* 1991, p. 579) ; ou bien même à toute situation dans laquelle « le travailleur est fondé à refuser sa prestation de travail et l'employeur à s'abstenir de fournir du travail » (*Cf.* Rivero J. et Savatier J., Droit du travail, 13ème éd., 1993, p. 471).

579 L'article 41 du Code du travail prévoit la suspension du contrat de travail dans les cas de fermeture de l'établissement par suite du service militaire de l'employeur, de départ sous les drapeaux du travailleur, d'indisponibilité résultant d'un accident du travail ou de maladie professionnelle ou non, de détention préventive du travailleur notamment, de même que dans les cas de grève, de force majeure, de mise à pied et de chômage technique. La liste des causes de suspension serait incomplète si l'on ne mentionnait pas les absences de courte durée, justifiées par un évènement grave et fortuit, intéressant directement le foyer du travailleur, tel que l'incendie de l'habitation, le décès, l'accident ou la maladie du conjoint, d'un ascendant ou descendant vivant avec lui. Nonobstant le décès, ces circonstances entraînant la suspension du contrat de travail sont reconnues à Djibouti, non par la loi mais par les usages et les conventions collectives (*Cf.* not. Visisombat, V., Le contrat individuel de travail dans les nouveaux codes du travail des pays francophones d'Afrique, *RIT*, Vol. 98, n°2, 1968, pp. 137-157).

580 Garantir l'emploi des actifs, à défaut de le créer et d'en garantir l'obtention à tous les citoyens, est l'objectif minimal que doit atteindre la législation du travail. Ainsi que l'écrit un auteur : « les Constitutions en sont venues parfois à proclamer le plein emploi, certaines reconnaissant "un droit au travail",

conditions de mise en œuvre de la suspension que ses effets. D'après l'article 41 précité, l'emploi d'un salarié dont le contrat de travail est suspendu du fait de la maladie qui l'affecte est prohibé. C'est le même régime qui s'applique, sans aucune distinction entre d'une part, les maladies et les accidents « ordinaires », et, d'autre part, les maladies professionnelles et les accidents de travail, même si la législation les consacre comme deux branches distinctes du droit de la Sécurité sociale avec des différences réglementaires sur certains points.

Afin de bénéficier du droit à suspension du contrat, le salarié atteint d'une maladie est tenu d'informer son employeur du motif de son absence et d'attester son incapacité de fournir la prestation habituelle. L'obligation de faire parvenir à l'employeur un exemplaire de la prescription d'arrêt de travail est issue expressément de la réglementation relative à la Sécurité sociale[581]. Mais ce sont des dispositions du règlement intérieur d'entreprise ou d'établissement qui, le plus souvent, précisent les modalités et les délais à respecter. Ce dernier est généralement calqué sur celui de la déclaration d'arrêt de travail pour accident de travail ou maladie professionnelle que doit effectuer l'employeur à la Caisse Nationale de Sécurité Sociale (CNSS), fixé à quarante-huit heures[582]. La Cour suprême a eu l'occasion de juger qu'en cas de rupture de la relation de travail pour abandon de poste, le salarié ne peut faire valoir devant le juge, à

---

mais c'est là un objectif que doit atteindre le système économique et non pas la réglementation du travail; celle-ci n'est conçue que pour les actifs et n'est que potentiellement applicable à tous » (*Cf.* Auvergnon, Ph., Changements économiques, crise de l'emploi et avenir du droit du travail, Université d'Oran, Faculté de droit, éd. EDIK, 2001, p. 23).

581 Sur les liens entre les deux branches du droit social: Supiot, A., L'avenir d'un vieux couple: travail et sécurité sociale, *Dr. soc.* 1995, p. 823; Barthélémy, J., Peut-on dissocier le droit du travail et le droit de la sécurité sociale ? *Dr. soc.* 2007, p. 787.

582 Article 135-1 du Code du travail. Cependant, quand il s'agit d'accidents de travail et de maladies professionnelles, la législation n'impose pas le délai de quarante huit heures au travailleurs et à ses ayant droits. Ceux-ci peuvent effectuer, en cas de défaillance de l'employeur, la déclaration jusqu'à l'expiration de la deuxième année suivant la date de l'accident ou de la première constatation médicale de la maladie professionnelle (135-2 du Code du travail).

l'appui de sa contestation de son licenciement, des certificats médicaux qu'il n'aurait pas portés à la connaissance de son employeur dans les délais prévus par le règlement intérieur[583].

Le problème que les gérants du personnel soulèvent généralement, lorsqu'il s'agit de la maladie ou d'accident ordinaire, est celui du contrôle de la prescription des arrêts de travail par un médecin que l'employeur lui-même désignerait. Ceci s'explique par l'absentéisme chronique couvert par des certificats médicaux de complaisance délivrés par des médecins "compréhensifs"[584]. Sur ce point particulier, en l'absence de précision légale, les employeurs trouvent appui sur des dispositions conventionnelles. Celles-ci peuvent prévoir en effet la faculté pour l'employeur de faire « contre-visiter » par un médecin de son choix le travailleur malade[585]. Il resterait cependant à définir légalement les modalités d'un tel contrôle alors que le travailleur est en congé de maladie et que la relation de travail est, de ce fait, suspendue. En revanche, concernant les accidents et maladies professionnels, le médecin du travail au service de l'entreprise n'est pas habilité, en cas de contentieux, à vérifier le bien-fondé des absences pour cause de maladie ou d'accident[586].

---

583 *Cf.* not. Cour suprême de Djibouti du 19 mars 2000 (inédit).Toutefois, il a été jugé que l'obligation d'informer l'employeur pouvait être supplée par la connaissance certaine que celui-ci possède de la maladie du salarié (Tribunal du travail de Djibouti, 23 mai 1970, *TPOM*, 1971, n° 298, p. 6603).

584 Lorsqu'il ne s'agit pas, et c'est plus grave, de faux obtenus avec la complicité de membres de la famille ou d'amis travaillant dans des établissements de santé. Sur la base de ce constat préoccupant, le ministre de la Santé a pris une note de service, prenant effet à partir du 31 janvier 2012. Celle-ci impose à son personnel, la validation par des médecins nommément désignés de tout certificat médical prescrivant un congé de plus de six jours (Note de service n° 106/MS/2012).

585 Cour suprême de Djibouti du 19 mai 1996 (inédit) : annulation d'une décision de licenciement pour abandon de poste après que l'employeur n'ait pas usé de sa faculté en vertu de l'article 9 de la convention collective de commerce, bâtiment et commerce c'est-à-dire celle de faire « contre-visiter » par un médecin de son choix le travailleur malade pendant son indisponibilité.

586 Article 40 du décret du 24 février 1957 sur la réparation des accidents du travail et des maladies professionnelles dans les territoires d'outre-mer (*JO CFS* du 30 septembre 1957, p. 392).

La durée pendant laquelle le contrat est suspendu du fait de la maladie ou de l'accident, est au moins égale à la période durant laquelle le salarié bénéficie des indemnités servies par la Sécurité sociale. Néanmoins, une limite légale est prévue au-delà duquel l'employeur peut envisager la rupture du contrat après épuisement de toutes les solutions alternatives. Ainsi, lorsque la maladie se prolonge et que l'employeur estime nécessaire d'assurer son remplacement, il peut recruter un autre travailleur en recourant au contrat à durée déterminée, comme l'y autorise les dispositions de l'article 12 du Code du travail. Dans la pratique, lorsqu'en raison de la maladie du salarié ses absences sont répétées fréquemment, il se pose à l'employeur un sérieux problème de gestion du personnel, sans que le contrat de travail, en l'état actuel du droit, puisse être rompu.

Pendant la période de maladie, le salarié est censé être dans l'impossibilité de fournir à son employeur sa prestation habituelle. Il doit donc s'abstenir de tout comportement incompatible avec son état déclaré. Il serait fautif s'il profitait d'un certificat médical de complaisance pour travailler à son compte. Mais c'est à l'employeur de prouver cette faute ou ce comportement déloyal qui interviendrait durant le temps de suspension du contrat de travail[587].

Le salarié absent pour maladie non professionnelle ne pouvant plus fournir les services, l'employeur n'est plus redevable du salaire, en vertu des dispositions légales qui établissent la corrélation du travail avec la rémunération[588]. Mais le Code du travail a prévu un régime indemnitaire financé par l'employeur que certaines des conventions collectives nationales ou d'entreprises ont amélioré[589]. Cette indemnité est calculée en fonction de l'ancienneté

---

[587] *Cf.* Pélissier, J., Auzero, G., Dockès, E., *op. cit.*, pp. 368-369.

[588] Article 7 du Code du travail.

[589] Suivant la lettre de l'article 254-3 du Code du travail qui autorise les dérogations aux lois et règlements dans un sens favorable aux salariés, la convention d'établissement des personnels civils des Forces françaises stationnées à Djibouti améliore par exemple le contenu des droits des travailleurs malades ou accidentés du travail. Celle-ci affirme qu' « en cas d'absence pour maladie non imputable au travail, accident du travail ou maladie professionnelle, le travailleur conserve le bénéfice de son salaire entier pendant une durée correspondant à celle du préavis. En cas

du salarié et est soumise à un plafond[590]. En revanche, en cas de suspension du contrat de travail pour maladie professionnelle ou accident de travail, le travailleur, en sa qualité d'assuré, bénéficie d'une garantie de ressources et reçoit de la Caisse Nationale de Sécurité Sociale une indemnité journalière plafonnée[591]. En effet, le droit de la Sécurité sociale prévoit que l'indemnité journalière est payée pendant toute la période d'incapacité, jusqu'à la consolidation de la blessure ou la guérison complète dans une limite maximale de douze mois[592].Enfin, pour la détermination de la durée du congé annuel, les périodes d'absence pour maladie (ordinaire ou professionnelle) et accidents de travail sont considérés comme période de travail effectif[593].

---

d'affection de longue durée non imputable au service, cette durée est prolongée de deux mois, puis le travailleur bénéficie de la moitié de son salaire pendant les six mois suivants. La durée des périodes d'indemnisation au cours d'une année civile ne saurait dépasser au total neuf mois » (article 16.5).

590 L'article 43 du Code du travail dispose prévoit « S'il a moins de douze mois consécutifs de service, la moitié du traitement pendant la durée du préavis prévu à l'article 56 ; s'il a plus de douze mois et moins de cinq ans consécutifs de service, la moitié du traitement pendant trois mois ; s'il a plus de cinq ans d'ancienneté, la moitié du traitement pendant neuf mois ».

591 Article 104 de la loi portant codification du fonctionnement de l'OPS et du régime général de retraite des travailleurs du 31 janvier 2002.

592 Le droit de la Fonction publique opère lui aussi un traitement différencié des affections d'origine professionnelle ou non mais accorde des durées de congé maladie et des indemnisations beaucoup plus avantageuses. L'article 41 de la loi portant statut général des fonctionnaires prévoit que le fonctionnaire a droit à des congés de longue durée en cas de tuberculose, maladie mentale, affection cancéreuse, lépreuse poliomyélitique d'un maximum de cinq ans, ou d'une durée de huit ans lorsque la maladie est contractée dans l'exercice ou à l'occasion de l'exercice de ses fonctions. Concernant l'indemnisation, le fonctionnaire se trouvant dans le premier cas conserve, pendant les trois premières années, l'intégralité de son traitement et la totalité de ses droits aux prestations familiales. Pendant les deux années qui suivent, il subit une retenue de moitié sur son traitement mais conserve la totalité de ses prestations familiales. Toutefois, si le fonctionnaire se trouvant dans le second cas, les délais ci-dessus sont portés respectivement à cinq et trois années (*Cf.* article 10 du décret du 10 septembre 1983 fixant les régimes de congés et absences des fonctionnaires).

593 Article 42 du Code du travail.

2- L'effet de résiliation de la maladie

Au terme de la suspension, la question du retour du salarié doit être examinée selon trois hypothèses. Dans la première, les conséquences de la maladie ou de l'accident n'ont pas affecté l'aptitude du salarié à fournir sa prestation de travail ordinaire. Aux termes de l'article 44 alinéa 1er, l'employeur est tenu de le réintégrer au poste de travail qu'il occupait antérieurement à la suspension. Cette hypothèse était la seule à être envisagée par le Code de 1952[594]. Les deux hypothèses suivantes ont été introduites par le législateur de 2006[595].

Dans la deuxième hypothèse, les examens médicaux de reprise concluent que le salarié est inapte à reprendre son emploi dans les conditions antérieures à la période de suspension, sans que son incapacité de travail ne soit entière. L'employeur est alors tenu, en principe, de prendre en considération l'avis du médecin. Cet avis a pour objectif de proposer éventuellement des adaptations de poste de travail ou de rechercher les postes qui, du point de vue médical, seraient compatibles avec les nouvelles capacités du travailleur[596]. Ainsi, il pèse sur l'employeur une obligation de reclassement du travailleur[597], lorsqu' à la suite d'une maladie ou d'un accident, ses capacités sont diminuées physiquement et mentalement et affectent définitivement, après guérison ou consolidation, sa capacité à occuper son emploi d'origine. La question reste cependant entière de savoir quelles sont les conséquences en droit, lorsque l'employeur est dans l'impossibilité de proposer un poste adapté. Si l'employeur est de bonne foi et justifie l'impossibilité de proposer un emploi adapté à son état, faut-il considérer que la rupture du contrat de travail

---

594 Article 47 du Code de 1952.

595 Le législateur de 1952 est resté peu disert quant aux conséquences possibles de la maladie sur le contrat de travail (*Cf.* Anonyme, Code du travail des TOM, *op. cit.*, p.101 ; Chauleur, P., *op. cit.*, p. 249 ; Kirsch, M., La maladie et le contrat de travail, *Industries et travaux d'outre-mer*, 1962, p. 13).

596 Article 44 du Code du travail.

597 *Cf.* not. Lardy-Pélissier, B., L'obligation de reclassement, *D.* 1998 chron. 399 ; Heas, F., Les obligations de reclassement en droit du travail, *Dr. soc.* 1999, p. 504 ; Couturier, G., Vers un droit du reclassement, *Dr. soc.* 1999, p. 497 ; Pélissier J., Le lien d'emploi, Mélanges Yves Serra, Dalloz, 2006, p. 337 et s.

s'impose ? Cette perspective n'est nullement envisagée par la loi qui ne prévoit la rupture du contrat de travail que dans le cas d'une incapacité totale du travailleur suite à une maladie ou un accident[598].

Dans la troisième hypothèse, le salarié est reconnu inapte à reprendre son emploi ou tout emploi, en raison d'une incapacité totale et définitive dûment constatée par un médecin agrée. Dans ces conditions, la suspension se solde nécessairement par la rupture du contrat de travail, en raison de l'inaptitude du travailleur d'exercer toute activité[599]. Le mode de cessation de la relation de travail est tranché par l'article 48 du Code du travail. Celui-ci considère « l'inaptitude à tenir l'emploi » comme constituant en elle-même, un motif régulier de licenciement pour motif personnel. Aussi, l'employeur ne peut pas prendre acte de la rupture du fait de la maladie voire du fait du salarié. Il doit prendre une décision de licenciement sur la base du certificat d'inaptitude fourni par le médecin agrée[600].

La loi permet donc désormais à l'employeur de procéder au remplacement[601] du travailleur après lui avoir signifié son licenciement si, à l'expiration du délai de suspension prévu par la loi, celui-ci se trouve dans l'incapacité totale de reprendre son travail. La question de savoir si l'employeur doit attendre l'expiration du délai

598 Quid si le salarié diminué physiquement et mentalement refuse le poste de reclassement qui lui est proposé ? Ce refus abusif constitue t-il une faute lourde entraînant la privation de l'indemnité de licenciement ? Les juges n'ont pas eu l'occasion de répondre à cette question. Logiquement, la réponse devrait être positive: le refus abusif constitue une faute d'insubordination et répond *a priori* donc à la définition de la faute lourde au sens de l'article 59 du Code du travail.

599 Article 44 du Code du travail.

600 L'article 48-3 du Code du travail précise que « le motif du licenciement peut tenir à la personne du salarié, par exemple son état de santé, son inaptitude à tenir l'emploi, son insuffisance professionnelle ou sa conduite fautive. Le licenciement est alors qualifiée de licenciement pour motif personnel».

601 La loi ne l'oblige pas à procéder au remplacement du travailleur déclaré inapte. Le contrat de travail du salarié malade prend fin après le délai de suspension : soit par son remplacement, soit sans remplacement, par son inaptitude reconnue médicalement à reprendre son emploi ou par la suppression de cet emploi.

légal ou conventionnel pour licencier le salarié alors que ce dernier est reconnu inapte avant l'expiration de ce délai n'est en revanche pas réglée par la loi. Quant à la Cour suprême, elle considère comme abusif tout licenciement prononcé pendant la période de garantie d'emploi et, ce, quel que soit l'état physique ou mental du travailleur[602].

Lorsque le licenciement est prononcé à la suite d'une inaptitude, le salarié ne peut pas prétendre à l'indemnité compensatrice de préavis, faute pour lui d'être en mesure de travailler pendant le préavis. En revanche, n'ayant commis aucune faute, le salarié conserve le bénéfice des indemnités de licenciement et de congés payés.

Le droit de la Sécurité sociale permet, sous certaines conditions, au travailleur déclaré totalement inapte à l'exercice d'une activité professionnelle, de solliciter anticipativement l'exercice de ses droits à la retraite et d'échapper ainsi aux affres du chômage. Le régime juridique de la retraite anticipée est réglementé par la loi du 21 janvier 2002 portant codification du fonctionnement de l'OPS et du régime général de retraite des travailleurs salariés. La mise à la retraite constitue un droit particulier auquel peut prétendre tout travailleur affilié à la CNSS et atteint d'une usure prématurée de ses facultés physiques ou mentales dûment constatée par le médecin, le rendant inapte à exercer une activité salariée conforme à ses aptitudes. L'intéressé ne peut introduire sa demande qu'à partir de l'âge de 50 ans[603].

Enfin, se pose la question du décès qui n'est pas expressément mentionné par le Code du travail parmi les cas de cessation de la relation de travail. Néanmoins, on retiendra que le décès du salarié entraîne la rupture du contrat en raison du caractère intuitu

---

602 *Cf.* Cour suprême de Djibouti 24 avril 2006 (inédit) :est abusif le licenciement intervenu pendant la période de suspension d'un gardien blessé grièvement au travail avec cécité quasi totale de l'œil droit et enophtalmie.

603 Articles 60 à 71 de la loi du 21 janvier 2002 portant codification du fonctionnement de l'OPS et du régime général de retraite des travailleurs salariés.

personae[604] que la convention revêt à son égard[605]. Par conséquent, les héritiers d'un salarié décédé ne peuvent prétendre obliger l'employeur à utiliser leur service au lieu et place du défunt.

Toutefois, dans la pratique, certains employeurs procèdent souvent au remplacement du salarié décédé par un descendant ou un collatéral. Cette succession salariale ne constitue pas la continuité du contrat primitivement conclu avec le salarié décédé. Il s'agit plutôt d'assurer à l'intéressé ou remplaçant un recrutement prioritaire par la conclusion d'un nouveau contrat de travail[606].On relèvera cependant que le décès du salarié ne met pas fin à tout lien juridique entre l'entreprise et la famille du défunt. Plusieurs conventions collectives prévoient le versement d'indemnités et capital de décès[607] au profit des ayants droits du salarié défunt.

---

604 Intuitus personae c'est-à-dire en considération de la personne (*Cf.* not. Peano, M.-A., L'intuitus personae dans le contrat de travail, *Dr. soc.* 1995, p. 129 ; Houtcieff, D., Contribution à l'étude de l'intuitus personae, *RTD civ.* 2003, p. 3; Kostic, G., L'intuitus personae dans les contrats de droit privé, Thèse, Droit, Paris V, 1997, 469 p.).

605 En revanche, la solution est différente lorsqu'il s'agit du décès de l'employeur (personne physique) le principe est celui du maintien du contrat de travail. Si, nonobstant le décès de l'employeur, l'activité se poursuit (quelque soit le mode de transmission) il y'a seulement changement de l'employeur (article 62 du Code du travail).

606 Inspirée par des considérations de solidarité religieuse posthume à l'égard des orphelins laissés par le salarié défunt, cette pratique vise à pérenniser le revenu de subsistance que constituait le salaire du défunt et à compenser l'absence d'allocations familiales. Toutefois, quel que soit son bien-fondé moral, ce mode de recrutement peut constituer une entorse au principe d'égalité devant l'emploi.

607 L'article 35 de la nouvelle convention applicable aux agents contractuels de l'Administration publique et aux Etablissements publics de la République de Djibouti dispose qu' « en cas de décès du travailleur suite à un cas d'accident de travail ou de maladie professionnel, le salaire intégral du mois de décès et de congé ainsi que les indemnités de toute nature reviendront de plein droit à ses héritiers. En outre, l'employeur versera aux ayants droit du travailleur, un capital décès d'un montant équivalent à six mois de rémunération d'activité ».

§ 2- La limitation de l'indemnisation du travailleur

Dans un système qui a toujours fait fi de l'indemnisation de la période post-contractuelle[608], la sanction de la rupture abusive constituait pour les salariés le seul moyen d'obtenir quelques avantages financiers leur permettant de survivre le temps de trouver un nouvel emploi. Les juges disposaient d'un pouvoir souverain d'appréciation pour déterminer le montant des dommages et intérêts. Ceci était doublement protecteur pour les travailleurs licenciés. L'imprévisibilité du coût de la réparation constituait un frein aux licenciements prononcés sans réfléchir. Par ailleurs, commandés par le principe civiliste de la réparation intégrale, les juges recherchaient une forme d'équilibre dans les relations contractuelles et les travailleurs étaient imprégnés du sentiment de n'être pas totalement abandonnés lorsqu'ils avaient perdu leur emploi sans faute. Cette solution est délaissée par le législateur en 1997 au profit d'une nouvelle technique consistant à soumettre le calcul des indemnités pour licenciement ne reposant pas sur un motif objectif et sérieux à un barème légal, avec un système de forfait-plafond (**A**).

Par ailleurs, le législateur de 2006 distingue, en droit du licenciement, règles de forme et de fond. Ce faisant, il opère une différenciation entre la sanction frappant l'inobservation des unes ou des autres. Une nouveauté par rapport au Code de 1952 qui, lui, appréciait la régularité de tous les licenciements uniquement par rapport aux conditions de fond. L'inexistence d'un motif légitime constituait le fondement du licenciement abusif sanctionné par les dommages-intérêts et éventuellement les indemnités de licenciement et de préavis. La loi n'envisageait pas le défaut de régularité du licenciement du point de vue de ses conditions de forme[609]. La

---

[608] Il est unanimement admis que la perte d'emploi non suivi de mesures d'accompagnement (l'assurance chômage notamment comme c'est le cas en France) laisse le travailleur en position de précarité face à l'employeur au moment du licenciement. En ce qui concerne l'indemnisation du chômage, le droit positif actuel est d'une grande pauvreté. La République de Djibouti n'a pas ratifié la convention n° 44 de l'OIT de 1934 qui affirme un droit à l'indemnisation pour les salariés involontairement privés d'emploi.

[609]Le Code de 1952 n'était pas trop exigeant lorsqu'il s'agissait de déterminer la conduite que l'employeur désireux de se séparer d'un de ses travailleurs était tenu d'adopter. Bien au contraire, il prônait le principe de la liberté

question est, en revanche, abordée par la législation nouvelle qui opère un traitement singulier de la situation des salariés victimes d'un licenciement irrégulier en la forme dans le sens d'un contingentement de leur indemnisation (**B**).

A- Le plafonnement en l'absence de motif réel et sérieux

Le salarié licencié sans cause réelle et sérieuse[610] a droit à des dommages et intérêts[611]. Elle ne se confond ni avec l'indemnité de préavis, ni avec l'indemnité de licenciement[612]. En conséquence, elle peut s'ajouter à ces indemnités. A l'instar de l'indemnité de préavis,

---

dans le choix des formes de rupture du contrat de travail. Par conséquent, l'employeur qui envisageait de licencier un salarié pouvait verbalement informer celui-ci de sa décision sans encourir le risque de tomber sous le coup du licenciement irrégulier ou abusif. Toutefois, le travailleur congédié verbalement avait la possibilité d'obtenir de son employeur, qu'il lui confirmât par écrit sa décision de licenciement (article 38 du Code de 1952)

610 L'article 19 de la loi portant aménagement du Code de 1952 parle de motif objectif et sérieux, l'article 48 du Code de 2006, parle, lui, de cause réelle et sérieuse.

611 La sanction de la rupture abusive vaut aussi, en principe, pour la démission abusive du travailleur. Celui peut également avoir à payer des dommages et intérêts à l'employeur qui aurait subi un préjudice en raison de l'inexécution du contrat. Mais l'hypothèse de la démission abusive ne concerne que la démission sans préavis, ce qui limite en réalité les dommages et intérêts à l'indemnité représentative du préavis sauf si l'employeur peut prouver un autre préjudice subi. La démission du travailleur ne semble pas soumise à une condition de fond et, en tout état de cause, même si la raison peut être illégale (démission en raison du changement de religion ou d'appartenance ethnique ou politique de l'employeur), il ne lui est pas exigé de motiver sa démission. Cela est d'autant vrai depuis la suppression de la responsabilité pour débauchage par la nouvelle législation du travail.

612 Le travailleur devra formuler respectivement à ses divers chefs de demande dés la conciliation, sous peine d'irrecevabilité devant le bureau du jugement (Cour d'appel de Djibouti 2 décembre 2012, (inédit)). Encourt de même la cassation la décision qui les confondrait (Cour suprême de Djibouti 26 avril 1989 (inédit)).

elle a, depuis 1997, un caractère forfaitaire et plafonné. Avant cette date, le plafonnement n'était pas prévu par les règles régissant le droit du licenciement. Il n'était pas admis de remettre en cause le principe de la réparation intégrale du préjudice causé par le licenciement abusif. L'abandon d'un tel principe (**1**) affaiblit la portée comminatoire du droit du licenciement. Certes, le souci du législateur a été manifestement de ne pas contribuer à la fin de l'entreprise en permettant des sanctions d'un montant exorbitant. Mais en se comportant ainsi, il semble prendre part d'une certaine façon à l'ineffectivité du droit du licenciement (**2**).

1 - L'abandon du principe de la réparation intégrale

D'une façon générale, lorsqu'une des parties à un contrat a causé un dommage à son cocontractant du fait d'un comportement fautif, le juge la condamne à verser des dommages et intérêts en activant le principe de la réparation intégrale du dommage. En effet, en vertu de l'article 1149 du Code civil la réparation doit être fixée au regard de l'ampleur du dommage. La somme accordée doit compenser la totalité du préjudice causé par l'inexécution, sans enrichir le créancier[613]. Pour le Professeur Jourdain le créancier d'une obligation non exécutée doit au principal se trouver placé dans la situation qui doit être la sienne si le promettant n'avait pas manqué à son obligation[614].Toutefois, le principe de la réparation intégrale[615]peut être atténué en matière civile par la règle de prévisibilité du dommage de l'article 1150[616]. De plus, certaines

---

[613] *Cf.* not. Flour J., Aubert, J-L., Flour, Y., Savaux, E., Les obligations, T.3, Le rapport d'obligation, Armand Colin, coll. U., 7ème éd., 2011, p. 150 ; Tourneau, Ph. Droit de la responsabilité et des contrats, coll. Action, 8ème éd., 2011, n° 2420 et s. ; Malaurie, Ph., Aynès, L., et Stoffel-Munck, Ph., *op. cit.*, p. 125 et s; Bénabent A., op. cit., p. 461 et s.

[614] Jourdain, P., Responsabilité civile, *RTD Civ.* 1997, p. 662.

[615] *Cf.* not. Coutant-Lapalus. C., Le principe de la réparation intégrale en droit privé, PUAM, 2002, préf. F. Pollaud-Dullian 591 p.

[616] Article 1150 du Code civil : « Le débiteur n'est tenu que des dommages et intérêts qui ont été prévus ou qu'on a pu prévoir lors du contrat, lorsque ce n'est pas par son dol que l'obligation n'est point exécutée ». Sur la limitation de la réparation au dommage prévisible : Bustin, O., Les présomptions de prévisibilité du dommage contractuel, *D.* 2012, chron., p. 238 ; Souleau, I., La

dispositions légales assignent à la réparation un montant maximum. Dans de tels cas, l'indemnisation comporte un plafond qui peut faire obstacle à la mise en œuvre du principe de la réparation intégrale. Ce mécanisme a été également appliqué pour les accidents de la circulation[617] et la plupart des contrats de transport[618].

Jusqu'en 1997, le plafonnement n'était pas autorisé par les règles réglementant la rupture du contrat de travail. Il n'était pas admis de remettre en question le principe de la réparation intégrale du préjudice causé par la rupture abusive. Le Code de 1952 prévoyait que, pour la fixation des dommages et intérêts lorsque la responsabilité incombe à l'employeur, il était tenu compte des usages, de la nature des services, de l'âge du travailleur, et des droits acquis à quelque titre que ce soit[619]. Il appartenait aux juges du fond d'apprécier souverainement le préjudice subi en tenant compte des différents critères de l'article 42 du Code de 1952. Certes, ces éléments d'appréciation du préjudice énoncés par la loi avaient uniquement une valeur indicative. Celle-ci ne faisait pas notamment obligation au juge de les réunir cumulativement pour justifier les dommages et intérêts qu'il allouait. Il avait, y compris, la possibilité de faire appel à d'autres éléments d'appréciation pour fixer le montant des dommages et intérêts. Cette opportunité reposait sur une interprétation conforme à la lettre de l'article 42 du Code de 1952. L'énumération des critères d'évaluation du préjudice n'était pas limitative. Le terme « notamment » utilisé par cet article en faisait foi[620].

---

prévisibilité du dommage contractuel. Défense et illustration de l'article 1150 du Code civil, Thèse Paris II, 1979, 1110 p.

617 Décret du 20 juillet 2000 n° 2000-0204/PR/MEFPCP relatif à l'indemnisation des victimes d'accident corporel de la circulation.

618 Loi du 9 juillet 2000 n° 83/AN/00/4ème L portant statuts des auxiliaires de transport maritime.

619 Article 42-b du Code de 1952.

620 Souvent, les juridictions djiboutiennes ne se donnaient pas la peine d'une évaluation concrète du préjudice faisant apparaitre la base, se contentant de l'expression vague : le tribunal dispose d'éléments suffisants d'appréciation pour estimer le montant des dommages et intérêts alloués (*Cf.* not. Kirsch, M., La rupture du contrat de travail à durée indéterminée, *Revue Juridique et Politique d'Outre-mer*, 1959, p. 617; Durand, P., Note sur la rupture abusive du contrat de travail dans les TOM, *Dr. soc.* 1957, pp. 23-26).

Les juges du fond recouraient donc à d'autres éléments d'appréciation pour fixer le montant des dommages et intérêts, notamment la situation de famille et l'absence d'antécédent professionnel[621], la durée du procès[622], la conjoncture de récession économique, la perte de salaire et le trouble familial engendré par le licenciement[623]. Dans l'ensemble des décisions rendues par les juridictions de fond devant lesquelles les demandes en dommages et intérêts pour licenciement prétendu abusif constituaient la majorité des affaires, les montants alloués étaient très souvent élevés si le salarié était âgé et d'une catégorie professionnelle supérieure, circonstances qui rendent en effet plus difficile de retrouver semblable emploi.

La loi du 27 septembre 1997 portant aménagement du Code de 1952 a adopté une solution radicale pour mettre un terme à cette tendance de la jurisprudence. Elle opère désormais un plafonnement des dommages intérêts en prenant comme unique indice la taille de l'entreprise. Les dispositions de son article 26 prévoient que les dommages et intérêts alloués en cas de licenciement abusif ne peuvent dépasser : deux mois de salaire dans les entreprises pour les salariés occupés dans une entreprise d'une taille inférieure à 11 salariés ; quatre mois de salaire pour les salariés occupés dans une entreprise comptant entre 11 et 49 salariés ; six mois de salaire pour les salariés travaillant dans une entreprise de plus de 49 salariés[624]. Les cours et les tribunaux sont désormais tenus à ne pas dépasser ces plafonds respectifs. Cela implique que le montant des dommages et intérêts peut même être inférieur à ces plafonds. On note néanmoins dans la pratique une tendance à « coller » ledit montant aux plafonds fixés par la loi[625].

Mais, au-delà de ces ajustements jurisprudentiels, cette disposition se révèle être une bizarrerie juridique surtout lorsque l'on intègre dans le système juridique global. En matière de réparation de préjudice, on a vu que le droit commun posait le principe de la

---

621 Cour suprême de Djibouti du 15 décembre 1996 (inédit).
622 Cour suprême de Djibouti du 17 novembre 1996 (inédit).
623 Cour suprême de Djibouti du 17 mars 1996 (inédit).
624 Devenu l'article 55 du Code du travail actuel.
625 Tribunal du travail de Djibouti du 3 janvier 2006 (inédit) ; Cour d'appel de Djibouti du 25 novembre 2012 (inédit).

réparation intégrale. Comment dès lors concevoir que le droit du travail dont la finalité "génétique" est la protection des travailleurs négligée par le droit commun puisse plafonner les dommages et intérêts[626] ? On a tenté d'expliquer cette mesure par le caractère supposément excessif des condamnations prononcées sans égard à l'étendue du préjudice et des capacités financières réelles de l'entreprise. De plus, on a surtout estimé qu'une telle mesure pourrait avoir l'avantage d'inciter les parties à chercher des solutions de compromis en fixant à l'amiable le montant de la réparation, ce qui permettrait d'alléger le contentieux du licenciement devant les tribunaux. En réalité, il nous semble que cette réforme participe de la logique globale de la nouvelle législation du travail qui, sensible à la protection et la promotion de l'intérêt de l'entreprise, se montre indulgente envers l'employeur fautif, au mépris des droits des salariés licenciés.

2- L'affaiblissement de la fonction dissuasive du droit du licenciement

L'article 55 du même Code sanctionne donc l'absence d'une cause réelle et sérieuse par l'allocation de dommages et intérêts plafonnés au profit du travailleur. Désormais, le montant maximum de dommages et intérêts ne peut, selon l'article 55, dépasser en aucun cas six mois de salaire[627]. Si l'introduction du plafonnement peut s'expliquer par ces lourdes condamnations prononcés parfois par des juges penchant du côté des travailleurs, sans rapport avec l'étendue du préjudice et les possibilités réelles de l'entreprise, il n'en reste pas moins qu'il introduit une brèche de taille dans l'édifice mis en place par le législateur de 1952. Une telle technique renforce le droit de

---

[626] Le rôle du droit du travail est la protection du travailleurs contre les excès du pouvoir patronal car, cette finalité humaine demeure essentielle et explique le concept d'ordre social (*Cf.* Jemmaud, A., le pouvoir patronal visé par le droit du travail, *SSL*, 2008, supp. n° 1340, pp. 15-26).

[627] Au paiement de ces dommages et intérêts désormais plafonnés peut se greffer d'autres formes de réparation liées, non pas seulement à la rupture, mais à l'irrespect antérieur de la réglementation. Ainsi, il arrive parfois que l'employeur soit condamné à verser des dommages et intérêts parce que l'employé n'aurait pas reçu à temps son certificat de travail (Tribunal du travail du 24 janvier 2006 (inédit)).

rupture unilatéral de l'employeur, qui peut ainsi à tout moment décider de mettre un terme aux relations de travail sans risquer d'avoir à payer de lourdes indemnités quel que soit le motif de la rupture[628].

Au demeurant, la position du législateur qui prend manifestement partie pour les employeurs, pose « un grave problème de principe, de justice, d'équité et d'éthique »[629]. L'indemnité en cas de licenciement abusif est à la fois une pénalité civile prononcée à l'encontre d'un employeur fautif et une indemnité réparatrice du préjudice causé par l'employeur. La pénalité civile conduirait plutôt à minimum forfaitaire alors que l'indemnité réparatrice justifierait une réparation intégrale. Il est en effet difficile d'admettre un cantonnement de la réparation dans une hypothèse de responsabilité pour faute. C'est du reste cette position de principe qui amène à admettre dans certaines hypothèses de réparation forfaitaire (accident de travail notamment) la possibilité d'un complément de réparation en cas de faute intentionnelle[630].

En outre, il est assez injuste, en tout cas peu équitable, de ne pas réparer le préjudice subi par le salarié, préjudice qui peut être important, par exemple si le salarié vit un chômage prolongé. Sur le plan éthique, faut-il absolument chercher à protéger les intérêts de l'entreprise lorsqu'il est évident que l'employeur ait agit avec une légèreté répréhensible et parfois même dans l'intention de nuire ? Enfin, la non prise en compte de critères comme l'ancienneté par la technique du plafonnement des dommages et intérêts conduit à indemniser de manière quasi semblable des salariés ne se trouvant pas dans la même situation juridique. Comment concevoir que

---

628 En rendant prévisible le coût de la réparation, ce système permet à l'employeur d'intégrer le risque 'responsabilité' dans une logique de coûts et de calculer ainsi le montant maximum des indemnités qu'il serait tenu de verser au salarié. Ce faisant, il risque de multiplier les licenciements fantaisistes ou dépourvus de cause réelle et sérieuse.

629 *Cf.* not. Mbendang Ebongue, J., Libres propos sur la loi n° 92/007 du 14 août 1992 portant Code du travail au Cameroun, *Penant*, n° 820, 1996, p. 48.

630 Article 34 du décret du 24 février 1957 n° 57-245 sur la réparation et la prévention des accidents du travail et des maladies professionnelles dans les territoires d'outre-mer et au Cameroun (*JO CFS* du 30 septembre 1957, p. 392)

l'indemnisation allouée à un travailleur ayant à son actif des années de service dans l'entreprise soit calculée de la même manière que celle d'un travailleur nouvellement recruté ?

En droit français par exemple, en cas de licenciement sans motif réel et sérieux, à défaut de réintégration, le salarié a droit à une indemnité qui ne peut être inférieure aux salaires des six derniers mois[631]. Ce minimum légal[632] s'impose au juge, quel que soit son appréciation du préjudice subi[633]. Il en résulte que dans certaines hypothèses, l'indemnisation accordée peut dépasser ce qui correspondrait au préjudice réellement subi. Elle a une nature hybride : la nature d'une peine privée prononcée à l'encontre de l'employeur qui a commis une faute. La nature de réparation en ce sens que si le salarié subit un préjudice important (chômage prolongé par exemple) il a droit à une indemnité réparant intégralement le préjudice causé par l'employeur et peut avoir un montant beaucoup plus élevé que six mois de salaires[634].

Les considérations susvisées nous amènent donc à penser qu'il aurait été judicieux de laisser aux juges leur pouvoir d'appréciation dans la réparation du préjudice. En posant pour nouveau principe général du droit du travail l'intérêt de l'entreprise, il était possible de contrôler les abus, de faire en sorte que la balance ne penche ni d'un côté, ni de l'autre, au nom de la justice et de l'équité.

---

631 Soc. 18 décembre 1975, D. 1976, p. 210 note J. Pélissier.

632 L'institution d'un minimum légal n'est pas sans présenter des avantages. C'est du moins ce qui résulte des propos tenus par Jean-Marc Béraud. Pour lui, une telle technique « permet d'abord d'éluder les difficultés qu'il y a eu pour le juge d'évaluer effectivement le préjudice subi par le salarié...la fixation d'un montant minimum en matière de dommages et intérêts permet ensuite de sanctionner en elle-même la faute commise par l'employeur qui a injustement privé un salarié de son emploi. Elle a un effet dissuasif et participe de la prévention des licenciements injustifiés » (*Cf.* Béraud J.-M., *op. cit.*, p. 38)

633 Ibid.

634 *Cf.* not. Pelissier,J., Auzero, G., Dockès, E., *op. cit.*, p. 493.

B- Le contingentement en cas d'irrégularités procédurales

L'interprétation des dispositions régissant la rupture du contrat conduit à relever deux catégories d'irrégularités procédurales : l'inobservation du délai de préavis et le non-respect de la notification écrite de la rupture et/ou de l'indication du motif. Contrairement à la première, la seconde légalité constitue une nouveauté puisque le Code de 1952 était indifférent au choix des formes de rupture du contrat de travail[635]. Mais l'innovation véritable réside dans la spécificité des sanctions applicables en cas de violation de ces régularités procédurales. Eu égard à sa nature, l'indemnisation consécutive à la violation du délai de préavis se voit désormais déterminé de façon stricte (**1**). Il en est de même concernant celle consécutive à l'irrespect des exigences de forme prévues par la loi en matière de rupture du contrat de travail (**2**).

1- La détermination stricte des indemnités en cas d'irrespect du préavis

L'obligation de donner préavis de rupture est prévue pour l'une ou l'autre des parties au contrat de travail. Mais, dans les faits, en raison du déséquilibre structurel entre la demande et l'offre de travail[636], c'est très souvent le salarié qui subit la rupture et doit donc en bénéficier.

Il résulte des articles 56 et 58 du Code du travail que le salarié a droit au respect d'un délai de préavis[637] sauf faute lourde[638]. Celle-ci

---

[635] *Cf.* not. Chauleur. P., *op. cit.*,p. 237 ; Anonyme, Code du travail des TOM, *op. cit.*, p. 94

[636] *Cf.* not. Lachaud, J-P, *op.cit.*, p.15; BAD, *op. cit.*, p. 8.

[637] De manière générale, le préavis peut être défini comme « le délai d'attente légal ou d'usage, dit délai de prévenance qui doit être observé entre le moment où une personne est informée d'une mesure qui la concerne et la date à laquelle cette mesure s'appliquera effectivement ». De façon plus précise, la notion renvoie « au laps de temps qui s'écoule entre la notification du congédiement et la cessation des effets du contrat » (*Cf.* Sonet, A., Le préavis en droit privé, PUAM, 2003, p. 15).

permet la rupture immédiate du contrat et fait obstacle entre autres à l'attribution d'indemnité compensatrice de préavis. L'article 59 du Code du travail fixe une liste non exhaustive de faits constitutifs de faute lourde. Le règlement intérieur ou les tribunaux peuvent retenir d'autres cas de fautes lourdes. En cas de conflit, l'appréciation de la faute lourde d'ordre professionnel sera *in fine* du ressort des tribunaux[639].

Par ailleurs, sauf disposition particulière expressément prévue au contrat, le préavis ne s'impose pour les contrats à l'essai[640]. La femme enceinte dont l'état a fait l'objet d'une consultation médicale ou dont la grossesse est apparente, peut rompre son contrat sans préavis ni indemnité[641]. Le préavis ne s'applique pas non plus en cas de nullité du contrat, chacune des parties pouvant alors mettre fin à tout moment à la situation illégale[642]. Enfin, dans un registre connexe,

---

638 L'employeur peut, en revanche, par un geste gracieux accorder l'indemnité de préavis alors que la faute lourde est établie (Tribunal Djibouti du 4 décembre 1968,*TPOM*, 1969, n° 281 p. 6216).

639 L'article 59 du Code du travail qualifie de faute lourde « 1) L'insubordination, c'est-à-dire le refus d'exécuter un travail ou un ordre entrant dans le cadre des activités relevant de l'emploi; 2)la violation caractérisée d'une prescription concernant l'exécution du service et régulièrement portée à la connaissance du personnel; 3) les atteintes à l'obligation de probité; 4) la perte de confiance, fondée sur des faits objectifs, rendant impossible l'exécution du contrat; 5) les voies de faits, injures ou menaces sur les lieux du travail ou à l'occasion du travail; 6) la violation du secret professionnel; 7) l'état d'ivresse, la consommation de drogue ou de khat pendant les heures de travail sur les lieux du travail, la violation flagrante des clauses du contrat de travail; 8) les absences ou retards répétés ou importants et non justifiées ». Le législateur djiboutien, à travers l'institution de cette liste, vise à donner un contenu légal à la faute lourde, afin que le contrôle des juridictions se fasse avec efficacité (*Cf.* N'Ganga, A., La notion de faute lourde dans la pratique du licenciement en droit congolais, *Penant,* n° 829, 1999, pp. 43-51).

640 Article 21 du Code du travail.

641 Article 116 du Code du travail.

642 *Cf.* not. Tribunal Djibouti du 10 mai 1968, *TPOM*, 1969, n°264, p. 3840 : Lorsqu'à la suite d'une altercation les deux parties ont manifesté l'intention de rompre le contrat, la rupture intervenue provient alors de la conjonction des volontés des deux parties et aucune n'est redevable à l'autre de l'indemnité de préavis.

lorsque le travailleur licencié se trouve dans l'obligation d'occuper un nouvel emploi, il peut, après en avoir avisé son employeur, quitter l'établissement ou l'entreprise avant l'expiration du délai de préavis, sans avoir de ce fait à payer une indemnité[643]. Cette possibilité n'est ouverte qu'en cas de licenciement et pour le travailleur qui prouve devoir occuper un nouvel emploi. S'il s'agit d'une démission, le travailleur serait mal venu de vouloir se libérer avant l'expiration du préavis[644].

La durée du préavis dont va dépendre l'indemnité de préavis est fixée par l'article 56 du Code du travail. Celui-ci fait dépendre ladite durée de deux facteurs : la durée du contrat et la catégorie professionnelle d'appartenance. La combinaison de ces deux éléments conduit à avoir une indemnité égale à quinze jours pour les travailleurs payés à l'heure, un mois de salaire pour les employés, ouvriers et manœuvres et trois mois de salaire pour les agents de maîtrise, cadres et assimilés. A la différence de l'arrêté du 8 avril 1954 déterminant les conditions et durée du préavis de résiliation des contrats à durée indéterminée, le Code de 2006 exclut désormais la référence à l'ancienneté. En d'autres termes, l'ancienneté n'est plus requise en matière de fixation du préavis. Le statut du travailleur et son mode de rémunération ne constituent plus des critères de détermination de la duré du préavis. Comme dans la législation antérieure, l'accent devrait être plutôt mis sur l'ancienneté du salarié. Il s'agit là d'un critère neutre et objectif qui récompense aussi bien la fidélité du travailleur à l'entreprise que l'expérience que celui-ci a engrangée[645]. Dans l'arrêté susvisé de 1954, la référence au critère de l'ancienneté permettait d'arriver à un minimum d'un mois pour le travailleur le moins ancien dans la catégorie la plus basse et à un

643 Article 57 du Code du travail.

644 Si, au contraire, l'employeur interrompt le préavis ou ne l'observe pas sans une faute lourde du travailleur, il est débiteur d'une indemnité couvrant le délai de préavis non effectué : Tribunal de travail Djibouti du 20 juillet 1962, *TPOM*, 1963, n° 113, p. 2507.

645 *Cf.* not. Reynes, B., L'ancienneté en droit du travail : quelles perspectives ?, *RDT*, 2007, p. 702.

maximum de six mois de préavis pour le travailleur le plus ancien dans la catégorie la plus élevée[646].

Par ailleurs, l'article 74 du Code de 1952 imposait aux conventions collectives susceptibles d'être étendues de contenir des dispositions relatives au préavis; de ce fait, l'apport de dispositions conventionnelles était important. Quelques conventions collectives contenaient des délais de préavis plus longs[647]. A défaut de dispositions conventionnelles plus favorables, c'était l'arrêté du 8 avril 1954 qui devait s'appliquer. Cette possibilité de déroger aux lois et règlements n'est désormais plus autorisée par le Code de 2006. Ce dernier interdit en effet aux partenaires sociaux de modifier les dispositions concernant les conditions de licenciement des travailleurs. Ce faisant, le Code de 2006 fait entrer les règles relatives aux conditions du licenciement dans la sphère de l'ordre public[648] c'est-à-dire les règles étatiques auxquelles les sources professionnelles ne peuvent déroger, même dans un sens favorable aux salariés[649].

La volonté restrictive du législateur de 2006 mérite d'être relevée ici car après avoir exclu l'ancienneté du calcul de la durée du préavis, il qualifie les règles relatives au préavis d'ordre public absolu. De telles restrictions se répercutant en toute évidence sur le montant de l'indemnité due en cas d'inexécution du préavis. Le montant de cette indemnité correspond à la rémunération et aux avantages de toute nature dont aurait bénéficié le travailleur durant le délai de préavis si celui-ci avait été respecté[650].

---

[646] Article 7 de l'arrêté n° 451 du 8 avril 1954 déterminant les conditions et durée du préavis de résiliation des contrats à durée indéterminée (*JO CFS* du 20 juin 1954 p. 12).

[647] *Cf.* not. article 11 de l'ancienne Convention collective applicable aux personnels non fonctionnaires des services territoriaux du Territoire français des Afars et des Issas. Cf. aussi article 47 de l'ancienne convention collective des employés de banque qui accordait entre autres un mois supplémentaire de préavis aux salariés expatriés.

[648] L'article 259 du Code du travail indique désormais que « les conventions collectives ne peuvent modifier les dispositions du présent code concernant les sujets suivants : 1) les conditions d'embauche et de licenciement des travailleurs (...) ».

[649] *Cf.* not. Bonnechère, M. *op. cit.*, p. 411.

[650] Article 58 du Code du travail.

2- Les restrictions légales relatives aux exigences de forme

Après une longue période d'indifférence législative quant au choix des formes de rupture du contrat de travail à durée indéterminée, le législateur de 2006 a introduit de nouvelles contraintes procédurales en la matière. Toute résiliation du contrat de travail à l'initiative de l'employeur doit désormais être notifiée par écrit[651]. La lettre de notification doit indiquer expressément le ou les motifs[652]. La finalité de cette disposition est de permettre au juge, en cas de contestation, d'apprécier le bien-fondé de la mesure prise par l'employeur[653]. Mais l'innovation importante réside dans la nature de la sanction frappant l'inobservation de ces règles de forme.

Selon les énonciations de l'article 55 dernier alinéa, « si le licenciement d'un travailleur intervient sans observation de la notification écrite de la rupture et/ou de l'indication du motif, mais que ce licenciement a une cause réelle et sérieuse quant au fond, le tribunal doit seulement accorder au travailleur, pour sanctionner l'inobservation des règles de forme, une indemnité qui ne peut être

---

[651] En revanche, le salarié dont le licenciement est envisagé n'a droit à aucune information préalable et ne dispose d'aucun moyen lui permettant de présenter, a priori, des explications écrites ou verbales à son employeur ou de se faire assister par une personne de son choix. Cette carence d'origine légale s'étend même en matière de licenciement disciplinaire pour la simple raison que ce domaine n'a, en réalité, même pas fait l'objet d'une réglementation légale dans le Code du travail. Le droit de la fonction publique, quant à lui, réglemente sur ce point le licenciement disciplinaire. Ce faisant, il consacre la possibilité pour le fonctionnaire incriminé de s'expliquer sur son acte et celle de se faire assister d'un défenseur de son choix (articles 2 et 11 du décret n° 83-103 fixant les procédures disciplinaires applicables aux fonctionnaires du 10 septembre 1983).

[652] Article 49 du Code du travail.

[653] En sus de la notification écrite de la décision de licenciement au salarié, la loi oblige l'employeur à informer l'Inspection du Travail. Cette information comporte les mêmes indications que celles contenues dans la lettre de licenciement (article 49 du Code du travail). Cependant, on ne peut s'empêcher de constater que cette intervention, quoique déterminante, s'avère incomplète, car aucune disposition relative à la possibilité pour le salarié de donner des explications avant la notification de la décision du licenciement n'a été prévue.

supérieure à un mois du salaire du travailleur ». Le commentaire de ce texte peut tenir en deux observations.

Tout d'abord, il apparaît que la sanction des irrégularités indiquées ci-dessus présente un caractère subsidiaire : elle n'est applicable que quand le licenciement a une cause réelle et sérieuse. Si le licenciement est concomitamment irrégulier en la forme et insuffisamment justifié, seul le défaut de cause réelle et sérieuse est sanctionné. Le juge doit donc d'abord vérifier les motifs avancés pour justifier le licenciement et c'est seulement si ces motifs apparaissent comme réels et sérieux qu'il sanctionne d'éventuelles irrégularités de forme. Cette articulation des règles est discutable. Les exigences de forme sont imposées à l'employeur afin qu'il ait l'occasion d'abandonner éventuellement la mesure de licenciement qu'il projetait. Si ces exigences ne sont pas respectées, il est difficile de savoir si le licenciement aurait été décidé au terme d'une procédure régulière, même s'il est ultérieurement justifié devant le juge. Ce n'est donc parce qu'il existe une cause réelle et sérieuse que la transgression des règles procédurales est sans conséquence. Logiquement, aucune discussion portant sur la cause du licenciement ne devrait pouvoir s'engager avant que la procédure prescrite n'ait été exactement ou entièrement suivie. Dans l'article 55 du Code du travail, cet ordre dans l'application des règles est complètement inversé.

Par ailleurs, la sanction des irrégularités de procédure consiste obligatoirement dans l'octroi d'un mois de salaire au titre de dommages et intérêts. La difficulté est de savoir le bien-fondé de ce plafonnement au titre du préjudice résultant de l'irrégularité constatée[654]. Cependant, les juges ne sauraient refuser toute

[654]Pourquoi un mois de salaire seulement ? Pourquoi ne pas apprécier la violation de ces irrégularités procédurales au cas par cas étant donné la variabilité du préjudice d'un travailleur à un autre ? Pourquoi n'avoir pas abandonné au juge l'appréciation du préjudice supporté par le salarié irrégulièrement congédié sur le plan de la forme ? Il peut être proposé que soient pris en considération les circonstances particulières à chaque licenciement, l'ancienneté du salarié, sa position hiérarchique, sa situation familiale, la mauvaise foi ou non de l'employeur etc. Sur la logique forfaitaire des sanctions des irrégularités de forme (*Cf.* not. Pélissier, J., Auzero, G., Dockès, E., *op. cit.* p. 475 et s.).

indemnité au salarié au motif que celui-ci n'aurait pas subi, du fait de l'irrégularité, aucun préjudice. L'article 55 alinéa dernier empêche les juges du fond de procéder à une quelconque vérification ou évaluation de ce type de préjudice et les oblige à accorder seulement un mois de salaire dans l'hypothèse où le licenciement serait justifié sur le fond.

Toutefois, on détecte en jurisprudence, une attraction des sanctions du licenciement sans cause réelle et sérieuse qui se manifeste par l'application de ses règles. En effet, les règles concernant les exigences de forme ne trouvant application qu'en cas de licenciement basé sur une causé réelle et sérieuse, les juges du fond ont-ils eu l'occasion de se prononcer sur la question de savoir si, en l'absence d'un telle cause, l'irrégularité de forme suffit-elle pour qualifier un licenciement d'abusif ?

Un examen de la jurisprudence fait ressortir une propension des juges du fond à assimiler les simples exigences de forme au licenciement abusif sans se préoccuper de l'exigence de l'article 48 du Code du travail qui ne retient le caractère abusif du licenciement qu'en l'absence de cause réelle et sérieuse[655].

Ce dispositif qui évince tout contrôle judiciaire sur les causes du licenciement ne va pas sans inconvénient pour l'employeur. En effet, ce dernier peut se voir condamner à verser des dommages et intérêts à un salarié coupable d'une faute lourde pour avoir simplement omis de lui notifier la lettre de licenciement. La position ainsi adoptée par les juges du fond nous amène inéluctablement vers le chemin d'une confusion identitaire entre licenciement abusif et licenciement irrégulier en la forme.

La Cour suprême, quant à elle, a censuré cette extension excessive du domaine de la sanction des exigences de forme. En effet, elle a estimé que l'inobservation des exigences de forme indiquées à

---

[655] *Cf.* not. Les jugements du Tribunal du travail de Djibouti des 14 février 2006, 26 septembre 2006, 20 juin 2006 et 30 octobre 2007 (inédits) assimilant l'absence de notification préalable de la décision de licenciement à un licenciement abusif ; *Cf.* aussi l'arrêt de la Cour d'appel de Djibouti du 4 novembre 2012 dans lequel l'absence d'indication des motifs équivaut à un licenciement abusif.

l'article 55 du Code du travail ne peut, à elle seule, conférer au licenciement le caractère abusif[656].

656 *Cf.* Cour suprême de Djibouti du 5 juin 2012 (inédit).

Conclusion du Titre I

Quelle conclusion peut-on tirer, après l'étude de ce premier titre, sinon celle d'affirmer que le processus de réforme d'inspiration libérale engagé à la fin des années 90 a conduit à l'abrogation d'une bonne partie des dispositifs normatifs antérieurs. Ces modifications législatives ont porté, comme nous l'avons vu, sur la simplification des procédures de constitution de syndicats, la diversification des niveaux de négociation collective, la remise en cause du monopole public de placement, la suppression du SMIG, la souplesse des divers contrats, la simplification des procédures de licenciement et le plafonnement de l'indemnité de licenciement abusif. Officiellement, il s'est agi de rompre avec les rigidités intervenues en concevant un droit du travail moins rigide, davantage contractuel. L'option a été ainsi prise de passer d'une publicisation forte du droit du travail à une privatisation plus affirmée de l'encadrement juridique de la relation de travail.

Cependant, malgré l'offensive du discours libéral prôné par les Institutions financières internationales (IFI), la libéralisation du droit du travail s'est avérée pour le moins à « géométrie variable ». A cet égard, l'expérience djiboutienne semble bien correspondre à l'hypothèse décrite par Philippe Auvergnon selon laquelle les réformes sociales dans bon nombre de pays « apparaissent ponctuelles, effectuées dans l'urgence, sous pression d'un lobby (...) pour un simple effet d'annonce ou pour donner une réponse à une situation politique conjoncturelle en sachant que certaines affirmations normatives ont l'avantage de n'avoir aucune incidence en pratique »[657].

Si la procédure de constitution de syndicat a été simplifiée en droit, ceci n'a pas contribué à un renouveau du syndicalisme. Les obstacles sont ici d'ordre politique et ne semblent pas prêts à être levés tant que le système politique ne s'est pas réellement

---

657 *Cf.* Auvergnon, Ph., Une approche comparative de la question de l'effectivité du droit du travail, *in* L'effectivité du droit du travail: à quelles conditions?, Actes du séminaire international de droit comparé, des relations professionnelles et de la sécurité sociale, Comptrasec, 2006, p. 27.

démocratisé[658]. De plus, malgré la diversification des niveaux de négociation collective opérée en droit, la production conventionnelle de normes reste le plus souvent limitée à quelques secteurs ou entreprises bien déterminés. Même si quelques nouvelles conventions ont été signées, beaucoup de conventions collectives héritées de l'époque coloniale n'ont pas été jusqu'à présent renégociées. Cette situation est inhérente à l'absence des requis d'une négociation collective effective et efficace: Etat de droit, respect de la liberté syndicale, information des délégués sur la gestion de leur entreprise, etc. Ceci place beaucoup de salariés dans une forte insécurité juridique même si les juges continuent à donner des effets juridiques à des normes *a priori* caduques. Enfin, la suppression du SMIG, quoique consacrée en droit, n'est pas appliquée par les services compétents de la CNSS qui refusent d'enregistrer toute déclaration de travail rémunérée en deçà de l'ancien SMIG. Une telle attitude traduit moins l'opposition à une fixation contractuelle intégrale des salaires que la crainte d'une aggravation de la précarité des travailleurs. On n'insistera pas jamais assez sur les contournements et détournements par les acteurs locaux des règles libérales prises sous la pression des IFI. Ils témoignent de prégnants reflexes dirigistes forgés durant les périodes coloniale et postcoloniale.

L'évolution du droit du travail en pratique ne peut donc être analysée comme s'étant traduite ou incarnant un retrait de l'Etat. Au contraire, on doit remarquer que des pans entiers du droit du travail font l'objet d'un encadrement légal substantiel dans la continuité des dispositifs juridiques antérieurs. S'il y a eu libéralisation du droit, il n'y a pas eu abdication de l'Etat.

---

658 Philippe Auvergnon écrit à ce propos : « L'évolution de certains droits du travail induit par la libéralisation de l'économie peut se traduire par des progrès notamment en matière de droits collectifs. Cependant, des exemples comme ceux du Chili à l'époque de la dictature du Général Pinochet et aujourd'hui de la Chine, montrent que le libéralisme économique ne va pas nécessairement de pair avec le libéralisme politique, que bien au contraire il peut se satisfaire parfaitement de régimes autoritaires. Si des progrès peuvent alors être notés en matière de niveau de droits individuels, il n'en va pas de même en ce qui concerne les droits collectifs » (*Cf.* Auvergnon, Ph., Le droit du travail dans la tourmente des restructurations mondiales: quelques libres observations, *Revue algérienne du travail*, n° 35, 2008, p. 44).

TITRE 2
L'ABSENCE D'ABDICATION DE L'ÉTAT

Si la réforme libérale de 1997 et le Code de 2006 consacrent l'abandon de l'idée d'un droit du travail exclusivement statutaire et la promotion de la liberté contractuelle et collective, il n'en va pas de même en ce qui concerne certaines matières qui continuent à dépendre plus des règles légales et réglementaires impératives que des contrats individuels et de conventions collectives. En effet, on observe sur bon nombre de thématiques une production règlementaire vigilante des autorités publiques; ceci tient à l'histoire et à la culture. Cette présence est caractéristique de forts reflexes centralisateurs et dirigistes propres à l'Etat djiboutien[659]. Celle-ci se manifeste essentiellement de deux manières. La première s'incarne dans une logique de protection de certaines catégories de travailleurs et de maintien de mécanismes traditionnels de réglementation de certaines conditions de travail (**Chapitre 1**). La seconde témoigne de la volonté de maîtrise des relations sociales, volonté motivée notamment par la crainte, justifiée ou non, de voir les conflits collectifs dégénérés en conflits sociaux voire politiques[660] (**Chapitre 2**).

---

[659] *Cf.* Brass Jennifer N., Djibouti's ununsual resource curse, Review of African Political Economy, n° 30, 2003, pp. 523-545

[660] *Cf. not.* Ali Ragueh, *M., op. cit.*, p. 339.

Chapitre 1
UNE LOGIQUE DE PROTECTION PERSISTANTE

L'évolution du droit du travail n'a pas eu pour conséquence de faire complètement abstraction de la protection du salarié. Ce dernier, parti à une relation contractuelle inégalitaire, a vocation à être protégé. Que vaut en effet une réforme qui tout en assurant la survie de l'entreprise, sacrifie en même temps ceux qui y travaillent? Procurer certes un peu plus de souplesse dans la gestion de la force de travail, mais en sauvegardant la fonction première et essentielle du droit du travail dans toute une série de matières, telle semble avoir été la préoccupation du législateur de 2006. Pour ce faire et à l'instar de son prédécesseur, il a procédé de deux façons.

D'une part, en matière de détermination des conditions de travail, il a conféré un rôle limité au contrat individuel et aux conventions collectives en affirmant des règles communes à tous les salariés. C'est donc une législation d'ordre public impératif qui continue à régir ce domaine (**Section 1**).

D'autre part, pour tenir compte de la "fragilité" de certaines catégories de travailleur, le législateur a prévu des dispositions leur assurant une plus grande protection. L'approche législative a été de tenter d'épouser le réel et de prendre en considération la diversité des travailleurs et des situations dans les règles édictées. Les travailleurs subordonnés sont en effet loin de constituer une collectivité humaine homogène. Concrètement, il s'est agi de tenir compte de critères de vulnérabilité tels que l'âge, le sexe, la gravité de la maladie, le handicap pour procéder *in fine* à des différences de traitement (**Section 2**).

Section 1- L'encadrement des conditions de travail

La réforme libérale du droit du travail en 2006 a octroyé certainement à l'employeur une plus grande liberté pour organiser son entreprise au mieux de ses intérêts. Toutefois, dans le domaine des conditions de travail, son intensité varie. Ainsi, elle apparaît réduite en matière de temps de travail et de repos ainsi que de protection physique des travailleurs. Elle doit composer avec l'existence de dispositifs protecteurs d'origine légale et réglementaire. Pour une grande partie, même s'ils ont été parfois reformulés, à la faveur de cette réforme, ces derniers ont conservé l'essentiel des garanties fondamentales de la législation antérieure.

Dans le domaine du temps de travail et de son corollaire, le temps de repos, le Code de 2006 conserve les règles fondamentales qui, dans celui de 1952, délimitaient le temps de travail, organisaient sa répartition et assuraient des temps de repos. L'évolution de la législation, dans cette matière, n'accorde qu'un rôle limité aux conventions collectives et au contrat individuel du travail pour préciser les conditions d'application de certaines règles légales. C'est donc la conservation d'une législation d'ordre public impératif qui continue à régir l'encadrement juridique dans ce domaine. La libéralisation du droit du travail n'a pas eu pour conséquence d'engager la réflexion sur des formules nouvelles **(§1)**.

Par ailleurs, dans le domaine de la protection de l'hygiène et de la sécurité, la législation de base relative à l'hygiène, la sécurité et la médecine issue du Code de 1952 et des textes réglementaires pris pour son application est non seulement intégralement reconduite par le Code de 2006 mais renforcée par la consécration de nouvelles mesures de protection **(§2)**.

En revanche, dans le domaine de la rémunération, la législation issue des réformes de 1997 et 2006 met un terme au régime réglementaire de détermination des minimas salariaux. Le principe fondamental est aujourd'hui celui de la fixation des rémunérations par le biais du contrat individuel et des conventions ou accords collectifs de travail. Si l'intervention du législateur a disparu en matière de détermination de salaires, elle reste néanmoins substantielle en ce qui concerne la sécurisation des créances de salaire (§3).

§ 1- La délimitation des temps de travail et de repos

L'articulation des périodes de travail et de repos est commandée par le souci de concilier l'économique et le social[661], dans une optique globale qui dépasse largement le cadre de l'entreprise[662]. Il s'agit de ne pas penser l'un sans l'autre, même si une hiérarchisation des deux impératifs n'est pas à écarter. La conciliation de l'économique et du social, comme base de la réglementation du temps de travail et de repos, a toujours été au cœur du dispositif légal[663].

Hormis un rehaussement de la durée hebdomadaire du travail, la réforme libérale du droit de travail de 2006 ne s'est pas accompagnée de changements importants. Sur le plan de la méthode, c'est toujours l'intervention de l'Etat qui est privilégiée pour adopter et imposer des règles d'organisation des temps de travail et de repos. Quand le législateur prévoit un rôle complémentaire des partenaires sociaux, il ne leur confie qu'une mission limitée visant à trouver des réponses adaptées à certaines situations particulières de travail. Néanmoins, même si elle n'est pas déterminante et doit être

---

661 Jean Michel Servais écrit qu'« une coordination rationnelle des temps de vie en société exige que l'on prenne à la fois en considération les heures de travail et celles réservées aux activités de la vie quotidienne, sociale et culturelle » (*Cf.* Servais, J.-M., Temps de travail, temps de vie : un point de vue international, *Bulletin de droit comparé du travail et de la sécurité sociale*, Bordeaux, 2005, p. 3).

662 Pour Alain Supiot, « il n'est en tout cas plus possible de prétendre envisager la réglementation du temps de travail du seul point de vue de l'entreprise ou de l'organisation du travail salarié. Toute réglementation ou déréglementation de l'organisation du temps de travail met en jeu la trame, à la fois individuelle et collective de la vie humaine » (*Cf.* Supiot. A., Temps de travail : pour une concordance des temps, *Dr. soc.* 1995, p. 97).

663 *Cf.* not. Chauleur, P., *op.cit.*, p. 354 ; Aujoulat, L.P, Les rythmes du travail en Afrique. Collège libre des Sciences sociales et économiques, Paris, 1962, p. 63; Renucci, F., L'élaboration du Code du travail Outre-mer et la durée du travail en AOF, *in* « les politiques du travail », Rennes, PUR, 2006, p. 59-68.

relativisée, l'action normative des acteurs sociaux a pris de l'ampleur et mérite d'être relevée. Au plan du droit substantiel, le régime des temps de travail et de repos continue à avoir pour seul fondement trois règles : une durée hebdomadaire dont le seuil horaire est légalement fixé, une journée de repos hebdomadaire et un congé annuel obligatoire. Toute piste d'adaptation ou de dérogation, via la négociation collective et le contrat individuel de travail, ne peut être envisagée que dans le respect de ces règles. Il conviendra d'analyser le problème de la limitation du temps de travail (**A**) avant d'examiner la question des repos qui lui est subséquente (**B**).

A- La limitation de la durée hebdomadaire de travail

La limitation du temps de travail est l'œuvre de la loi. Celle-ci institue une durée légale du travail. Cette durée qui était fixée par le Code de 1952 à quarante heures par semaine[664] a été portée à quarante-huit heures par le Code de 2006. Cette augmentation était motivée par des raisons économiques. C'est la première fois, à Djibouti, où l'augmentation du temps de travail apparaît comme un moyen de politique de croissance économique. Augmenter le temps de travail peut, en effet, être un facteur important de productivité, de rentabilité. Le raisonnement est simpliste : pour accroitre la richesse du pays, il faut travailler davantage. Mais la réalité est plus complexe. Ce choix intervenu dans une période de crise économique peut avoir pour effet pervers de créer du chômage[665]. Quoi qu'il en

---

[664] Article 112 du Code de 1952.

[665] Lors du débat parlementaire ayant précédé l'adoption du Code de 2006, le député Antoine-Michel Barthélémy avait soulevé ce risque potentiel en affirmant que l'augmentation de la durée de travail et la réduction du coût de l'heure pourraient inciter certaines entreprises à ne plus embaucher, voire à se débarrasser d'une partie de leurs salariés, préférant ainsi faire travailler davantage les travailleurs restants (*Cf.* Procès-verbal, *op.cit.*, p. 4) ; voir également le préambule de la convention n° 47 de l'OIT non ratifiée par la République de Djibouti qui fait de la réduction de travail un moyen de lutte contre le chômage. Celui-ci souligne que « le chômage a pris des proportions tellement étendues et sévit depuis si longtemps qu'il y actuellement dans le monde des millions de travailleurs en butte à la misère et à des privations dont ils ne sont pas eux-mêmes responsables et dont ils ont légitimement le droit d'être soulagés ». De ce point de vue, la convention n° 47 invite les

soit, la durée légalement fixée reste, en toute circonstance, un seuil impératif, sauf dérogation légalement prévue ; elle oblige l'employeur, pour faire face aux exigences de production, à envisager d'autres solutions que l'augmentation du nombre d'heures de travail et en particulier l'embauche de nouveaux salariés. La durée légale hebdomadaire est fixée par la loi dans des termes qui ne permettent pas de dire de façon précise quels sont les temps qui doivent être décomptés (**1**). Il est néanmoins évident que cette durée ne constitue ni un maximum ni un minimum. En effet, un salarié peut être amené à travailler plus que la durée légale s'il lui est commandé par l'employeur d'effectuer des heures supplémentaires (**2**).

1- La durée légale et temps de travail effectif

L'article 84 alinéa 1 du Code du travail se contente d'énoncer que « la durée légale du travail des salariés, quels que soient leur sexe et leur mode de rémunération, est fixée à quarante-huit heures par semaine ». Cette définition qui ne prend en compte que l'aspect quantitatif ne permet pas de faire la différence entre les périodes de présence des travailleurs dans l'entreprise ou de disponibilité, qui s'imputent sur la durée légale, et les autres périodes contraints par le travail, sans être effectivement consacrées à celui-ci[666].

Etats Membres à se déclarer en faveur du principe de la semaine de 40 heures (*Cf.* Le temps de travail au XXIème siècle, Rapport soumis pour discussion à la réunion tripartite d'experts sur l'aménagement du temps de travail, OIT, 17-21 octobre 2011, p. 5).

[666] En s'interrogeant sur les modalités de calcul de la durée de travail, une auteure observe que « la notion de « temps de travail effectif, notion remontant à la loi de 1841 relative à la durée du travail des enfants peut être interprétée selon deux conceptions différentes. D'un côté, dans la conception que l'on appeler « productiviste » est pris en compte le temps correspondant à un travail productif pour l'employeur. De l'autre côté, dans la logique du « travail au temps », le temps pendant lequel le salarié doit se tenir à la disposition de l'employeur constitue le critère déterminant. Selon que l'une ou l'autre conception est appliquée, le calcul de la durée du travail n'est pas le même, ce qui a pour effet une variation dans l'étendue de la protection du salarié contre des durées de travail excessives » (*Cf.* Johansson, A., Le temps de travail effectif : temps productif ou temps à disposition ?, *D.* 2006. Chron. 1711; Meyer, F., Travail effectif et effectivité du travail: une histoire conflictuelle, *Dr. ouvr.* 1999, p. 385).

Une conception restrictive ne prend en considération que l'activité exclusivement productive. C'est l'angle purement économique qui est privilégié ; ceci exclut tout temps « bâtard », c'est-à-dire du temps qui n'est pas effectivement productif. Dans une conception large, la durée légale ne mesure pas seulement le temps de travail effectif, mais tout temps de présence dans l'entreprise, ou de disponibilité à l'activité professionnelle. Dans cette dernière hypothèse favorable au travailleur, le temps de présence dans l'entreprise se répartit, lui-même, entre d'une part, temps de travail effectif, temps non travaillé mais néanmoins lié à la fourniture de la prestation de travail (habillage, déshabillage, déplacement, etc.), et d'autre part temps pendant lequel le salarié, sans travailler, se maintient à la disposition de l'employeur tout en ayant ou non de vaquer à des occupations personnelles (temps d'équivalence). La conception la plus extensive est celle retenue par les dispositions du droit de la sécurité sociale relative aux accidents qui couvrent même les trajets aller et retour du domicile au lieu du travail[667].

Il y'a indubitablement intérêt pour l'octroi de certains droits, particulièrement pour la rémunération, à faire la distinction entre les heures de travail effectif et celles qui leur sont assimilées, de celles qui ne sont pas susceptibles d'être imputées sur la durée légale de travail. Ni la législation antérieure, ni l'actuelle, ne contiennent une définition prenant en considération l'aspect qualitatif de la durée légale du travail. En l'absence donc d'une telle définition, on ne peut que présumer que celle-ci s'entend, en principe, du temps correspondant aux horaires pendant lesquels le salarié se tient à la disposition de son employeur, prêt à répondre à ses ordres ou demandes d'activité[668].

Dans certaines hypothèses, c'est l'intervention de la loi qui assimile expressément du temps de présence ou de disponibilité à du temps de travail effectif, ainsi des périodes de repos pour

---

[667] Article 2 du décret du 24 février 1957 sur la réparation et la prévention des accidents du travail et des maladies professionnelles dans les territoires d'outre-mer et au Cameroun,(*JO CFS* du 30 septembre 1957, p. 392).

[668] Un telle conclusion concorde avec l'article 3121-1 du Code du travail français qui définit la durée du travail effectif le temps pendant lequel le salarié est à la disposition de l'employeur et se conforme à ses directives sans pouvoir vaquer librement à des occupations personnelles.

allaitement[669]. Mais il est plus délicat de se prononcer dans d'autres cas qui font l'objet d'une autoréglementation par l'entreprise, en l'absence de tout cadre légal[670]. A défaut de précisions de la loi et des conventions collectives, ce sera donc la politique d'organisation du travail du chef d'entreprise qui s'appliquera et sera traduite, notamment dans le règlement intérieur[671].

Quand le législateur, lui-même, fait référence à la notion de travail effectif, il ne définit pas cette dernière. Les seuls éclaircissements apportés concernent l'insertion de temps non travaillé dans celui effectivement travaillé[672] ; mais aucune précision ne porte sur les cas d'exclusion. Il apparaît, en tout cas, que la signification donnée par le législateur à la notion de travail effectif, par l'usage inconsidéré du qualificatif "effectif" dans certaines hypothèses et pas dans d'autres, est imprévisible[673].

---

[669] Article 116 du Code du travail.

[670] Comme par exemple, le temps de préparation avant et après le travail, le temps d'astreinte ou de permanence.

[671] Article 271 du Code du travail.

[672] Dans le souci d'éviter certaines difficultés d'appréciation du travail effectif, le législateur de 2006 a expressément assimilé au temps de service effectif: le temps consacré à la recherche d'un nouvel emploi (article 57 du Code du travail), les périodes de repos pour allaitement (article 116 du Code du travail), les durées de congé, y compris le congé de maternité, de l'incapacité de travail (article 42 du Code du travail), le temps consacré par le travailleur à l'accomplissement de la mission de juge assesseur (article 164 du Code du travail).

[673] La convention n° 30 de l'OIT sur la durée du travail dans le commerce et bureaux (1930), non ratifiée par la République de Djibouti, définit la durée du travail comme le « le temps pendant lequel le personnel est à la disposition de l'employeur » ; alors que la convention n° 153 sur la durée du travail et les périodes de repos dans les transports routiers (1979), non ratifiée, précise dans son article 4-2 que « les périodes de simple présence, d'attente ou de disponibilité, passés sur le véhicule ou au lieu de travail et pendant lesquelles les conducteurs ne disposent pas librement de leur temps, peuvent être considérés comme faisant partie de la durée du travail dans une proportion à déterminer, dans chaque pays, par l'autorité ou l'organisme compétent, par les conventions collectives ou par tout autre moyen conforme à la pratique nationale ».

Pourtant, l'intérêt juridique est primordial : la qualification de temps de travail effectif induit l'application de l'ensemble des dispositions relatives à la durée légale du travail et, subséquemment, accorder au travailleur l'ensemble des droits y afférents. A l'inverse, les temps qui ne sont pas comptabilisés comme temps de travail effectif seront exclus du calcul de la durée légale ; seule l'intervention expresse de la loi ou du droit professionnel permettrait d'y attacher éventuellement, au cas par cas, des droits particuliers.

Concrètement, la question de la qualification en « temps de travail effectif » est posée selon qu'il s'agisse de temps d'équivalence, de temps consacré à la formation ou encore de temps de préparation précédant ou suivant le travail. Les dispositions du Code de 2006 relatives à la durée hebdomadaire, font explicitement référence, pour la première fois, aux règles d'équivalence[674]. Le législateur distingue ainsi entre les situations d'emploi les plus banales où le seuil de la durée hebdomadaire de travail est fixé légalement à 48 heures, et certaines situations particulières de travail justifiant une durée différente[675]. Il s'agit d'établir, par référence au seuil de 48 heures, des temps d'équivalence. Cette durée légale de travail ne peut être établie que dans le sens croissant[676].

Selon les prescriptions de l'article 84 alinéa 2 du Code du travail, « la durée de travail peut être dépassée par les règles relatives

---

674 Le Code de 1952 ne faisait pas référence explicitement à la notion d'équivalence et se contentait d'affirmer que « des arrêtés du chef du territoire, pris après avis de la commission consultative du travail, détermineront par branche d'activité et par catégorie professionnelle, s'il ya lieu, les modalités d'application de la durée du travail et des dérogations, ainsi que la durée maxima des heures supplémentaires qui peuvent être effectuées en cas de travaux urgents ou exceptionnels et de travaux saisonniers » (article 112 du Code de 1952).

675 *Cf.* not. Johansson, A., *op. cit.*, p. 1713.

676 Dans certaines législations étrangères, on recourt à la notion d'équivalence pour, au contraire, réduire la durée légale hebdomadaire de travail. Il peut en être ainsi pour les personnes occupées à des travaux particulièrement pénibles et dangereux ou impliquant des contraintes sur le plan physique et nerveux (exemple l'Algérie) (*Cf.* not. Nasr Edine Koriche, M., Transformations du droit algérien du travail: entre statut et contrat, Thèse, Université de Bordeaux IV, 2008, 633 p.)

aux équivalences ». Il s'agit selon les termes de la loi d'augmenter cette durée « en raison de l'intermittence du travail dans certaines professions due à la présence de temps morts »[677]. Pour tenir compte des temps morts, des équivalences sont établies entre les heures de présence et les heures de travail effectif. La loi ne fixe pas une limite maximale à cette augmentation. L'établissement de telles équivalences a pour effet de priver le salarié de la rémunération du temps qui leur correspond[678]. Cette durée (soit 48 heures augmentée de x heures) n'est retenue que pour 48 heures de travail effectif et rémunéré sur cette base. Or, force est de constater que l'article 85 alinéa 2 du Code du travail fait référence à des durées de présence qui semblent être en décalage avec les principes de la technique des équivalences. Il précise ainsi que « les règles (d'équivalence) déterminent le nombre d'heures au poste de travail qui équivaut à quarante heures ou à quarante-sept heures de travail effectif ». En se référant à deux chiffres, dont l'un correspond à l'ancienne durée légale de travail, cet article va en cela à l'encontre du principe selon lequel les équivalences doivent s'apprécier par rapport à la nouvelle durée légale du travail[679]. Le législateur aurait, en l'occurrence, formuler ce rapport d'équivalence en le libellant comme suit « les règles d'équivalence déterminent le nombre d'heures au poste de travail qui équivaut à quarante-huit heures»[680].

Jusqu'à la réforme de 2006, les équivalences ne pouvaient être instituées que par voie réglementaire. Sous l'empire du Code de 1952, seul le pouvoir réglementaire était habilité à déterminer par branche d'activité et par catégorie professionnelle, s'il y avait lieu, les modalités d'application de la durée du travail et des dérogations telles que les équivalences[681]. Le Code de 2006 admet, à côté de la mise en place réglementaire des heures d'équivalence, la possibilité

---

677 *Cf.* not. Johansson, A., *op. cit.*, p. 1714.

678 Les heures d'équivalence n'ont pas la qualité d'heures supplémentaires (*Cf.* Morand, M., La face cachée du régime d'équivalence, *JCP* éd. S. 2008, 1162).

679 Article 84 du Code du travail.

680 Sur les principes régissant la technique des équivalences: Johansson, A., La détermination du temps de travail effectif, LGDJ, 2006, p. 48.

681 Article 3 de l'arrêté n° 1283 du 23 octobre 1953 déterminant le régime des dérogations prévues à l'article 112 du Code de 1952 (*JO CFS* du 1er novembre 1953, p. 374).

de mise en place par voie conventionnelle. L'article 85 alinéa 1er du même Code précise que « les règles d'équivalence sont fixées, soit par décret après avis du Conseil National du Travail, de l'Emploi et de la Formation Professionnelle, soit par les conventions collectives ». Les acteurs sociaux sont donc libres d'apprécier l'opportunité, dans chacune des situations, de modifier ou non la durée légale de travail. De même, il leur est permis, sans qu'aucune limite ne leur soit imposée par la loi, de décider du temps d'équivalence[682]. Les équivalences conventionnelles se suffisent ainsi à elles mêmes et disposent d'une force juridique égale à celles fixées par les règlements. Cette contractualisation intégrale et autonome de la mise en place des heures d'équivalence est critiquable. S'agissant d'une question aussi importante pouvant toucher à la santé et perturber la vie privée du salarié[683], il aurait été souhaitable que la loi pose, en amont, des gardes fous afin d'éviter les éventuels abus surtout lorsque l'on sait qu'il n'existe aucune limite maximale à ce type d'augmentation de la durée du travail. Dans l'attente de la parution du décret annoncé par l'article 85 du Code, il serait souhaitable d'opter sur ce point pour une démarche combinant les voies réglementaires et conventionnelles. Il faut néanmoins minorer actuellement de telles craintes lorsque l'on sait que la plupart des conventions collectives ne traitent pas de la question des heures d'équivalence. En réalité, il est permis d'affirmer qu'il y a là une pratique quasi inconnue du monde du travail à Djibouti.

Les temps de formation posent également des problèmes de qualification au regard de la notion de travail effectif[684]. Pour se prononcer sur la qualification du temps dédié par un travailleur à sa formation, deux cas doivent être distingués. Quand il s'agit d'une formation que le travailleur entreprend à titre individuel, le temps

---

682 *Cf.* not. Barthèlémy, J., Les temps d'équivalence d'origine conventionnelle, *TPS* 1999, n° 8-9, p.9.

683 Sans parler du décalage qu'observe un auteur entre la technique des équivalences et les progrès techniques (*Cf.* Poirier, M., A propos des horaires d'équivalence, *Dr. ouvr.* 1999, p. 350).

684 *Cf.* not. Favennec-Héry, F., Temps de formation, temps de travail : quelques observations, *Dr. soc.* 2004, p. 494 ; Luttringer, J.-M., Vers de nouveaux équilibres entre temps de travail et temps de formation ?, *Dr. soc.* 2000, p. 277 ; Maggi-Germain, N., L'articulation temps de travail/ formation professionnelle continue d'après la loi Aubry II, *Dr. soc.* 2000, p. 860 ;

équivalant au congé individuel de formation octroyé par l'employeur est qualifié d'absence par l'article 41 alinéa du Code du travail. De ce fait, l'article 42 ne le considère pas comme temps de travail effectif et exclut donc le maintien de la rémunération. Cependant, la loi assimile explicitement certains temps de formation à du "travail effectif", pour le calcul ou l'ouverture du droit au congé annuel. Ceci implique que les temps de formation autres que ceux énumérés par l'article 101 pourront être déduits du calcul de la durée du congé annuel[685].

La situation pourrait être envisagée différemment quand le salarié est inscrit sur décision de l'employeur pour suivre une formation. La loi intervient, en effet, pour imposer que cette formation soit prévue initialement par le contrat de travail ou ultérieurement par un avenant au contrat avec indication expresse des objectifs, de la durée de la formation ou du stage ainsi que de la rémunération[686]. Ainsi, le législateur a laissé aux parties contractantes la liberté entière de rattacher ou non ces temps de formation au temps de travail effectif ainsi que celle de garantir ou non au travailleur concerné le maintien de tout ou partie de la rémunération[687]. En pratique cependant, c'est bien cette solution qui est retenue : le temps de formation à laquelle l'employeur oblige le salarié, est assimilé au temps de travail effectif et rémunéré comme tel.

Enfin dans certaines situations, un temps est nécessaire pour se mettre en tenue de travail avant de se présenter au poste de travail, ainsi que pour se défaire de cette tenue et faire sa toilette à la fin de la

---

685 L'article 101 du Code du travail dispose en effet que « dans la limite de douze jours ouvrables par an, non déductibles de la durée du congé annuel, des autorisations d'absence sans solde pourront être accordées au travailleur ayant au moins six mois de présence dans l'entreprise, afin de lui permettre : soit de suivre un stage officiel d'entraînement ou de perfectionnement en éducation physique et sportive ; soit de représenter la République de Djibouti dans une compétition sportive internationale ; soit d'assister à des congés syndicaux ou à des séances de formation syndicale auxquels il est délégué en vertu d'un mandat régulier ».

686 Article 76 du Code du travail.

687 Un auteur parle d'un droit « virtuel » à la formation professionnelle (*Cf.* Auvergnon, Ph., Des esprits présents dans le projet d'acte uniforme OHADA portant droit du travail, *in* « L'esprit du droit africain » , Mélanges en l'honneur du Professeur P.-G. Pougoué, *op. cit*, pp. 113-146).

séance de travail. Si, comme le commanderait l'horaire collectif, le temps de travail effectif est décompté entre l'instant où le salarié met les pieds dans l'entreprise et celui où il la quitte, les temps d'habillage, de déshabillage et de douche devraient être considérés comme du temps de travail effectif. Mais, dés lors que la loi n'apporte aucune précision sur ce point, le chef d'entreprise est fondé à organiser le temps de travail en excluant de la durée du travail effectif le temps précédant et suivant le travail, nonobstant les horaires collectifs d'entrée et de sortie. Ainsi, certains règlements intérieurs précisent que les horaires de travail, fixés par l'employeur, correspondent à la prise et à la fin de service au poste de travail, et non pas aux heures d'entrée et de sortie de l'entreprise[688].

2- Le plafonnement des heures supplémentaires

La durée légale hebdomadaire n'est qu'un seuil. Elle ne constitue pas une durée maximum impérative. Un travailleur peut être amené à travailler exceptionnellement, sous la subordination d'un même employeur, plus de quarante-huit heures par semaine. Le dépassement de cette limite a, néanmoins, pour conséquence de faire basculer les heures de travail effectives que le travailleur aura accomplies au-delà de la durée légale hebdomadaire de travail, dans le régime des heures supplémentaires. Comme il a déjà été mentionné, le seuil à partir duquel des heures de travail effectives sont assujetties au régime des heures supplémentaires, peut être porté à une durée supérieure lorsque des équivalences sont prévues par les règlements et les conventions collectives.

Dans le cadre de l'exercice de son pouvoir de direction, l'employeur qui désire maintenir ou accroître sa production peut faire effectuer des heures supplémentaires à son personnel. C'est une opportunité qu'offre la loi. Chaque chef d'entreprise est juge de la nécessité ou non de recourir aux heures supplémentaires. Mais, s'il est permis dans ces conditions de déroger à la durée légale du travail, l'ordre public rend nécessaire l'imposition d'une durée effective maximale pour sauvegarder la santé et la sécurité des travailleurs. Cette durée est égale à celle légale hebdomadaire (ou la durée

---

688 *Cf.* not. Article 4 du règlement intérieur de la société Colas (secteur du bâtiment et des travaux publics).

équivalente instituée par la convention collective) augmentée d'un nombre déterminé d'heures supplémentaires[689].

Trois catégories d'heures supplémentaires sont à différencier au regard des situations dans lesquelles il peut y être recouru. Il existe tout d'abord des heures supplémentaires auxquelles l'employeur peut recourir sans qu'il ne soit obligé de requérir l'autorisation de l'inspecteur du Travail. La loi l'oblige seulement à respecter les procédures d'affichage et de communication à l'inspecteur du Travail[690]. Il y' a là une flexibilité introduite par le législateur de 2006 pour permettre au chef d'entreprise de recourir aux heures supplémentaires sans s'encombrer d'un quelconque formalisme[691]. Ces heures ne doivent pas être supérieures, pour une semaine, à 10% de la durée légale hebdomadaire de travail, soit environ cinq heures. Cependant, le législateur de 2006 ne précise pas le ou les cas de recours à cette catégorie d'heures supplémentaires. Cette absence de précision jointe à l'absence de parution de l'arrêté devant expliciter ce ou ces cas pourrait être comblée, en application de l'article 297 du Code du travail, par l'arrêté du 23 octobre 1953[692]. Si le vide juridique semble être réglé par le mécanisme légal de renaissance des dispositions réglementaires antérieures[693], il n'en demeure pas que ces dernières suscitent, en l'espèce, des problèmes d'incompatibilité avec la convention n° 1 de l'OIT ratifiée par la République de Djibouti. En effet, l'article 6 de cet arrêté autorise des

---

689 Articles 84 et 86 du Code du travail.

690 Article 86 du Code du travail.

691 La réglementation antérieure subordonnait indistinctement l'accomplissement des heures supplémentaires à une autorisation délivrée par l'inspecteur du Travail (article 7 de l'arrêté n° 1373 du 12 novembre 1953, *JO CFS* du 1er décembre 1953, p. 419). Ce contingent d'heures supplémentaires non soumis à autorisation administrative aura pour effet, selon un auteur, de procurer une plus grande souplesse de gestion aux entreprises et libérer l'administration de tâches relativement formelles (*Cf.* Béraud, J.-M., *op. cit.*, p. 49).

692 Arrêté n° 1283 du 23 octobre 1953 déterminant le régime des dérogations prévues à l'article 112 du Code du travail d'Outre-mer (*JO CFS* du 1er novembre 1953, p. 374).

693 L'article 297-2 du Code du travail dispose en effet que « les dispositions réglementaires antérieures restent en vigueur en tant qu'elles ne sont pas contraires au présent Code ».

heures supplémentaires, entre autres en cas de travaux exceptionnels ou saisonniers ou justifiés soit par la nécessité de maintenir ou d'accroître le niveau de production, soit par la pénurie de main d'œuvre, dans une limite de 20 heures par semaine. La CEACR a rappelé, à maintes reprises, que la convention n° 1 ne permet des dérogations temporaires qu'en cas de surcroîts extraordinaires de la charge de travail et invite le Gouvernement djiboutien à prendre toutes les mesures nécessaires limitant les circonstances dans lesquelles de telles dérogations sont possibles au seul cas prévu dans la convention[694].

Par ailleurs, il existe également la possibilité de recourir aux heures supplémentaires au-delà de la limite des 10% de la durée légale hebdomadaire. La loi fixe ici également des limites. Ainsi, aux termes de l'article 87 du Code du travail, « l'accomplissement d'heures supplémentaires ne peut avoir pour effet de porter la durée effective du travail à plus de soixante heures par semaine, ni plus de douze heures par jour ». A la différence des heures supplémentaires précédentes, cette deuxième catégorie est soumise, sous peine de sanctions[695], à l'autorisation préalable de l'inspecteur du Travail[696].

Quelle que soit leur catégorie, les heures supplémentaires ne peuvent être imposées par l'employeur qu'aux salariés travaillant à temps plein. En effet, l'examen des dispositions de l'article 84 du Code du travail induit qu'une heure de travail ne peut être considérée comme une heure supplémentaire que si elle est exécutée au profit d'un employeur pour lequel le travailleur a déjà exécuté quarante-huit heures de travail dans une semaine, ou une durée équivalente ; c'est-à-dire lorsque le travailleur est employé à temps complet. Pourtant, l'un des deux seuls articles du Code du travail traitant du travail partiel consacre la possibilité pour un employeur d'exiger d'un salarié à temps partiel d'effectuer des 'heures supplémentaires', ce qui devrait être dénommé des 'heures

---

694 CIT, 103ème session, 2013, Demande directe CEACR, convention n° 1, Djibouti.

695 L'article 289 punit d'une amende de cinq cent mille francs à un million de francs, et en cas de récidive de quinze jours d'emprisonnement et d'une amende double, ou de l'une de ces deux peines seulement, les auteurs d'infractions aux dispositions de l'article 87.

696 Article 86 du Code du travail.

complémentaires'[697]. Cet article indique que « le nombre d'heures supplémentaires effectuées ne peut être supérieur au dixième de la durée hebdomadaire ou mensuelle prévue dans le contrat »[698] sans toutefois préciser si ces heures pourront faire l'objet de majoration ou pas.

Il existe une troisième catégorie d'heures supplémentaires qui est une survivance de la législation antérieure. Le chef d'entreprise peut y recourir pour adapter la durée du travail, par suite de circonstances particulières définies par le législateur. Il s'agit de l'exécution de travaux importants à effectuer immédiatement, de travaux destinés à prévenir des accidents imminents, à réparer les dommages résultant d'accidents ou à achever des travaux dont l'interruption risque du fait de leur nature d'engendrer des dommages[699]. Pour cette catégorie d'heures supplémentaires, l'employeur dispose d'une faculté illimitée de prolonger les heures de travail pendant un jour à son choix et de deux heures les jours suivants[700].

---

[697] Le Code du travail djiboutien ne donne pas une définition légale satisfaisante du travail à temps partiel. Il se borne à affirmer que « tout contrat de travail peut être à temps plein ou à temps partiel ». Cette carence normative n'est pas spécifiquement djiboutien. Françoise Favennec-Héry rapporte qu'« une définition légale du travail partiel a été élaborée dans certains pays mais elle n'apporte pas souvent de grands éclaircissements ». Ainsi, le travail à temps partiel est qualifié en droit luxembourgeois comme étant « un horaire hebdomadaire inférieur à la durée normale légale ou conventionnelle du travail » ; en Grèce, c'est « celui où les heures de travail journalières ou hebdomadaires sont plus courtes que celles caractérisant le travail à temps plein »; en Italie, il est défini comme « un travail de durée inférieure à celle normalement fixée par la Convention collective »; En Allemagne, « le salarié à temps partiel est celui dont le temps de travail hebdomadaire régulier est plus court que celui d'un salarié de même catégorie » ; en Espagne, est considéré comme contrat de travail à temps partiel « celui en vertu duquel le travailleur s'engage à prêter ses services pendant un nombre déterminé d'heures par jour ou par semaine, ou de jours par semaine ou par mois, inférieurs, dans tous les cas, aux 2/3 de la journée de travail sur de telles périodes de temps » (*Cf.* Favennec-hery, F., Le travail à temps partiel, Litec, 1997, pp. 73-74).

[698] Article 23 du Code du travail.

[699] Article 87 du Code du travail.

[700] Article 6 de l'arrêté du 23 octobre 1953 précité.

Enfin, il faut écarter du régime des heures supplémentaires, les heures dites de récupération puisqu'il ne s'agit que d'heures déplacées, dans des situations exceptionnelles, d'une semaine sur l'autre. En l'absence de l'arrêté prévu par l'article 89 du Code du travail et relatif aux règles de récupération, le seul texte traitant de cette question reste ici aussi l'arrêté du 23 octobre 1953 et, surtout, les conventions collectives[701]. Selon cet arrêté, c'est généralement le cas lorsque la durée normale d'une semaine de travail a été réduite par suite d'un chômage d'un ou deux jours ouvrables, compris entre jour férié et un jour de repos hebdomadaire. La récupération est également prévue lorsque l'interruption du travail résulte de causes accidentelles empêchant l'accomplissement de la durée normale d'une semaine de travail[702]. Toutefois, les heures perdues par suite de grève ou de lock-out ne peuvent, en aucun cas, faire l'objet de récupération[703].

B- Les différents temps de repos

La réduction du temps de travail a pour effet d'assurer aux travailleurs une protection de leur intégrité physique, mais aussi une vie familiale et sociale en dehors des contraintes professionnelles. Les mêmes considérations justifient également une règlementation qui impose ou autorise, au profit des travailleurs, des interruptions704 autre que celles imposées par l'organisation du temps de travail (temps de repos entre deux jours). Ces interruptions sont de différents ordres : le repos hebdomadaire (**1**), les jours fériés (**2**), le congé annuel rémunéré (**3**).

---

[701] Les conventions collectives traitant de la question de la récupération reprennent les dispositions de l'arrêté du 23 octobre 1953 excepté celles relatives aux durées maximales journalières et hebdomadaires de travail modifiées par le Code de 2006.

[702] Article 7 de l'arrêté du 23 octobre 1953 précité.

[703] Ibid.

[704] *Cf.* not. Fantoni-Quinton, S., L'évolution du temps de travail et les enjeux relatifs à la santé des salariés, *Dr. soc.* 2010, p. 395 ; Favénnec-Héry, Le temps de repos : une nouvelle approche de la durée de travail, *RJS* 1999, p. 819 ; Wacquet, Ph., Le temps de repos, *Dr. soc.* 2000, p. 288.

1- Le repos hebdomadaire

Dans un régime juridique où la semaine est souvent l'unité par laquelle est mesuré le temps de travail, le repos hebdomadaire est concrétisé par un arrêt de l'exécution de la prestation de travail entre deux semaines[705]. Le régime de cette institution comprend deux principes essentiels : le principe d'une journée de repos par semaine (**a**) et celui consistant à accorder cette journée un jour déterminée dans la semaine (**b**).

a) Le principe du repos hebdomadaire

Le principe du repos hebdomadaire est affirmé par l'article 97 du Code du travail en ces termes : « le repos hebdomadaire est obligatoire. Il est au minimum de vingt-quatre heures consécutives. Il a lieu en principe le vendredi ». Même si la loi ne l'indique pas expressément, ce principe a donc deux conséquences. La première est que l'employeur se voit interdit de faire travailler un même salarié plus de six jours par semaine, afin de lui permettre de jouir de son droit au repos hebdomadaire. Réciproquement, l'usage du qualificatif "obligatoire" induit l'interdiction pour tout salarié de renoncer au repos hebdomadaire, notamment en contrepartie d'une compensation financière. La seconde conséquence est que la journée de repos ne peut être fractionnée. Pour que la journée de repos hebdomadaire soit, selon les termes de la loi, entière, elle doit avoir une durée minimum de 24 heures consécutives[706].

L'article 97 du Code de 2006 prévoit la faculté de déroger au repos hebdomadaire. Les circonstances pouvant justifier cette dérogation sont formulées en des termes très généraux par le législateur. Celui-ci confère au pouvoir réglementaire le soin de fixer les modalités de mise en œuvre de la dérogation au principe du repos hebdomadaire.

Le travail effectué par dérogation au repos hebdomadaire relève nécessairement du régime des heures supplémentaires. En

---

705 La République de Djibouti a ratifié dés 1978 la convention de l'OIT n° 14 sur le repos hebdomadaire dans l'Industrie (1921)

706 Ainsi que le prévoit l'article 2-1 de la convention de l'OIT n°14 précitée.

conséquence, même si l'article 97 précité ne le précise pas, il peut être soutenu que des raisons touchant à la nature du travail ne peuvent être invoquées par l'employeur, pour justifier la suspension du repos hebdomadaire, qu'à titre exceptionnel et temporaire, puisque telles sont les caractéristiques juridiques des heures supplémentaires. Les heures de travail exécutées le jour du repos hebdomadaire étant considérées comme des heures supplémentaires, elles ouvrent droit pour les travailleurs concernés à une majoration. Les travailleurs bénéficieront en outre d'un repos compensateur d'égale durée[707].

En pratique, la majorité des travailleurs jouissent d'une journée et demie de repos hebdomadaire, et non d'une seule comme le prévoit la loi. En effet, la répartition de la durée de travail sur cinq jours et demi permet d'atteindre ce résultat. En général, la journée de repos légalement déterminée est précédée par une demi-journée de repos[708].

b) Le principe d'un jour de repos légal déterminé

Si le repos hebdomadaire n'était motivé que par la protection de la santé des travailleurs, il aurait été égal qu'il soit accordé un jour quelconque de la semaine et que ce jour varie d'une entreprise à l'autre, voire d'un travailleur à l'autre. Mais la concomitance du repos hebdomadaire, au niveau national, pour l'ensemble des travailleurs, du moins pour la majeure partie d'entre eux est nécessaire pour faire aboutir une vie familiale et sociale affranchie des pesanteurs d'ordre professionnel[709]. Un tel raisonnement postulerait seulement d'avoir un jour de repos commun pour tous, quel que soit ce jour. Dans cette

---

[707] C'est que prévoyait l'article 5 de l'arrêté n° 1545 du 23 décembre 1953 déterminant les modalités d'application du repos hebdomadaire(*JO CFS* du 1er janvier 1954, p. 25), ainsi que la plupart des conventions collectives traitant de la question des dérogations au repos hebdomadaire (*Cf.* not. l'article 24 de la convention d'entreprise du groupe CGMR (secteur industrie)).

[708] En revanche, les établissements bancaires, dans leur immense majorité, optent, elles, pour le prolongement de la journée de repos légalement fixée (vendredi) par une journée de repos (samedi).

[709] Dans son article 2-2, la convention de l'OIT n° 14, précitée, se limite à énoncer que : « ce repos sera accordé, autant que possible, en même temps à tout le personnel de chaque établissement ».

optique, seule la puissance publique peut être le garant d'un repos hebdomadaire le même jour. La loi ne se contente pas, en effet, d'énoncer le principe du repos hebdomadaire. Elle fixe a priori le jour du repos : « il a lieu en principe le vendredi »[710].

Le Code de 1952 réservait la journée de dimanche au repos hebdomadaire[711]. C'est en 1977, année de l'indépendance, que le vendredi a été substitué au dimanche, en tant que jour du repos hebdomadaire[712]. Cette substitution confère au choix du jour de repos un fondement religieux qu'il n'avait pas jusque-là[713]. Il s'est agi, dans un pays peuplé majoritairement de musulmans, de permettre aux personnes qui sont plus ou moins pratiquantes d'accomplir la grande prière du vendredi. Par ailleurs, ce fondement religieux s'est vu conforté plus tard par l'ancien préambule de la Constitution affirmant solennellement que « l'Islam est la religion de l'Etat »[714].

En réalité, ce fondement religieux, invoqué à l'appui du changement, est discutable. Paradoxalement, c'est en abandonnant le

---

710 Article 97 du Code du travail.

711 Article 120 du Code de 1952.

712 Arrêté n° 77-347/INT/AA du 4 octobre 1977.

713 Même si, selon Pierre Chauleur, le repos dominical n'est pas dénué de racine et de caractère religieux: « D'origine religieuse, sous l'ancien régime, en France, le principe de la suspension dominicale du travail a été repris pour des considérations d'ordre sanitaire, religieux, social et civique dans la législation métropolitaine et dans la législation d'outre mer » (*Cf.* Chauleur, P., *op. cit.*, p. 410). Stephanie Lecocq, quant à elle, affirme que « le principe du repos hebdomadaire est d'abord lié à l'exigence d'un repos hebdomadaire, durée fixée par l'homme et devenue pratique courante car correspondant à la garantie d'une sécurité et du respect de la santé des travailleurs, et, en même temps, il correspond à la référence religieuse où l'avènement du christianisme nous conduit de manière impérative au repos dominical. En effet, de la Genèse, à la première loi sociale du 22 mars 1841 interdisant le travail des enfants de moins de 16 ans le dimanche, le contexte religieux est pris en considération comme référence sociale. Proudhon considère d'ailleurs le contexte religieux comme la pierre angulaire de l'édifice de la sanctification du dimanche » (P.-J Proudhon, De la célébration du dimanche, 1850) » (*Cf.* Lecocq, S., Le repos dominical, un principe en voie d'extinction, *RDT*, 2008, p. 645).

714 Devenu depuis la révision constitutionnelle du 21 avril 2010 l'article 1er de la Constitution.

dimanche, pour choisir le vendredi, qu'il y a contrairement à ce qu'affirment les tenants de la substitution, mimétisme du mode de vie judéo-chrétien. En effet, dans l'Islam, il n'y a pas l'équivalent de la religion judaïque où la semaine des sept jours est fondée sur l'observance du Sabbat, ni l'équivalent dans le christianisme du jour du seigneur (repos dominical). Il n'est recommandé ni par le Coran ni par la Charia que le vendredi, ou un autre jour, soit consacré au repos[715]. Il est seulement ordonné aux croyants d'interrompre toute activité, si cela ne crée pas un dommage, le temps de prendre part au culte public : prière courte précédée d'un prêche, se situant fort opportunément à la mi- journée[716] ; ceci à l'évidence ne nécessite qu'un temps d'interruption du travail équivalent, augmenté du temps nécessaire pour se déplacer entre le lieu de travail et la Mosquée[717].

---

[715] A ce sujet, un auteur averti écrit : « il n'est pas non plus toujours compris que le vendredi, le jour saint des musulmans, diffère dans son essence même du Sabbat juif et du dimanche chrétien. Ce n'est pas le moins du monde un jour de repos, mais un jour consacré obligatoirement au culte public, qui a lieu à midi et dont l'élément le plus caractéristique est un sermon divisé en deux sections » (*Cf.* Goiten, S.-D., Le culte du Vendredi musulman : son arrière plan social et économique, Annales. Economies, Sociétés, Civilisation, 13ème année, n° 3, 1958, pp. 488-500).

[716] L'explication que nous venons de proposer de la liaison entre l'office du vendredi musulman et l'activité économique est étayée par les termes même de l'unique passage du Coran où elle peut être relevée. Il s'agit de deux versets de la Sourate 62 cités par Goiten S-D, *op. cit.*, p. 495 : « O vrais croyants, quand vous êtes appelés à la prière au jour de l'assemblée, hâtez vous pour la commémoration d'Allah et interrompez vos affaires. Cela vaudra mieux pour vous, si vous avez de la compréhension (9). Seulement, une fois la prière achevée, répandez vous dans le pays et implorez la bonté d'Allah ; commémorez fréquemment Allah afin que vous prospériez (10) ».

[717] D'ailleurs, l'accomplissement des rites musulmans ne constituait pas un problème à l'époque coloniale lorsque le vendredi faisait partie intégrante des jours travaillés. L'imposition du vendredi comme journée de repos hebdomadaire n'a jamais fait consensus. La pertinence de ce choix continue aujourd'hui encore à être contestée. Ceci d'autant plus que le fondement religieux de ce choix n'est pas démontré. Ceux qui critiquent ce choix font observer qu'il prive la République de Djibouti d'avoir des relations d'affaires normales avec ses partenaires étrangers (l'Ethiopie) durant trois jours et demi : une journée et demi correspondant au repos du jeudi après midi et vendredi à Djibouti. Deux autres journées correspondent au repos du samedi et du dimanche dans la plupart des autres pays ; ceci a un coût se

Le principe du repos un jour légal déterminé permet uniquement d'affirmer que l'employeur est tenu de mettre son personnel habituel au repos le vendredi. Il ne lui est pas interdit de poursuivre toute activité pendant ce jour. Aucune réglementation ne prévoit la fermeture obligatoire d'un établissement le vendredi pour garantir le respect du principe du repos hebdomadaire. En l'état actuel du droit, la possibilité pour un employeur de faire travailler le vendredi un autre personnel n'est pas non plus exclue. Mais l'usage le plus répandu à Djibouti est l'interruption des activités le vendredi.

Les dispositions de l'article 97 indiquent que des dérogations à la règle du repos du vendredi sont possibles. Le législateur de 2006 a laissé au pouvoir réglementaire la possibilité d'apporter, après avis du Conseil National du travail, de l'Emploi et de la Formation Professionnelle, des atténuations à la règle en tenant compte des besoins de certaines professions. En l'absence de la parution de ce texte, il faut se référer à un règlement[718] ayant édicté des dérogations à la règle qui prescrivant le repos hebdomadaire le dimanche[719]. Certaines entreprises sont, de plein droit, admises à accorder ce repos un autre jour que le jour fixé par la loi en adoptant une formule de roulement. Il s'agit notamment : des hôtels ou restaurants, des débits de boissons, des hôpitaux, des entreprises de presse et spectacles, des musées, des entreprise de fabrication de produits alimentaires destinés à la consommation immédiate, des établissements de bains[720]. D'autres ont la faculté de demander à l'autorité compétente l'autorisation de déplacer le jour de congé d'une partie au moins du personnel lorsqu'il est établi que le repos simultané de tout le

---

chiffrant à plusieurs millions de dollars. C'est la raison pour laquelle des voix discordantes s'élèvent aussi bien dans les institutions officielles, que dans les milieux d'affaires pour demander le retour « au jour du repos universel » (le dimanche), et procéder à un simple aménagement du temps de travail le vendredi pour permettre à ceux qui le désirent de prendre par aux cérémonies religieuses.

718 Arrêté n° 1545 du 23 décembre 1953 précité

719 Grâce au mécanisme légal de renaissance des dispositions réglementaires non contraires au Code de 2006 prévu à l'article 297 du même code, ce texte pourrait continuer à s'appliquer, abstraction faite de la programmation du dimanche comme jour de repos hebdomadaire.

720 Article 4 de l'arrêté n° 1545 du 23 décembre 1953 précité.

personnel serait préjudiciable au public ou compromettrait le fonctionnement normal[721].

Ces règles dérogatoires sont reprises par certaines conventions collectives et bénéficient de ce fait d'une visibilité et d'une assisse juridique. Ainsi, les travailleurs relevant de ces conventions pourront se fonder sur ces règles pour faire valoir leurs droits. Cependant, hormis ces quelques cas, l'application de ces règles n'est pas vraiment une préoccupation pour les pouvoirs publics. De fait, l'inspecteur du Travail ne se montre nullement soucieux d'exercer ses prérogatives dans cette matière. Il en résulte que les établissements de commerce sont ouverts ou fermés le vendredi (ou un autre jour) au gré des désidératas de leurs propriétaires. Il n'y a, aucune majoration de salaire ni indemnité, pour les salariés appelés à travailler un vendredi et à prendre leur repos hebdomadaire un autre jour, par application d'une dérogation de plein droit ou d'une dérogation accordée par les autorités publiques.

2- Les jours fériés

Selon une disposition de principe s'appliquant à l'ensemble des travailleurs, les jours fériés sont chômés et payés pour l'ensemble des personnels, quel que soit le statut juridique de l'employeur[722]. La détermination de ces jours se fait « selon la loi ou la réglementation[723] ». Les jours de fêtes civiles sont : le 1er janvier, le 1er mai, le 27 juin (fête de l'indépendance, 2 jours). Les fêtes musulmanes sont : *Aid-Al-Fitr* (fin du jeûne du ramadan, 2 jours) ; *Aid-Al-Adha* (sacrifice d'Abraham, 2 jours) ; *Awal Mouharam* (jour de l'an de

---

[721] Ibid. Article 7.

[722] Il faut néanmoins préciser l'inapplication de cette disposition aux travailleurs étrangers employés par les fournisseurs des Etats-Unis dans le camp militaire américain « Lemonnier ». Ces derniers, quelle que soit la confession, ont les mêmes jours fériés que les employés travaillant aux Etats-Unis. On relève dans des exemplaires de contrats de travail liant ces employés la clause suivante libellée en anglais : « *Employer observes the following holidays during the employment period : Number of holidays per year : 10 ; new years day ; President's day ; Martin Luther King Jr. ; Memorial day ; Independence day; Labor Day; Thanksgiving Day; Christmas Day; Columbas Day; Veterans Day* ».

[723] Article 98 du Code du travail.

l'Hégire) ; *El mawlid* (anniversaire de la naissance du prophète Mohamed) ; *Al-Isra-Al-Miraj* (jour de l'ascension du prophète Mohamed)[724].

Il en résulte que le personnel de confession non musulmane bénéficie du droit au repos les jours de fêtes musulmanes. En revanche, le législateur n'a pas songé à déterminer les jours fériés pour les personnels de confession chrétienne ou juive. Cette omission s'explique vraisemblablement par le caractère quasi inexistant de ces communautés religieuses sur le territoire.

Les jours fériés sont rémunérés sans distinction entre les travailleurs, y compris pour le personnel payé à l'heure ou à la journée. Toutefois, il faut observer que les jours fériés ne sont pas chômés pour tout le personnel dans les entreprises qui, en raison de la nature de leur travail, ne peuvent interrompre leur activité. Le salarié qui travaille un jour férié a-t-il droit à une majoration de sa rémunération ? Aucune disposition légale n'apporte une réponse à cette question. Mais la seule solution peut se trouver dans des dispositions conventionnelles. Ainsi, peut-il arriver que le salarié ayant travaillé un jour férié ait droit à une majoration d'heures supplémentaires même si le jour férié tombe un jour ouvrable et alors même qu'il n'y a pas réellement d'heures supplémentaires effectuées[725]. Il serait sans doute préférable que le législateur se saisisse de cette question et qu'il institue, au profit du salarié travaillant un jour férié, une indemnité ou une majoration spéciale sans les rattacher à la notion d'heures supplémentaires.

Entre le repos hebdomadaire et les jours fériés, une interruption originale du travail peut découler de la pratique dite « des ponts ». Par accord collectif, le personnel est mis en congé le jour ouvrable compris un jour férié et le jour de repos hebdomadaire ou inversement. En contrepartie, les salariés s'engagent à récupérer cette journée. Le jour férié lui-même n'est pas récupérer.

---

724 Circulaire du 10 décembre 2013 du ministre de l'Intérieur relative au calendrier des fêtes légales et musulmanes de l'année 2014.

725 L'article 5-3-2 de la Convention d'établissement des personnels civils des forces françaises stationnées à Djibouti dispose que « les heures effectuées pendant les jours fériés djiboutiens donnent lieu à une majoration horaire d'un montant fixé à 50 % du taux du salaire horaire ».

3 - Le congé annuel payé

Consacré sur le plan international par la convention n° 52 de l'OIT et par la Déclaration universelle des droits de l'homme[726], le principe des congés payés fut admis dans les anciennes colonies françaises par le Code du travail des territoires d'outre-mer du 15 décembre 1952. La mise en œuvre du droit aux congés payés aboutit à déterminer le nombre de mois et de jours que le salarié doit à son employeur au cours d'une année civile. La finalité de l'institution est de ménager au salarié un temps de repos et de loisir, sans pour autant le priver de son salaire.

Un régime unique est prévu pour tous les salariés. Le salarié, quel que soit son statut, acquiert droit aux congés payés après une période minimale de service effectif égale à un an, appelée période de référence[727]. Le législateur de 2006 n'a pas repris les dispositions de la législation antérieure qui différenciaient les durées de congé selon le statut du salarié[728]. Les conventions collectives et accords collectifs ou

---

[726] L'article 24 de la déclaration universelle des droits de l'homme qui fut partie intégrante du bloc de constitutionnalité jusqu'à la loi du 21 avril 2010 portant révision de la Constitution dispose que « toute personne a droit au repos et aux loisirs et notamment à une limitation raisonnable de la durée et à des congés payés périodiques ».

[727] Article 102 du Code du travail. Pour une étude historique de la mise en place des congés payés, Meyer, F., Sachs-Durand, C., Strasser, P., Les congés payés depuis la deuxième Guerre du monde : négociations collective et action législative, *Le mouvement social*, n° 150, 1990, pp. 107-117.

[728] En effet, le Code de 1952 distinguait, au départ, trois cas : le travailleur acquérait une durée de congé payé : 1- A raison de cinq jours de congé par mois de service effectif lorsque ce travailleur bénéficiait de l'indemnité de dépaysement et que sa résidence habituelle était située hors de la limite du groupe de territoires, de territoire non groupé, ou sous tutelle, de son lieu de l'emploi. Ces cinq jours sont des jours calendaires et non des jours ouvrables ; 2- A raison d'un minimum d'un jour et demi ouvrable de congé par mois de service effectif pour ceux qu'on a appelés les petits expatriés c'est-à-dire ceux déplacés d'un Etat à un autre dans un même groupe de territoires ; 3- A raison d'un minimum d'un jour ouvrable de congé par mois de service effectif pour les autres travailleurs, c'est à dure la plupart d'entre eux, ceux qui étaient recrutés sur place. La loi du 27 mars 1956 rendue applicable outre-mer a aligné le droit à congé de cette dernière catégorie sur

les contrats individuels de travail allouant un congé supérieur à un an, peuvent prévoir, pour le supplément de congé qu'ils accordent, une durée plus longue de service effectif sans que cette dernière puisse excéder deux ans[729].

Pour le calcul du congé acquis, des mesures sont prises pour éviter que le congé soit rogné par trop de déductions. Ainsi, ne peuvent être déduites de la durée du congé : les périodes d'absences pour accidents du travail ou maladies professionnelles ; les périodes de repos des femmes en couche, prévues à l'article 113 du code du travail ; les périodes d'absence pour maladies non professionnelles. De même, ne sont pas déduites de la durée du congé : les permissions accordées à l'occasion d'évènements familiaux sans qu'aucune limite temporelle ne soit posée, les autorisations d'absence sans solde pour assister à des congrès syndicaux ou à des séances de formation syndicale dans la limite de douze jours ouvrables par an et, toujours dans la même limite, les autorisations d'absence sans solde accordées au travailleur afin de lui permettre de suivre un stage officiel ou de représenter la République de Djibouti dans une compétition sportive internationale[730]. Ces différentes permissions d'absence sont des congés spéciaux auxquels le travailleur a droit dans le cadre des limites annuelles fixées pour chaque évènement. En revanche, peuvent être déduits les congés spéciaux accordés au-delà des limites ou en sus des jours fériés, qui n'auraient pas fait l'objet de récupération ou d'une compensation[731] ainsi que les autorisations d'absence excédant les seuils légaux.

La durée de congé annuel est de deux jours et demi par mois de travail, sans que la durée totale ne puisse excéder trente jours. Il s'agit de trente jours ouvrables et non pas de jours calendaires c'est-à-dire que le vendredi et les jours fériés ne comptent pas dans la durée du congé. Les majorations ou bonifications issues de la législation antérieure n'ont pas été reprises par le Code de 2006[732]. En effet, sous

---

celui de la deuxième catégorie (*Cf.* Kirsch, M., Le droit du travail en Afrique, Tome 2, EDIENA, 1989, p. 181).

[729] Ibid.

[730] Article 101 du Code du travail.

[731] Ibid.

[732] Cette non-reconduction pose des problèmes d'incompatibilité avec la convention n° 52 sur les congés payés, en particulier avec le § 5 de l'article 2

l'empire du Code de 1952, la durée du congé était augmentée en considération de l'ancienneté des travailleurs, suivant les règlements en vigueur ou les dispositions des conventions collectives[733]. Par ailleurs, les mères de familles avaient droit à un jour de congé supplémentaire par an, pour chaque enfant de moins de quinze ans, enregistré à l'état civil. Cependant, certaines nouvelles conventions collectives font fi de cette non-reconduction en reprenant une partie de ces dispositions antérieures[734].

La question de l'époque de prise effective de congé n'avait jamais fait l'objet de réglementation dans le code de 1952. L'article 74 se contentait de faire figurer parmi les clauses obligatoires des conventions collectives, la question des congés payés. Cependant la loi du 27 mars 1956 rendue applicable dans les territoires d'outre-mer stipulait que la période de congés payés devrait se situer obligatoirement entre le 1er mai et le 31 octobre[735]. Une telle disposition s'articulait mal avec les dispositions du Code de 1952, notamment, celles qui sont relatives à la durée de service effectif exigée pour l'ouverture du droit au congé[736]. Il appartenait aux conventions collectives de déterminer l'époque des congés. En

---

prévoyant l'accroissement progressif de la durée du congé annuel avec la durée du service (CIT, 103ème session, CEARCR, demande directe, convention n° 52, Djibouti).

[733] Toutefois, il n'était pas précisé par l'article 121 du Code de 1952 de quels règlements il s'agissait (sans doute s'agissait il des règlements de travail pris par les chefs de territoires, en l'absence de conventions collectives) et que d'autre part, il n'était pas prévu, comme en France, de limitation à l'augmentation accordée en raison de l'ancienneté. Cette anomalie a été réparé par l'arrêté n° 73- 1611/SG/T du 3 novembre 1973 (*JO TFAI* du 26 novembre 1973, p. 367) qui limitera le cumul de ce supplément avec le congé principal à plus de 30 jours ouvrables ou 36 jours calendaires, le total exigé.

[734] L'article 28 de la nouvelle convention des employés de banque dispose, en effet, que « les bonifications de congés payés pour ancienneté sont les suivantes : bonification de deux jours ouvrables par an après 20 ans de service effectif continu et jusqu'à 25 ans ; bonification de quatre jours ouvrables par an après 25 ans et jusqu'à 30 ans ; bonification de six jours ouvrables après 30 ans ».

[735] Article 2 de la loi du 27 mars 1956 n°56-332 modifiant le régime des congés payés annuels, *JORF* du 31 mars 1956, p. 3120.

[736] *Cf.* not. Kirsch, M., Les congés-payés dans le droit du travail d'outre-mer, *Revue juridique et politique d'outre-mer*, 1960, p. 249.

renonçant à la voie conventionnelle obligatoire, le législateur de 2006 attribue expressément le rôle de la détermination de l'époque des congés à l'employeur. Selon l'article 103 du Code du travail, celui-ci est donc libre de fixer la période du congé, compte tenu des nécessités du service et, dans la mesure du possible, des souhaits du salarié[737].

Il appartient aussi à l'employeur d'arrêter précisément les dates de congé de chacun des salariés. En pratique, les départs en congé sont organisés selon deux formules[738]. Dans la première, le congé est accordé au personnel par roulement, afin d'assurer la continuité de l'entreprise. L'ordre des départs est fixé par l'employeur même si le salarié peut lui indiquer la date qui lui conviendrait le mieux. Cependant, l'employeur est légalement tenu d'informer le salarié de la date de son congé un certain délai à l'avance[739]. La seconde formule est celle de la fermeture totale de l'entreprise et de l'octroi du congé à l'ensemble du personnel aux mêmes dates. Cette mesure est critiquable quand elle est prise au nom des seuls intérêts de l'entreprise[740].

La continuité du congé est nécessaire pour garantir son effet bénéfique sur la santé du travailleur. Si la pratique depuis longtemps faisait prévaloir cette exigence, le Code de 1952 ne contenait pas de règles consacrant formellement le principe de la continuité du congé

---

737 Le décret n° 83-104/PR/FP fixant le régime des congés et absences des fonctionnaires prévoit que les départs de congé soient échelonnés compte tenu des nécessités de service tout en accordant aux fonctionnaires chargés de famille une priorité pour le choix des périodes de congé annuels (article 2).La convention de l'OIT n° 132 sur les congés payés non ratifiée par la République de Djibouti prévoit, quant à elle, que pour fixer cette époque il sera tenu compte des nécessités du travail et des possibilités de repos et de détente qui s'offrent au travailleur.

738 *Cf.* Pélissier, J., Auzero, G., Dockès, E., *op. cit.*, p. 871.

739 Selon l'article 103 alinéa 1 du Code du travail, ce délai est de quinze jours.

740 Il en est ainsi, par exemple, lorsqu'un débit de boissons alcoolisées ou un restaurant ferme pendant la période de ramadan. Cette période de jeûne n'est certes pas propice à la consommation de ces boissons et à la restauration ; mais elle n'est pas non plus favorable au déroulement du congé en famille dans un lieu de villégiature même si certains travailleurs en quête de spiritualité préfèrent prendre leur congé annuel ce mois béni.

et fixant précisément et restrictivement les motifs justifiant, le cas échéant, qu'il lui soit fait exception. C'est la loi du 27 mars 1956 qui a comblé ce vide juridique en réglementant l'hypothèse du fractionnement. Outre l'accord des parties, il a alors été requis qu'une des fractions comprenne au moins « douze jours ouvrables continus compris entre deux jours de repos hebdomadaire »[741]. Le droit actuel maintient cette règle en apportant une légère modification concernant le nombre minimal de jours consécutifs. En effet, l'article 104 du Code du travail dispose qu' « avec l'accord du salarié, le congé peut être fractionné à condition que le salarié bénéficie d'un repos d'au moins quatorze jours consécutifs, jours de repos hebdomadaire ou jours fériés éventuels compris ». En dehors du cas du fractionnement, le principe de la continuité du congé peut être mis en cause au moins lorsque l'employeur décide, pour nécessité impérieuse de service, de rappeler le travailleur en congé. Ce cas n'est envisagé ni par le Code de 1952, ni par le Code de 2006. Ce sont les conventions collectives qui en traitent à travers la mise en place de dispositifs de majoration ou de bonification du congé au profit du travailleur rappelé[742].

Enfin, une allocation de congé annuel est accordée au travailleur qui prend effectivement son congé. L'allocation est égale au douzième des salaires et indemnités dont le travailleur a bénéficié au cours de douze mois ayant précédé la date de départ en congé[743]. La règle du douzième a pour effet que l'allocation est égale à la rémunération que le travailleur aurait dû percevoir s'il avait continué à travailler[744]. La rémunération qui sert de base de calcul comprend tous les éléments constitutifs du salaire tels que déterminés par l'article 140 du Code du travail : salaire de base, indemnités et primes à l'exception toutefois des primes de rendement et des remboursements de frais professionnels[745]. La nature juridique de l'allocation de congé annuel n'est pas différente du salaire auquel elle

---

741 Article 3 de la loi du 27 mars 1956 repris par l'arrêté du 3 décembre 1953 (article 5).

742 *Cf.* not. l'article 28 de la nouvelle convention collective des employés de banque qui dispose que « dans le cas où un surcroît de travail nécessite le rappel d'un agent en congé ou le maintien de l'employé, il lui est accordé par semaine ouvrée deux jours de congés supplémentaires ».

743 Article 107 du Code du travail.

744 Article 42 du Code du travail.

745 Article 107 du Code du travail.

se substitue. Aussi, elle en suivra le régime juridique, même si des différences subsistent en matière de prescription[746].

Dans certaines hypothèses particulières, les travailleurs bénéficient de la législation sur le congé annuel, uniquement en percevant l'indemnité compensatrice, sans bénéficier d'un congé effectif. Ainsi, lorsqu'au cours de la période de référence, la relation de travail cesse avant que le salarié n'ait pu bénéficier de son congé, il doit alors recevoir, même si la loi n'apporte aucune précision, une indemnité de congé, pour le nombre de jours correspondant à la période de travail effectuée. L'indemnité est due, dans cette hypothèse, quel que soit le motif de cessation, et sans qu'il n'y ait lieu de distinguer entre la démission et le licenciement.

La loi ne prive pas le travailleur du droit à l'indemnité de congé quand le licenciement a pour origine une faute lourde de son fait. L'article 105 du Code du travail parle de rupture ou d'expiration du contrat de travail sans autre précision. En l'absence d'une exigence particulière, on est en droit de penser qu'elle est due même en cas de faute lourde du salarié[747].

Lorsqu'il y a extinction du contrat de travail par décès du salarié, ses héritiers ont vocation à la percevoir. En dehors du cas de rupture ou d'extinction du contrat, l'octroi d'une indemnité compensatrice au lieu et place du congé en dehors du cas visé à l'article précédent est formellement interdit[748]. Le salarié a donc l'obligation de prendre ses congés et l'employeur est tenu d'offrir au salarié la possibilité de jouir de son congé. Mais cette dernière obligation implique seulement pour l'employeur d'attribuer à chaque

---

[746] L'article 105 du Code du travail soumet l'exercice du droit au congé à deux délais de prescription différents selon que le travailleur est en activité ou non : le droit au congé se prescrit par un an à compter de la cessation du travail alors qu'il se prescrit par deux ans pour le travailleur en activité lorsqu'il est démontré que l'employeur avait offert la possibilité au salarié de jouir de son congé.

[747] Il n'en va pas de même en droit français où la commission d'une faute lourde fait priver le salarié de l'indemnité compensatrice (article L. 3141-26, alinéa 26 alinéa 2) même s'il s'agit de celle afférente à la période de congés en cours (Soc. 9 juillet 1991, *RJS* 10/91, n° 1101).

[748] Article 106 du Code du travail.

salarié le congé annuel, sans pouvoir lui substituer une indemnité. Elle n'est plus accompagnée depuis la réforme de 2006 d'un dispositif répressif. En effet, le nouveau régime juridique n'a pas maintenu les règles qui dans la législation antérieure punissaient les infractions aux dispositions concernant le droit de jouissance et le caractère obligatoire du congé[749]. Le motif de la protection de la santé qui s'attache à l'institution du congé annuel justifiait cette pénalisation. Il aurait donc été souhaitable qu'elle soit maintenue pour assurer davantage l'effectivité de la jouissance du congé payé annuel.

§ 2- Le renforcement des règles relatives à l'hygiène et la sécurité

Le Code de 2006 a renforcé le dispositif en matière d'hygiène et de sécurité, au niveau de l'entreprise. Mise à part l'absence de publication des actes réglementaires d'application en matière de conditions d'hygiène et de sécurité sur le lieu de travail, le Code est aujourd'hui plus précis en matière d'exigence de prévention individuelle et collective au sein de l'entreprise. Ainsi, l'étude du contenu de nombreuses dispositions montre que le droit du travail actuel est fortement orienté vers le souci de prévention[750] des risques professionnels (**A**). Ce n'est que subsidiairement qu'il intervient pour organiser la réparation[751]. Pour la prévention des risques professionnels, la législation prévoit l'implication d'une pluralité d'acteurs (**B**).

---

[749] Article 225 du Code de 1952.

[750] *Cf.* Lanouzière, H., La prévention du point de vue du Code du travail, *SSL*, 2011, n° 1480.

[751] Pour éliminer, sinon réduire, à la source des risques d'accidents du travail ou des maladies professionnelles, la prévention est certainement la démarche la plus appropriée. Mais comme l'écrit un auteur : « pour entrer dans une logique de prévention, encore fallait-il que fût brisé l'image de fatalité, de rançon du progrès ». (*Cf.* Le Golf, J., Droit du travail et société, 1. Les relations individuelles de travail, PUR, 2001, p. 658. Cette image de fatalité trouve, aujourd'hui encore, dans le cas des travailleurs djiboutiens, un ancrage solide dans les références à la religion).

A- La prévention des risques professionnels

Le législateur a fait peser une obligation générale d'hygiène et de sécurité sur l'employeur. Le principe est posé à l'article 121 du Code du travail. Celui-ci dispose que « pour protéger la vie et la santé des salariés, l'employeur est tenu de prendre toutes les mesures nécessaires et utiles qui sont adaptées aux conditions d'exploitation de l'entreprise ». Après avoir posé cette obligation générale, la loi précise les mesures de nature à éviter la réalisation des risques. Ces mesures consistent en une série d'actions mises à la charge de l'employeur. Leur analyse permet de distinguer trois domaines d'action : l'hygiène (1), la sécurité (2), l'information et la formation (3)[752].

1- Les règles d'hygiène

Aux termes de l'article 121 alinéa 3, les locaux doivent être tenus dans un état de propreté permanent. De même, les machines, mécanismes, appareils de transmission, outils et engins mécaniques ou manuels, doivent être installés et tenus dans les meilleures conditions possibles de sécurité et de propreté. Ces règles sont la transposition de l'article 7 de la convention n° 120 de l'OIT concernant l'hygiène dans le commerce et les bureaux : « tous les locaux utilisés par les travailleurs ainsi que l'équipement de ces locaux doivent être en bon état d'entretien et de propreté ».

Ces dispositions légales pesant sur l'employeur doivent être précisées par des normes réglementaires. L'article 125 du Code du travail prévoit en effet l'adoption d'arrêtés déterminant les mesures générales de protection et de salubrité applicables à tous les établissements et entreprises assujettis au Code du travail,

---

[752] Le dispositif est comparable à celui du droit français et à ce que préconise le droit social européen. *Cf.* Pélissier, J., Auzero, G., Dockès, E., *op. cit.*, p. 895 et s.; Verkindt, P.Y., Un nouveau droit des conditions de travail, *Dr. soc.* 2008, p. 634 ; Morvan, P., *Securitas omnia corrumpit* ou le principe selon lequel il incombe à l'employeur de protéger la sécurité et la santé des travailleurs, *Dr. soc.* 2007, p. 674; Desbarats, I., Prévention des risques et protection de la santé au travail : pour une meilleure articulation, *Petites Affiches*, 2006, n° 202 ; Verkindt. P.Y., La santé au travail. Quelques repères pour un droit au mouvement, *Dr. ouvr.* 2003, p. 82.

notamment en ce qui concerne l'éclairage, l'aération ou la ventilation, les eaux potables, les sanitaires, l'évacuation des poussières et vapeurs, les précautions à prendre contre les incendies, l'aménagement des issues de secours, les rayonnements, le bruit et les ventilations. L'absence d'adoption de ces arrêtés, déplorée à maintes reprises par la CEACR, enlève toute pertinence au cadre légal de protection des travailleurs contre les risques professionnels[753].

L'une des obligations nouvelles est l'interdiction faite à toute personne d'introduire ou de laisser distribuer, dans les établissements ou entreprises, des boissons alcoolisées, du *khat* ou toute autre drogue[754]. Si l'interdiction concernant les boissons alcoolisées et les drogues étrangères est généralement respectée, ce n'est pas le cas de celle concernant le *khat*, drogue locale. En dépit de cette interdiction et de l'assimilation de la consommation du khat sur les lieux du travail à une faute lourde[755], on constate en pratique son parfait irrespect dans certains secteurs d'activité ; ainsi, les travailleurs du bâtiment, des transports et de la sécurité continuent à consommer cette plante avec la connivence passive de leur employeur. L'ineffectivité de cette interdiction s'explique par plusieurs facteurs : le caractère supposé dopant de cette plante dans les métiers dits difficiles, le caractère culturel de la consommation du khat et les réticences des pouvoirs publics à interdire le khat dont les effets négatifs sur la santé[756] et la cohésion économique et sociale[757] sont pourtant démontrés.

2-Les règles de sécurité

En ce qui concerne la sécurité, le Code du travail pose un principe général : l'éradication du danger en amont. La prévention

---

753 CIT, 103ème session, 2013, observation CEACR, Convention n°120, Djibouti.

754 Article 123 du Code du travail.

755 Article 59 du Code du travail.

756 *Cf.* not. Watta C., Le dieu-khat et le virus du Sida, Thèse, psychologie, Paris VIII, 2003, 686 p. ; Entretien avec Chehem Watta sur la consommation du khat en Afrique orientale, *Revue francophone des collégiens et lycéens du continent africain*, numéro 2, 2010/2011, p. 24.

757 *Cf.* not. Banque mondiale, Comprendre la dynamique du Khat à Djibouti. Aspects sociaux, économiques et de santé, 2011, 111 p.

exige que la sécurité soit garantie par des mesures envisagées dès le stade de l'aménagement des installations, la détermination de la marche du travail et le choix des machines. C'est ainsi que l'employeur « est tenu notamment d'aménager les installations et régler la marche du travail de manière à préserver le mieux possible les salariés des accidents et maladies »[758]. De même, les moteurs et ''machines tournantes'' doivent comporter les protections nécessaires à préserver l'intégrité physique des travailleurs[759]. Enfin, l'article 123 prévoit la prise d'arrêtés destinés à limiter, réglementer ou interdire la fabrication, la vente, l'importation, l'exportation, la cession à quelque titre que ce soit ainsi que l'emploi des machines, des substances et préparations dangereuses pour les travailleurs. Il faut ici aussi déplorer l'absence de publication de ces arrêtés qui auraient apporté beaucoup plus d'effet aux dispositions législatives de sécurité en matière de conditions de travail[760].

Il existe, cependant, quelques dispositions règlementaires éparses et antérieures à l'adoption du Code de 2006[761] qui pourraient s'appliquer aux travailleurs. Certaines concernent l'emploi de la céruse dans les cas où cet emploi est autorisé. Ainsi, à titre d'exemple, aucun ouvrier ne doit être occupé de façon habituelle dans les locaux où s'effectuent des travaux avec céruse sans une attestation médicale estimant qu'il ne présente aucune inaptitude aux travaux exposant à l'intoxication saturnine[762]. D'autres dispositions sont destinées à

---

758 Article 121 du Code du travail.

759 Ibid.

760 Augustin Emane fait observer que « le droit ne se limite pas à la loi. Cette dernière est une norme générale qui a besoin de textes d'application pour devenir effective. Or, c'est pratique courante sur le continent de voter des lois sans se préoccuper des textes d'application » (*Cf.* Emane, A., Les limites du poncif de la tradition dans l'application du droit en Afrique: l'exemple des relations de travail en Afrique, *in* « De l'esprit du droit africain ». Mélanges en l'honneur de Pougoué, P.-G., *op. cit*, p. 278).

761 Philippe Auvergnon parle de « dispositions demeurant quasiment en leur état colonial » (*Cf.* Auvergnon, Ph., Avant-Propos, *in* Auvergnon, Ph. (dir.), « Du droit de la santé et de la sécurité au travail en Afrique subsaharienne », éd. L'Harmattan, 2014, p. 7).

762 Article 7 de l'arrêté n° 1337 du 28 septembre 1956 réglementant l'emploi de la céruse dans les cas où cet emploi reste autorisé, *JO CFS* du 15 octobre 1956, p. 372.

réglementer le transport des substances dangereuses. La réglementation précise, par exemple, que le responsable de tout établissement chargé du chargement d'une marchandise dangereuse doit s'assurer que l'unité de transport est munie de son certificat d'agrément en cours de validité et adapté au transport à entreprendre ainsi que de ses extincteurs fonctionnels et régulièrement contrôlés[763]. Enfin, de nombreuses dispositions du décret du 18 octobre 2003 imposent au chef d'établissement d'instruire, au moment de leur affectation, les conducteurs-travailleurs des risques auxquels ils sont exposés à ces postes de travail[764].

3- L'information et formation

Parmi les mesures importantes relatives à la prévention des risques, la loi impose à l'employeur des actions d'information et de formation. Le principe de ce type d'actions est posé par l'article 122 du Code du travail : « tout employeur est tenu d'organiser une information pratique et appropriée en matière d'hygiène et de sécurité au bénéfice des salariés nouvellement embauchés, de ceux qui changent de poste de travail ou de technique et de ceux qui reprennent leur activité après un arrêt de travail d'une durée de plus de deux ans ». Le Code de 1952 ne contenait pas ce dispositif d'instruction et d'information qui a pour objet de doter les travailleurs des connaissances nécessaires en matière de prévention des risques professionnels et de les sensibiliser sur la conduite à tenir en cas d'accident ou intoxication survenant sur le lieu de travail.

Pour l'organisation des actions d'instruction, d'information et de formation, il revient à l'employeur de se concerter avec l'ensemble des acteurs de la prévention au sein et en dehors de l'entreprise. Ainsi, l'arrêté du 12 janvier 1972 organisant la médecine sociale[765] lui fait obligation d'associer à l'élaboration des projets d'action le médecin du travail. Le comité d'hygiène et de sécurité participe de

---

763 Article 13 du décret n° 2003-0210/PR/MHUEAT du 18 octobre 2003 portant réglementation du transport des produits dangereux.

764 Ibid., articles 12, 13 et 14.

765 Article 12 de l'arrêté n° 72-60/SG/CG du 12 janvier 1972 pris pour l'application de la délibération n° 220/7ème L. du 10 décembre 1971 et organisant la médecine sociale dans le Territoire français des Afars et des Issas, *JO TFAI* du 25 janvier 1972, p. 49.

plein droit à la préparation des projets d'actions et aussi, à leur mise en œuvre[766]. Enfin, le décret du 24 février 1957 sur la réparation et la prévention des accidents du travail oblige les organismes assureurs à recourir à tous les procédés de "publicité" et de "propagande" pour faire connaître, avec le concours des entreprises, les méthodes de prévention[767]. Enfin, ce même texte oblige ces organismes à favoriser, par des subventions ou avances, l'enseignement de la prévention[768].

Le dispositif susvisé ne précise pas, toutefois, la durée de la formation. La logique voudrait que cette durée soit proportionnelle à la nature des risques à étudier. Cette précision relative à la durée de la formation est d'autant plus nécessaire que la réglementation prévoit que celle-ci s'effectue pendant l'horaire habituel de travail. Le temps consacré à la formation est considéré comme "temps de travail effectif", avec donc le maintien de la rémunération au bénéfice des salariés mis en formation.

En outre, il faut regretter que la législation et la réglementation ne précisent pas la nature des sanctions en cas de manquement de l'employeur à ses obligations de formation. Cette omission explique en partie l'ineffectivité patente d'un arsenal à la fois éparpillé[769]. Au plan civil, la question peut être posée de savoir si la faute inexcusable de l'employeur devrait être retenue lorsqu'il est établi que le travailleur victime d'un accident du travail ou d'une maladie professionnelle n'a pas été informée sur les risques

---

[766] Article 128 du Code du travail.

[767] Article 45 du décret du 24 février 1957 sur la réparation et la prévention des accidents du travail et des maladies professionnelles dans les territoires d'outre-mer et au Cameroun.

[768] Ibid.

[769] Cette situation d'ineffectivité s'explique, selon un auteur, dans les pays africains, par le fait religieux. « On avance notamment que tout danger ou malheur serait la réponse divine aux péchés de l'individu ou l'œuvre du démon laissé libre de soumettre les humains à des épreuves ». Au regard des similitudes des croyances qui caractérisent les populations africaines, ces arguments valent sans doute en partie pour Djibouti (*Cf.* Silué, N., Les risques professionnels en Côte d'Ivoire, *in* Auvergnon, Ph. (dir.), *op. cit,* p. 31).

professionnels auxquels il était exposé, ou encore n'a pas été formé pour assurer sa propre sécurité[770].

B- La pluralisation des acteurs de la prévention et du contrôle

Selon les dispositions de l'article 6 de la convention de l'OIT n° 155, « la formulation d'une politique nationale cohérente en matière de sécurité, de santé des travailleurs et de milieu de travail doit préciser les fonctions et les responsabilités respectives des pouvoirs publics, des employeurs, des travailleurs et des autres personnes intéressées, en tenant compte du caractère complémentaire de ces responsabilités ». Bien que n'ayant pas ratifié ladite convention, le législateur assure l'implication d'une pluralité d'instances dans la prévention (**1**) et le contrôle (**2**) en matière d'hygiène et de sécurité du travail.

1- Les instances préventives

Plusieurs organes internes et externes à l'entreprise concourent à la prévention des risques professionnels. Il s'agit de la médecine sociale (**a**), de la commission nationale de sécurité et de santé au travail (**b**) mais surtout du comité d'hygiène et de sécurité (**c**) qui est création de la réforme de 2006. Mais le législateur djiboutien ne s'est pas arrêté là. Il a introduit une nouvelle conception de la sécurité en donnant au travailleur suffisamment de responsabilité dans sa sécurité (**d**).

a) La médecine sociale

L'ancien Code de 1952 faisait obligation à toute entreprise ou établissement d'assurer un service médical ou sanitaire aux

---

770 Dans le rapport général du Congrès mondial droit du travail et de la sécurité sociale (Paris, 5 ou 8 septembre 2006), il est observé que les rapports nationaux sont unanimes pour relever que la réglementation procède à une combinaison du régime forfaitaire de réparation avec des possibilités de recours de droit commun, en cas de négligence caractérisée ou de faute intentionnelle de la part de l'employeur.

travailleurs[771]. En fonction de la taille de l'entreprise, l'employeur avait l'obligation de créer son propre service de santé au travail ou d'adhérer à un service médical interentreprises à condition de grouper au moins 250 travailleurs ou avait le choix de l'une ou de l'autre. C'est cette seconde option qui sera choisie et concrétisée par la création en décembre 1970 du Service Médical Interentreprises (SMI)[772].

Les insuffisances d'un tel système ont amené le Gouvernement à créer, en 1997, un organisme public chargé de promouvoir la médecine du travail, l'Organisme de Protection Sociale (OPS)[773]. Cet office qui a changé de dénomination en 2008[774] a vocation à passer des contrats obligatoires avec les entreprises pour assurer la couverture de leurs salariés, notamment via des visites médicales annuelles, des consultations et soins. La CNSS gère deux centres de soins situés à Djibouti-ville destinés à fournir des prestations de soins aux salariés et à leurs familles. Dans le cadre de la CNSS, l'employeur et le travailleur cotisent à une caisse d'assurance maladie obligatoire[775]. Un tel système basé sur l'assurance obligatoire permet « d'éviter les tentations de sélection adverse tant de la part de l'assureur que de la part du bénéficiaire. L'assureur ne peut sélectionner les « bons risques » et refuser les « mauvais risques »[776]. De même, « l'assureur ne risque pas de voir venir solliciter une assurance seulement ceux qui estiment avoir de

---

[771] Article 138 du Code de 1952.

[772] Article 2 de l'arrêté du 12 janvier 1972 précité.

[773] L'OPS, établissement public à caractère administratif est né de la fusion de la Caisse de prévoyance sociale (CPS) chargé du recouvrement et des services médicaux interentreprises chargés de dispenser les prestations de soins. Cette fusion obéissait à une logique de renforcement de la couverture des soins au profit des travailleurs (*Cf.* Fonds africain de développement, rapport d'évaluation des services de santé, Djibouti, 2002, p. 4).

[774] La loi n° 212/AN/ 07/5ème L. du 19 janvier 2008 portant création de la Caisse Nationale de Sécurité Sociale (CNSS) crée la CNSS par la fusion des établissements publics de l'OPS et de la CNR (article 1er).

[775] Articles 2, 3 et 4 de la loi du 6 mai 1997 portant création d'un Organisme de Protection Sociale.

[776] *Cf.* Guedi Yabe, M., La marchéisation du système de santé à Djibouti : impacts économiques et sociaux, Thèse, Economie, Lille, 2012, p. 198.

fortes chances de recourir aux soins »[777].Ce système a été étendu, en 2013, aux travailleurs indépendants. L'article 4 de la loi du 20 février 2013 étendant les prestations soins aux travailleurs indépendants dispose désormais que « l'assujettissement à la CNSS est obligatoire pour tous les employeurs publics et privés et tous les travailleurs indépendants ».

Toutefois, on observe dans les faits que la CNSS est très peu investie dans la médecine sociale qui est sa vocation première. La prévention en matière d'hygiène et de sécurité sur les lieux de travail reste très insuffisante. Le rapport d'activité de la CNSS a pu constater en 2011, que les deux centres de soins comptaient douze médecins dont certains seraient en formation pour une population en constante évolution et avoisinant les 41000 immatriculés. En outre, le dispositif de la CNSS ne permet seulement l'accès aux soins élémentaires (infirmier, médecin généraliste, examens médicaux ordinaires, visites préalables à l'embauche, les soins aux accidentés). Quand les immatriculés souhaitent recourir à un spécialiste, les médecins de la CNSS les envoient dans le secteur public ou le secteur privé, muni d'une prise en charge pour la consultation de spécialiste. L'hospitalisation et les prescriptions sont à la charge de l'immatriculé qui souvent ne disposent pas de moyens suffisants pour y faire face. En revanche, dans les cas d'accidents de travail les soins sont entièrement pris en charge par la CNSS[778].

---

[777] Ibid.

[778] Il faut préciser ici que les travailleurs étrangers ayant transféré leur résidence à l'étranger peuvent se voir appliquer un régime d'indemnisation différent de celui de leurs collègues en cas d'accidents de travail. Aux termes du décret du 24 février 1957 précité, les travailleurs étrangers victimes d'accidents du travail et qui transfèrent leur résidence à l'étranger ne perçoivent plus une rente mais une indemnité forfaitaire égale à trois fois la rente qui leur était versée. Même si le gouvernement indique que cette condition de résidence n'a été opposée à des étrangers que de manière épisodique, la CEACR a convié, à maintes reprises, ce dernier à « procéder à l'abrogation formelle de l'article 29 du décret n° 57-245 de façon à mettre la lettre et l'esprit de la législation nationale en pleine conformité avec la l'article 1, § 2 de la convention » (CIT, 103ème session, CEACR, observation, convention n° 19, Djibouti).

Enfin, la situation des travailleurs immatriculés ayant leur résidence dans les districts de l'intérieur est moins favorable par rapport à celle de leurs collègues qui vivent dans la capitale. N'ayant pas accès aux recours aux centres de soins de la CNSS à moins de se déplacer dans la capitale, ils sont obligés de recourir aux centres de soins publics locaux. La CNSS n'assurent pas non plus des soins aux salariés du secteur informel. La spécificité de ces travailleurs est que, n'ayant pas été déclarés, le prélèvement des cotisations sociales permettant de financer certains risques ne peut être effectué directement à la source, sur les salaires[779].

b) La Commission nationale de sécurité et de santé au travail

La Commission nationale de sécurité et de santé au travail (CNSST) est l'héritière du Comité technique consultatif pour l'étude des questions intéressant l'hygiène et la sécurité des travailleurs prévu par le Code de 1952[780]. De composition tripartite, cette commission jouit, du moins en théorie, d'une compétence spécifique. Il étudie les problèmes relatifs à l'hygiène et la sécurité en milieu de travail. Il est également chargé d'émettre toutes suggestions et tous avis sur la réglementation en matière de sécurité au travail, ainsi que sur l'orientation et la mise en application de la politique nationale de prévention des risques professionnels[781]. C'est, en quelque sorte, un conseiller permanent du ministre du Travail. Le législateur de 2006, à l'instar de son homologue de 1952, a estimé qu'il était nécessaire de faire précéder l'action en ce domaine des réflexions et d'informations importantes confiées à une Commission constitué à cet effet. La CNSST est également de composition tripartite. Ainsi, par exemple, elle est obligatoirement consultée, avant l'adoption d'un arrêté déterminant les mesures générales de protection et de salubrité applicables à tous les établissements et entreprises assujettis à la législation nationale du travail[782].

Si la participation syndicale à cette commission du fait de son paritarisme peut laisser optimiste, il n'en demeure pas moins qu'elle

---

779 *Cf.* Guedi Yabe, M., *op. cit.*, p. 199.
780 Article 133-1 du Code de 1952.
781 Article 283-2 du Code du travail.
782 Article 125 du Code du travail.

n'a de sens que si elle est effective. Cette effectivité dépendra en grande partie du décret prévu par l'article 284 du Code du travail ainsi que des conditions pratiques dans lesquelles cette commission sera appelée à fonctionner. En l'état, force est de constater que ces deux conditions manquent toujours à l'appel, en particulier la parution dudit décret. Au-delà de cette absence de cadre juridique, le problème est, en l'espèce, plus un problème d'application de la réglementation existante.

c) Le Comité d'hygiène et de sécurité

Outre la médecine sociale, pour garantir l'application de la réglementation sur l'hygiène et la sécurité, il est institué dans toutes les entreprises du secteur industriel, des bâtiments et travaux publics occupant au moins cinquante travailleurs un comité d'hygiène et de sécurité (CHS). Il s'agit d'une innovation du Code de 2006. Le CHS est composé du chef d'établissement ou d'entreprise, d'un responsable de la sécurité ou d'un chef d'atelier et d'un délégué du personnel[783]. Outre ces derniers, il intègre, dans son fonctionnement, et de plein droit, le médecin ou l'infirmier d'entreprise en qualité de conseiller. A défaut de médecin ou infirmier d'entreprise, le comité peut faire appel pour mener à bien ses travaux à un médecin ou un infirmier de la CNSS[784].

La mission générale du CHS est de veiller à l'application des dispositions législatives et règlementaires et des consignes en matière d'hygiène et de sécurité ainsi que de suggérer des mesures susceptibles de contribuer à l'amélioration des conditions de travail. Ses attributions font l'objet d'une longue énumération dans l'article 128 du Code du travail. Elles sont multiples et de nature différente. Sans les reprendre dans leur ensemble, on peut distinguer des activités d'inspection, d'enquêtes, d'information et de formation. Dans chaque établissement ou entreprise, le comité procède à l'inspection des lieux de travail. Il est obligatoirement associé, aux fins de prévention, aux enquêtes menées à l'occasion ou de chaque maladie professionnelle. Il est également chargé de contribuer à informer et à « développer l'esprit de sécurité ». Il doit, en particulier,

---

783 Article 127 du Code du travail.
784 Ibid.

veiller à l'information de nouveaux embauchés et des travailleurs affectés à de nouvelles tâches ou dans de nouveaux ateliers, quant aux risques auxquels ils peuvent être exposés et les moyens pour s'en protéger. Le CHS doit aussi participer à l'élaboration et à la mise en œuvre de programmes de formation et de perfectionnement destinés spécifiquement aux personnels ayant des attributions particulières en matière de prévention des risques professionnels, et, en particulier, aux membres des équipes chargées des services d'incendie et de sauvetage. Enfin, le CHS participe à l'établissement d'un programme de prévention des risques professionnels dont il est chargé par ailleurs d'assurer le suivi et le contrôle. C'est à ce comité qu'il revient aussi d'établir annuellement les statistiques sur les accidents du travail et les maladies professionnelles. Ses activités annuelles doivent faire l'objet d'un rapport soumis au chef d'entreprise, et dont une copie est adressée à l'inspecteur du Travail[785].

La présidence du comité d'hygiène et de sécurité est assurée par le chef d'établissement ou d'entreprise. En temps normal, le CHS se réunit au moins trois fois par an. Mais il se réunit aussi, obligatoirement à la suite de tout « accident grave ou susceptible de refléter une situation grave»[786]. Les procès-verbaux des réunions doivent être adressés à l'inspecteur du Travail dans un délai d'un mois. Le temps de présence aux réunions est payé comme temps de travail et n'est pas imputable sur le crédit annuel de huit heures accordée aux membres du comité d'hygiène et de sécurité[787]. En revanche, le temps consacré à des tâches individuelles confiées, le cas échéant, par le comité à certains de ses membres peut, lui, être décompté du crédit d'heures.

En pratique, il en va différemment. Même dans les entreprises modernes, les CHS qui devraient être les vecteurs principaux d'évaluation des risques, de planification et de mise en œuvre de la prévention, sont quasi inexistants. Cette absence tient certes aux seuils légalement prévus pour leur création, mais ceci vient surtout de la mauvaise volonté des employeurs et de l'absence de sanctions. Il faut ajouter à ceci la tendance des travailleurs djiboutiens et de leurs

---

785 Article 129-4 du Code du travail.
786 Ibid. Article 129-1.
787 Ibid. Article 130.

représentants à s'occuper davantage de revendications salariales que d'amélioration de leurs conditions d'hygiène et de sécurité.

d) Les travailleurs comme acteurs de la prévention

En dehors des structures spécialisées et des instances de représentation des salariés, le droit de la sécurité dans l'entreprise fait désormais une part à l'initiative individuelle du travailleur dans la prévention des risques individuels[788].Les prescriptions de l'article 124 du Code du travail introduisent une nouvelle forme d'intervention du travailleur absente de la législation antérieure. Elles consacrent le droit pour le salarié de quitter son poste de travail lorsque la situation de travail présente un danger grave et imminent pour sa personne et/ou pour les autres personnes, ou encore pour l'entreprise. Basée sur l'idée de « sauve qui peut », ce texte reconnaît au salarié un droit de désobéir[789] justifié par la nécessité de la protection de la personne qui représente un intérêt majeur face au préjudice économique subi par l'employeur[790]. Souvent lié à des droits proches (à la vie et à l'intégrité physique), le droit de retrait peut être analysé comme un instrument de garantie du droit à la protection de la santé. Il entraîne le bénéfice d'un régime protecteur puisque l'article 124 précité indique qu'aucune retenue de salaire, aucune sanction ne peut être prise à l'encontre du salarié qui se serait retiré d'une situation de travail dont il avait un motif raisonnable de penser qu'elle présentait un danger grave et imminent pour sa vie et sa santé ainsi que celles de ses collègues[791].

---

[788] Aspect de l'enrichissement des droits individuels propres du salarié, qui est l'une des tendances les plus visibles de l'évolution contemporaine (*Cf.* not. Jeammaud, A., La place du salarié individu dans le droit français du travail, *in* « Le droit collectif du travail ». Etudes en hommage à Hélène Sinay, Peter Lang, Bruxelles, 1993, p. 347).

[789] *Cf.* not. Maestre, J-C, Le devoir d'obéissance : quelles limites ?, *in* « Constitution et finances publiques ». Etudes en l'honneur de Loïc Philip, Economica, 2005, p. 139.

[790] *Cf.* not. Bousiges, A., Le droit des salariés de se retirer d'une situation dangereuse pour leur intégrité physique, *Dr. soc.* 1991, p. 283 ; Lachaise, G., Le droit de retrait des salariés de leur poste de travail, *JCP* éd. E 1991. I. 88.

[791] Pour ne pas être suspecté d'abus de droit, le salarié doit saisir immédiatement le chef d'entreprise ou son préposé pour les mesures à

Le contenu de la réglementation dans cette matière est pour l'essentiel conforme aux normes de la convention n° 155 sur la santé et la sécurité des travailleurs, bien que la République de Djibouti n'ait pas, à ce jour, ratifiée cette convention. Celle-ci, dans son article 13, dispose en effet qu' « un travailleur qui s'est retiré d'une situation de travail dont il avait un motif raisonnable de penser qu'elle présentait un péril imminent et grave pour sa vie ou sa santé devra être protégé contre des conséquences injustifiées, conformément aux conditions et à la pratique nationales ».

Si le droit de retrait est consacré pleinement et clairement par les textes, beaucoup de salariés fortement exposés à des risques n'en ont pas forcément connaissance ou sont dans des situations trop précaires pour prendre le risque de mobiliser ce dispositif. Ils protestent rarement de peur que d'autres prêts, à vivre ces risques, ne viennent les remplacer. La quasi-inexistence du contentieux en la matière et l'absence de chiffres dignes de foi concernant les accidents de travail et décès sur les lieux de travail corroborent l'ineffectivité de ce droit à caractère préventif.

2- Les institutions de contrôle

La réglementation prévoit deux types de contrôle pour assurer l'application des règles en matière d'hygiène, de sécurité et de médecine du travail : le contrôle de l'Inspection du Travail (**a**) et le contrôle de l'inspection générale de la santé (**b**).

a) Le contrôle de l'inspection du travail

L'inspecteur du Travail est investi d'une mission générale de contrôle. Aux termes de l'article 199 du Code du travail, les inspecteurs du Travail peuvent procéder à tous les examens ou enquêtes jugées nécessaires pour s'assurer que toutes les dispositions législatives et règlementaires sont effectivement observées. Le Code du travail précise que cette mission s'étend au contrôle de l'application de la législation en matière d'hygiène, de sécurité et de médecine du travail qui est dévolu à l'inspection du travail,

---

prendre en vue d'éliminer le risque ainsi que les délégués du personnel, s'il en existe, et l'inspecteur du travail (article 124-4 du Code du travail).

conformément à ses attributions[792]. Mais dans cette matière, l'inspecteur du travail exerce ses compétences générales selon des modes d'action quasi similaires définis par la loi.

Au titre de sa mission générale, l'inspecteur du Travail peut à tout moment prendre l'initiative d'une action de contrôle. Le comité d'hygiène et de sécurité dans lequel siègent les représentants des travailleurs[793] ainsi que le médecin du travail peuvent le saisir légalement à tout moment en cas de constat d'une négligence flagrante ou de facteurs de nuisance pour lequel des mesures adéquates n'ont pas été prises par l'employeur, préalablement avisé. Il est de règle générale et stricte que l'Inspecteur du Travail peut effectuer des visites de contrôle dans tous les lieux de travail, à toute heure de jour, et même de la nuit, si des salariés y sont occupés[794]. Lors de sa visite, il peut obtenir, notamment, la présentation par l'employeur des registres d'hygiène, de sécurité et de médecine du travail, des accidents du travail et des vérifications techniques des installations et équipements industriels. Il peut également se faire présenter le registre et les fiches de visites médicales individuelles obligatoirement établis par le médecin du travail. Au cours de ces visites, l'inspecteur du Travail peut prélever (ou faire prélever) et emporter aux fins d'analyse des échantillons des matières et substances utilisées ou manipulées[795].

Lorsque des infractions sont constatées, l'inspecteur du Travail met l'employeur en demeure de se conformer aux prescriptions prévues par la loi et la réglementation[796]. Les délais accordés au chef d'entreprise pour mettre fin aux infractions relèvent de l'appréciation souveraine sous réserve qu'ils ne soient pas inférieurs à six jours[797]. Ces délais d'exécution seront fixés par

---

792 Article 131 du Code du travail.

793 Tous les représentants de salariés ont un rôle à jouer sur ce terrain (*Cf.* Héas, F., Les représentants du personnel et la question de la santé au travail, Semaine Sociale Lamy, n° 1196, 27 décembre 2004, p. 5 ; Verkindt, P.-Y., Le rôle des instances du personnel en matière de sécurité, *Dr. soc.* 2007, p. 697).

794 Article 199 du Code du travail.

795 Ibid.

796 Article 131-2 du Code du travail.

797 Ibid.

l'inspecteur du Travail qui tiendra compte des circonstances propres à chaque situation.

C'est seulement si l'employeur n'a pas pris, dans les délais fixés, les mesures demandées que l'inspecteur du Travail peut dresser un procès-verbal[798]. Mais, il est légalement tenu d'établir un procès-verbal d'infraction immédiatement, et de mettre en demeure le chef d'entreprise de prendre les mesures adaptées aux risques à prévenir ; selon les termes de l'article 31 du code du travail, « en cas d'extrême d'urgence, l'inspecteur du travail peut dresser procès-verbal sans mise en demeure préalable ». Ainsi, la mise en demeure préalable est une condition pour la poursuite des infractions, sauf lorsque les faits constatés présentent un danger particulièrement grave, auquel cas le procès-verbal d'infraction droit être dressé sans délai.

Enfin, il peut arriver qu'au cours de ces visites techniques, l'inspecteur du Travail constate une défectuosité dans une installation, une trop grande concentration d'émanations suffocantes ou de méthodes de travail lui donnant un motif raisonnable de les considérer comme un danger imminent pour la sécurité et la santé des travailleurs. Dans ces cas, l'article 132 du Code du travail lui accorde le pouvoir d'ordonner que les modifications nécessaires soient apportées par l'employeur. La décision est notifiée à l'employeur par écrit soit sur le registre d'employeur, soit par lettre recommandée avec accusé de réception. Elle précise les délais d'exécution impartis qui ne peuvent être inférieurs à quinze jours. L'employeur peut exercer un recours contre cette décision devant le juge des référés. Ce dernier doit statuer avant la fin du délai d'exécution fixé par l'Inspecteur du Travail[799].

---

[798] *Cf.* not. Prètot, X., Les sanctions administratives de l'insécurité au travail, *Dr. soc.* 2007, p. 707.

[799] Ces dispositions sont la résultante de la transposition de la convention n° 81 de l'OIT ratifiée par la République de Djibouti qui prévoit que le droit pour les inspecteurs, sous réserve de tout recours judiciaire ou administratif que pourrait faire la législation nationale, d'ordonner ou faire ordonner : « a) que soient apportées aux installations, dans un délai fixé, les modifications qui sont nécessaires pour assurer l'application stricte des dispositions légales concernant la santé et la sécurité des travailleurs ; b) que des mesures immédiatement exécutoires soient prises dans les cas de danger imminent pour la santé et la sécurité des travailleurs » (article 13).

L'efficacité de l'inspection du travail conditionne l'application effective des dispositions en matière d'hygiène, de sécurité et de médecine de travail. Mais, il faut relever, pour le regretter, une certaine propension de l'inspection du travail a exercé moins les fonctions de contrôle et de répression. En effet, suivant les indications du Gouvernement, les activités de l'inspection du travail continuent de rester majoritairement centrées sur la pédagogie (conseil et information)[800]. Les limites des mécanismes de contrôle de l'inspection du travail peuvent s'expliquer non seulement par l'insuffisance des moyens matériels et humains, mais aussi par le caractère généraliste[801] de la mission qui consiste à assurer au quotidien l'effectivité du droit du travail. Il faut y ajouter le fait que le manque de moyens de la majorité des entreprises rend illusoire le respect d'une législation qui mise en grande partie sur l'investissement de l'employeur pour rendre effective la protection des travailleurs. Les sanctions susceptibles d'être infligées elles-mêmes perdent tout effet dissuasif lorsqu'il faut arbitrer entre l'emploi (donc les moyens d'existence des travailleurs) et l'impératif de faire respecter les normes en vigueur en matière d'hygiène et de sécurité[802].

---

[800] CIT, 103ème session, CEACR, observation, convention n° 81, Djibouti.

[801] Selon Philippe Auvergnon, « En réalité, on doit distinguer "approche généraliste ou spécialiste" de la relation de travail, et système généraliste ou spécialisé (...). Un système en tant qu'organisation peut être "spécialisé" sur un secteur d'activité et traiter, pour ce secteur, de l'ensemble de la relation de travail comme d'un seul aspect. De même un système unique d'inspection est compétent pour tous les secteurs d'activité professionnelle en abordant l'ensemble de la relation de travail ou on s'en tenant compte à l'un des aspects » (*Cf.* Auvergnon, Ph., L'effectivité du droit du travail: quel système d'inspection et quelle indépendance des inspecteurs? *in* « L'effectivité du droit du travail: quel système d'inspection et quelle indépendance des inspecteurs », PU de Bordeaux, 2008, p. 245).

[802] Nous ne disposons pas de données sur des condamnations pénales d'employeurs à Djibouti. La faiblesse de l'application du droit pénal du travail est une donnée également présente en France (*Cf.* not. Auvergnon, Ph., Contrôle étatique, effectivité et ineffectivité du droit du travail, *Dr. soc.* 1996, p. 598; Dodier, N., Le travail d'accommodation des inspecteurs du travail en matière de sécurité, *in* Boltanski, L. (dir.), « Justesse et justice dans le travail », PUF, 1989, p. 281).

b) Le contrôle de la section technique de l'Inspection Générale de la santé

Le contrôle de l'application de la législation et de la réglementation relatives à l'hygiène et la médecine du travail est dévolu, en plus de l'inspection du travail, à la section technique de l'Inspection Générale de la santé. Celle-ci désigne en son sein des médecins chargés de la fonction de contrôle et d'inspection. Ces derniers sont recrutés « parmi les cadres ayant une expérience professionnelle minimale de cinq ans et ayant déjà exercé des fonctions de niveau, au moins, de chef de service à l'hôpital général ou de sous-directeur d'administration centrale »[803]. Les tâches de contrôle et d'inspection portent plus particulièrement sur l'organisation et le fonctionnement des structures de santé. Les médecins-inspecteurs disposent, comme les inspecteurs du Travail, du libre accès à n'importe quels lieux. Ils peuvent procéder ou faire procéder à toute enquête ou prélèvement aux fins d'analyse en vue d'évaluer les conditions sanitaires du milieu.

En pratique, ce système de contrôle n'est pas fonctionnel faute de cadre juridique précis et de formation des inspecteurs. La section technique de l'Inspection générale de la santé connaît également des insuffisances réelles en ressources matérielles et humaines pour jouer pleinement son rôle de contrôle de l'application de la réglementation sanitaire.

§3- Les garanties entourant le paiement des salaires

La législation impose un ensemble de règles pour garantir, dans certains cas, au travailleur le paiement de sa rémunération, et donc assurer ses moyens d'existence. Ces garanties revêtent une importance particulière quand il s'agit de protéger le travailleur contre les difficultés touchant l'entreprise qui l'utilise, mais aussi, le cas échéant contre ses propres créanciers[804]. Les règles qui seront

---

[803] Article 19 de la loi n° 118/AN/01/4ème L du 21 janvier 2001 relative aux attributions et à l'organisation du ministère de la Santé.

[804] *Cf.* not. Soinne, B., le règlement des créances salariales dans le redressement judiciaire, *Dr. soc.* 1987, p. 123 ; Chagny, Y., La situation des

analysées, concernent le privilège du salarié (**A**), les retenues sur salaire (**B**) la saisie-arrêt et la cession de la créance de salaire (**C**).

A- Les privilèges du salarié

Pour faire échapper les créances de salaire à la loi du concours en cas de pluralité de créanciers et les protéger ainsi de l'insolvabilité de l'entreprise, le législateur a institué un privilège général (**1**) et un superprivilège (**2**).

1-Le privilège général

Aux termes de l'article 2324 du Code civil, « le privilège est un droit que la qualité de la créance donne à un créancier d'être préféré aux autres créanciers même hypothécaires ». Les rémunérations bénéficient d'un privilège général qui s'exerce, sans voir été publié, dans l'ordre de préférence prévu par les textes.

Les bénéficiaires de ce privilège sont les travailleurs et les apprentis, quelle que soit la durée de leurs contrats. Sont également couverts les journaliers, les saisonniers et les titulaires de contrats à l'essai ou de contrats de travail temporaire. Les créances garanties sont les salaires « de traitement de base et tous autres avantages, payés directement ou indirectement en espèces ou en nature, par l'employeur au travailleur en raison de l'emploi de ce dernier »[805]. Ce sont également des « diverses indemnités et dommages et intérêts liés à la rupture du contrat de travail »[806]. N'en sont exclues que les dettes de l'employeur à l'égard du travailleur, extérieures à la relation de travail. Ce privilège s'étend donc à tout le salaire et aux accessoires de salaires, primes, indemnités, indemnités de congés payés, indemnités de préavis, indemnités de licenciement, dommages et intérêts.

---

salariés de l'entreprise en difficulté, *RJS* 1999, pp.743- 819 ; Mbaye, K., La saisie-arrêt des rémunérations du travail, Encyclopédie juridique de l'Afrique, Vol. 4, p. 272 et s.

[805] Article 136 du Code du travail.

[806] Article 153 du Code du travail.

Le privilège général garantit la partie saisissable du salaire, dans la mesure où la partie insaisissable bénéficie d'une garantie plus intéressante, le superprivilège. Ce privilège général, qui porte normalement sur les biens meubles, s'exerce en réalité sur les biens meubles et immeubles de l'employeur[807]. Plus exactement, il grève les biens meubles et les produits de vente des immeubles. Cette distinction importe surtout pour le rang des créanciers bénéficiant des préférences. En ce qui concerne le rang du privilège, celui du salarié est classé, dans l'article 2101 du Code civil relatif aux meubles mais qui s'étend aussi aux immeubles, au 4ème rang après les frais de justice, les frais funéraires, les frais de dernière maladie. L'article 2103 du Code civil classe aussi ce privilège au 4ème rang des privilèges sur les immeubles. Selon cet article 2103, sont privilégiés sur les immeubles, au quatrième rang, en même temps que les entrepreneurs et architectes, « ...les maçons et ouvriers employés pour édifier, reconstruire ou réparer des bâtiments, canaux, ou autres ouvrages quelconques (...) », à condition qu'il ait été préalablement dressé procès-verbal par un expert nommé par le tribunal de première instance. L'expression « maçons et autres ouvriers » vise, en réalité, tous les travailleurs qui ont participé aux travaux sur l'immeuble.

Dans le temps, la créance de salaire n'est privilégiée que pour les six derniers mois précédant la faillite, sauf en ce qui concerne les gens de maisons pour lesquels le privilège porte sur la créance d'une année échue et de l'année en cours[808]. Mais la garantie offerte par le privilège général est assez illusoire, car la règle veut que les privilèges spéciaux priment sur les privilèges généraux. Ainsi, en cas de faillite, le bailleur a un privilège spécial sur les loyers dus[809], le vendeur de

---

807 L'article 2101 du Code civil concerne les biens meubles mais l'article 2104 dispose que les privilèges qui s'étendent sur les meubles et les immeubles sont ceux énoncés en l'article 2101.

808 En effet, selon l'article 2101 du Code civil, ce privilège porte « sur les salaires des gens de service et les appointements de tous ceux qui louent leurs services pour les six derniers mois ». Ce traitement de faveur attribué aux gens de service se justifie tout d'abord par la subordination plus étroite qui les lie à leur employeur, ensuite par une raison historique, les gages étant, dans l'ancien droit, bien souvent payés à intervalles fort éloignés (quelque fois un an) (*Cf.* Lafond, A., Michollin, J., Code du travail de la France d'outre-mer, *op. cit*, p. 226).

809 Article 2282-516 du Code de commerce.

meuble a un privilège spécial sur le produit de la vente du meuble[810], etc. Pour éviter qu'il n'ait rien à toucher, le législateur est intervenu pour accorder au travailleur un superprivilège sur les créances de salaires.

2- Le superprivilège

L'article 153 du Code du travail dispose que « la créance de salaire et autres créances du travailleur relevant de la relation de travail bénéficient d'un privilège préférable à tous les autres privilèges généraux ou spéciaux en ce qui concerne la fraction insaisissable dudit salaire ». Ce privilège qui porte sur une partie variable des rémunérations, selon plusieurs tranches,[811] s'exerce sur les biens meubles et immeubles du débiteur. Il prime même celui du Trésor car celui-ci doit rapporter à la masse les sommes qui avaient été précomptées sur les mandats dus à l'employeur postérieurement à la date de cessation des paiements[812].

En ce qui concerne le rang du superprivilège, le Code de commerce améliore la position des salariés dans l'ordre de préférence lors de la distribution des deniers. Son article L. 4244-1 précise que « les créances résultant d'un contrat de travail sont garanties, en cas de redressement ou de liquidation judiciaire par le privilège des salaires établi pour les causes et le montant définis par la législation du travail et les dispositions relatives aux sûretés ». Outre le rang dans l'ordre de préférence, les créances de salaires bénéficient d'une procédure accélérée de paiement qui augmente l'intérêt du superprivilège. Pour assurer le règlement effectif des créances super privilégiées, le syndic ou le liquidateur doit payer les créances des travailleurs dans les dix jours qui suivent la liquidation judiciaire, sur simple décision du juge commissaire. Si les fonds ne sont pas suffisants, les créances des travailleurs doivent être acquittées sur les

---

[810] Ibid., article 2282-515.

[811] La détermination de cette fraction insaisissable est déductible de celle des quotités cessibles et saisissables fixées par le décret n° 55-972 du 16 juillet 1955 relatifs aux saisies-arrêts, cessions et retenues sur les traitements ou salaires des travailleurs visés par l'article 1er de la loi n° 52-1322 du 15 décembre 1952, pris en en application de l'article 108 de ladite loi, complété par le décret n° 57-471 du 8 avril 1957, *JO CFS* 1er septembre 1955, p. 349.

[812] Article 155 du Code du travail.

premières rentrées de fonds avant toute autre créance[813]. Afin de ne pas décourager toute possibilité d'avancer des fonds à l'entreprise en difficulté, le Code de commerce prévoit une subrogation en faveur de celui qui aura prêté les fonds nécessaires pour désintéresser les salariés :« au cas où lesdites créances sont payées grâce à une avance faite par le syndic ou de toute autre personne, le prêteur est, par là même, subrogé dans les droits des travailleurs et droit être remboursé dés la rentrée des fonds nécessaires sans qu'aucune autre créance ne puisse y faire obstacle »[814].

Toutefois, les dispositions précitées ne permettent pas toujours de payer les salaires des travailleurs, notamment en cas de faillite ou de liquidation judiciaire. On se rappellera que le personnel de deux banques liquidées, à savoir la Banque Al-Baraka (Al-Baraka Bank) et la Banque de Djibouti et du Moyen Orient (BDMO), n'ont pas, jusqu'à nos jours, obtenu paiement de leur décompte final intégral[815]. Certains salariés ont vu leur situation économique et sociale se détériorer pour avoir été jetés dans la rue sans que leur décompte final n'ait été payé.

La protection des salariés d'une entreprise défaillante devrait, nous semble-t-il, être recherchée dans l'institution d'une assurance obligatoire contre le risque de non-paiement du salaire et d'autres indemnités[816]. Cette assurance qui ne devrait être ni générale, ni

---

[813] Article L. 4244-2 du Code de commerce.
[814] Ibid. Concernant cette question, la législation nationale est conforme aux obligations fixées par la deuxième partie de la convention de l'OIT n° 173 sur la protection des créances des travailleurs en cas d'insolvabilité de leur employeur (1992), bien que Djibouti n'ait pas ratifié cette convention.
[815] Ces deux banques ont été placées en situation de liquidation respectivement en 1998 et 1999 (*Cf.* Mahamoud Houssein, I., *op. cit.*, p. 147).
[816] La solution serait d'adopter un mécanisme du type préconisé par les dispositions de la troisième partie de la convention de l'OIT n° 73 qui prévoient que le paiement des créances de salaires « doit être garanti par l'intermédiaire d'une institution de garantie lorsqu'il ne peut être effectué par l'employeur en raison de son insolvabilité » (article 9). Le législateur français a crée une obligation d'assurer ses salariés contre le risque de non-paiement des sommes dues en exécution du contrat de travail, en cas de procédure de sauvegarde, de redressement ou de liquidation judiciaires. L'AGS est une association (composée de représentants des organisations d'employeurs représentatives) ayant passée une convention avec l'Unedic et

illimitée, jouerait le rôle de débiteur subsidiaire. Le mécanisme d'intervention consisterait, pour l'organisme assureur de faire valoir le privilège général susvisé. L'obligation d'assurer les salariés contre le risque de non-paiement des sommes qui leur sont dues en exécution d'un contrat de travail en cas de procédure de faillite ou de liquidation judiciaire, de restructuration de l'entreprise devrait être imposée à tout employeur assujetti au Code du travail, qu'il soit de droit privé ou de droit public.

B- Les retenues sur salaires

Le salaire est soumis à un certain nombre de prélèvements légaux (**1**) ou prévus par les conventions collectives. En dehors de ces cas, l'employeur ne peut pas opérer de retenues sur les salaires que par cession volontaire ou saisie arrêt (**2**). Il ne peut opérer d'autorité de compensation entre les rémunérations et les sommes que le salarié lui doit.

1- Les prélèvements obligatoires

Les retenues obligatoires sont évoquées par l'article 141, alinéa 1er du Code du travail. Celui-ci précise que « les prélèvements obligatoires, les remboursements et les consignations qui peuvent être prévues par les lois, les conventions ou accords collectifs et les contrats individuels de travail peuvent faire l'objet de retenues sur salaire ». Ces prélèvements obligatoires concernent surtout l'impôt sur les traitements et salaires (ITS) et les cotisations de sécurité sociale dont une partie est à la charge du salarié.

Les consignations qui peuvent être prévues par la loi, les conventions collectives ou les contrats sont également des retenues obligatoires. Par exemple, les comptables des entreprises et établissements publics doivent constituer une caution qui est réunie, entre autres, sur des précomptes opérées mensuellement sur

---

financée par les cotisations des employeurs (*Cf.* Favennec-Héry, F. et Verkindt, P.Y., Droit du travail, LGDJ, 4ème éd., 2014, p. 581).

l'indemnité de responsabilité qui lui est versée, à raison de 50% de son montant net[817]. En revanche, il n'existe pas de prévisions légales similaires concernant le secteur privé. Par ailleurs, les dispositions relatives au cautionnement contenues dans le Code de 1952[818] n'ont pas été reprises par le Code de 2006.

2- Les retenues autorisées

L'employeur ne doit pas porter atteinte à la libre disposition par le salarié de ses rémunérations par des prélèvements non autorisés ou en dehors d'une cession volontaire. L'article 144 du Code du travail interdit à l'employeur d'infliger des amendes au travailleur pour quel que motif que ce soit. L'employeur peut en effet être tenté d'infliger des amendes prélevées sur le salaire pour des malfaçons, des détériorations non volontaire de matériels, des manquements à la discipline. De telles pratiques sont illégales[819]. N'est en revanche autorisée qu'une seule catégorie de retenues, pourvu qu'elles se fassent dans le cadre de la réglementation : les remboursements de prêts ou avances.

L'article 152 du Code du travail interdit à l'employeur d'opérer des retenues sur les salaires en dehors d'une cession volontaire à concurrence de la portion du salaire cessible ou de saisie-

---

[817] Article 21 du décret n° 2010-0041/PR/MEFPCP du 24 mars 2010 portant régime applicables aux agents comptables des entreprises et établissements publics.

[818] Articles 87 à 90 du Code de 1952.

[819] Ces pratiques semblent pourtant subsister dans certains secteurs d'activité, bien qu'elles ne fassent pas irruption dans les tribunaux : retenues pour bris de verres dans les débits de boissons ; amendes au vigile (gardien de société de gardiennage) qui dort pendant un vol ; amendes à une travailleuse domestique suite à la disparition d'objets de valeur dans la maison (argent, bijoux) ; les retenues, dans les débits de boissons, sur le salaire de la serveuse qui a laissé partir un client sans payer peuvent être diversement interprétées : retenue illégale pour négligence dans l'exécution des tâches, faute de gestion ou à un détournement déguisé s'il n'est pas établi que le client est parti sans payer. Mais la retenue la plus célèbre parce que pointée du doigt par les organes de contrôle de l'OIT est celle pratiquée par certains bureaux de placement payants sur les salaires des demandeurs d'emploi (CIT, 103ème session, CEACR, demande directe, convention n° 96, Djibouti).

arrêt. Les retenues pour avances consenties au travailleur sont possibles parce qu'elles reposent sur un accord entre l'employeur et le travailleur. Ce sont des facilités de prêts à la consommation ou d'installations concédées unilatéralement par l'employeur ou prévues dans le cadre de négociations entre l'employeur et les représentants des travailleurs. Il faut ici toutefois faire la différence entre les avances et les acomptes. Les avances sont des prêts consentis par l'employeur et remboursés par prélèvement successifs sur le salaire. Ce sont des sommes allouées au travailleur au-delà de la rémunération. Par exemple, certaines entreprises accordent souvent des prêts pour l'achat de voiture ou des prêts d'installation (matériaux de construction, mobiliers). Ces avances peuvent être déduites du salaire dans le respect des quotités ou saisissables et de la procédure de cession. Les acomptes sont, en revanche, des paiements partiels sur salaire déjà acquis correspondant à la rémunération d'une période de travail effectuée. L'acompte est entièrement déductible[820]. C'est le remboursement des avances qui fait l'objet d'une réglementation spéciale découlant du décret du 16 juillet 1955 précité [821]. Ce dernier reste applicable à cause de la non-parution du décret annoncé par l'article 142 du Code du travail et grâce au mécanisme de renaissance des dispositions antérieures de l'article 293 du Code du travail.

La cession volontaire de salaire pour le remboursement d'avances d'argent consenties par l'employeur au travailleur doit se faire devant le magistrat du lieu de résidence ou, à défaut, devant l'inspecteur du Travail ou encore devant le chef de l'unité administrative la plus proche si le siège de la juridiction ou de l'inspection du travail sont à plus de vingt-cinq kilomètres. L'expression « chef de l'unité administrative la plus proche » désigne le chef de circonscription administrative (préfet) ou le maire si l'on

---

[820] Article 146 du Code du travail.

[821] Les avances sont une pratique très répandue à Djibouti même si les Code de 1952 et 2006 ne l'ont pas réglementé expressément. Cette pratique a néanmoins de nombreux inconvénients surtout lorsque les avances sont importantes et qu'elles réduisent la somme perçue le jour de la paye à un montant dérisoire, diminuant ainsi dangereusement les moyens d'existence du travailleur (*Cf.* Gonidec, P.F et Kirsch, M., *op. cit.*, p. 615)

s'en tient à une acception restreinte[822]. De la formulation de l'article 141 du Code du travail, on déduit que les stipulations d'une convention ou contrat autorisant tous autres prélèvements sont nulles et l'article 143 alinéa 2 précise que les sommes retenues illégalement portent intérêts aux taux légal.

Les quotités cessibles et saisissables des salaires sont fixées, en ce qui concerne le secteur privé, comme suit : 1/20ème sur la portion inférieure ou égale à 150 000 francs ; 1/10ème sur la portion supérieure à 150 000 et inférieure ou égale à 300 000 francs ; 1/5ème sur la portion supérieure à 300 000 et inférieure ou égale à 450 000 francs ; 1/4ème sur la portion supérieure à 450 000 et inférieure ou égale 600 000 francs ; 1/3 sur la portion supérieure à 600 000 et inférieure ou égale 750 000 francs ; 1/2 sur la portion supérieure à 750 000 et inférieure ou égale à 1 500 000 francs ; la totalité sur la portion supérieure à 1 500 000 francs[823].

En ce qui concerne le secteur public, les fractions saisissables et cessibles sont fixées par le décret n° 83-098/PR/FP du 10 septembre 1983[824]. Ce texte, qui est plus simple, déclare saisissable le tiers de la rémunération totale, calculée toutes indemnités mensuelles incluses, à l'exception des prestations familiales, mais après déduction de retenues prévues au titre de pension de retraite et au titre de logement et ameublement. Ce texte inspire grosso modo la pratique, même dans le secteur privé.

C- Les cessions et saisies-arrêts

Il s'agit, ici, des cessions de rémunérations à des tiers autres que l'employeur et de saisies-arrêts de salaires par des tiers entre les mains de l'employeur. Ce dernier, on l'a vu, peut être bénéficiaire

---

822 Article 6 du décret n° 55-972 du 16 juillet 1955 concernant les saisies-arrêts, cessions et retenues sur les salaires et traitements, dans sa teneur modifiée par le décret n° 57-471 du 8 avril 1957.

823 Ibid., article 1er.

824 Décret n° 83-098/PR/FP du 10 septembre 1983 fixant le régime des rémunérations et les avantages sociaux alloués aux fonctionnaires des administrations et établissements publics administratifs de l'Etat.

d'une cession, mais normalement n'a pas besoin de passer par la voie d'une saisie de la rémunération. Les cessions et saisies de rémunérations sont traitées dans le Code du travail et dans le décret du 16 juillet 1955 précité. Ces textes déterminent l'assiette des rémunérations servant au calcul de la partie cessible ou saisissable (**1**) et mettent en place la procédure à suivre en matière de saisie de la rémunération (**2**).

1- L'assiette des rémunérations servant au calcul de la portion cessible ou saisissable

Il est de règle en droit civil que tous les biens du débiteur, présents et à venir, sont le gage commun de ses créanciers et le prix s'en distribue entre eux par contribution, à moins qu'il n'y ait entre les créanciers des causes légitimes de préférence[825].

Afin d'éviter que l'application rigoureuse de cette règle au salarié insolvable dont les créanciers viendraient, par le procédé de la saisie, s'opposer dans un premier temps au paiement, puis se faire attribuer intégralement la créance de salaire, la réglementation consacre une insaisissabilité partielle, doublée d'une incessibilité partielle de cette créance. La finalité poursuivie est de garantir la fonction alimentaire des sommes visées tout en sauvegardant le crédit du salarié[826].

Le régime de l'insaisissabilité partielle ne concerne que les créances dont le salarié est titulaire. Il ne s'étend plus aux sommes constitutives du paiement effectué de ces créances, lesquelles sont devenues une fraction d'un patrimoine qui n'est plus possible d'individualiser. Lorsque la rémunération est payée, elle quitte les mains de l'employeur et partant, est soumise au régime de droit commun. La rémunération payée peut donc être utilisée par le salarié en toute liberté pour acquitter même des dettes pour lesquelles une retenue ne pouvait être effectuée par l'employeur[827]. Elle peut par

---

[825] Article 2285 du Code civil.

[826] *Cf.* not. Pélissier, J., Auzero G., Dockès, E., *op. cit.* p. 985.

[827] L'article 145 du Code du travail est formel sur ce point puisqu'il affirme qu' « aucun employeur ne peut restreindre la liberté du travailleur de disposer de son salaire à son gré ».

ailleurs faire l'objet d'une cession totale puisqu'elle s'intègre dans le gage saisissable des créanciers.

L'assiette des rémunérations servant au calcul de la partie cessible ou saisissable[828] est constituée du salaire global brut avec tous les accessoires, déduction faite des taxes et prélèvements légaux ou obligatoires (impôt et cotisation sociale), des sommes allouées à titre de remboursement de frais exposés par le travailleur, des indemnités déclarées insaisissables par la réglementation en vigueur, et des allocations ou indemnités pour charge de famille. La partie insaisissable de traitements ou salaires pourra cependant être imputée en cas de cessions et se saisies-arrêts faites pour le paiement des dettes alimentaires[829]. Dans ces cas, le terme mensuel courant de la pension alimentaire sera chaque mois prélevé intégralement sur la portion insaisissable[830]. La portion insaisissable des traitements ou salaires pourra, le cas échéant, être retenue en sus soit pour sûreté des termes arriérés de la pension alimentaire et des frais, soit au profit des créanciers ordinaires opposants ou cessionnaires[831].

Enfin, quant aux allocations ou indemnités pour charges de famille, elles sont insaisissables ou incessibles sauf pour le paiement des dettes alimentaires contractées par les époux vis-à-vis de leurs enfants[832].

2- La procédure de la saisie de la rémunération

La procédure de saisie doit être précédée par une phase de conciliation sur requête du créancier adressée à la juridiction compétente (la juridiction du travail). La juridiction convoque les parties pour la conciliation et dresse procès-verbal de conciliation ou de non-conciliation[833]. En cas de non conciliation, le créancier peut procéder à la saisie après que le magistrat ait vérifié le montant de la créance au principal, les intérêts et les frais et éventuellement tranché

---

828 La mesure de la quotité saisissable et cessible est la même que celle susvisé (voir supra).
829 Article 2 du décret du 16 juillet 1955 précité.
830 Ibid.
831 Ibid.
832 Ibid.
833 Ibid., article 8.

des contestations soulevées par le débiteur[834]. Le greffier notifie l'acte de saisie dans les quarante-huit heures de la non-conciliation et cette notification frappe d'indisponibilité la quotité saisissable du salaire[835]. L'employeur n'assure pas lui-même le paiement des créanciers saisissants. Il doit adresser tous les mois le montant des sommes retenues, en respectant la portion saisissable, au greffe du tribunal[836]. Il revient au magistrat, assisté du greffier de reverser au créancier ou, en cas de pluralité des créanciers, de repartir la somme, en tenant compte, s'il y a lieu, des privilèges, entre les créanciers qui ont régulièrement fait intervention dans la procédure afin de participer à la répartition[837].

La cession de salaire à un tiers est analogue à celle prévue dans les rapports entre l'employeur et le travailleur. La cession ne peut être consentie, quel qu'en soit le montant, que par déclaration du cédant en personne devant le magistrat de sa résidence[838]. La juridiction vérifie le respect de la quotité cessible et notifie la déclaration au cessionnaire.

---

[834] Ibid.
[835] Ibid., article 7.
[836] Ibid.
[837] Ibid., article 16.
[838] Ibid., article 6.

Section 2- L'attention accordée aux travailleurs vulnérables

La Convention n° 111 de l'OIT sur les discriminations en matière d'emploi et de profession définit la discrimination comme « toute distinction, exclusion ou préférence fondée sur la race, la couleur, le sexe, la religion, l'opinion politique, l'ascendance nationale ou l'origine sociale qui a pour effet de détruire ou d'altérer l'égalité des chances ou de traitement en matière d'emploi ou de profession »[839]. Il est interdit à l'employeur de prendre en considération tous ces critères pour arrêter ses décisions en ce qui concerne l'embauche, la conduite et la répartition du travail, la formation professionnelle, la promotion, la rémunération et autres conditions de travail, l'octroi d'avantages sociaux, la discipline ou la rupture du contrat de travail.

L'article 5 de la même convention précise que ne sont pas discriminatoires les mesures spéciales de protection et d'assistance prévues par d'autres conventions ou recommandations de l'OIT et que les Etats ont la possibilité de définir comme non discriminatoires toutes les mesures spéciales destinées à tenir compte des besoins particuliers des personnes à l'égard desquelles une protection ou une assistance spéciale, est d'une manière générale, reconnue nécessaire pour des raisons telles que le sexe, l'âge, l'invalidité, les charges de famille ou le niveau social ou culturel. La Recommandation n° 122 de 1964 convie les Etats à répondre par efforts spécifiques aux besoins propres à certaines catégories de travailleurs devant faire face à des difficultés particulières. Mais quelles sont ces catégories de travailleurs et qu'est ce qui justifie leur personnalisation juridique[840] ?

---

[839] Article 1er de la Convention n° 111 de l'OIT.

[840] A. Lyon-Caen pose en ces termes, dans une belle formule, la problématique de l'égalité en droit du travail: « deux notions de l'égalité, l'égalité juridique, les mêmes droits pour tous, et l'égalité sociale, les droits proportionnés aux inégalités ». Il en résulte que la fonction du droit du travail est la correction des inégalités « Le droit du travail répudierait l'égalité juridique, pour prendre en compte des inégalités de fait, dépourvues jusqu'alors de pertinence juridique. Comment? D'une part, par l'octroi de droits particuliers, discriminatoires, en faveur des salariés. D'autre

Quelle est la raison d'être de ces actions positives[841] en faveur de ces catégories de travailleurs ?

A Djibouti, l'identification de ces catégories professionnelles que l'on pourrait qualifier de vulnérables[842] est facilitée par l'intégration de la Charte africaine des droits de l'homme et des peuples dans le bloc de constitutionnalité. La Charte indique que « l'Etat a le devoir de veiller à l'élimination de toute discrimination contre la femme et d'assurer la protection des droits de la femme et de l'enfant tels que stipulés dans les déclarations et conventions internationales »[843]. Elle stipule également que « les personnes âgées ou handicapées ont également le droit à des mesures spécifiques de protection en rapport avec leurs besoins physiques ou moraux »[844]. Nous userons de cette indentification constitutionnelle pour examiner la place réservé, d'une part, au jeune travailleur et à la femme (**§1**) et, d'autre part, aux personnes handicapées et malades (**§2**) dans les relations de travail.

---

part, par l'institution de rapports contractuels collectifs » (*Cf.* Lyon-Caen, A., l'égalité et la loi en droit du travail, *Dr. soc.* 1990, p. 68).

[841] *Cf.* not. Berthou, K., Sur les discriminations positives, *Dr. soc.* 2000, p. 901 ; Leroy, Y., L'égalité professionnelle vers une approche générale et concrète, *RJS* 11/02 chron. p. 887; Moreau, M.-A, Les justifications des discriminations, *Dr. soc.* 2003, p. 1112.

[842] La vulnérabilité s'entend comme la fragilité face aux attaques externes. Le salarié vulnérable est celui qui ne jouit pas de son intégrité physique, ou ce celui qui, de par sa nature n'est pas physiquement apte à exercer des travaux nécessitant une débauche d'énergie importante. On pourrait mettre dans la liste le travailleur qui exerce son travail dans des conditions de précarité ne lui permettant pas de s'épanouir véritablement sur le plan professionnel (les salariés à contrats atypiques). Sur la question du traitement de la vulnérabilité en droit du travail : Picq, M., Le droit du travail est-il le droit des vulnérables, *in* «Vulnérabilité et droit, le développement de la vulnérabilité et ses enjeux en droit », PUG, 2000, pp. 277-294.

[843] Article 18-3 de la Charte africaine des droits de l'homme et des peuples.

[844] Ibid. Article 18-4. Sur le droit des personnes vulnérables à la protection selon la Charte africaine des droits de l'homme et des peuples (*Cf.* not. Guématcha, E., Section 2, La justiciabilité des droits sociaux en Afrique, Revue des droits de l'homme 1/2012, p. 140-157; Doumbé-Billé, S., Un quart de protection des droits de l'Homme en Afrique *in* « Les droits de l'Homme en évolution », Mélanges en l'honneur du professeur Pétros J. Pararas , éd. Bruylant, Bruxelles, 2009, pp. 133-141).

§1- L'emploi des jeunes travailleurs et des femmes

Le principe de non-discrimination affirmé par la Convention n° 111 de l'OIT ne s'oppose pas à ce que soit mise en place une réglementation particulière régissant l'emploi des jeunes travailleurs et des femmes. C'est ce que le législateur djiboutien fait lorsqu'il décide de mesures d'interdictions d'emploi dans l'intérêt de la santé et de l'hygiène (**A**) et de mesures protectrices spéciales au profit de la salariée enceinte (**B**). Par ailleurs, d'autres considérations inhérentes à la nature particulière du contrat d'apprentissage justifient les garanties légales données à l'apprenti (**C**).

A- Les interdictions d'emploi des jeunes et des femmes

Jusqu'à la réforme de 2006, la législation nationale abordait très largement la question du travail des femmes de façon commune avec celui des jeunes. Il en résultait une identification de ces deux catégories de travailleurs concrétisée par l'existence d'interdictions d'emploi quasi communes[845]. Ces interdictions étaient généralement regardées comme des règles destinées à assurer une protection spéciale ou renforcée pour les jeunes et les femmes. Toutefois, en raison de leur caractère obligatoire et général, elles entraînaient des sujétions qui pouvaient, dans certains cas, s'avérer gênantes pour leurs intérêts, ce qui conduisait parfois les bénéficiaires à contester leur contenu ou leur maintien[846]. Le législateur de 2006 à décidé de résoudre ce paradoxe en procédant à la spécification des interdictions d'emploi sur des questions qui ne peuvent plus se poser, à raison de

---

[845] *Cf.* not. Chauleur, P., *op. cit.*, p. 393.

[846] Cette situation gênante avait pour source, selon un auteur, l'interdiction du travail de nuit des femmes dans l'industrie : « au cours du XXème siècle, les conventions de l'OIT concernant l'interdiction du travail de nuit des femmes dans l'industrie ont peu à peu perdu leur statut d'avancées marquantes en matière de protection de main d'œuvre féminine pour devenir une source d'embarras pour l'Organisation dans son engagement en faveur de l'égalité des sexes et de la non-discrimination au travail » (*Cf.* Politakis, G., Normes sur le travail de nuit : le dilemme protection-égalité, *RIT*, Vol. 140, n° 4, 2002, p. 469).

l'évolution de l'organisation du travail, en termes identiques au travail des jeunes (**1**) et des femmes (**2**).

1- Le travail des jeunes

L'article 108 du Code du travail définit l'enfant comme toute personne de moins de 16 ans, le jeune comme toute personne dont l'âge est compris entre 16 et 18 ans, étant entendu que la majorité est de 18 ans à Djibouti[847]. Selon l'article 5 du Code du travail, « l'âge minimum d'accès au marché du travail est fixé à seize ans révolus ». Le passage de l'âge minimum de 14 ans à 16 ans résulte de la ratification de la convention de l'OIT n° 138 qui enjoint qu'il corresponde à l'âge de la scolarité obligatoire. Le Code de 1952 prévoyait la possibilité de dérogation à l'âge minimum (de 14 ans à l'époque) accordée par le ministère du Travail[848]. Cette possibilité de dérogation a été supprimée dans le Code de 2006.

La limitation de l'âge d'admission à l'emploi, fortement justifiée dans son principe, se heurte à des difficultés d'application dans les pays pauvres[849]. La scolarisation est le meilleur moyen d'éviter le travail des enfants avant le délai de scolarisation obligatoire. Même si l'âge d'admission au marché du travail concorde à Djibouti avec celui de fin de la scolarité obligatoire[850], la faiblesse du taux de scolarité[851] risque d'ôter toute pertinence à l'interdiction d'exercer tout emploi : les enfants non scolarisés, soit travaillent avec leurs parents dans le cadre de leur « éducation au travail »[852] et par

---

[847] Article 169 de la loi n° 152/AN/02/4ème L du 31 janvier 2002 portant Code de la famille.

[848] Cette dérogation était accordée par arrêté pris après avis de la commission consultative du travail compte tenu des circonstances locales et des tâches qui peuvent être demandées aux enfants (article 118 du Code de 1952).

[849] *Cf.* not. BIT, Rapport mondial sur le travail des enfants, 2013, 1ère éd. 88 p.

[850] Article 4 de la loi du 10 août 2000 portant orientation du système éducatif.

[851] *Cf.* not. Unicef, la pauvreté et les disparités chez les enfants à Djibouti, 2009, 130 p.

[852] Le travail rémunéré ne doit pas se confondre de prime abord avec celui familial. Ce dernier consolide le lien entre parents et enfants, comme le respect que l'enfant doit à ses parents, alors que le travail salarié exige un

besoin de main d'œuvre, soit tombent dans la délinquance juvénile, la mendicité ou les petits travaux du secteur informel. De ce point de vue, les dérogations qui étaient prévues par le code de 1952, comme par les conventions de l'OIT d'ailleurs, étaient plus réalistes. Il est aussi certain que le problème s'est accru avec l'afflux massif de réfugiés venus, à partir des années 90, des pays limitrophes qui a déversé sur le marché du travail informel de milliers d'enfants ; le recours à cette main d'œuvre bon marché est de plus propice à tout sorte de trafics, qui n'existaient pas sous l'empire du Code de 1952[853].

Par ailleurs, la prise en compte des particularités physiques, voire physiologiques, des jeunes travailleurs dans l'organisation du travail a conduit logiquement le législateur à procéder à un traitement différentiel par rapport aux autres travailleurs. Ce faisant,

---

effort physique plus ou moins intense susceptible de contraindre et d'avilir l'enfant. Cependant, les deux peuvent se confondre lorsque dans l'un et l'autre cas, l'enfant n'est pas protégé contre l'exploitation économique et est astreint à des travaux comportant des risques ou susceptibles de compromettre son éducation ou de nuire à sa santé ou à son développement physique, spirituel, moral ou social (*Cf.* Kobiané, J.-F., Ecole et travail des enfants dans les pays du Sud: situation actuelle et perspectives, *in* Pillon, M. (dir.), « Les défis du développement en Afrique subsaharienne. L'éducation en jeu », Coll. Rencontres (CEPED), pp. 185-204). Aminata Cissé-Niang est radicale et préconise l'éducation de l'enfant par le travail en fustigeant la campagne entreprise par les organisations internationales, dont l'OIT et l'UNICEF contre un facteur censé contribuer à la socialisation de l'enfant (*Cf.* Cissé.Niang, A., L'interdiction du travail des enfants en Afrique, *in* Supiot. A. (éd.), «Regards croisés sur le droit social » , MSH Ange Guépin, Nantes, 2002, pp. 9-15).

853 En effet, dans la pratique, des enfants généralement originaires des pays limitrophes (Ethiopie, Somalie) se livrant par nécessité de revenu familial au cirage de pompes, à la vente du khat ou se livrant à des activités encore plus difficiles et insalubres, voire dans la prostitution. Cela signifie que l'enjeu de l'abolition du travail des enfants n'est pas seulement d'ordre moral, il est aussi d'ordre économique et la meilleure façon d'éradiquer ce phénomène est plus à rechercher dans la lutte contre la pauvreté que dans l'opposition de principe (*Cf.* not. Basu, K., Child Labor, Cause, Consequence, and Cure, with Remarks on International Labor Standards, *Journal of Economic Literrature*, Vol. 37, n°3, septembre 1999, p. 13; Dumas, C. et Lambert, S., Le travail des enfants. Quelles politiques pour quels résultats?, éd. Rue d'Ulm, Paris, 2008).

il a opté pour la mise en place d'un dispositif spécifique au profit de cette catégorie de travailleurs opérant essentiellement à travers la restriction ou l'interdiction qui lui est faite d'intervenir dans certains secteurs d'activité. Tout part de l'idée que le jeune travailleur n'est pas un travailleur comme les autres. Par conséquent, l'exercice de certains travaux serait de nature à lui causer de sérieux préjudices sur le plan physique, voire moral, et à compromettre le processus de croissance du jeune travailleur. Le Code du travail prévoit donc que les conditions de travail des femmes et des jeunes gens et notamment la nature des travaux qui leur sont interdits sont fixées par arrêté ministériel[854]. Mais aucun arrêté n'étant intervenu, c'est l'arrêté n° 786 du 17 juin 1955 qui demeure applicable[855]. Ce texte prévoit, d'une part, les travaux auxquels les jeunes ne peuvent être employés en raison des dangers que cela représente pour la vie, la santé ou la moralité (affichages immoraux, graissage, nettoyage de machines, explosifs…) et, d'autre part, les travaux auxquels les jeunes peuvent être employés que sous certaines conditions et en fonction de tranches d'âge (14 à 16 ans, 16 à 18 ans). Cependant, la première tranche et les travaux interdits qui lui sont afférentes n'ont plus lieu d'être puisque le Code de 2006 a revu à la hausse l'âge d'admission à l'emploi et a abrogé les possibilités de dérogation[856].

L'article 110 du Code du travail introduit une nouvelle disposition qui passerait normalement pour superfétatoire si elle ne correspondait malheureusement à une réalité contraire aux bonnes mœurs. Cet article interdit le travail des jeunes dans les secteurs d'activité suivants : emplois domestiques, hôtellerie, bars et débits de boissons, à l'exception des emplois strictement liés à la restauration. Ces emplois sont considérés, en raison même de leur nature, comme susceptibles de blesser la moralité de la jeunesse et d'exercer sur elle une mauvaise influence. Ils développent chez elle, selon Martin Kirsh, « le goût des pourboires et de l'oisiveté »[857].

---

[854] Article 111 du Code du travail.

[855] Arrêté n° 786 du 17 juin 1955 relatif au travail des enfants, *JO CFS* du 1er juillet 1955, p. 278.

[856] Article 5 du Code du travail.

[857] *Cf.* Kirsch. M., *op. cit.*, p. 191.

Enfin, les jeunes ne peuvent en principe être employés à des travaux de nuit. Est considéré comme travail de nuit celui exécuté pendant les heures comprises entre 22 heures et 5 heures du matin[858]. Sur ce plan, la législation nationale du travail se démarque quelque peu de la convention n° 89 de l'OIT[859] qui définit le travail de nuit comme celui accompli entre 22 heures et 7 heures. Dans tous les cas, les jeunes travailleurs ont droit à un repos journalier d'une durée minimale de 12 heures consécutives[860]. Si, par exemple, le travail cesse à 21 h, il ne peut être repris qu'à 9 h le lendemain. Il importe de souligner que le postulat à la base de l'interdiction du travail de nuit des enfants ou des jeunes tourne autour de la protection de leur santé et de leur moralité. On vise ici à empêcher, d'une part, qu'ils ne fassent l'objet des sollicitations immorales de la part de leurs aînés et, d'autre part, les désagréments fâcheux que pourraient avoir sur eux une privation régulière du sommeil de nuit[861].

Pour la mise en œuvre de ce dispositif de protection, le Code du travail donne à l'inspecteur du Travail l'autorisation de requérir l'examen des jeunes par un médecin agrée en vue de vérifier si le travail dont ils sont chargés n'excède pas leurs forces[862]. Cette réquisition est de droit à la demande des intéressés[863]. Si tel est le cas, le jeune travailleur ne peut être maintenu dans un emploi ainsi reconnu au-dessus de ses forces et doit être affecté à un emploi décent. Si cela est impossible, le contrat doit être résilié à l'initiative de l'employeur avec une indemnisation comme en cas de rupture

---

858 Article 95 du Code du travail.

859 La convention n° 89 de l'OIT a été ratifiée par la République de Djibouti, le 3 août 1978.

860 Article 96 du Code du travail. Cet article porte la durée du repos à 12 heures alors qu'elle était de 11 heures dans le Code de 1952.

861 *Cf.* not. Nononsi, A., La protection du bien-être de l'enfant et la protection de l'enfant au travail dans les Etats fragiles d'Afrique subsaharienne, *Revue internationale de droit et politique du développement durable de McGill* (Montréal), Vol. 6, n°1, 2010, pp. 29-54.

862 Le postulat sur lequel se fondent ces dispositions est l'infériorité physique ou musculaire inhérente à l'enfant. Cette infériorité oblige à une protection physique des enfants. Au-delà de leur santé qui autrement serait mise à mal, on se trouverait en présence d'une inégalité dans les conditions de travail : le même travail s'avèrerait très pénible pour certains et aisé pour d'autres.

863 Article 112 du Code du travail.

normale du contrat de travail[864]. Ces prévisions normatives appellent une observation. L'article 112 du Code du travail a une portée générale non liée aux dispositions des articles précédents. Sans préjuger de l'application de ces dernières, le Code de 2006, à l'instar de celui de 1952, fait en effet obligation à l'employeur de faire proportionner le travail de l'enfant intéressé à son aptitude physique. En effet, si un travail correspondant à ses forces ne peut lui être donné, alors qu'il est lié à l'entreprise par un contrat de travail, ce dernier doit être rompu du fait de l'employeur. La nouveauté introduite par le législateur de 2006, en la matière, est la normalisation de la rupture qui induit surtout une plainte et un contrôle de la juridiction compétente (respect du préavis et le paiement des indemnités de licenciement) ; alors que le législateur de 1952 imposait, dans ces conditions, une brusque résiliation du contrat de travail avec payement de l'indemnité de préavis par l'employeur[865].

2- Le travail des femmes

La réglementation du travail des femmes poursuit deux objectifs : la protection de la santé de la femme et celle de l'intérêt de la famille. Ces deux objectifs ont pour finalité la fonction de la reproduction (bien que ce terme soit quelque fois perçu comme péjoratif ou réducteur du rôle de la femme), qui relève de l'instinct de préservation de l'espèce[866].

Le Code de 2006 a mis en place un dispositif de protection générale des femmes qui consiste soit en l'interdiction, soit par l'aménagement de l'exercice de certains emplois. A défaut de l'adoption de l'arrêté annoncé par l'article 111 du Code du travail, on continue à se référer à un texte très ancien[867]. Celui-ci distingue, en deux tableaux A et B, les travaux interdits aux femmes et les travaux auxquels elles ne peuvent être employés sous certaines conditions.

---

[864] Ibid.

[865] Article 119 du Code du travail de 1952.

[866] *Cf.* not. Servais, J.M., Les aménagements du temps de travail, facteur d'égalité des sexes, *in* « Genre et droit social », Actes du séminaire international du Comptrasec, 2007, p. 261.

[867] Arrêté n° 787 du 17 juin 1955 relatif au travail des femmes et des femmes enceintes, *JO CFS* du 1er juillet 1955, p. 286.

Sont par exemple visés par l'interdiction les travaux consistant à pousser ou trainer les charges lourdes, les travaux souterrains des mines et carrières, les travaux de graissage, de nettoyage ou de réparation de machines en marche, etc.

L'une des innovations du Code de 2006 est l'abrogation de l'interdiction du travail de nuit des femmes. La raison de cette suppression est que l'interdiction du travail de nuit la met en situation défavorable sur le marché de l'emploi. Il s'agit de concilier la protection et le principe d'égalité devant l'emploi[868]. Par ailleurs, l'évolution de l'organisation du travail, devenu plus technique et moins physiquement éprouvant qu'auparavant, ne justifie plus une exclusion générale[869]. Cette mesure normative de principe progressiste témoigne d'un souhait d'égalité entre hommes et femmes et découle de la tendance presque universelle à l'abandon de l'approche purement protectrice de la femme[870]. Il convient néanmoins de modérer la portée de cette avancée en termes d'égalité lorsque l'on sait, d'une part, que le phénomène du travail de nuit des femmes constitue un phénomène globalement inconnu à Djibouti[871].

---

[868] *Cf.* not. Politakis, G., *op. cit.* p. 472.

[869] Les contestataires de l'interdiction du travail de nuit des femmes avançaient également l'argument selon lequel de telles restrictions se répercutaient défavorablement sur le salaire et les autres conditions d'emploi des femmes. Celles-ci seraient ainsi contraintes de renoncer aux offres les plus alléchantes sur le marché de l'emploi et de se contenter des tâches moins bien rémunérées (Sur ces questions , voir not. Bonnechere, M., Egalité de traitement de nuit des femmes, *Dr. Ouvr.* 1991, p. 351 ; Petiti, Ch., Le travail de nuit des femmes, aspects nationaux et internationaux, *Dr. soc.* 1989, p. 302).

[870] Cf. BIT, La protection de la maternité, CIT, 87ème session, Genève, 1999. Dans cette publication, il est écrit : « l'approche purement protectrice, qui visait à limiter l'exposition des femmes aux risques découlant du travail industriel, a été délaissée au profit d'une approche qui vise à promouvoir l'égalité des droits dans l'emploi et l'abolition des pratiques inéquitables. La législation protectrice qui caractérise la première moitié de ce siècle a été revue, mise en question, voire abrogée en raison de ses effets discriminatoires, comme cela a été le cas de l'interdiction générale du travail de nuit, de la limitation des heures de travail et de l'exclusion de certaines professions ou activités du fait qu'elles étaient des femmes et non de leur incapacité de réaliser le travail », p. 15.

[871] CIT, 103ème session, demande directe, convention n° 89, Djibouti.

Il existe par ailleurs des dispositions tirées de droits extérieurs ou connexes au droit du travail semblant entraver l'accès des femmes à l'égalité en droit. Alors que la Constitution consacre l'égalité de l'homme et de la femme[872], on observe en effet la persistance de dispositions restrictives à l'accès à l'emploi, notamment au sein du Code de la famille adopté en 2002[873]. On souligne ici la prépondérance du pouvoir marital consacrée à l'article 31 de ce Code. Celui-ci dispose en effet que « la femme doit respecter les prérogatives du mari en tant que chef de famille et lui doit obéissance dans l'intérêt de la famille »[874]. La référence explicite au concept général d' «intérêt de la famille » est susceptible de constituer ici un obstacle à l'exercice de la liberté de travailler de la femme mariée. En effet, il paraît insinuer que le mari pourrait faire invoquer ce concept fourre-tout pour interdire à son épouse de conclure un contrat de travail ou la forcer à démissionner. Cependant, le contexte de la crise économique fait que les hommes ont plutôt tendance à encourager leur femme à travailler de sorte que l'impact de l'état matrimonial sur l'accès à l'emploi des femmes est faible[875]. Encore une fois, la

---

872 Article 1er de la Constitution.

873 Le Code de la famille de Djibouti est issu d'une loi n° 152/AN/02/4ème L du 31 janvier 2002 portant Code de la famille. Il a été conçu pour tenter de concilier trois sources de droit : le droit coutumier, les lois de la Charia ou droit musulman et le droit moderne. Cette conciliation entre ces différentes sources de droit n'est pas sans poser quelques difficultés, notamment en matière de divorce (*Cf.* not. Faye, A., Le dualisme juridictionnel et juridique en matière de divorce en République de Djibouti, *in* Belbéoch, O. Charbi Y., Hassan Houssein S. (dir.), « La population de Djibouti. Recherches sociodémographiques », éd. L'Harmattan, 2008, p. 41).

874 Cet article découle du verset coranique qui proclame que « l'homme est plus capable que la femme » (Sourate 2 verset 228). On minimise la portée de ce verset et on le justifie en affirmant qu'il a pour but de régler uniquement les problèmes d'autorité dans la famille (*Cf.* not. Benjelloun A., Les fondements islamiques de la société politique, *RJPIC*, Vol. 38, n° 2, 1984, pp. 315-327; Sardar Ali S., Gender and human rights in Islam and international law: equal before Allah, unequal before man?, Kluwer Law International, The Hague, 2000, 380 p.; Alami M'Michi, H., Genre et politique au Maroc: les enjeux de l'égalité hommes-femmes entre islamisme et modernisme, éd. L'Harmattan, 2002, 155 p.).

875 Même en matière de mariage, le choix des hommes se portent très souvent sur les femmes occupant un emploi suivant en cela le dicton populaire : « vaut mieux une ânesse avec ses bidons remplis d'eau ».

conjoncture socioéconomique fait que dans la réalité les femmes mariées aussi bien que les femmes divorcées sont amenées à exercer des activités économiques pour subvenir aux besoins de leurs familles[876].

Néanmoins, cette règle érigeant l'époux en chef de famille[877] soulève des difficultés en matière d'attribution des allocations familiales[878]. Un décret relativement ancien[879] concernant la Fonction publique attribue exclusivement ces allocations aux fonctionnaires masculins. Ce texte prive, en d'autres termes, les femmes fonctionnaires de leur droit individuel à la Sécurité sociale et la possibilité d'en faire bénéficier les membres de leur famille, y compris leurs époux qui deviennent leurs ayants droits[880]. Refuser de reconnaître à la femme fonctionnaire le droit aux allocations familiales au même titre que son collègue masculin, c'est instituer une discrimination fondée sur le sexe, laquelle est prohibée par le Code du travail, la Constitution et les conventions internationales

---

[876] *Cf.* not. Hassan Houssein S., L'activité des femmes et ses déterminants à Djibouti, *in* Belbéoch, O., Charbit, Y., Hassan Houssein, S. (dir.), *op. cit.*, p. 163.

[877] Cette règle implique également que les enfants soient obligatoirement à la charge du mari et non de la mère. Cette vision du législateur est contestable dans la mesure où elle revient à considérer que la filiation produit des effets différents selon qu'elle est paternelle ou maternelle, seul le père étant tenu de supporter la charge de ses enfants.

[878] *Cf.* not. Lanquetin, M.-Th., Principe d'égalité entre hommes et femmes. Individualisation des droits en matière de protection sociale, *in* « Droit syndical et droits de l'homme à l'aube du XXIème siècle », Mélanges en l'honneur de J.-M. Verdier, Dalloz, 2001, p. 409; Luckhaus, L., Egalité de traitement, protection sociale et garantie de ressources pour les femmes, *RIT*, Vol. 139, n° 2, 2000, pp. 163-199.

[879] Articles 7 à 13 du décret du 10 septembre 1983 n° 83-098/PR/FP fixant le régime de rémunération et les avantages alloués aux fonctionnaires des administrations et établissements publics administratifs de l'Etat.

[880] S'agissant des femmes salariées au sens du Code du travail, celles-ci subissent, lorsqu'elles sont mariées, une discrimination presque similaire qui semble avoir échappée à la vigilance des organes de contrôle de l'OIT. En effet, selon l'article 6 de la loi du 19 juin 1989 portant codification du régime des prestations familiales, celles-ci doivent être veuves, divorcées ou mères célibataires pour bénéficier des allocations familiales.

ratifiées[881] par la République. La CEACR a ainsi estimé, à plusieurs reprises, que de telles dispositions allaient à l'encontre du principe d'égalité de traitement entre hommes et femmes en invitant le Gouvernement djiboutien « à prendre les mesures nécessaires pour qu'elles soient modifiées afin que les fonctionnaires féminins puissent bénéficier des allocations familiales sur un pied d'égalité avec les fonctionnaires masculins »[882].

Dans l'attente de ces mesures d'ajustement, toutes ces conventions ratifiées postulant le principe d'égalité de traitement, n'en gardent pas moins théoriquement, en vertu de l'article 70 de la Constitution, une autorité supérieure à celle des lois ou règlements, spécialement l'article 31 du Code de la famille, qui est invoqué, à tort selon nous, pour refuser les allocations familiales aux mères travailleuses. Cette dernière disposition ainsi que celles restrictives en matière d'allocations familiales à l'égard de la mère travailleuse devraient être donc réputées non écrites. Mais cette interprétation n'est pas admise par tous[883]. Il semble difficile d'accepter que le juge puisse refuser d'appliquer une loi ou un règlement dont les dispositions contrediraient celles d'un traité régulièrement ratifié, alors qu'il n'est pas compétent pour contrôler la validité d'une loi[884].

---

[881] On pourrait citer, à ce sujet, la convention sur l'élimination de toutes les formes de discrimination contre la femme ; la Charte africaine des droits de l'homme et des peuples qui fait obligation à l'Etat de veiller à l'élimination de toute discrimination contre la femme et d'assurer la protection des droits de la femme et de l'enfant tels que stipulés dans les déclarations et conventions internationales (article 18-3). (Pour un aperçu du corps normatif international concernant les femmes, voir le recueil publié par l'UNESCO en 1998: Symonides, J., Volodin, V., Human rights of women. A collection of international and regional normative instruments, 435 p.).

[882] CIT, 103ème session, 2013, demande directe CEACR, convention n°111, Djibouti.

[883] L'utilisation du droit international du travail par les juridictions internes est un sujet qui semble poser des difficultés dans bon nombre de pays. Son usage serait plus ou moins fréquent et présente différents aspects (*Cf.* Beaudonnet, Xav., L'utilisation des sources universelles du droit international du travail dans les juridictions internes, Bulletin de droit comparé du travail et de la sécurité sociale, Bordeaux, 2005, p. 43).

[884] En France, cette question ne pose plus problème. Il appartient à toute juridiction d'Etat d'appliquer les dispositions des conventions internationales applicables au litige, en réglant en leur faveur les éventuels

Aucune jurisprudence n'est encore venue trancher les questions concernant les conséquences qui devraient s'attacher à l'autorité que la Constitution de 1992 donne au droit international.

B- La protection de la femme enceinte[885]

Le droit du travail djiboutien prévoit plusieurs dispositions spécifiques en matière de conditions de travail pour assurer la protection de la santé de la femme enceinte. Cette protection se traduit par le congé de maternité rendu obligatoire (**1**) et entièrement rémunéré par la réforme de 2006 (**2**). A ces différentes mesures s'ajoutent les dispositions protectrices en matière de rupture du contrat de la femme en état de grossesse ou en période de congé de maternité qui ont, elles aussi, été améliorées (**3**).

1- Le caractère obligatoire du congé de maternité

Si le salarié n'a que quelques jours au titre du congé de paternité[886], ce qui constitue un déséquilibre entre l'homme et la

---

conflits avec les règles nationales. Dés lors que l'article 55 de la Constitution française établit une solide hiérarchie entre le droit international et le droit national, les deux plus hautes Cours (Cour de cassation et Conseil d'Etat) en ont tiré comme conséquence qu'il appartient au juge de refuser d'appliquer une loi qui contredirait un traité régulièrement ratifié, peu importe que cette loi soit antérieure ou postérieure au traité (*Cf.* not. Jeammaud, A., Sur l'applicabilité en France des conventions internationales du travail, *Dr. soc.* 1986, p. 399; Verdier, J.-M., L'apport des normes de l'OIT au droit français du travail, in Etudes offertes à G. Lyon-Caen, « Les transformations du droit du travail », *D.*, 1989, p. 51; De Quenaudon, R., L'application par le juge français des droits sociaux fondamentaux affirmés par l'OIT et l'ONU, *RDT*, 2007, p 109).

885 Selon Martin Kirsch, « la protection de la femme enceinte vise un triple but : permettre à la femme enceinte ou à la mère de se consacrer à son foyer si elle le désire ; éviter que cette femme perde son emploi par licenciement en raison des absences que peut entraîner soit la grossesse, soit l'accouchement ; protéger efficacement pendant une certaine période la santé de la femme enceinte ou récemment accouchée » (*Cf.* Kirsch, M., Le droit du travail et la famille, *RJPIC*, Vol. 21, n°2, 1967, p. 231-262).

femme dans la participation à la vie familiale et professionnelle, la salariée, mariée ou non, a droit à un congé de maternité. En effet, d'après l'article 113-4 du Code du travail « toute femme enceinte a droit à un congé de quatorze semaines qui commence obligatoirement huit semaines avant la date présumée de l'accouchement et se termine six semaines après la date de l'accouchement »[887]. Ce congé peut être prolongé de trois semaines en cas de maladie dûment constatée et résultant de la grossesse ou des couches[888].

La principale innovation en la matière du législateur de 2006 est la suppression de la faculté qu'avait la femme enceinte de reporter la date de prise de congé de maternité. En effet, l'arrêté du 17 juin 1955 relatif au travail des femmes et des femmes enceintes[889] autorisait la salariée enceinte à reporter six semaines de congé prénatal sur la période postnatale[890]. Cette faculté de report du congé de maternité valable jusqu'à la sixième semaine était malheureusement soumise à aucune condition et ne requérait pas, par exemple, un certificat médical déclarant que la femme pouvait travailler avant l'accouchement sans que sa santé ou celle de son

---

886 Ce congé qui est prévu par l'article 100 du Code du travail est de trois jours et n'entraîne aucune réduction de salaire.

887 Il s'agit dans son principe d'une reconduction de l'article 116 du Code de 1952.

888 L'article 20 du décret fixant le régime des congés et absences des fonctionnaires a prévu exactement la même durée pour les femmes fonctionnaires. L'unique différence se situe au niveau de la prorogation du congé de maternité pour maladie dont la durée n'est pas mentionnée. En revanche, le législateur djiboutien n'a prévu aucune prolongation du fait de l'altération de l'état de santé de l'enfant. Un tel silence sur ce point peut d'autant plus surprendre que la protection de la maternité poursuit de manière générale plusieurs objectifs, mais notamment celle de permettre à la salariée de veiller à la santé de son enfant. Manifestement, cette approche de la protection de la maternité n'a pas retenue l'attention du législateur djiboutien. Ceci est révélateur du retard du droit djiboutien par rapport à d'autres droits. L'article L. 122-26 du Code du travail français, par exemple, prend en compte l'état de santé du nouveau né dans l'allongement de la durée du congé de maternité.

889 Article 19 de l'arrêté n°787 du 17 juin 1955 précité.

890 Ibid. Article 19.

enfant en pâtisse[891]. L'article 113 du Code du travail dispose désormais que « toute femme enceinte a droit à un congé de maternité qui commence obligatoirement huit semaines avant la date présumée de l'accouchement et six semaines après la date de l'accouchement ». La salariée enceinte est ainsi privée de la liberté qu'elle avait d'organiser son congé de maternité[892] et l'employeur se voit interdit de l'employer, sous peine de sanctions[893], durant l'intégralité des quatorze semaines qui peuvent être prolongées de trois semaines en cas de maladie dûment constatée et résultant de la grossesse et des couches[894].

Toutefois, en pratique, la femme salariée transgresse souvent cette obligation légale de suspension du contrat. De façon malhonnête, elle préfère, avec la complicité de son employeur, bénéficier de la totalité des quatorze semaines dans la période postnatale, en continuant à travailler jusqu'à la date de l'accouchement. Néanmoins, lorsqu'en raison de leur état de santé, elle est contrainte, durant la période prénatale, à des arrêts de travail, elle recoure à des congés de maladie.

---

891 Sur les caractéristiques sociodémographiques des femmes ayant perdu leur grossesse à Djibouti, voir Ramanamidona, D., La perte de grossesse à Djibouti, *in* Belbéoch, O., Charbit, Y., Hassan Houssein, S. (dir.), *op. cit.*, p. 279.

892 On retrouve néanmoins la restauration implicite de cette liberté d'organiser le congé de maternité dans le projet d'acte uniforme OHADA portant droit du travail. Ainsi relèvera-t-on que l'article 31 du projet concernant le congé de maternité n'indique, autour de la date de naissance réelle ou prévisible, aucun temps d'interdiction absolue faite à l'employeur de faire travailler la salariée (*Cf.* Auvergnon, Ph., Des esprits présents dans le projet d'acte uniforme OHADA portant droit du travail, *in* « L'esprit du droit africain », Mélanges en l'honneur du Professeur P.G Pougoué, *op. cit*, pp. 113-146).

893 L'article 289 du Code du travail précise qu'est puni de cinq cent mille francs à un million de francs, et en cas de récidive de quinze jours d'emprisonnement et d'une amende double, ou l'une de ces deux peines, tout employeur qui ne respecte pas le repos de la femme enceinte prévu à l'article 113 ainsi que le repos d'allaitement prévu à l'article 116.

894 La loi parle de maladie résultant de la grossesse ou des couches. Ce qui suppose que la maladie ayant une origine externe ne proroge pas le congé de maternité mais suspend le contrat de travail selon l'article 41-13 (article 113-4 du Code du travail).

Les prévisions normatives ne font pas obstacle à l'application des articles 41 alinéa 12 et 43 du Code du travail lorsqu'au cours de la suspension du contrat comme prévue ci-dessus, survient une maladie dûment constatée, liée ou non à la grossesse ou aux couches. Cela signifie concrètement que les délais de suspension précités peuvent être augmentés de ceux imposés par la maladie de la femme salariée, avec une indemnisation calculée en fonction de l'ancienneté de la salariée[895].

Relativement à ce congé, le droit du travail djiboutien laisse néanmoins en suspens un certain nombre de questions. Il est, en effet, important de savoir si la salariée peut exiger le report après accouchement d'une partie de l'arrêt précédant cet évènement lorsqu'elle n'a pas pu en bénéficier dans sa totalité, entre autres, puisque la délivrance est intervenue avant la date prévue. Il y'a lieu de considérer qu'elle ne le peut dès lors qu'autrement on détournerait la loi de son objet véritable qui est d'assurer à la future mère et à l'enfant des conditions de protection minimale. Il est tout aussi crucial de savoir si, à l'issue du congé de maternité, l'employeur est tenu de reprendre ou non la femme salariée dans le poste qu'elle occupait avant. A cette question, il convient de répondre par l'affirmative. La suspension du contrat ne peut avoir pour conséquence de rendre disponible l'emploi occupé par la salariée sinon ce serait avalisée à son détriment un traitement moins favorable lié à la grossesse ruinant quelque peu la facilité qui lui est faite. Si pour des raisons objectives, l'employeur ne peut lui fournir le même emploi, la femme en congé de maternité peut se contenter d'un emploi équivalent à des conditions qui ne seraient pas moins favorables[896].

---

[895] La finalité du congé de maternité étant d'assurer le repos de la femme, la question du chevauchement entre ce congé et le congé de maladie peut être posée. S'agissant de deux types de congé répondant à des besoins différents, le cours de la période de suspension pour cause de maternité est arrêté par celui du congé de maladie, avant de reprendre au terme de celui-ci.

[896] Sur ce point, le législateur djiboutien devrait s'inspirer de la position de son homologue français à travers l'article 2-7 de la directive 2002/ 73 CE du 23 septembre 2002 afférent à la mise en œuvre du principe d'égalité de traitement entre hommes et femmes en ce qui concerne l'accès à l'emploi, à la formation et à la promotion professionnelles et les conditions de travail.

Force est de reconnaître, cependant, que l'interdiction, parce qu'elle met la salariée en indisponibilité temporaire, est de nature à dissuader bien des employeurs à embaucher et de promouvoir des femmes. Cette dissuasion est d'autant plus réelle que trouver une remplaçante ou un remplaçant, pendant la période de suspension du contrat, pour éviter une rupture d'activité que cette suspension peut entraîner. Cette dernière inquiétude est particulièrement vive à propos des postes de cadres car l'absence pour congé de maternité peut faire craindre un bouleversement de tout un plan de travail[897].

Enfin, pendant une période de quinze mois à compter de la naissance, la femme conserve comme sous l'empire du Code de 1952 le droit à des repos pour allaitement. La durée de ce repos ne peut dépasser une heure par journée de travail, à prendre en début ou en fin de journée de travail, sauf disposition favorable incluse dans la convention collective[898]. Il est précisé qu' « il ne peut être effectué une retenue sur le salaire de fait de cette absence momentanée »[899]. Ce qui revient à dire qu'un employeur n'est pas en droit de se fonder sur le repos prescrit à l'article 116 du Code du travail pour mettre un terme au contrat de travail de la mère salariée. Des congés payés supplémentaires pour les salariés ayant des enfants à charge et de bas âge sont prévus par certaines législations africaines. Il convient de relever, pour le déplorer, que cette dernière mesure n'a pas été adoptée par le législateur djiboutien.

---

[897] Une étude de cas réalisée par le BIT avec le concours du Fonds des Nations-Unies pour les activités en matière de population au Sri Lanka et autres pays, confirme ces affirmations qui sont aussi valables pour Djibouti (*Cf.* not. BIT, Sex inequalities in urban employement in the third world, d'Anker, R. et Hein, C., BIT, 1986, p. 66 ; Anker, R. et Hein, C., Pourquoi les employeurs des villes du Tiers-Monde préfèrent engager les hommes, *RIT*, Vol. 24, n° 1, 1985, pp. 73-90).

[898] Article 116-1 du Code du travail. En revanche, le décret du 10 septembre 1983 fixant le régime des congés et absences des fonctionnaires ne contient pas de dispositions consacrant le droit à des repos pour allaitement pour la femme fonctionnaire.

[899] Article 116-2 du Code du travail.

2- L'amélioration de l'indemnisation

Sous la législation antérieure, la femme enceinte avait droit aux soins gratuits pendant le congé de maternité. Mais, dans le secteur privé, elle n'avait droit qu'à la moitié de son salaire[900], à la différence de la femme fonctionnaire qui avait eu à conserver la totalité de sa rémunération[901]. Ces indemnités étaient servies dans la limite des quatorze semaines et, éventuellement, pendant une prolongation de trois semaines au maximum en cas d'inaptitude à reprendre le travail à la suite d'une maladie consécutive à la grossesse ou aux couches[902].

Soucieux de corriger les disparités d'indemnisation en matière de maternité entre la femme salariée et la femme fonctionnaire, le législateur de 2006, conformément à la convention n° 103 de l'OIT[903], a procédé à la collectivisation du risque de maternité et donc à l'amélioration du régime d'indemnisation de la première[904]. Ainsi, le Code de 2006 met désormais la moitié du salaire à la charge de l'employeur et l'autre moitié à la charge de la CNSS[905]. Dans la

---

900 Article 11 de la loi du 19 juin 1989 portant codification du régime des prestations familiales.

901 L'article 20 du décret du 10 septembre 1983 précité dispose que « pendant la durée de ce congé, l'intéressée perçoit l'intégralité de sa rémunération à l'exception des indemnités liées à sa fonction ou son emploi » .

902 Article 12 de la loi du 19 juin portant codification du régime de prestations familiales.

903 Paradoxalement, la République de Djibouti n'a pas ratifié cette convention relative à la protection de la maternité qui interdit d'imposer à l'employeur les charges afférentes à la travailleuse enceinte.

904 Lors des discussions parlementaires ayant précédé l'adoption du Code de 2006, le président de la Commission des lois a parlé de politique de « deux poids deux mesures » en soulignant cette différence de traitement statutaire en matière d'indemnisation de la maternité. L'alignement du régime d'indemnisation de la salariée contractuelle sur celui de la femme fonctionnaire s'inscrit, par ailleurs, dans une logique de mise en conformité à la convention internationale sur l'élimination de toutes les formes de discrimination à l'égard des femmes du 18 décembre 1979 (*Cf.* Procès-verbal de la séance publique de l'Assemblée nationale durant laquelle a été adopté le Code de 2006).

905 A la lumière de l'article 113 du Code du travail, la subsistance de la femme salariée pendant son congé de maternité est assurée au moyen

pratique, ce n'est qu'après la reprise du travail que la mère obtient le versement de la partie de salaire versée par la CNSS après présentation des pièces justificatives. Ce paiement différé n'est pas sans poser quelques problèmes d'ordre financier (difficultés à contribuer aux frais du ménage, de faire face aux frais spécifiques engendrés par le nouveau-né...). Pour remédier à cette situation embarrassante, la convention collective des employés de banque prévoit, par exemple, un fonds d'avance des sommes dues par la CNSS couvrant une période maximale de deux mois, à charge pour cette dernière de rembourser l'employeur avant qu''il ne réalise une autre avance[906].

3- Le cantonnement du domaine du licenciement

La femme joue un rôle essentiel au sein de la famille tant au niveau de la procréation que de l'éducation des enfants[907]. Ceci pose la question de la conciliation possible entre sa vie professionnelle et sa vie familiale. La loi en tient compte ici à travers la mise en place d'un véritable droit à la conservation de l'emploi au profit de la femme enceinte alors que cette dernière risque de causer un préjudice à l'employeur dans la mesure où celui-ci est tenu, entre autres, d'accepter les longues absences que pourrait nécessiter son état de santé ou de maternité sans perte de salaire et de l'affecter à un autre poste de travail s'il s'avère que celui qu'elle occupait est incompatible avec son état[908].

---

d'indemnités journalières servies par la CNSS. Ce qui constitue une solution salutaire de plus en plus retenue dans les Etats africains (*Cf.* Béraud, J.-M., *op. cit.*, p. 57-58).

906 Article 30 de la convention collective des employés de banque

907 D'ailleurs, quand la maladie d'un enfant requiert qu'un des époux salariés reste à la maison pour s'en occuper, dans la majeure partie des cas, c'est la femme qui est sacrifiée.

908 L'impossibilité pour l'employeur de licencier la femme salariée pour motif de grossesse pose problème au regard d'un certain nombre de règles. En effet, il est admis, non seulement que l'intérêt de l'entreprise constitue un motif suffisant pour justifier la légitimité d'un licenciement mais, en plus, que le contrat à durée indéterminée peut cesser par la volonté unilatérale d'une des parties, à tout moment à condition de respecter un délai de préavis. Or, l'employeur lorsqu'il engage un travailleur, quel qu'il soit,

En réalité, nombreuses sont les raisons qui peuvent pousser l'employeur à licencier purement et simplement la salariée enceinte rendant ainsi impérieuse la nécessité de la protéger. Dans cet optique, une fois qu'il a été informé de l'état de grossesse par l'intéressée, et jusqu'à l'expiration du congé de maternité, la loi djiboutienne a toujours interdit à l'employeur la rupture de la relation de travail pour ce motif[909]. En d'autres termes, la grossesse n'est pas un motif légitime de licenciement. En procédant de la sorte, le législateur a toujours cherché à éviter que la grossesse et la maternité ne soient la cause de discrimination vis-à-vis des femmes[910].

Eu égard à la raison d'être de cette « discrimination positive » il y a lieu de considérer que le législateur n'a pas entendu s'opposer au licenciement de la travailleuse enceinte en dehors de la période de suspension du contrat de travail. La loi fait en effet la distinction entre la période de grossesse antérieure à la prise du congé et celle du congé de maternité. L'interdiction de licencier la travailleuse enceinte pendant le congé de maternité est réaffirmée. En revanche, avant la date du début du congé de maternité, le licenciement reste toujours possible. Toutefois, son domaine est strictement cantonné dans les hypothèses édictées par l'article 114 du Code de 2006[911], à savoir la faute lourde et l'impossibilité de maintenir l'emploi. Il est désormais interdit pour l'employeur de licencier la salariée en état de grossesse apparente ou médicalement constatée pendant la période précédant

---

compte sur ses prestations de façon continue exceptée la période légale de congé annuel. Le congé de maternité ruinant quelque peu cette attente, l'employeur se verrait bien se séparer de la travailleuse enceinte d'autant qu'on se trouve dans le domaine contractuel régi par le principe de l'autonomie de volonté qui s'oppose à ce qu'une personne puisse continuer à être liée contre son gré.

909 Article 116-2 du Code de 1952.

910 Par la même occasion, il obvie le risque hypothétique de voir la salariée enceinte d'interrompre volontairement et clandestinement sa grossesse pour ne pas perdre son emploi.

911 L'alinéa 1er dudit article dispose qu' « en dehors du cas de faute lourde non liée à la grossesse et du cas d'impossibilité dans lequel il se trouve de maintenir le contrat, aucun employeur ne peut licencier une femme en état de grossesse apparente ou médicalement constatée ». L'article 115, de son côté, ouvre droit au profit de la salariée licenciée en dehors des deux cas susvisés à des dommages et intérêts sans préjudice de toutes autres indemnités auxquelles le licenciement peut donner naissance.

le congé de maternité en dehors de ces deux cas[912]. Même notifié au cours de ladite période où la loi ne l'interdit pas encore, le licenciement d'une femme enceinte ne peut être effectif qu'avant son congé de maternité ou après, au terme du préavis. L'article 114 alinéa dernier dispose en effet que le congé de maternité suspend le déroulement du préavis résultant d'un licenciement antérieurement notifié.

Le cantonnement des possibilités de licenciement aux deux hypothèses susmentionnées constitue une amélioration du dispositif légal de protection de la salariée enceinte. En effet, le Code de 1952 ne prévoyait pas ces restrictions durant la période précédant le congé de maternité et se bornait à interdire le seul licenciement tiré de l'état de grossesse. Il était donc possible pour l'employeur de procéder par exemple au licenciement de la salariée enceinte pendant ladite période pour insuffisance professionnelle, conduite fautive, ou tout autre motif indépendant de son état de grossesse[913].

Enfin, il faut préciser que dans le cas d'un licenciement prononcé dans l'ignorance de la grossesse et en dehors des deux cas susmentionnés, la salariée dispose d'un délai de quinze jours pour justifier de son état et demander l'annulation du licenciement[914]. Quid si la salariée ne justifie pas de son état dans le délai qui lui est impartie ? Si l'employeur maintient le licenciement prononcé, il ne peut plus se voir opposer l'exception tirée de la grossesse et n'encourt

---

912 *Cf.* not. Cour d'Appel de Djibouti du 03 avril 2011 : annulation d'une mesure de licenciement intervenue après que l'employeur ait tenté de se cacher derrière l'argument tiré des difficultés d'intégration d'une salariée sous CDD rendant impossible son maintien dans l'entreprise pour la licencier en raison de son état.

913 Il faut néanmoins relativiser la portée de ce nouveau dispositif quand on sait d'une part que l'article 59 qualifie confusément de faute lourde toute une série de faits, certains concordant mal avec la conception classique que l'on se fait de ce type de faute d'une extrême gravité doublée d'une intention de nuire et que d'autre part, ont été instaurées de nouvelles causes de licenciement économique. Il aurait été intéressant d'aller au-delà pour interdire de manière absolue le licenciement pendant la grossesse et le congé de maternité. C'est la solution adoptée par le législateur de la Guinée-Equatoriale (*Cf.* Béraud, J.-M., *op. cit*, p. 53-56).

914 Article 114-2 du Code du travail.

plus, du fait de l'expiration dudit délai, les pénalités prévues par le Code du travail[915]. Néanmoins, cette forclusion n'éteint pas le droit de la salariée d'agir en justice pour contester la légitimité du licenciement prononcée à son encontre.

Si l'employeur ne peut licencier la femme enceinte en raison de son état, cette dernière dispose, quant à elle d'un véritable droit de rompre son contrat à tout moment. En effet, en vertu des articles 113 et 116 du Code du travail, la femme enceinte[916] ou allaitante a le droit de rompre le contrat de travail sans préavis et sans à avoir à payer une indemnité de rupture. Autrement dit, la salariée enceinte ou allaitante peut démissionner à tout moment sans que cela ne lui soit préjudiciable[917]. De la sorte la future mère ou celle allaitante qui le souhaite peut se consacrer exclusivement aux soins et à l'éducation de son enfant, ce que le congé de maternité, du fait qu'il est limité dans le temps, ne permet pas tout à fait. Si la faculté légale de démission de la salariée enceinte ou allaitante peut se justifier, notamment par l'intérêt de l'enfant, la dispense de l'inobservation de tout préavis est en contraire discutable à un double niveau. L'irrespect du délai-congé est fondé, au cas où la femme salariée qui allaite ne reprendrait pas le travail à l'issue du congé postnatal. Dès la reprise du travail, elle est *a priori* en mesure d'exécuter la prestation

---

[915] L'article 289 du Code du travail punit d'une amende de cinq cent mille francs à un million de francs, et en cas de récidive de quinze jours d'emprisonnement et d'une amende double, ou de l'une de ces deux peines seulement, tout employeur qui prononce ou maintient un licenciement au mépris des dispositions de l'article 114.

[916] Sous l'empire du Code de 1952, cette faculté de résiliation sans préavis était accordée aussi bien à la femme enceinte dont l'état a été constaté médicalement qu'à celle dont la grossesse était apparente (article 116 du Code de 1952). Le législateur de 2006 attribue désormais une telle faculté qu'à la femme enceinte dont l'état a fait l'objet d'une constatation médicale et impose à cette dernière l'obligation de prévenir l'employeur de son état un mois avant la rupture ou la probable rupture de contrat pour état de grossesse (article 113 du Code du travail de 2006).

[917] Il est difficilement concevable, en raison du but visé, que la femme puisse user de cette possibilité de rupture unilatérale du contrat pour s'engager avec un autre employeur sauf à prouver que le nouvel emploi est beaucoup plus compatible avec son état.

de travail[918]. Elle doit, tout en profitant des repos pour allaitement, s'acquitter de ses obligations contractuelles dans les conditions normales. Par conséquent, la dispense d'exécution du préavis ne se justifie plus.

En prescrivant la dérogation à l'observation du préavis, le législateur entrave la fonction de celui-ci[919]. En effet, le préavis évite le dysfonctionnement de l'entreprise pouvant découler du départ brusque du travailleur. Il sert à tempérer les effets négatifs que peut engendrer une rupture brusque du contrat de travail. C'est ainsi que l'article 58 du Code du travail affirme que toute rupture du contrat de travail intervenant sans préavis entraîne, pour la partie responsable, l'obligation de verser à l'autre partie une indemnité compensatrice, appelée indemnité de préavis. Celle-ci est destinée à compenser les préjudices causés à l'autre partie par la rupture brusque de la relation de travail. Alors pourquoi dispenser la femme salariée enceinte ou allaitante qui quitte brusquement l'employeur au paiement d'une indemnité de préavis[920] ? L'employeur ne souffrirait-il pas d'une telle situation d'insécurité ?

L'assimilation des dommages et intérêts aux indemnités de rupture est également dérogatoire aux règles régissant la responsabilité civile. La femme salariée enceinte ou allaitante qui rompt le contrat de travail est dispensée à l'avance de réparer les dommages autres que ceux causés par l'inobservation du préavis. Autrement dit, lorsque le départ de la femme en maternité cause un préjudice autre que celui résultant de l'inobservation du préavis,

---

918 L'allaitement n'est ni un cas de force majeure, ni une maladie, ni une incarcération.

919 Le préavis dont la durée est fonction de la catégorie professionnelle du travailleur sert à déterminer la date de la cessation définitive de la relation de travail. Il permet au travailleur de rechercher un nouvel emploi et à l'employeur de rechercher le remplaçant du travailleur (articles 56 et 57 du Code du travail). Sur le caractère réciproque du préavis : Pélissier, J., Auzero, G., Dockès E., *op. cit.*, p. 581.

920 Sont résiliés sans préavis et sans indemnité, la période d'essai, le contrat à durée déterminée et le contrat à durée indéterminée, seulement, en cas de faute lourde (articles 21, 46 et 58 du Code du travail)

l'employeur n'aura pas droit à des dommages et intérêts[921]. Une telle règle est préjudiciable pour l'employeur lorsque par exemple la salariée profite de la faculté de rompre le contrat qui lui est reconnue en raison de son état, pour s'engager avec un autre employeur. Dans un tel cas, la travailleuse enceinte ou allaitante ne se rendrait-elle pas coupable d'un abus de droit du fait de la violation de l'esprit de la raison d'être de l'article 113? D'autant que l'impunité de la salariée démissionnaire se trouve, en l'occurrence, confortée par l'abrogation des dispositions réprimant le délit d'embauchage et contenues dans le Code de 1952.

C- Les garanties entourant l'apprentissage

La situation actuelle de l'emploi et le chômage des jeunes[922] mettent en évidence un constat fait depuis longtemps : celui de l'insuffisance et de l'inadaptation de la formation professionnelle des candidats à l'emploi. De là l'idée de favoriser leur embauche en aménageant pour eux une période d'insertion au cours de laquelle ils pourront acquérir tout à la fois une formation et un début d'expérience professionnelle. L'apprentissage n'est pas le seul procédé permettant une telle association du travail et de la formation[923], mais il est le plus ancien et le seul à être réglementé par la législation nationale du travail. En effet, à l'origine, il constituait la principale voie d'entrée dans une branche professionnelle[924]. Aujourd'hui, cette voie sert plutôt à pallier les insuffisances des établissements de formation technique[925]. Il tend à devenir

---

[921] L'article 113-1 est formel puisqu'il dispose de manière catégorique que « cette rupture ne peut, en aucun cas donner lieu à des dommages et intérêts ».

[922] L'enquête réalisée en 2010 montre que le chômage restait élevé touchant 54 % de la population active et 70% des jeunes (*Cf.* BAD, *op. cit.*, p. 8).

[923] *Cf.* not. Favennec-Héry, F., Travail et formation : une frontière qui s'estompe, *RIT*, Vol. 135, n°6, 1996, p. 725.

[924] La pratique de l'apprentissage est ancienne et provient d'une époque où l'initiation au métier était pratiquée sur le tas sous la direction d'un maître d'apprentissage, (*Cf.* not. Dusquene, F., Droit du travail, éd. Gualino, Paris, 2004, n° 174).

[925]Sur la question de l'inadéquation de la formation professionnelle telle que dispensée par les centres de formation de Djibouti avec les exigences du

subsidiaire, sauf dans certaines branches dont l'artisanat par exemple et dans les pays en voie de développement en général où il demeure prépondérant surtout dans le secteur informel[926].

Quoi qu'il en soit, l'apprentissage est destiné à tout jeune, garçon et fille, à condition qu'il soit âgé de 16 ans révolus[927]. Ce type de formation organisée par la loi est en principe la suite logique des études poursuivies dans l'enseignement primaire ou secondaire. Il donne lieu à la conclusion d'un contrat d'apprentissage. Celui-ci est un contrat « par lequel un chef d'établissement industriel, commercial ou agricole, un artisan ou un façonnier, s'oblige à donner ou à faire suivre une formation professionnelle méthodique et complète à une autre personne et par lequel celle-ci s'oblige en retour à se conformer aux instructions qu'elle recevra et à exécuter les ouvrages qui lui seront confiés dans le cadre de son apprentissage »[928].

Il ressort de cette définition que le contrat d'apprentissage n'est pas un contrat de travail ordinaire mais une convention d'un type spécial. Cette différence se traduit par le fait que la réglementation de l'apprentissage contienne des exceptions au droit du travail. Ces exceptions ont une justification : ces « salariés » ne sont pas encore pleinement « utilisables ». Ils sont présumés n'être pas d'ores et déjà aptes à remplir leurs fonctions, puisqu'ils sont en même temps en cours de formation. En outre, leur statut habituellement de « mineur » explique l'attention particulière du législateur à leur égard[929]. Il en résulte la mise en place d'un contrôle

---

travail industriel: Amin M., Formation professionnelle et travail industriel. Une approche comparative entre Djibouti, l'Algérie et la France, Thèse, Sciences de l'éducation, Université de Caen, 1995, 285 p.

[926] *Cf.* Walther, R., la formation professionnelle en secteur informel ou comment dynamiser l'économie des pays en développement ?, Agence Française de Développement, Département de la recherche, 2007, les conclusions d'une enquête de terrain dans sept pays africains, 219 p ; du même auteur, La formation professionnel en secteur informel, Rapport sur l'enquête de terrain en Ethiopie, Agence Française de Développement, 2006, 53 p.

[927] Article 71 du Code du travail.

[928] Article 67 du Code du travail.

[929] *Cf.* not. Pignarre, G., L'apprentissage, Litec, 1991, 324 p.; Moreau, G., Le monde apprenti, éd. La dispute, 2003, 288 p.

des différentes phases du contrat d'apprentissage (formation, exécution, rupture). Ce contrôle de nature administrative a vu son domaine étendu par la réforme de 2006 (**2**). Par ailleurs, toujours dans le but de protéger l'apprenti, certaines personnes se voient interdites de prendre en charge des apprentis. Le législateur de 2006 a repris un certain nombre de conditions d'âge et de moralité essentielles contenues dans l'ancienne législation. Enfin, il a imposé, au profit de l'apprenti, de nouvelles conditions de rémunération (**1**).

1- Les conditions d'âge, de moralité et de rémunération

L'apprenti doit répondre à un critère d'âge. Le législateur de 2006 a posé un minimum de seize ans au début de l'apprentissage, conséquence de la disposition concernant la scolarité obligatoire[930]. Comme tout travailleur, l'apprenti ne peut être employé avant l'âge de seize ans[931] ; non seulement il doit avoir une force physique suffisante dûment constatée par un médecin mais, jusqu'à cet âge, on doit se préoccuper pour l'enfant, de son instruction générale parce que la condition *sine qua non* d'une formation professionnelle et technique convenable est que ceux qui en bénéficient disposent d'une solide éducation générale de base. A l'opposé, la loi n'a pas prévu un âge maximum pour le début de l'apprentissage ; De ce fait, rien n'interdit qu'un adulte s'engage dans un contrat d'apprentissage. Mais l'essentiel de la protection de l'apprenti se mesure à la fois à l'aune des conditions inhérentes à l'aptitude de l'employeur à former et des obligations incombant à ce dernier.

L'aptitude d'un employeur à embaucher des apprentis s'apprécie sur un plan juridique et moral. En effet, l'intéressé doit être âgé d'au moins 25 ans[932]. Il ne doit pas avoir été condamné soit pour crime, soit pour délit contre les mœurs, soit pour quelque délit que ce soit, à une peine d'au moins trois mois de prison[933]. A cette condition de moralité personnelle s'ajoutait antérieurement une condition de

---

[930] Article 4 de la loi du 10 août 2000 portant orientation du système éducatif.
[931] Article 71 du Code du travail.
[932] Article 71 du Code du travail.
[933] Article 72 du Code du travail.

moralité familiale[934]. Celle-ci prévue, par le Code de 1952, n'a pas été reprise par le législateur de 2006. Elle stipulait qu'aucun maître, s'il ne vit en famille ou en communauté ne peut loger en son domicile personnel ou dans son atelier, comme apprenties, des jeunes filles mineures[935]. Cette règle tendait à protéger les intéressées contre tout abus éventuel de la part d'un maître d'apprentissage célibataire ou ne vivant pas en communauté. Toutefois, elle péchait par son sexisme puisqu'elle n'interdisait pas à une maîtresse d'apprentissage qui ne vivait pas en famille ou en communauté de loger chez elle des jeunes garçons mineurs. On pouvait donc se demander si la crainte de voir le maître d'apprentissage abuser des jeunes filles qu'il logerait disparaît lorsqu'il s'agit d'une maîtresse d'apprentissage qui loge des jeunes garçons mineurs. Rien n'est moins sûr. Le danger existe dans l'un comme dans l'autre cas. Le législateur de 2006 n'a pas corrigé cette disposition en se référant au principe d'égalité de traitement mais a procédé purement et simplement à sa suppression.

L'employeur, outre le fait de voir la mise en jeu de sa responsabilité civile en sa qualité de commettant[936] les obligations essentielles que la loi lui impose et autour desquelles gravitent toutes les autres, sont d'assurer la formation professionnelle et la rémunération de l'apprenti. L'employeur s'engage, principalement, à enseigner à l'apprenti, méthodiquement, progressivement et

---

934 Pierre Chauleur explique ces conditions de moralité et écrit : « il faut toujours se rappeler l'esprit dans lequel, originellement, le contrat d'apprentissage a été conçu par le législateur de 1952. Au temps des corporations fondées dans une société articulée dans le cadre d'une hiérarchie légitimée par la religion, il s'agissait d'une formation morale en même temps professionnelle. Conscience du devoir, sens du travail bien fait, moralité aussi bien professionnelle que privée, telle étaient les qualités que devaient théoriquement remplir les bons ouvriers. Il s'ensuivait, et il s'en est toujours suivi, qu'un tel objectif exige du maître des conditions de moralité qui sont, au surplus, tout naturellement dans les territoires d'outre-mer où le sens religieux et le respect de l'enfant sont plus intimement liés à la vie des populations que dans la métropole. C'est pourquoi ces conditions sont apparues indispensables et se sont imposées » (*Cf.* Chauleur, P., *op. cit.*, p. 258).

935 Un veuf ou un célibataire peut donc recevoir des apprenties du moment qu'il vit en famille. Par communauté, il faut entendre la communauté tenue par des religieux qui forment des apprentis (Article 58 du Code de 1952).

936 Article 1384 alinéa 5 du Code civil.

complètement, l'art, le métier ou la profession spéciale qui fait l'objet du contrat. A cet effet, il ne doit employer l'apprenti qu'aux travaux et services se rattachant à cet art, ce métier ou cette profession et, dans ce cadre, il doit observer toutes les prescriptions légales ou réglementaires relatives au travail des jeunes si l'apprenti est considéré comme tel[937].

Certaines obligations contenues dans la législation antérieure qui avaient trait à la santé, à la formation générale et religieuse de l'apprenti n'ont pas toutes été reprises par le législateur de 2006. On peut à titre d'exemple citer celle qui imposait à l'employeur de prévenir sans retard les parents de l'apprenti ou leurs représentants en cas de maladie, d'absence, ou de tout fait de nature à motiver leur intervention[938]. Il devait également les prévenir des fautes graves que l'apprenti pouvait commettre[939]. Ce devoir d'information dépassant les rapports d'employeur à employé était compréhensible étant donné que le maître, s'il n'avait pas délégation de la puissance paternelle, était, en vertu de l'article 1384, alinéa 4 du Code civil, responsable des délits commis par ses apprentis[940]. La pertinence de cette disposition est toujours d'actualité lorsque l'apprenti est mineur et sa non reconduction risque d'avoir des effets préjudiciables pour la santé et la formation de ce dernier[941]. Il faut néanmoins minorer ce risque lorsque l'on sait que le Code de 2006 a fait perdurer les effets de toutes les dispositions réglementaires qui lui étaient antérieures à

---

[937] Article 67-2 du Code du travail. Cette obligation a toujours été constante et prévue par la législation antérieure.

[938] Article 59 du Code de 1952.

[939] Article 14 de l'arrêté du 3 décembre 1953 déterminant les conditions de forme et de fond, les effets, les cas et conséquences, et les mesures de contrôle de l'exécution du contrat d'apprentissage, *JO CFS* du 1er janvier 1954, p. 15.

[940] *Cf.* not. Chauleur, P., *op. cit.*, p. 259.

[941] En revanche, cette obligation d'information a perdu une bonne partie de sa raison d'être surtout lorsque l'on sait que le contrat d'apprentissage tel qu'il avait été envisagé par les rédacteurs du code de 1952 paraît bien éloigné du contrat d'apprentissage tel qu'il est conçu aujourd'hui par le législateur. Les preuves de ce changement de conception sont l'utilisation du terme « employeur » au lieu et place de « maître », l'obligation de rémunération au profit de l'apprenti.

la seule condition qu'elles ne lui soient pas contraires[942]. Cela nous conduit à rappeler que l'employeur demeure toujours tenu de cette obligation d'information sous peine de voir sa responsabilité engagée.

Mais l'innovation la plus importante introduite par le législateur de 2006 est la mise en place d'une rémunération minimale au profit de l'apprenti. L'employeur doit désormais verser un salaire à son apprenti. Le salaire est certes négocié entre l'employeur et l'apprenti[943]. Mais le législateur a fixé un plancher en dessous duquel il est interdit de rémunérer l'apprenti. Ainsi le salaire de celui-ci ne devrait, en tout état de cause, être inférieur à 25 % du salaire afférent au métier dans lequel l'apprentissage s'effectue[944]. Par cette mesure, le législateur de 2006, a voulu créer une contrepartie financière minimale au profit que pourrait tirer l'employeur des travaux de l'apprenti au-delà de l'évaluation raisonnable des soins et sujétions nées de l'apprentissage[945]. L'ancienne réglementation n'imposait pas à l'employeur le versement d'un salaire. Ceci était affaire de convention de sorte qu'en ayant recours à l'apprentissage la tentation d'utiliser une main-d'œuvre "bon marché" était sans doute forte.

---

942 Article 293 du Code du travail.

943 Dans le cas où l'apprenti serait mineur, le salaire de celui-ci se négocie avec ses ascendants ou à défaut avec son tuteur (Article 67-4 du Code du travail).

944 Article 67-5 du Code du travail.

945 Cette disposition risque toutefois d'accroître davantage le coût d'encadrement des jeunes apprentis débutants en entreprise, surtout dans les métiers où l'acquisition d'un minimum de savoir faire requiert un temps relativement long. De ce fait, son application pourrait amener les employeurs à limiter les offres d'apprentissage aux jeunes sans qualification de base pour ces types de métiers. Au regard du niveau de faible employabilité des jeunes et de la proportion des jeunes sans emploi, cette disposition mérite d'être davantage plus flexible pour rendre moins onéreux l'encadrement des jeunes dans l'entreprise (*Cf.* PNUD. Processus de formulation de la politique nationale de l'emploi. Diagnostic de l'emploi en République de Djibouti, p. 31).

2- Le contrôle du contrat d'apprentissage

Le contrôle de l'apprentissage vise à faciliter l'insertion professionnelle du jeune apprenti en lui donnant une formation lui permettant d'être utilisable par l'entreprise elle-même ou par une autre entreprise. Or, il peut arriver que ce type de contrat soit utilisé par les entreprises comme système de remplacement de personnel absent, ou pour disposer d'un volant de main-d'œuvre destiné à amortir les aléas de la production. Seul un contrôle suivi du comportement des employeurs et de la qualité de la formation dispensée permet de prévenir ce détournement de la finalité de l'apprentissage[946]. Ce contrôle a toujours été prévu et confié à l'inspecteur du Travail. Ce dernier doit veiller d'une part au respect des conditions préalables à la formation de ce contrat, d'autre part à son exécution et à sa résiliation[947].

Pour permettre un tel contrôle, il faut avant tout que l'inspecteur du Travail sache qu'il s'agit d'un contrat d'apprentissage et que l'employeur puisse le prouver. C'est pourquoi « le contrat d'apprentissage doit être constaté par écrit, à peine de nullité »[948]. A défaut de précision par la loi, on peut se demander quelles sont les conséquences de cette nullité : le contrat se mue-t-il en un contrat de travail ? Ou s'agit-il de mettre seulement fin aux rapports entre les parties ?

Le contrat d'apprentissage doit ensuite être soumis à la formalité de visa d'approbation de l'inspecteur du Travail qui doit au préalable, procéder aux vérifications que lui impose la loi en pareil cas. En effet, il ne doit accorder son approbation que si l'équipement de l'entreprise, les techniques utilisées, les conditions de travail et de sécurité dans l'entreprise ainsi que les garanties de moralité et de compétence professionnelle offerte par ses membres et, notamment, la personne qui est directement responsable de la formation de l'apprenti, sont de nature à permettre une formation satisfaisante. Après visa, il est remis un exemplaire du contrat à l'apprenti ou à son

---

946 *Cf.* not. Vatinet, R., *op. cit.*, p. 232.
947 *Cf.* not. Chauleur, P., *op. cit.* p. 264.
948 Article 68-1 du Code du travail.

représentant, deux exemplaires au maître et le quatrième est conservé par l'inspection du travail[949].

L'exécution par l'employeur de ses obligations à l'égard de l'apprenti n'échappe pas aussi au contrôle de l'inspecteur du travail. Ce dernier s'assure du respect des dispositions législatives et réglementaires relatives à la rémunération, à la durée du travail, à l'absence de travail de nuit. Il s'assure également du respect du repos hebdomadaire, de la réglementation relative au travail des femmes et des enfants, à l'hygiène et à la sécurité et aux accidents du travail[950]. Cette liste n'est pas limitative. La mission de l'Inspecteur vise généralement le respect de toutes les dispositions relatives aux conditions de travail, générales et particulières au contrat d'apprentissage.

L'inspecteur doit contrôler également la formation professionnelle des apprentis. Lorsqu'il constate que cette formation est insuffisante, ou que l'apprenti est victime d'abus, il doit demander aux juridictions compétentes de limiter le nombre des apprentis dans l'établissement ou même suspendre, pour un temps, le droit pour ce chef d'établissement de former des apprentis[951]. En cas de litige, les juridictions compétentes pour en connaître sont, désormais, les tribunaux du travail[952] et non, comme sous l'empire du Code de 1952, les tribunaux de droit commun[953].

---

949 Article 73 du Code du travail. En revanche la formalité de dépôt d'un exemplaire du contrat au greffe au tribunal du travail n'a pas été reprise par le Code de 2006.

950 Article 26 de l'arrêté du 3 décembre 1953 précité.

951 Ibid.

952 Article 162 du Code du travail.

953 Selon Chauleur, sous l'empire du Code de 1952, les actions en résolution du contrat d'apprentissage étaient portées devant les juridictions de droit commun (*Cf.* Chauleur, P., *op. cit.*, p. 264); André Lafond et Jacques Michollin réfutaient, quant à eux, cette interprétation stricte de l'article 180 du Code de 1952. Ils leur opposait que « l'apprenti est lui aussi un travailleur et qu'il doit donc bénéficier de l'ensemble des dispositions du Code sous réserve des règles particulières quant aux conflits nés du contrat d'apprentissage. Or, ces règles ne prévoient pas de dispositions particulières quant aux conflits nés du contrat d'apprentissage (...). De plus, l'article 74 qui détermine le contenu des conventions collectives prévoit que celles-ci peuvent traiter de l'apprentissage. On peut donc se trouver en présence de

Enfin, toute résiliation du contrat d'apprentissage à l'initiative du maître doit requérir l'autorisation préalable de l'inspecteur du Travail[954]. Ce dernier doit notifier sa décision dans les vingt un jours à partir du jour où le maître lui a fait connaître la mesure envisagée[955] ; à défaut, l'inspecteur est censé l'avoir approuvé. Il s'agit là d'une innovation du Code de 2006 qui a pour but de prévenir les ruptures abusives de contrat dont pourraient être victimes les jeunes apprentis[956].

Cependant, il convient de noter que toutes ces règles édictées par le législateur en matière de contrat d'apprentissage n'ont pas d'application pratique à Djibouti[957]. Très souvent, ce n'est pas sous la forme légale que l'apprentissage se réalise dans les faits mais sous une forme traditionnelle communément appelée « apprentissage sur le tas »[958]. Ce dernier est certes à l'origine d'un processus important de transmission de compétences au profit de jeunes souvent non scolarisés ou déscolarisés et, dans une certaine mesure, d'un équilibre

---

situations dans lesquelles le conflit, portant sur l'application de la convention collective, est indiscutablement de la compétence du tribunal du travail, bien qu'il s'agisse d'un apprenti, puisque le tribunal du travail est compétent en matière de conflits nés à l'occasion de l'application des conventions collectives » (*Cf.* Lafond, A., Michollin, J., *op. cit.*, p. 203).

[954] Article 74 du Code du travail.

[955] Ibid.

[956] Cependant, la loi ne donne aucune précision sur la nature de la lettre de demande à adresser à l'inspection du travail, ni sur les sanctions attachées à la violation de cette nouvelle formalité.

[957] A la différence de nombreux pays africains, l'apprentissage des métiers dans les entreprises formelles par les jeunes reste très peu répandu à Djibouti. Seulement 1,6% des jeunes occupés âgés de 25-34 ans sont dans un poste d'apprentissage ou stage dans des entreprises, soit un total de 540 jeunes apprentis ou stagiaire, dont 172 apprentis et stagiaires de 16-24 ans. Pourtant la demande potentielle d'apprentissage est élevée. Le pays compte environ 23 950 de 16-24 ans de niveau primaire au plus, qui ne sont ni occupés dans une école ou un centre de formation, ni occupés sur le marché de l'emploi (*Cf.* PNUD, Processus de formulation de la politique nationale de l'emploi. Diagnostic de l'emploi en République de Djibouti, 2014, p. 11).

[958] *Cf.* not. Bas, D., La formation sur le tas en Afrique, *RIT*, Vol. 128, n°4, 1989, pp 533-544.

du système social[959]. Néanmoins, l'incertitude des qualifications des maîtres et l'absence de programmes structurés réduisent l'efficacité de ce type de formation[960]. Il faut ajouter à cela les abus et les violations des dispositions légales qui s'expliquent en partie par la conception paternaliste de l'apprentissage à Djibouti. L'apprenti, à des nombreux égards, est intégré dans la famille du « maître ». Ce dernier est amené à exécuter de tâches n'ayant aucun lien avec son contrat. Enfin, on relève des pratiques abusives telles que l'absence de rémunération, le non-octroi de congé ainsi que l'existence de durées d'apprentissage excédant largement celle maximale prévue par la loi[961]. Parce qu'elles sont majoritairement propres au secteur informel, l'existence de ces pratiques permet d'interroger le décalage possible entre le droit en vigueur et les réalités sociales[962].

§ 2- L'emploi des personnes malades ou handicapées

Si le travail est à la fois un devoir et un droit[963], toutes les personnes, y compris les personnes gravement malades ou handicapées, ont droit à l'exercice d'une activité professionnelle. La

---

959 *Cf.* not. Maldonardo, C. et Boterf, G., L'apprentissage et les apprentis dans les petits métiers urbains. Le cas de l'Afrique francophone (recherche pour le programme mondial de l'emploi) BIT, Genève, 1985, p. 26.

960 *Cf.* not. Lachaud, J.P, *op. cit.*, p. 144.

961 Ce qui fait dire à un auteur que « le paternalisme agit en faveur de l'exploitation des apprentis comme un levier d'une redoutable efficacité et la formation professionnelle agit comme une chimère dans l'imaginaire des enfants et motive leur subordination car elle est "aléatoire, arbitraire et souvent interminable" » (*Cf.* Bonnet, M., Le travail des enfants: terrain des luttes, éd. Pages deux, 1999, p. 286).

962 En 1958, le BIT relevait déjà qu' « à l'égard de l'apprentissage sur le tas, l'Administration fait preuve, dans la plupart des pays africain, d'un esprit de large tolérance. Cela se conçoit aisément: la capacité d'absorption des établissements scolaires d'enseignement professionnel est encore, dans tous les pays africains, des plus réduites par rapport aux besoins réels de main d'œuvre qualifiée » (Les problèmes du travail en Afrique, BIT, Genève, 1958, p. 216).

963 L'article 15 de la Charte africaine des droits de peuples dispose « que toute personne a le droit de travailler dans des conditions équitables et satisfaisantes et de percevoir un salaire égal pour un travail égal ».

discrimination positive peut donc prendre la forme de mesures spéciales d'insertion des personnes gravement malades ou handicapées. Les personnes souffrant de graves maladies ou d'un handicap physique ou mental se trouvent souvent confrontées à des difficultés importantes pour participer à la vie sociale sur un pied d'égalité avec les personnes valides. Le législateur djiboutien a prévu des mesures tendant à atténuer les discriminations dont ils peuvent être l'objet sur le marché du travail ou en situation d'emploi. Elles diffèrent selon qu'il s'agit de personnes atteintes de graves maladies ou souffrant d'handicap. Concernant les premières, il s'agira de les protéger contre toute forme de discrimination et de stigmatisation et de leur donner la possibilité d'exercer leur activité dans un cadre professionnel accueillant (**A**). En revanche, concernant les secondes, il s'agira essentiellement d'encourager leur embauche notamment par des incitations fiscales (**B**).

A- La protection des personnes atteintes de graves maladies

L'expression « personnes atteintes de graves maladies » désigne en l'occurrence celles infectées par le VIH ou atteintes du Sida. La protection de ces personnes ou sidéens en matière d'emploi n'est pas organisée par le Code du travail mais par la loi du 22 avril 2007 portant mesures protectrices adaptées à la situation des personnes vivant avec le VIH/Sida et des groupes vulnérables[964]. L'article 10 de cette loi dispose que « toute discrimination sur la base d'une séropositivité réelle ou supposée, dans les domaines de l'emploi, est prohibée ». Son article 17 précise également que « toute discrimination, toute stigmatisation et d'une manière générale toute atteinte portée aux droits de la personne en raison de sa séropositivité réelle ou supposée (...) sont punies de peines prévues aux articles 390, 391 et 392 du Code Pénal ». Dans les relations professionnelles, la personne atteinte du Sida a donc droit à un emploi salarié (**1**). Lorsque la contraction du virus survient pendant les activités elle

---

[964] Contrairement au handicap, l'état de santé et la maladie ne sont pas mentionnés par le Code du travail parmi les motifs de discrimination prohibés par la loi.

doit, en principe, conserver son lien contractuel grâce aux différentes techniques de réadaptation professionnelle (**2**).

1- L'accès des personnes atteintes du Sida aux emplois salariés

Selon les estimations de l'OMS, près de 9200 personnes vivent avec le VIH/Sida à Djibouti en 2009[965]. Les progrès majeurs de la prise en charge médicale[966] financée en grande partie par le Fonds mondial de lutte contre le Sida[967] permettent aujourd'hui de considérer l'infection comme une condition chronique qui peut être compatible avec l'exercice d'une activité professionnelle. En effet, dans la grande majorité des professions et des situations professionnelles, le travail n'implique aucun risque de contamination possible, que ce soit entre travailleurs, de travailleurs à clients, ou de clients à travailleurs. Par conséquent, les personnes atteintes du VIH mais bien portants devraient être traitées de la même façon que tout autre personne malade lors du contrôle de l'état de santé à l'embauche.

Les examens médicaux d'embauche sont prévus par l'article 133 du Code du travail et ont un caractère obligatoire. Ainsi « tout salarié doit faire l'objet d'un examen médical au plus tard dans les huit jours qui suivent son embauche ». Ces examens sont réalisés par le service médical de la CNSS[968]. Leur finalité est de rechercher si le

---

965 *Cf.* UNAIDS, Rapport sur l'épidémie mondiale de Sida en 2012, p. 266.

966 Notamment, l'introduction, à la fin des années 90, des multithérapies, particulièrement des trithérapies, a ralenti notablement l'évolution de la maladie pour un grand nombre de patients et a amélioré leur état clinique (*Cf.* not. Thèze, J. et Debré P., Le Sida à l'heure des multithérapies, éd. Elsevier, 2000, 104 p.).

967 Même si une enquête diligentée par le Fonds mondial de lutte contre le sida a révélé en 2012 que 8,2 millions de dollars (soit environ 35% des subventions allouées) n'étaient pas utilisées conformément aux dispositions de l'accord de subvention et étaient employés en infraction de celui-ci (Cf. Rapport d'enquête sur les subventions du Fonds mondial à la République de Djibouti du 29 octobre 2012, 53 p.).

968 En droit commun, l'aptitude à l'emploi est appréciée par le médecin du travail. Aucun texte spécifique ne régit l'intervention du médecin du travail en matière de Sida. En revanche, dans la fonction publique, tout médecin peut procéder aux examens médicaux d'embauche. Ce médecin est choisi par l'intéressé même s'il est prévu que l'administration puisse opérer une

candidat n'est pas atteint d'une affection contagieuse, sans risque pour sa santé ou pour celle de ses collègues de travail. Autrement dit, de par leur caractère préventif, ces examens se limitent à la vérification de risques de contagion. Ainsi, en l'état actuel des connaissances scientifiques, il est établi que la transmission du virus du Sida ne peut s'effectuer chez l'adulte que par voie sanguine ou sexuelle. Une éventuelle contamination professionnelle n'est donc possible que par contamination du sang dans des hypothèses très limitées : le contact infectant (par blessure, piqure ou lésion cutanée) auquel peuvent être exposées des catégories bien déterminées de personnel appartenant notamment aux milieux de soins[969] ou opérant (comme par exemple dans le secteur de la recherche) sur des liquides biologiques infectés[970]. Eu égard au caractère théorique du risque de contamination d'un salarié par un autre, en situation normale de travail, le dépistage du virus n'est nullement justifié[971].

Les examens médicaux ont également pour but de s'assurer que le candidat est médicalement apte au poste de travail auquel

---

contre-visite complète avant sa nomination en tant que stagiaire (article 2 du décret du 10 septembre 1983 fixant les conditions de recrutement des fonctionnaires).

969 L'article 9 de la loi du 22 avril 2007 portant mesures protectrices adaptées à la situation des personnes vivant avec le VIH/Sida et des groupes vulnérables précise que « seuls les professionnels de la santé, les donneurs de sang, de sperme, tissus ou organes sont soumis à des épreuves de dépistage de VIH/Sida, dans leurs intérêts et dans le souci du droit à la santé ».

970 Cette discrimination se justifie ici plus par des nécessités de sécurité que par le souci du droit à la santé du salarié. A ce propos on cite également « le cas du pilote d'avion dont le trouble neurologique soudain pourrait mettre en péril la vie de ses passagers (*Cf.* not. Auvergnon, Ph., Le droit des relations de travail interrogé par le Sida, *in* «Le droit social à l'épreuve du Sida », MSHA, 1992, p. 53).

971 Sur le plan international, il a été déclaré par l'OMS et le BIT que le dépistage du VIH/Sida dans le cadre de l'évaluation de l'aptitude du travail ne devrait être pas requis (*Cf.* Déclaration adoptée à l'issue de la consultation sur le Sida et le lieu de travail et, élaborée par l'OMS en association avec le BIT., Genève, 27 juin 1988 cité par Trebilcock, A.M., Le Sida et le lieu de travail, les orientations que suggèrent les normes de l'OIT, *RIT*, Vol. 128, n°1, 1989, pp. 33-51; BIT, Le VIH/SIDA et le monde du travail, Recueil de directives pratiques du BIT, Genève, 2002, 71 p.

l'employeur envisage de l'affecter. L'article 10 de la loi du 22 avril 2007 précitée précise qu'« un employeur peut uniquement demander si les candidats à un emploi sont en mesure d'assurer les fonctions prévues par le poste ». Dans la pratique, le médecin du travail établit une fiche d'aptitude en deux exemplaires dont l'un est remis au salarié et l'autre à l'employeur. Cette fiche ne fait que mentionner l'aptitude ou l'inaptitude, partielle ou totale, du candidat. Elle ne doit comporter aucun renseignement confidentiel, tel que la nature ou l'origine de l'inaptitude ou des réserves éventuellement formulées. Ainsi, concernant les personnes atteintes du Sida, l'article 9 de la loi du 22 avril 2007 précise que « la publication de l'identité et de l'état sérologique d'une personne vivant avec le VIH/Sida constituent une violation de la vie privée ».

Cette disposition se voit confortée par le fait que le médecin du travail, dans son activité médicale, conserve, de par la loi, une pleine indépendance. En effet, le Code de déontologie médicale[972] précise, en son article 92 qu' « en aucune circonstance, le médecin ne peut accepter de limitation à son indépendance dans son exercice médical de la part du médecin, de l'entreprise ou de l'organisme qui l'emploie ». Ce même article prévoit également que « le fait pour un médecin d'être lié dans son exercice professionnel par un contrat ou statut (….) n'enlève rien à ses devoirs professionnels et en particulier à ses obligations concernant le secret professionnel et l'indépendance de ses décisions »[973].

Mais, sans avoir recours à un dépistage, l'employeur peut tenter de collecter un certain nombre d'informations, y compris à caractère médical, à travers l'entretien d'embauche[974]. Ce faisant, il pourra profiter de l'absence de toute réglementation sur cette phase précontractuelle[975] pour soutirer du candidat à l'emploi, un certain

---

972 Décret du 7 avril 2008 n° 2008-0098/PR/MS relatif au Code de déontologie médicale.
973 *Cf.* not. Manaouil, C., Le secret professionnel en médecine du travail, *Archives des maladies professionnelles et de médecine du travail*, 2000, Vol. 61, n°4, p. 261.
974 *Cf.* not. Auvergnon, Ph., *op. cit.*, p. 55.
975 Ni la loi du 22 avril 2007, ni le Code du travail ne réglementent la nature et le contenu de l'entretien d'embauche de sorte que le candidat à l'emploi

nombre d'informations sur son état de santé. Sur cette question, on pourrait néanmoins s'inspirer de la jurisprudence française qui reconnaît au salarié un droit de ne pas répondre ou d'utiliser « son droit de mensonge » face à des questions pouvant porter atteinte à une liberté fondamentale[976]. L'état de santé, et en l'occurrence sa séropositivité réelle ou supposée, est un élément constitutif de la vie privée au seuil de laquelle il est souhaitable que le pouvoir d'investigation de l'employeur futur ou actuel s'arrête. Les questions qui peuvent être posées, les recherches d'information ne peuvent être justifiées, aux yeux du juge français, que s'il existe un rapport direct et spécifique avec l'emploi sollicité.

2- Le droit au maintien de l'emploi en cas de contraction du virus du Sida

Ce droit au maintien de l'emploi se traduit par l'empêchement de la rupture automatique du contrat de travail, lorsque le travailleur est malade et est amené à s'absenter parfois pour longtemps. L'employeur ne peut se fonder sur ses absences occasionnées par la maladie pour mettre un terme à la relation de travail. La loi le lui interdit. En effet, l'article 41 alinéa du Code du travail fait éviter la rupture en considérant la période d'absences dues à la maladie comme un cas de suspension du contrat de travail. L'employeur doit respecter la suspension du contrat résultant de la maladie d'une durée maximale de six mois et prendre en considération les propositions du médecin suite à une modification constatée ou prévisible de l'aptitude médicale d'un salarié à son poste de travail[977].

---

est contraint, en général par nécessité économique, à répondre à toutes les questions y compris celles touchant à son état de santé.

[976] La Cour de cassation française a affirmé que le salarié n'avait pas à fournir d'informations sur son état de santé à l'employeur et que ces informations ne pouvaient être confiées qu'au médecin du travail dans le cadre de l'examen médical d'embauche : Cass. soc. 21 septembre 2005, *JCP* éd. S 2005, 1331, note Verkindt, P.-Y. ; sur la distinction vie personnelle et vie professionnelle : Bourgeot, S. et Verkindt, P.-Y., La maladie du salarié au prisme de la distinction de la vie personnelle et de la vie professionnelle, *Dr. soc.* 2010, pp. 56-64).

[977] Article 44 du Code du travail.

Toutefois, ce régime de la suspension du contrat de travail pour cause de maladie n'est pas assez adapté à l'intemporalité de la maladie du Sida dû au fait qu'elle n'est pas encore, en l'état actuel des connaissances scientifiques, curable. Elle mène lentement mais directement au décès. Dans son cycle évolutif, cette maladie ne rend pas immédiatement inapte dès qu'on est infecté par le virus qui la transmet[978].

En toutes hypothèses, aux termes de l'article 7 de la loi du 22 avril 2007 précitée, l'état sérologique ne peut être une cause de cessation de l'emploi. Comme pour de nombreuses autres infections, les personnes qui sont atteintes d'une maladie liée au VIH doivent être en mesure de travailler normalement aussi longtemps qu'elles y sont médicalement aptes. L'état de santé d'une personne infectée par le VIH ne les rend pas, compte tenu des caractéristiques de cette infection et des connaissances scientifiques, inaptes immédiatement à travailler et par conséquent ne constitue pas une cause valable de licenciement. Autrement dit, la séropositivité asymptomatique ne doit en aucun cas avoir une quelconque incidence sur les conditions d'exécution du contrat de travail.

Mais que faire du travailleur infecté par le VIH dont les défenses du système immunitaire sont sérieusement altérées de sorte qu'elles influent sur l'exécution de ses obligations contractuelles ? La loi du 22 avril 2007 n'aborde pas ce point particulier et n'exige pas expressément de l'employeur le maintien en poste du travailleur infecté par le VIH.

Néanmoins, ce dernier peut bénéficier des mesures de reclassement prévues par l'article 44 du Code du travail au profit des travailleurs diminués physiquement ou mentalement à l'issue du congé de maladie. Cet article invite les employeurs non pas à la

---

978 Dans la fonction publique en France, une circulaire met l'accent sur la différence qu'il y a entre statut sérologique et état clinique: « un individu réputé séropositif mais ne manifestant de signes évidents de la maladie est dit porteur sain ou asymptomatique » et son droit à l'emploi ne peut au aucun cas être remis en cause (*Cf.* Circulaire du 6 juillet 1989 relative à l'emploi dans la fonction publique citée par Desjardins, B., Le salarié malade, malade du Sida, *in* « Le droit social à l'épreuve du Sida », *op. cit*, p. 87).

rupture immédiate du contrat de travail en cas d'inaptitude physique ou mentale consécutive à une quelconque maladie mais à rechercher les stratégies de réadaptation professionnelle[979]. L'employeur doit chercher à pallier l'inaptitude du salarié constatée par le médecin agrée[980] en adaptant ses conditions d'emploi[981], plutôt que de l'écarter de l'emploi qu'il occupait dans l'entreprise. Aussi, la déclaration commune OMS-BIT précitée aborde implicitement la question lorsqu'elle dispose que les personnes souffrant de maladie liée au VIH devraient être en mesure de travailler normalement aussi longtemps qu'elles y sont médicalement aptes[982]. Ceci ne veut pas dire nécessairement au poste que le salarié occupait quand la maladie a commencé à produire ses effets délétères.

La tendance est donc à l'évitement de la rupture du contrat de travail automatique et à la conservation du lien contractuel jusqu'à la constatation de l'inaptitude du travailleur à tout emploi au sens de l'article 44 du Code du travail. Mais si le droit organise la protection du travailleur atteint du sida contre le licenciement, il ne peut pas faire grand-chose contre les exclusions sociales pouvant émaner de certains autres travailleurs ou de clients de l'entreprise[983]. Ces

---

[979] En l'espèce, rien ne justifie que le problème posé par l'infection par le VIH soit abordé de façon spécifique, différente des autres cas de maladies longues dont l'évolution est incertaine et peut avoir des incidences variables sur l'exécution du contrat de travail en fonction du temps et de la nature des activités.

[980] Le médecin agrée qui a connaissance de l'état sérologique d'un salarié, qu'il soit porteur asymptomatique ou que ses défenses immunitaires soient altérées, peut, compte tenu des caractéristiques du poste, proposer une adaptation de celui-ci ou une affectation à un autre poste. Il n'a pas alors à indiquer à l'employeur l'origine des contre-indications à la tenue du poste initial.

[981] On pourrait par exemple les faire travailler à temps partiel: *Cf.* Auvergnon, Ph., *op. cit.*, p. 64.

[982] *Cf.* not. Trebilcock, A.M., *op. cit.*, p. 39.

[983] Sans oublier les troubles que la contraction de cette maladie peut crée au sein de sa vie de couple. La maladie grave et incurable telle que le sida de l'un des époux découverte pendant le mariage est-elle une cause du divorce? Il est important de souligner que cette question n'est pas abordée par le Code de la famille de 2002 (*Cf.* Faye. A., Le dualisme juridictionnel et juridique en matière de divorce en République de Djibouti, *in* Belbéoch, O., Charbit, Y., Hassan Houssein, S. (dir.), *op. cit.*, p. 41).

derniers vont le tenir à l'écart, ne pas entrer en contact avec lui, demander sa mutation voire son licenciement. Les raisons de ce type d'attitude, lorsqu'elles ne sont pas mauvaises, tiennent à des vagues croyances religieuses[984], à une mauvaise information et à la crainte d'une contamination[985]. L'employeur pourra donc se cacher derrière la volonté existante d'un groupe de travailleurs ou de clients ou invoquer le trouble apporté dans l'entreprise pour procéder au licenciement du travailleur atteint du Sida. Il peut d'autant plus le faire sans grand risque en raison du plafonnement de l'indemnisation qu'il aura à verser en cas de condamnation. Les dommages et intérêts plafonnés seront en l'occurrence des risques économiques insignifiants compensés par le « profit » tiré du congédiement du salarié sidéen[986].

Au lieu de se contenter d'édicter de grands principes, il faudrait peut-être que le législateur mette en place un régime de licenciement spécifique pour les travailleurs sidéens, comparable à celui de la salariée enceinte ou du délégué du personnel.

---

984 Ces croyances assimilent la contraction du virus du sida à un châtiment divin et sont entretenues par les réticences des autorités religieuses à participer aux campagnes publiques de soutien aux patients du sida (*Cf.* not. Unicef. Analyse de la situation des femmes et des enfants en République de Djibouti, 2007, p. 35)

985 Parfois, c'est même la peur de la tuberculose pouvant être véhiculée par des salariés séropositifs qui suscite les craintes les plus vives (*Cf.* not. Plassart, P., L'entreprise découvre le sida, *Liaisons sociales, mensuel*, n°3, nov. 1987, p. 28). *Cf.* aussi Tchobanian, R. et Fabre, G., Les tensions actuelles entre le VIH et l'emploi, *Sciences sociales et santé*, Vol. 19, n° 19-3, pp. 43-68).

986 Un auteur a pu observer en 2002 que « prés de 80% des patients sont inactifs au moment de leur prise en charge. L'absence d'activité professionnelle touche même 90,8% des femmes. Cette faiblesse de l'activité actuelle contraste avec l'activité passée. Femmes et hommes déclarent avoir eu avant leur maladie des activités en forte proportion (respectivement 45,2% et 65,8%) ce qui indique d'importantes pertes d'emploi liées à la maladie ou au statut de séropositivité » (*Cf.* Ali Ismael, O., L'accompagnement social des personnes vivant avec le VIH-Sida à Djibouti, in Belbéoch, O., Charbit, Y., Hassan Houssein, S. (dir.), *op. cit.*, p. 347).

B- Les incitations à l'emploi des personnes handicapées

Selon les estimations de l'OMS, 15% de la population mondiale vivent avec une certaine forme d'handicap, dont 2 à 4% avec de grandes difficultés de fonctionnement[987]. L'Afrique à elle seule compte 43 millions de personnes handicapées et la République de Djibouti environ 65 000 personnes. Ce dernier chiffre est toutefois une estimation. Il n'existe aucune statistique officielle et aucune institution publique chargée exclusivement ou accessoirement du cas des personnes handicapées.

La réponse des nations civilisées au défi du handicap ne peut être qu'une action publique dans le sens d'une compensation ou d'un relèvement du handicap. Cette action de relèvement et de compensation est rendue d'autant plus aigue que bien souvent la personne handicapée, dans le domaine de l'emploi, est doublement handicapée, d'abord par ses aptitudes au travail diminuées, et ensuite par ses défaillances sociales associées[988]. Elle a en général un bas niveau de formation initiale et de qualification, une faible aptitude d'insertion immédiate dans l'emploi. A ceci s'ajoute, parfois, une dépréciation de soi et un isolement dans une logique d'exclusion, voire de marginalisation[989].

C'est au travers de telles réalités qu'il faut comprendre les mesures d'insertion et de maintien des personnes handicapés dans un cadre professionnel ordinaire. Diverses mesures ont été prises sur le plan international : année internationale des handicapés en 1981, placée sous le signe de la « pleine participation et de l'égalité », célébrée de concert entre Djibouti et la communauté internationale, afin de sensibiliser tout le monde sur le problème de l'emploi des handicapés ; l'adoption de la Convention Internationale des Droits des personnes handicapées en 2009 ; la reconnaissance de fait des organisations associatives militant en faveur des droits des handicapés.

---

987 *Cf.* not. OMS, Rapport mondial sur le handicap, 2011, p. 7.

988 *Cf.* not. Auvergnon, Ph., L'obligation d'emploi des handicapées, *Dr. soc.* 1991, p. 596.

989 Ibid.

Au niveau interne, des instruments juridiques ont été adoptés parmi lesquels le Code du travail qui contient des dispositions en faveur de l'emploi des personnes handicapées[990]. Cependant, une obligation d'emploi existe dans de nombreux pays[991]. Il n'en est pas le cas à Djibouti. Des mesures fiscales d'incitation au travail des personnes handicapées sont, en revanche, prévues par le législateur. Toutefois, nous verrons qu'en dehors des mesures concernant le reclassement du salarié devenu handicapé (**2**), ces mesures fiscales demeurent assez imprécises et connaissent de fait des difficultés de mise en œuvre (**1**).

1- L'imprécision des mesures d'incitation au travail des handicapés

L'article 119 du Code du travail dispose que « les employeurs qui utilisent des handicapés bénéficient pour chaque employé des mesures fiscales incitatives ». Ainsi, le législateur djiboutien a choisi de ne pas imposer aux employeurs l'obligation de consacrer aux personnes handicapées un pourcentage de postes de travail au sein de leur entreprise. Il a prévu des mesures d'allègement de charges fiscales au profit des employeurs qui procéderaient à l'embauche des personnes handicapées[992]. Ainsi, les employeurs peuvent bénéficier

---

[990] La République de Djibouti n'a pas ratifié la convention de l'OIT n° 159 sur la réadaptation professionnelle et l'emploi des personnes handicapées (1983). Mais les prescriptions de la législation nationale dans cette matière sont plus ou moins conformes aux dispositions pertinentes de cette convention. Aux termes de son article 3, « des mesures positives spéciales visant à garantir l'égalité effective de chances et de traitement entre les travailleurs handicapés et les autres travailleurs ne devront pas être considérés comme étant discriminatoires à l'égard de ces derniers ».

[991] *Cf.* Par exemple dans les pays membres de la CEE (OCDE « Mesures en faveur de l'emploi des personnes handicapées », rapport du groupe d'évaluation n° 12, Paris, 1991, p. 123 et s.). Le Royaume-Uni fait exception et a opté, pour une stricte politique d'incitation à l'emploi (*Cf.* Nouvelle campagne en faveur des personnes invalides *in* Info misep, CEE. DG V n° 33, 1991, p 11, cité par Auvergnon, Ph., *in* « L'obligation d'emploi des handicapés », *op. cit.*, p. 596).

[992] Aux termes de l'article 118 du Code du travail la personne handicapée est définie comme « toute personne dont les possibilités d'obtenir ou de conserver un emploi, sont effectivement réduites par suite d'une insuffisance ou d'une diminution de ses capacités physiques ou mentales ». Cette définition a quelque similitude avec celle retenue par l'article 1 de la

de réductions d'impôts dans le cadre de conventions passées avec l'Etat et la CNSS. Mais pour définir les modalités d'application de ces mesures, la loi renvoie à un texte règlementaire qui n'a pas été pris à ce jour[993].

Dans ces conditions, l'employeur ne peut que mettre en œuvre sa liberté discrétionnaire et recruter ou non les personnes handicapées. Quand on sait que la plupart des personnes handicapées ont un faible niveau de formation et de qualification professionnelle, on peut douter de l'attractivité et de l'effectivité de cette politique fiscale incitatrice à l'emploi des handicapés, surtout quand celle-ci souffre d'imprécisions juridiques et pratiques.

En d'autres pays, la loi impose un pourcentage de handicapés à embaucher afin de rendre plus effective leur insertion professionnelle. C'est ainsi qu'en Angola, Arabie Saoudite, Espagne, Italie, ce pourcentage est de 2% calculé des travailleurs permanents pour les entreprises occupant plus de 100 salariés. En Algérie et en Tunisie, il est de 1% des postes de travail. En France, la législation sur l'emploi des handicapés, notamment la loi du 10 juillet 1987 modifiée par la loi du 11 février 2005, la participation et la citoyenneté des handicapés, prévoit pour les entreprises de 20 salariés et plus, une obligation d'employer 6% des personnes handicapées[994].

Dans tous les cas, lorsqu'un handicapé est recruté par une entreprise à Djibouti, il acquiert le statut de salarié et se voit appliquer l'ensemble des dispositions légales, règlementaires et conventionnelles relatives au travail. Il est soumis au principe de l'égalité de traitement, les mesures particulières constituent l'exception. Le refus de promotion ou d'avancement de carrière sans

---

Convention n° 159 de l'OIT qui définit la personne handicapée comme « toute personne dont les perspectives de trouver et de conserver un emploi convenable ainsi que de progresser professionnellement sont sensiblement réduites à la suite d'un handicap physique ou mental dûment reconnu ».

[993] Article 120 du Code du travail.

[994] Sur l'obligation d'emploi des handicapés en France, Voir notamment Cros-Courtial, M.-L., Les obligations patronales à l'égard des handicapés après la loi du 10 juillet 1987, *Dr. soc.* 1988, p. 593 ; Auvergnon, Ph., *op. cit.*, p. 596 ; Bordeloup, J., Faiblesses et aléas d'une politique publique : les différentes actions menées en faveur des handicapés, *Dr. soc.* 1994, p. 586.

être fondée sur une inaptitude médicalement constatée constitue une discrimination prohibée. Le droit commun du travail lui est applicable en matière de période d'essai, de condition de travail, de durée de travail, d'horaires, de variations d'horaires, de congés, d'heures supplémentaires ou de récupération, etc.

Des mesures nécessaires pour assurer l'accès aux lieux de travail peuvent être imposées à l'employeur par l'inspecteur du Travail en général. C'est dans cet esprit que l'article 9 de la convention internationale relative aux droits des personnes handicapées impose aux Etats de prendre, entre autres, des mesures visant à éliminer les obstacles et barrières auxquels se heurte la personne handicapée en matière d'accessibilité[995] des lieux de travail[996]. Il s'agit concrètement d'adapter les lieux de travail au handicap du salarié. Cette adaptation a certainement un coût qui peut dissuader l'employeur à embaucher des personnes handicapés. C'est pourquoi dans certains pays, comme la France, il est prévu un soutien

---

[995] En France, depuis 2006, les pouvoirs publics ont donné une définition de l'accessibilité. Celle-ci doit permettre « l'autonomie et la participation des personnes ayant un handicap, en réduisant, voir en supprimant, les discordances entre les capacités, les besoins et les souhaits d'une part, et les différentes composantes physiques, organisationnelles, et culturelles de leur environnement d'autre part. L'accessibilité requiert la mise en œuvre des éléments complémentaires, nécessaire à toute personne en incapacité permanente ou temporaire pour se déplacer et accéder librement et en sécurité au cadre de vie ainsi qu'à tous les lieux, services, produits et activités. La société, en s'inscrivant dans cette démarche d'accessibilité, fait progresser également la qualité de vie de tous ses membres » (*Cf.* Zribi, G. et Poupée-fontaine, D., Dictionnaire du handicap, Ecole nationale de la santé publique, 6ème éd., 2007, Rennes, p. 5).

[996] A ce sujet, un auteur écrit: « dés lors qu'un individu ressent une gêne dans les déplacements, la pénibilité de son déplacement risque de s'accroître et faire peser son choix vers la non réalisation d'activité. Cette gêne dans les déplacements peut provenir de l'incapacité de l'individu à réaliser une tâche nécessaire au déplacement dans un environnement. Ainsi, l'individu qui ne parvient pas à maîtriser son environnement peut avoir un handicap dans le champ de la mobilité (mobility disability), et risque alors d'avoir des restrictions d'activités de la vie quotidienne » (*Cf.* Cadestin, C., Mobilité et handicap: quelle perception du déplacement? Les déplacements: mobilité, handicap et perception, in « Populations et handicap. Population vulnérables », Néothèque, Coll. Populations vulnérables, 2013, p. 136).

financier à l'aménagement du poste de travail, attribuée pour l'adaptation des machines ou outillages, y compris, si nécessaire, l'acquisition d'un équipement individuel, l'aménagement des accès au lieu de travail ; une aide à la compensation des charges supplémentaires d'encadrement est également prévue, elle est destinée à compenser les charges supplémentaires d'encadrement exclusivement pendant la période d'adaptation d'un travailleur handicapée à son emploi. L'aide concerne les dépenses de salaires et de charges sociales supplémentaires supportées par l'employeur[997].

Ces mesures publiques aidant à l'accessibilité des travailleurs handicapées aux lieux de travail n'existent pas à Djibouti. Cette situation jointe à l'absence de parution du texte réglementaire chargé de définir les mesures fiscales incitatives annoncées par la loi ne favorise pas, en fin de compte, l'insertion professionnelle des personnes handicapées[998]. Toutefois, nous verrons que le salarié devenu handicapé au cours de sa carrière professionnelle bénéficie, lui, de beaucoup plus d'égards dès lors qu'il peut bénéficier de mesures de reclassement s'il est diminué professionnellement.

2-L'obligation de reclassement du salarié devenu handicapé

Lorsque l'invalidité qui frappe désormais le salarié n'entraîne pas une diminution de sa capacité de travail et qu'il est reconnu médicalement apte à reprendre son emploi d'origine, l'employeur doit le réintégrer dans celui-ci. L'article 44 alinéa 1er est formel puisqu'il dispose que « s'il est reconnu apte à reprendre son emploi d'origine, il est réintégré dans celui-ci ». Ainsi, la loi ne donne *a priori* à l'employeur aucune marge de liberté qui lui aurait permis de l'affecter à un emploi différent mais de la même catégorie professionnelle. Cependant, certaines conventions collectives sont

---

997 Décret n° 2006-555 du 17 mai 2006 relatif à l'accessibilité des établissements recevant du public, des installations ouvertes au public et des bâtiments d'habitation et modifiant le code de la construction et de l'habitation (*JORF* n° 115 du 18 mai 2006, p. 7308).
998 Aussi, l'Etat aurait montré l'exemple aux entreprises privées en consacrant un pourcentage des postes de travail dans la fonction publique, dans les établissements publics ainsi que dans les entreprises dont il est propriétaire.

venues alléger cette réglementation quelque peu rigide et autorisent l'employeur, en cas d'impossibilité, à affecter le salarié non diminué à un emploi similaire. D'autres font preuve de subtilité excessive et opèrent une distinction selon l'origine professionnelle ou non de l'invalidité : elles imposent l'obligation de réintégrer le salarié dans son emploi d'origine quand son invalidité a une origine professionnelle. Le salarié est revanche intégré dans son emploi ou emploi similaire lorsque l'invalidité n'a pas une origine professionnelle[999].

Le problème qui se pose ici est de savoir si le salarié est tenu de se soumettre à la décision patronale l'affectant à un emploi similaire. L'article 63 du Code du travail dispose qu' « en cours d'exécution du contrat, l'employeur ou le travailleur peut proposer une modification du contrat de travail (...) si la proposition de modification du contrat présentée par l'employeur est substantielle et qu'elle est refusée par le travailleur, l'employeur peut rompre le contrat de travail, mais cette rupture lui est imputable et doit être opérée dans les règles de procédure du licenciement et avec paiement des indemnités de rupture. Le licenciement, à la suite de l'offre de modification, n'est abusif que si cette offre procède de l'intention de nuire ou d'une légèreté blâmable ou est contraire à l'intérêt de l'entreprise »[1000]. La difficulté ici est de savoir si l'affectation du handicapé dans un autre emploi de même catégorie lui permettant de garder sa qualification professionnelle et sa rémunération est une modification substantielle du contrat de travail au sens de l'article 63. Le caractère substantiel ou non d'une modification du contrat relève de l'appréciation souveraine des juges du fond. Mais l'on s'entend pour estimer qu'il s'agit ici d'une simple modification de poste sans aucun impact sur la classification professionnelle et la rémunération. Le travailleur handicapé est donc tenu de se soumettre à la décision

---

[999] *Cf.* not. Article 33 de la convention collective des employés de banque.

[1000] Le Code du travail met l'accent sur la proposition émanant de l'employeur, mais le salarié est souvent l'auteur d'une proposition de modification substantielle. Il peut, à titre individuel, demander une augmentation de salaire. En ce cas, l'employeur est dans une position délicate : s'il refuse, il ne peut tirer trop vite la conséquence que la proposition est une rupture conditionnelle, au risque de faire obstacle au droit de présenter des réclamations. C'est à l'employé de prendre l'initiative de la rupture, à moins que la réclamation prenne l'allure d'un harcèlement.

de son employeur sous peine de voir son refus s'analyser en une démission.

Lorsque les capacités du salarié sont désormais diminuées physiquement ou mentalement, l'employeur opère un reclassement qui prend très souvent la forme d'une rétrogradation. Il propose au salarié handicapé une mutation dans un emploi comportant un classement inférieur dans la hiérarchie professionnelle mais compatible avec l'état de ses capacités constatées médicalement[1001]. Pour encadrer les pouvoirs de l'employeur, certaines conventions collectives ont prévu l'obligation de se concerter avec les délégués du personnel et l'intangibilité de la rémunération. C'est ainsi que la convention collective des employés de banque impose à l'employeur de rechercher avec les délégués du personnel un emploi compatible avec les nouvelles capacités du salarié diminué suite à un accident du travail, une maladie professionnelle, un accident ou une maladie non professionnelle. Par ailleurs, l'affectation de l'intéressé à un nouvel emploi n'entraînera en aucun cas une révision de son salaire excepté éventuellement les primes, indemnités et avantages liés à l'ancienne fonction[1002].

Mais, hormis quelques cas, l'affectation se fait souvent sur un emploi inférieur et entraîne une réduction de salaire. On est ici dans l'hypothèse d'une modification substantielle du contrat dès lors que plusieurs éléments du contrat ayant déterminé le consentement lors de sa conclusion se trouvent atteints[1003]. Dans ces conditions, on peut parfaitement envisager que le salarié handicapé rétrogradé refuse la proposition de l'employeur et que le contrat soit rompu subséquemment. L'initiative de la modification du contrat étant imputable à l'employeur, le refus du salarié handicapé de sa nouvelle affectation, avec réduction de la rémunération, à un emploi inférieur et son départ de l'entreprise sont imputables à l'employeur. Mais le licenciement ne sera pas abusif dans le cas présent puisque la rétrogradation proposée et refusée est justifiée par l'intérêt de

---

[1001] Article 44 du Code du travail.

[1002] *Cf.* not. Article 33 de la convention collective des employés de banque.

[1003] L'analyse contractuelle du rapport de travail interdit notamment à l'employeur d'imposer au travailleur une modification essentielle ou substantielle des conditions d'exécution de son contrat de travail (Tribunal de Djibouti, 9 août 1968, *TPOM*, 1969, n° 272 p. 6014).

l'entreprise. La capacité professionnelle du travailleur devenu handicapé a baissé, il ne peut plus tenir l'emploi convenu avant son invalidité. Le reclassement proposé a pour but de faire correspondre ses nouvelles capacités à l'emploi y afférent. Ne pas le faire serait maintenir dans l'entreprise des salariés qui seraient des « boulets » pour l'entreprise.

Chapitre 2
UNE VOLONTÉ DE MAÎTRISE DES RELATIONS SOCIALES

L'évolution du droit du travail induit par l'objectif de libéralisation de l'économie n'a pas toujours eu pour conséquence de supprimer les règles héritées de la législation antérieure ainsi que des comportements étatiques forgés durant les périodes coloniales et postcoloniales. En effet, qu'il s'agisse des formalités entourant l'embauche (**Section 1**), du processus de production du droit conventionnel (**Section 2**) ou de l'exercice du droit de grève (**Section 3**), pour ne parler que de ces trois éléments essentiels de la législation du travail, on remarque que la libéralisation du droit trouve là des limites fondées sur une certaine vitalité des conceptions dirigistes voire autoritaires des autorités djiboutiennes.

Section 1- Les exigences entourant l'embauche

Le recrutement d'un collaborateur est un acte aussi important qu'incertain. « Important parce que pour l'entreprise, il n'est de richesse que les hommes. Incertain parce qu'aucun pays au monde ni aucune entreprise n'a trouvé la formule miracle depuis que la capacité du candidat à faire face au changement est devenue une vertu essentielle, que le savoir-être avec son équipe de travail ou les clients est souvent plus important que le strict savoir-faire, en constante évolution »[1004]. L'embauche d'un salarié doit être précédée ou accompagnée de formalités qui incombent à l'employeur (§1). Par ailleurs, il est imposé au travailleur de réserver toute son activité professionnelle à un seul et unique employeur (§2).

§1- Les formalités occasionnées par l'embauchage

Le législateur a toujours encadré la formation du contrat de travail par l'institution d'un système de contrôle qui se profile dans l'accomplissement de certaines formalités, au moment et après l'embauchage. Ces formalités obéissent à des logiques différentes qui se résument essentiellement aux déclarations prévues par la réglementation (**A**) et à l'autorisation d'emploi des travailleurs étrangers (**B**).

A- Les déclarations prévues par la réglementation

L'employeur doit remplir, lors de tout embauchage, des obligations inhérentes à sa qualité de chef d'entreprise. Ces obligations sont, en l'occurrence, l'accomplissement de déclarations légales qui sont une réponse aux difficultés résidant dans l'insuffisance des moyens d'indentification des travailleurs et de contrôle de leur situation dans l'entreprise, en particulier en

---

[1004] *Cf.* Ray, J.E., Droit du travail, Droit vivant, 22ème éditions Liaisons, 2013, p. 68.

Afrique[1005]. Elles apparaissent lors de la création de l'entreprise (**1**) et en cours d'exercice de l'activité professionnelle (**2**).

1- Lors de la création de l'entreprise

Selon le Code du travail, « toute personne qui se propose d'ouvrir une entreprise ou un établissement, de quelque nature que ce soit, occupant des travailleurs, doit en faire la déclaration à l'inspection du travail du ressort »[1006]. Imposée à l'employeur qui, pour la première fois, s'apprête à recruter du personnel, cette déclaration préalable doit également être effectuée en cas de fermeture de l'entreprise ou établissement[1007]. Par ailleurs, une déclaration spéciale lui est imposée en cas de réouverture de son établissement après fermeture, de transfert, de changement d'activité ou de statut juridique et, plus généralement, de tout changement affectant l'entreprise ou l'établissement[1008].

Les modalités de ces deux types de déclaration doivent faire l'objet d'arrêtés pris sur proposition du Ministre chargé du Travail, après avis du Conseil National du Travail, de l'Emploi et de la Formation Professionnelle (CNTEFP)[1009]. L'absence d'adoption de ces textes réglementaires nous amène ici aussi à nous référer, au moyen du mécanisme légal de renaissance des dispositions réglementaires passées, aux arrêtés gubernatoriaux pris sous l'empire de la législation antérieure. Les arrêtés du 14 septembre 1953[1010] demeurent

---

[1005]Ces obligations étaient prévues par l'ancienne législation et répondaient aux mêmes préoccupations qui sont toujours d'actualité (*Cf.* Chauleur, P., *op. cit.*, p. 530 ; Anonyme, Code du travail des TOM, *op. cit.*, p. 239).

[1006] Article 205 du Code du travail.

[1007] Article 207 du Code du travail.

[1008] Article 208 du Code du travail.

[1009] Article 205-2 du Code du travail.

[1010] Arrêté n° 1135 du 14 septembre 1953 déterminant les modalités que doivent revêtir les déclarations d'ouverture d'établissements prévues par l'article 170 de la loi n° 52-1322 du 15 décembre 1952, *JO CFS* du 1er octobre 1953, p. 346; Arrêté n° 1136 du 14 septembre 1953 fixant les délais des déclarations d'établissements prévues par arrêté n° 1135 du 14 septembre 1953, *JO CFS* du 1er octobre 1953, p. 347; Arrêté n° 1137 du 14 septembre 1953 déterminant les modalités de déclarations complémentaires qui doivent être fournies à l'occasion des changements intervenus dans le statut,

applicables en la matière ; ceux-ci prévoient, d'une part, les délais à respecter pour ces différentes déclarations, d'autre part, les personnes et les catégories d'entreprises qui peuvent en être dispensées. Il est ainsi prévu que la déclaration d'entreprise doit être faite dans la quinzaine qui précède l'ouverture de l'établissement ou de l'entreprise[1011]. Enfin, les personnes qui se proposent d'ouvrir une entreprise utilisant exclusivement de la main d'œuvre familiale et celles qui se proposent d'employer uniquement des gens de maison sont dispensées de toute déclaration[1012].

Ces formalités obligatoires qui relèvent d'une politique de police du marché du travail sont en pratique rarement mis en œuvre. Ceci s'explique d'abord par l'absence de sanctions attachées au refus de faire ces déclarations[1013].Ensuite, l'établissement de ces formalités induit une « paperasserie » considérable rebutant les employeurs malgré la nécessité d'une statistique nationale sur le marché national du travail[1014]. Enfin, l'exercice d'un contrôle des agents de l'inspection du travail est encore plus aléatoire dans le cadre de formalités qui ne sont pas subordonnées à leur validation. Les déclarations prévues par le Code du travail n'ont pas été accompagnées d'un dispositif au profit de l'inspection du travail impliquant le droit d'autoriser ou d'interdire l'ouverture d'une entreprise.

Par ailleurs, tout employeur est tenu de s'affilier à la CNSS dès l'ouverture de son entreprise ou qu'ils embauchent un ou plusieurs

---

l'activité et la situation géographique des entreprises, *JO CFS* du 1er octobre 1953, p. 347.

1011 Article 1er de l'arrêté n° 1136 du 14 septembre 1953 précité.

1012 Article 5 de l'arrêté n° 1135 du 14 septembre 1953 précité.

1013 Alors que toute entreprise qui ne signale pas son début ou sa cessation d'activité au service des impôts est passible d'une amende de 50 000 FD (article 245 du Code général des impôts).

1014 Un auteur fait observer les carences des instruments d'appréhension du marché du travail et la pauvreté qui résultent essentiellement de trois facteurs : «(i) fragilité institutionnelle : le marché du travail et la pauvreté sont des domaines nouveaux d'analyse ; (ii) La faible synergie des différentes opérations statistiques ; (iii) L'insuffisante pérennité des outils statistiques ; (iv) La difficulté de coordination et de collaboration technique et institutionnelle et ; (v) Le manque de moyens matériels et humains » (*Cf.* Lachaud, J-P, *op. cit.* p. 155).

employés, ou du personnel apprenti ou domestique[1015]. A cet effet, il doit remplir un imprimé de demande d'affiliation fourni par la Caisse et le déposer au service de recouvrement. La CNSS lui délivre un numéro d'affiliation. L'absence de demande d'affiliation est une infraction pénalement et civilement sanctionnée.

Parallèlement à cette affiliation, l'employeur est tenu également de procéder à l'immatriculation du travailleur[1016]. Il lui incombe, lors de l'engagement du travailleur de s'assurer que ce dernier dispose d'une carte d'immatriculation et, à défaut, de demander son immatriculation. Cette demande doit être faite dans les 48 heures suivant l'engagement[1017].

La CNSS attribue au travailleur un numéro à 12 chiffres et une carte d'immatriculation unique destiné à consigner l'identité du travailleur, le numéro d'immatriculation et les renseignements essentiels sur ses périodes d'emploi. L'immatriculation est une formalité accomplie une fois pour toutes. Elle n'a pas à être renouvelée car l'assuré conserve le même numéro quels que soient les changements d'employeurs ou de lieux de travail. Par exemple, lorsqu'il perd son emploi, il conserve son numéro d'immatriculation, mais il peut être radié de la liste des bénéficiaires de prestations s'il n'a pas contracté une assurance volontaire[1018].

1015 Articles 4 et 49 de la loi n° 212/AN/07/5ème L du 19 janvier 2008 portant création de la Caisse Nationale de Sécurité Sociale (CNSS).

1016 Ibid.

1017 Article 50 de la loi du 31 juillet 2002 précitée. Dans le cas où l'employeur s'abstient de faire procéder à l'immatriculation d'une personne embauchée par lui, le législateur innove en permettant au travailleur de demander directement son immatriculation ainsi que l'affiliation de l'employeur de l'employeur (article précitée). Il s'agit là d'associer le travailleur à cette lutte contre ce fléau que constitue le travail dissimulé (*Cf.* not. Bouvier O.-L., Le travail dissimulé : questions de droit et de société, *RJS* 10/06, p. 746 ; Bancarel, V.M., La lutte contre le travail clandestin et la généralisation de la déclaration préalable à l'embauche, *Dr. soc.* 1994, p. 534).

1018 Même l'assuré volontaire conserve son numéro d'immatriculation du régime obligatoire (articles 84 à 100 de la loi du 31 janvier 2002 portant codification du fonctionnement de l'OPS et du régime général de retraite des travailleurs salariés).

Le principe de l'immatriculation obligatoire pour tous les travailleurs se voit néanmoins tempéré par deux séries de dérogations. La première est de droit alors que la seconde est de fait. Les travailleurs de nationalité étrangère évoluant en zone franche[1019] ainsi que ceux évoluant dans le camp militaire américain « Lemonier »[1020] sont soustraits de droit à l'obligation d'affiliation à la CNSS. Cette exemption des retenues et des cotisations sur la prévoyance sociale n'a pas été accompagnée de conditions au moins égales aux prestations fournies par la CNSS destinées à ce que ces travailleurs ne soient pas totalement privés de couverture médicale et sociale[1021]. La seconde est de fait et concerne les travailleurs s'adonnant à des activités précaires (travailleurs domestiques, dockers) qui sont de part la logique même de l'assurance, exclus du régime de protection[1022]. En effet, la précarité et l'atypisme qui caractérisent les activités qu'ils exercent, le changement fréquent d'employeurs et l'insuffisance de leurs rémunérations sont autant de facteurs d'exclusion parce qu'incompatibles avec la technique d'assurance sociale. L'ouverture du droit à prestations fournies par la CNSS suppose une contribution financière régulière et donc l'exercice d'une activité professionnelle stable[1023]. Ces conditions qui régissent le système djiboutien de Sécurité sociale ont été à l'origine conçues pour les travailleurs occupés à temps plein. Ils ne posent pas des obstacles juridiques quant à l'admission des salariés titulaires de contrats atypiques à l'assujettissement[1024], mais c'est surtout au

---

1019 Article 34 de la loi du 17 mai 2004 porte Code des zones franches.

1020 Article 14 de l'accord entre le Gouvernement des Etats-Unis et le Gouvernement de la République de Djibouti du 19 février 2003 concernant l'accès à des installations situées sur le territoire de la République de Djibouti et leur utilisation.

1021 Concernant cette nécessité de mise en place de conditions d'une couverture médicale et sociale des travailleurs étrangers en zone franche, la loi du 17 mai 2007 se contente seulement d'affirmer que cette question fera l'objet de résolution de la part de l'Autorité des Ports et des Zones Franches.

1022 *Cf.* not. Chauchard, J.-P., La législation de sécurité sociale face aux formes particulières d'emploi, Dr. Soc., 1990, p. 566.

1023 Le rapport de la CNSS de 2012 affirme que les prestations (couverture maladie, allocations familiales), ne sont servies que si les dockers remplissent la condition relative à 270 heures d'emploi durant un trimestre sans s'appuyer sur un quelconque texte de loi.

1024 Tauran, T., L'assujettissement au régime général de sécurité sociale et le critère du lien de subordination : évolution récente, *Dr. soc.* 2009, p. 195.

niveau de l'ouverture de droit à prestations que leurs rigidités sont plus apparentes et nécessitent un aménagement qui tienne compte de la nature des emplois concernés.

C'est pour remédier à ces aléas d'application des règles de la sécurité sociale que le législateur djiboutien a institué en 2013 une assurance maladie universelle (AMU)[1025] dont la mise en œuvre a eu lieu en début de cette année 2015. L'AMU comporte deux volets distincts : l'assurance maladie obligatoire (AMO) pour les affiliés à la CNSS et le programme d'accès à la santé (PAS) qui s'adresse aux catégories les plus vulnérables de la population et dont les bénéficiaires seront surtout les personnes identifiées comme n'ayant pas de revenu suffisant pour bénéficier du régime d'AMO[1026]. Ainsi, les travailleurs occasionnels pourront bénéficier de ce nouveau dispositif[1027] et ne se verront plus opposer aucune condition de durée de cotisation.

2- En cours d'exercice

C'est au cours de l'activité de l'entreprise que les obligations patronales s'avèrent les plus nombreuses en matière sociale. En effet, la loi l'assujettit à toute une série de formalités pour permettre le contrôle de l'embauchage et de l'emploi dans le cadre d'une police du marché du travail. Sous l'empire de la législation antérieure, l'importance de ces formalités était considérable. Mais ces dernières ont été réduites par les réformes de 1997 et 2006 qui ont consacré la libéralisation de l'accès à l'emploi. Ainsi, ont été supprimées la demande d'autorisation administrative préalable à tout recrutement

---

[1025] Article 1er de la loi n° 24/AN/14/7ème L du 5 février 2014 portant mise en place d'un système d'Assurance Maladie Universelle.

[1026] Articles 3 et 21, Ibid.

[1027] L'AMU constitue en soi une amélioration substantielle de la couverture sanitaire à travers le pays et va concerner, si les prévisions se confirment, 380 000 personnes. Le budget actuel de la CNSS, qui s'élève à 9 milliards de francs djiboutiens (36 millions d'euros) risque néanmoins de ne pas suffire. En outre, la faiblesse de l'assiette des cotisations expliquées par le niveau très élevé de chômage risque de compliquer encore la mise en place de ce nouvel dispositif. D'où la nécessité de trouver la meilleure combinaison possible des modes de financement pour assurer l'effectivité de ce dispositif.

adressée au service de main-d'œuvre[1028] ainsi que le visa d'approbation de certains contrats synonyme d'autorisation administrative préalable d'engagement[1029].

Parmi les formalités restées en vigueur, on pourrait citer la déclaration de la situation de la main d'œuvre qu'utilise l'employeur. L'alinéa 2 de l'article 204 du Code du travail précise que le chef d'établissement « est tenu de faire connaître mensuellement aux Services de l'Emploi la nature des postes de travail pour lesquels des recrutements ont été opérés ainsi que l'identité et les qualifications des travailleurs embauchés ». L'idée sous-jacente à l'institution de cette formalité héritée de la législation antérieure est de servir ici aussi les besoins en statistiques de l'emploi à Djibouti grâce à un recensement systématique et une identification catégorielle des personnes embauchées[1030]. Une telle formalité pourrait également renseigner sur les mouvements du marché de l'emploi. Cependant, pareille déclaration est très peu respectée par les employeurs. L'absence de sanctions attachées à l'inexécution de cette formalité ainsi que l'inaction observée par les services administratifs compétents[1031] à l'égard des manquements à la loi en la matière révèle

---

[1028] Article 174 du Code de 1952.

[1029] Contrat à durée déterminée supérieure à trois mois ou nécessitant l'installation du travailleur hors de sa résidence habituelle (article 32 du Code de 1952).

[1030] En revanche, la formalité légale imposée au tâcheron de tenir une affiche permanente dans chacun des ateliers, magasins ou chantiers utilisés obéit à une autre logique : celle de protéger les salariés et de permettre à ces derniers d'identifier leur débiteur en cas d'insolvabilité (article 81 du Code du travail).

[1031] Le législateur a pourtant crée en 2007 au sein de l'Agence Nationale de l'Emploi et de la Formation Professionnelle, un observatoire de l'emploi et des qualifications. Celui-ci a pour mission, entres autres, de constituer à partir des diverses sources administratives, une base des donnés mise à jour périodiquement sur l'emploi et sur les qualifications ; constituer un répertoire des entreprises du secteur formel privé devant permettre de suivre le volume et la structure des emplois dans ce secteur (article 32 de la loi du 22 décembre 2007 portant création de l'Agence Nationale de l'Emploi et de la Formation Professionnelle). Cependant, le rapport d'activité du ministère du Travail de 2012 fait état de difficultés persistantes pour alimenter en informations cet observatoire. Les raisons étant l'absence de collaboration entre les différentes composantes du ministère (CNSS, ITLS) et *in fine* l'inadéquation entre le but recherché (suivi de l'évolution du marché de l'emploi) et la méthode choisie.

Par ailleurs, l'employeur étant tenu responsable vis-à-vis de la CNSS du versement de la totalité des cotisations de sécurité sociale, il doit veiller à déclarer tous les mois le montant des salaires soumis aux cotisations (y compris les avantages en nature) et la liste nominative du personnel et verser le montant des cotisations déterminées.

Ces formalités servent, pour la CNSS, de points d'appui pour vérifier non seulement les bases de calcul des cotisations mais aussi le respect par l'employeur de ses obligations préliminaires d'immatriculation de tous les travailleurs qu'il occupe. Elles permettent à la CNSS de suivre le compte de l'employeur et le compte individuel de l'assuré, notamment par la vérification des bases de détermination des salaires soumis à cotisation, la détermination de la masse salariale, le calcul des cotisations et la justification du paiement des prestations.

La Caisse procède aux vérifications, redresse éventuellement les déclarations et adresse, s'il y a lieu, à l'employeur un avis de débit au cas où ce dernier aurait payé en dessous du montant réel ou un avis de crédit à faire valoir sur les prochains paiements, s'il y a un trop payé.

Ce contrôle sur pièces n'est toutefois pas suffisant pour assurer le respect de la réglementation. Des contrôleurs de la CNSS, agents assermentés, effectuent en outre des contrôles sur place. Le contrôle périodique dans l'entreprise permet de dissuader les employeurs de faire des fausses déclarations ou d'occuper des travailleurs « au noir ». Le contrôle ponctuel peut être effectué à la demande des responsables de la Caisse, des travailleurs ou lorsque l'entreprise change de statut par suite de cession, de fusion ou de

---

le non-respect du délai réglementaire de la déclaration annuelle de la situation de main d'œuvre. Le manquement de ces données informatives est regrettable lorsque l'on sait que l'information est un aspect central du fonctionnement du marché du travail, en particulier dans la conjoncture actuelle où le chômage est important.

cessation d'activité[1032]. Les contrôleurs ont le pouvoir de contrôler les documents comptables de l'entreprise : registre « employeur », livre de paie ou journal de paie, état de versements à l'ITS (impôt sur les traitements et salaires). Les oppositions ou obstacles aux contrôleurs de la CNSS sont passibles des peines prévues par le Code du travail[1033].

Malgré tous ces mécanismes de contrôle dissuasifs, la CNSS est amené à recourir au recouvrement forcé. En effet, lorsque l'employeur ne s'acquitte pas régulièrement des cotisations, la Caisse peut recourir à l'exécution forcée[1034]. Cette procédure commence par le préalable de la mise en demeure. Celle-ci est adressée à l'employeur défaillant sous forme de lettre recommandée, avec accusé de réception, l'invitant à régulariser sa situation dans un délai de quinze jours au moins et de trois mois au plus. Ampliation de cette lettre est communiquée à l'inspection du travail[1035].Si l'employeur n'a pas obtenu un délai supplémentaire et ne s'exécute pas, le directeur de la Caisse peut délivrer une contrainte qui est visée et rendue exécutoire par le président du tribunal du travail[1036]. Cette contrainte comporte tous les effets d'un jugement[1037]. Toutefois, l'employeur peut faire opposition à l'exécution de la contrainte en exerçant un recours devant le tribunal du travail pour contester la réalité ou le montant de la dette.

[1032] L'article 9 de la loi n° 188/AN/85/1ère L du 31 décembre 1985 fixant les procédures de recouvrement des cotisations et des prestations dues à la Caisse de Prestations sociales dispose que « toute modification dans la situation juridique d'un fonds de commerce entraînant un changement de propriétaire ou du responsable, notamment par vente, fusion, donation, mise en société, mise en gérance ou cessation de gérance, ne peut faire l'objet d'une inscription au registre du commerce sans la production d'un quitus délivré au cédant par la Caisse des Prestations sociales ».

[1033] Articles 290 et 291 du Code du travail.

[1034] Article 140 de l'arrêté n° 69-1883/SG/CG du 31 décembre 1969.

[1035] Article 51, Ibid. (*Cf.* Guidhal, D., Contenu des mises en demeure délivrées par les URSSAF, *RJS* 6/04, p. 449) ; Petit, F., Le formalisme des mises en demeure émises par l'URSSAF, *JCP* 1998, 980).

[1036] Article 3 de la loi du 31 décembre 1985 précitée.

[1037] Ibid.

La CNSS, en tant qu'établissement public dispose d'une autre voie beaucoup plus sommaire et non visée par la loi qui consiste à signaler aux organismes de crédit les dettes de cotisation de toute personne physique ou morale, supérieures à 100 000 francs (400 euros). Par ailleurs, et d'une manière générale, la Caisse dispose aussi des voies juridictionnelles pour obtenir le paiement des cotisations. Elle peut, par exemple, saisir les juridictions pénales par voie de citation directe ou par plainte avec constitution de partie civile, dans la mesure où le non-paiement de cotisations constitue une infraction pénale[1038].

Ces différentes solutions *a priori* énergiques deviennent dérisoires quand le non-paiement résulte des difficultés économiques de l'entreprise et non de simples intentions frauduleuses. Dans ce cas, la Caisse a plus intérêt à négocier des délais de résorption de la dette dans le cadre de la procédure de redressement. Elle bénéficie de privilèges qui lui permettent de ne pas trop désespérer d'une procédure collective. Le paiement des cotisations et des majorations de retard est garanti par un privilège sur les biens meubles et immeubles qui prend rang immédiatement après celui garantissant le paiement des salaires[1039].

Enfin, l'employeur qui ne s'acquitte pas de ses obligations en matière de recouvrement encourt deux types de sanctions : des sanctions civiles et pénales. Les premières se traduisent par des pénalités consistant en des majorations ou taxations d'office afin d'inciter les employeurs de s'acquitter de leurs cotisations dans les délais ou à faire les déclarations prescrites[1040]. Quant aux secondes, elles se traduisent par des peines d'amende de 3ème et 4ème catégories

---

1038 La CNSS peut également, devant les juridictions civiles, mettre l'employeur débiteur en faillite à l'effet d'obtenir le paiement de ses dettes de cotisation, mais cette solution radicale est un pis-aller dont elle n'a pas intérêt à prendre l'initiative.

1039 Article 8 de la loi du 31 décembre 1985 précitée.

1040 Article 137 de l'arrêté n° 69-1883/SG/CG du 31 décembre 1969 portant organisation et fixant les règles de fonctionnement ainsi que le régime financier de la Caisse de Prestations Sociales, JO TFAI du 10 janvier 1970 p. 15.

prévues par la délibération n° 450/6ème L du 13 janvier 1968[1041]. Ces sanctions fixées sur la base du cours de la monnaie de l'époque sont devenues ridicules aujourd'hui. Quoique leur taux soit dérisoire, lorsqu'elles sont prononcées, elles sont en pratique répercutées par les employeurs sur les frais généraux de l'entreprise ; elles sont d'ailleurs vues comme des risques économiques supplémentaires auquel l'employeur s'habitue, risque compensé par le profit engendré par l'inobservation des formalités d'immatriculation. Il en résulte une dévalorisation de la sanction, voire de la légalité qui en est la base[1042], dévalorisation aggravée par la prééminence de la culture du règlement à l'amiable avec les fraudeurs et l'insuffisance numérique des agents de la CNSS[1043].

B - l'autorisation d'emploi des travailleurs étrangers

Avec les changements d'orientation politique et économique intervenus à la fin des années 90, le marché djiboutien s'est considérablement ouvert aux investissements et prestations de service internationales dans différentes activités qui relevaient jusque-là du monopole d'entreprises publiques[1044]. Cette évolution n'a pas manqué bien sûr de développer l'emploi de travailleurs étrangers. Dans le même temps, on observe un afflux de personnes déplacées et de réfugiés provenant essentiellement des pays limitrophes rongés par des guerres civiles et fuyant la misère[1045]. Mais pour l'heure, ces évolutions n'ont eu qu'un impact très relatif

---

1041 Voir tableau annexe de la délibération n ° 450/6ème L du 13 janvier 1968, JO TFAI du 10 février 1968, p. 34.

1042 *Cf.* Ali Ragueh, M., *op. cit.*, p. 317.

1043 *Cf.* Mahamoud Houssein, I., *op. cit.*, p. 142.

1044 *Cf.* Lachaud, J.-P., *op. cit.* p. 133.

1045 Depuis quelques années, la République de Djibouti abrite une population de réfugiés estimée en janvier 2011 à 16520 par le UNCHR, pour la plupart originaires de la Somalie. Le pays est confronté à un afflux constant de population, car Djibouti sert de lieu de transit pour les mouvements migratoires en direction du Moyen-Orient ou d'autres pays. Cette situation pèse sur les services sociaux et contribue au déséquilibre du marché du travail (*Cf.* BAD, *op. cit.*, p. 5).

sur les conditions d'accès à l'emploi des travailleurs étrangers[1046] depuis le décret du 4 octobre 1981 portant réglementation du travail des étrangers[1047].

De telles conditions restent largement déterminées par des dispositions spéciales de source légale ou réglementaire qui donnent un rôle important et décisif à l'Administration du travail (**1**). La relation de travail avec le travailleur de nationalité étrangère est soumise au droit national qui garantit l'égalité de traitement avec les travailleurs nationaux (**2**).

1 - Le visa de l'Administration du travail, préalable à l'emploi d'un étranger

La conclusion d'un contrat de travail avec un étranger est soumise à l'exécution de formalités contraignantes. L'objectif de cette réglementation est de favoriser les nationaux au détriment des étrangers afin « de rétablir les équilibres menacés par l'accès libre et incontrôlé des agents économiques et sociaux »[1048]. En effet, il faut compenser certains désavantages[1049] dans la vie professionnelle par l'accès conditionné des étrangers aux emplois nationaux. Cette "compensation" se traduit concrètement par l'interdiction faite à tout employeur d'embaucher un travailleur étranger non muni d'une autorisation de travail. Ce document est délivré depuis 2007 par l'Agence Nationale de l'Emploi, de la Formation et de l'Insertion

---

[1046] *Cf.* Tchen, V., Travailleur étranger, *J-Cl. Travail Traité*, Fac. 8-50, 2009.
[1047] La République de Djibouti n'a ratifié ni la convention n° 97 sur les travailleurs migrants (1949) ni la convention n° 143 (1975) sur les travailleurs migrants (dispositions réglementaires).
[1048] *Cf.* not. Lochak, D., Réflexion sur la notion de discrimination, *Dr. soc.* 1987, p. 779 ; Stulz V., La discrimination à l'embauche, Semaine. Sociale Lamy, n° 1255 du 3 avril 2006 ; Auvergnon Ph., Introduction à « droit et emploi en Europe du Sud : convergence dans la différence », Comptrasec, 2000, p. 13.
[1049] Les travailleurs de nationalité étrangère sont déjà protégés par leur législation : les mettre sur un pied d'égalité avec les nationaux, c'est défavoriser ces derniers ; il faut donc combattre le mythe de la perfection de l'étranger en faisant de la nationalité le critère fondamental de discrimination dans l'accès à un emploi.

Professionnelles (ANEFIP)[1050]. Il permet au bénéficiaire l'exercice d'une activité salariée déterminée, durant une période donnée et pour le compte d'une entreprise déterminée[1051]. Seuls sont dispensés de l'autorisation de travail temporaire, les employés étrangers des fournisseurs des Etats-Unis au camp militaire américain « Lemonier »[1052]. On pourrait également citer les travailleurs étrangers en zone franche; mais cette dispense de fait ne repose sur aucun fondement textuel[1053].

La possession d'une autorisation de travail ne dispense pas leur titulaire de satisfaire aux formalités prévues par la législation et la réglementation relatives au séjour des étrangers à Djibouti[1054]. La durée de l'autorisation de travail ne peut être supérieure à un an[1055]. Ceci implique que le contrat de travail ne peut être conclu avec un

---

1050 Article 31 de la loi n° 203/AN/07/5ème L portant création de l'Agence Nationale de l'Emploi, de la Formation et de l'Insertion Professionnelle (ANEFIP).

1051 Article 40 de la loi n°201/AN/07/5ème L du 22 décembre 2007 fixant les conditions d'entrée et de séjour en République de Djibouti.

1052 L'article 5 de l'accord entre le Gouvernement des Etats-Unis d'Amérique et le Gouvernement de la République de Djibouti précité affirme que « les employés des fournisseurs sont tenus d'être en possession d'un passeport mais pas d'un visa. Leur seule présence en République de Djibouti n'est pas considérée comme une raison suffisante pour leur donner droit à la résidence permanente à Djibouti ou entrainer toute obligation découlant par ailleurs d'une telle résidence ».

1053 L'Autorité des ports et des zones franches (AZPFD) se substitue à l'ANEFIP et au Ministère de l'intérieur alors qu'il n'existe aucune disposition à cet égard. Les demandes de permis de travail lui sont directement adressées. L'AZPD délivre le visa du contrat de travail et le permis de séjour probablement jusqu'à l'issue de la 5ème année à partir de laquelle l'entreprise ne reçoit que 30% de travailleurs de nationalité étrangère des effectifs globaux (article 29 de la loi n° 53/AN/04 du 17 mai 2004 portant Code des zones franches).

1054 Loi n° 201/AN/07/5ème L du 22 décembre 2007 précitée.

1055 Avant la loi du 22 décembre 2007, la durée maximale de validité de l'autorisation de travail était fixée à deux ans (article 5 du décret n° 81-103/PR/TR du 4 octobre 1981 précitée).

travailleur étranger que pour une durée limitée[1056]. Le renouvellement est cependant possible lorsque l'employeur peut faire valoir la persistance des conditions d'emploi qui lui avaient permis initialement d'obtenir l'aval de l'Administration pour le recrutement d'un travailleur étranger. La réglementation ne limite pas le nombre de renouvellements du permis de travail[1057].

C'est à l'employeur qui se propose de recruter un travailleur étranger, qu'il revient d'introduire auprès de l'ANEFIP la demande de délivrance ou de renouvellement de l'autorisation de travail[1058]. Le recrutement d'un travailleur étranger ne peut être autorisé que si l'emploi vacant ne peut être pourvu par un travailleur djiboutien, en raison de la qualification exigée[1059]. Il est interdit à tout employeur d'occuper, même à titre temporaire, des travailleurs étrangers sans vérifier au préalable l'existence ou non sur le marché de travail de compétences et qualifications nationales équivalentes. Il doit être exigé de l'employeur qui envisage le recrutement d'un étranger, de fournir « la preuve qu'il n'a pas trouvé un djiboutien correspondant au profil proposé »[1060]. Pour lui faciliter la tâche, l'ANEFIP est supposée mettre à sa disposition une banque de données portant sur la disponibilité de main d'œuvre qualifiée pour les différents métiers. Cependant, il y a lieu de relever que ces dispositions, destinées à assurer la pérennité des emplois nationaux par le confinement des étrangers dans des secteurs d'activité déficitaires en main d'œuvre

---

[1056] L'article 24 du Code du travail est formel sur ce point puisqu'il dispose que « tout étranger peut exercer une activité salariée en vertu d'un contrat à durée déterminée, sous réserve des dispositions ci-après ».

[1057] Article 27 du Code du travail.

[1058] L'article 8 du décret n° 81-103/ PR/TR du 4 octobre 1981 portant réglementation du travail des étrangers dispose que « l'employeur qui désire embaucher un travailleur étranger doit introduire auprès du Service national de l'Emploi (actuellement l'ANEFIP) un dossier contenant : une déclaration d'embauche, en double exemplaire, conforme au modèle joint en annexe 2 du présent décret ; une demande d'autorisation de travail pour étranger, en double exemplaire, conforme au modèle joint en annexe 3 du présent décret ; un curriculum vitae du travailleur pour lequel l'autorisation est demandée, en double exemplaire, conforme au modèle joint en annexe 4 du présent décret ; trois photos d'identité du travail pour lequel l'autorisation est demandée ; le projet de contrat de travail en quatre exemplaires ».

[1059] Article 28 du Code du travail.

[1060] Article 34 de la loi n° 201/AN/07/5ème L du 22 décembre 2007 précitée.

qualifiée sont souvent détournées de leur objet. En effet, bon nombre d'employeurs arrivent à passer entre les mailles des filets administratifs et obtiennent sans difficulté des autorisations de travail pour leur main-d'œuvre étrangère avec parfois la connivence souvent active[1061] de certains employés de l'ANEFIP[1062].

Ces dysfonctionnements ont conduit les pouvoirs publics à augmenter de manière significative le coût de la procédure d'obtention du visa. Ces derniers ont multiplié par dix le tarif applicable au permis de travail pour les étrangers[1063]. Cette augmentation de tarif vise à décourager le recours à la main-d'œuvre étrangère, à favoriser l'insertion professionnelle des jeunes diplômés en proie au chômage et à renforcer les capacités de l'ANEFIP en termes d'intervention sur le marché du travail[1064]. Une telle mesure est salutaire mais risque d'avoir des effets pervers en raison de l'inadéquation entre la formation des demandeurs d'emploi et les offres effectives de travail. En effet, la plupart des qualifications techniques manquent[1065]. Les employeurs font souvent venir des

---

[1061] Le Tribunal des flagrants délits a condamné récemment trois agents de l'ANEFIP à des peines de prison avec sursis suite à la découverte d'un réseau interne de fabrication de fausses autorisations de travail (jugement du tribunal des flagrants délits de Djibouti du 12 mars 2014).

[1062] Les autorisations de travail totales accordées aux étrangers sont passées de 734 en 2006 à 1100 en 2010 même si on dénotait une légère baisse l'année suivante (*Cf.* Rapport d'activité du Ministère du travail chargé de la réforme de l'Administration, p. 72).

[1063] L'article 2 de la loi n° 28/AN/13/7ème L du 03 décembre 2013 portant amendement de la loi n° 153/AN/12/ 6ème L instituant le tarif applicable aux permis de travail pour les travailleurs étrangers en République de Djibouti fait porter les frais d'établissement du permis de travail pour une durée d'une année à 200 000 Francs (environ 800 euros) au lieu et place des 20 000 (80 euros).

[1064] *Cf.* Le Journal La Nation, 31 octobre 2013, Djibouti. Conseil des Ministres : compte rendu de la 18ème séance p. 2.

[1065] Selon les employeurs, l'inadéquation entre la formation et l'emploi est plus accentuée dans les métiers techniques. Ainsi, les profils pour lesquels les employeurs éprouveraient des difficultés à trouver souvent: les ouvriers et techniciens qualifiés dans les métiers du BTP et activités connexes (plomberie, électricité, froid, peintre, etc.) ; les mécaniciens qualifiés de camions poids lourds ou porte-conteneurs; les ouvriers et techniciens qualifiés en mécanique hydraulique; les chauffeurs et conducteurs qualifiés

techniciens qualifiés de Bangladesh, d'Inde, du Pakistan, du Népal et d'autres pays asiatiques pour assurer ces fonctions. Il y a aussi un problème de connaissance et de maîtrise des langues de la région (anglais, arabe) parmi la main-d'œuvre nationale[1066]. Même si quelques initiatives *ad hoc* ont été entreprises par les pouvoirs publics[1067] pour remédier à cette situation, le handicap des demandeurs nationaux d'emploi persiste[1068]. De ce fait, il est permis de douter de l'efficacité de la mesure annoncée en termes de maîtrise des effectifs étrangers.

L'employeur qui recrute un travailleur étranger, sans se conformer aux prescriptions légales, se rend coupable d'un délit sanctionné d'une amende égale à 500 fois le taux horaire minimum garanti par la réglementation (taux horaire de son activité)[1069]. De son côté, le travailleur étranger qui contrevient aux dispositions de la loi, s'expose à être condamné à des peines d'amende et à un emprisonnement (de trois mois à un an)[1070].

L'étranger qui travaille sans autorisation de travail ou dont l'autorisation de travail n'est pas renouvelée travaille dans le cadre d'un contrat nul[1071]. La nullité découle de la simple méconnaissance

---

des engins lourds; les techniciens dans les métiers de shipping; les techniciens dans le domaine de l'hôtellerie et de la communication (*Cf.* PNUD, Processus de formulation de la politique nationale de l'emploi. Diagnostic de l'emploi en République de Djibouti, 2014, p. 16).

1066 *Cf.* CNUCED, *op. cit.*, p. 14.

1067 Parmi celles-ci, il y a lieu de citer notamment le décret n° 2003-0240/PRE portant création du service national adapté (SNA) du 17 décembre 2003 destiné à intégrer les jeunes déscolarisés pour leur dispenser des formations techniques et professionnelles autour des métiers de soudure, de manipulation de camions lourds et d'engins lourds d'électricité et de plomberie.

1068 Ibid.

1069 Article 60 de la loi n° 201/AN/07/5ème L du 22 décembre 2007 précitée.

1070 Les peines d'amende qui vont de 100 000 Francs (400 euros) à 1 000 000 francs (5000 euros) sont applicables à l'étranger qui pénètre sur le territoire djiboutien sans y avoir été admis. Elles ne concernent pas l'étranger qui y est entré légalement mais qui s'est maintenu sur le territoire au-delà de la durée autorisée par son visa (Ibid., articles 50 et 51).

1071 Article 30 du Code du travail.

d'une formalité[1072]. La loi du 22 décembre 2007 fixant les conditions d'entrée et de séjour a comblé les lacunes du Code du travail[1073] concernant les conséquences à tirer en cas de nullité du contrat du travail de l'étranger pour défaut de visa. Celle-ci affirme désormais que « l'étranger employé en violation des dispositions de la présente Loi, est assimilé à compter de la date d'embauche à un travailleur régulier en ce qui concerne les obligations de l'employeur relatives à la réglementation du travail. En ce qui concerne les avantages pécuniaires, cet étranger a droit au titre de la période illicite : 1) au paiement des salaires et accessoires conformément aux dispositions législatives, réglementaires et contractuelles ; 2) en cas de rupture de contrat de travail à une indemnité forfaitaire égale à trois mois » [1074].

2 - Le principe d'égalité de traitement

Le Tribunal du travail territorialement compétent pour connaître des différends pouvant s'élever à l'occasion de tout contrat de travail exécuté en République de Djibouti est celui de Djibouti . Aussi, nonobstant la nationalité du travailleur, le tribunal du lieu de travail est le seul compétent en matière de litiges individuels et collectifs[1075]. Le législateur de 2006 n'a pas jugé utile de reprendre les dispositions de l'article 181 du Code de 1952 qui posaient une exception à ce principe en faveur des travailleurs qui n'avaient pas leur résidence habituelle dans le territoire où ils travaillaient. Dans ce cas, et seulement lorsqu'il s'agit de litiges nés de la résiliation du contrat de travail, les travailleurs, et eux seuls, avaient le choix entre deux tribunaux compétents : soit celui du lieu de travail, soit celui de leur résidence habituelle. Le travailleur conservait cette possibilité de choix « nonobstant toute attribution conventionnelle de juridiction », c'est-à-dire même si, dans le contrat, les parties avaient convenues qu'en cas de conflit un tribunal déterminé serait compétent pour en

---

[1072] *Cf.* not. Pélissier. J., Auzero. G., Dockès. E., *op. cit.*, p. 206.
[1073] Le Code du travail n'envisageait que les conséquences de la nullité du contrat de travail de l'étranger ayant pour origine l'omission du visa imputable à l'employeur en accordant au premier le droit de faire constater par le tribunal du travail la nullité du contrat et la possibilité, s'il y a lieu, de réclamer des dommages et intérêts. En revanche, il restait totalement muet sur les conséquences à tirer des nullités ayant d'autres origines.
[1074] Article 61 de la loi n° 201/AN/07/5ème L du 22 décembre 2007 précitée.
[1075] Article 162 du Code du travail.

connaître[1076]. Les clauses de ce genre insérées dans les contrats n'étaient donc pas opposables au travailleur[1077].

La non-reconduction de ces dispositions par le Code de 2006 a pour effet de ne laisser aucune latitude aux parties de déroger au principe de compétence exclusive du tribunal du lieu du travail. Il en résulte que le Code du travail djiboutien ne peut s'appliquer à des contrats de travail dont l'exécution est prévue à l'étranger même s'ils sont conclus à Djibouti. Mais il régit toutes les relations de travail qui s'exécutent sur le sol djiboutien, même si celles-ci se sont formées à l'étranger. La loi djiboutienne reste donc indifférente à la nationalité des parties au contrat de travail et lie exclusivement son application au lieu d'exécution du contrat de travail.

Par ailleurs, c'est la législation et la réglementation du travail djiboutiennes qui s'appliquent au contrat de travail conclu avec un travailleur étranger. L'article 10 du Code du travail précise, en effet, que « tout contrat de travail conclu pour être exécuté en République de Djibouti est soumis aux dispositions de la présente loi »[1078]. En

---

[1076] Le législateur de 1952 a voulu, par ces dispositions, accorder une double garantie au travailleur : « a) Ne pas obliger le travailleur engagé dans la métropole ou dans un territoire de l'Union française éloigné de celui dans lequel a été exécuté le contrat, et qui vient d'être rapatrié à la suite d'une rupture de contrat, à s'adresser au tribunal du lieu de travail. b) Eviter une pratique courante avant-guerre qui, par une clause contractuelle d'attribution de juridictions, faisait porter tous les litiges (concernant les européens engagés pour la colonie devant la juridiction de la Seine) » (*Cf.* Chauleur, P., *op. cit.*, p. 562).

[1077] Dans un arrêt rendu le 20 avril 1997, la Cour suprême a pourtant statué dans un sens opposé en considérant que la clause d'un contrat de travail attribuant la compétence territoriale à un tribunal autre que celui du lieu du travail était opposable au travailleur. Alors que ce dernier de nationalité française avait lui choisit de saisir le tribunal lieu de travail (Djibouti) aux fins d'obtenir diverses indemnités de licenciement. La Cour suprême a confirmé l'arrêt de la Cour d'appel qui avait fait une application de la clause du contrat et, ce, en contradiction au principe légal de libre choix de juridiction dévolu au travailleur.

[1078] L'article 10 du Code du travail apporte une limite à ce principe. Il soustrait à l'application de la législation nationale du travail l'exécution partielle d'un contrat de travail initialement conclu sous l'empire d'une autre législation, pour des travailleurs déplacés dont la mission sur le territoire

conséquence, le travailleur étranger a les mêmes droits et les mêmes obligations que ses homologues djiboutiens. En particulier, il doit percevoir un salaire au moins équivalent à celui auquel pourrait prétendre son homologue djiboutien ayant le même niveau de qualification[1079].

Les travailleurs étrangers sont affiliés obligatoirement aux assurances sociales quels que soient la durée de leur contrat et le montant de la rémunération. Ils bénéficient à ce titre de l'ensemble des prestations en espèces et en nature des assurances sociales[1080]. Toutefois, en cas d'accidents de travail, le travailleur étranger qui cesse de résider sur le territoire djiboutien, ne perçoit plus une rente mais une indemnité forfaitaire égale à trois fois la rente qui lui était versée[1081]. Cette condition de résidence a été jugée discriminatoire parce qu'incompatible avec la convention n° 19 de l'OIT sur l'égalité de traitement (accidents du travail)[1082] qui oblige tout Membre de l'OIT ayant ratifié la convention « à accorder aux ressortissants de tout autre Membre ayant ratifié ladite convention qui seront victimes d'accidents du travail survenus sur son territoire, ou à leurs ayants droit, le même traitement qu'il assure à ses propres ressortissants en matière de réparation des accidents du travail »[1083].

En matière de droits collectifs, les étrangers sont électeurs et éligibles aux institutions électives et syndicales. Ils peuvent être élus délégués du personnel (à condition d'avoir une ancienneté d'au moins un an)[1084] ou être désignés administrateurs ou dirigeants de

---

n'excède pas six mois (*Cf.* Kirsch, M., La compétence territoriale des juridictions du travail, *TPOM*, n°995, 2009, p. 44).

1079 Article 137 du Code du travail. (*Cf.* not. Daugareilh, I., La situation de l'emploi salarié des étrangers en France, *RDSS*, 1997, p. 918).

1080 Article 49 de la loi n° 212/AN/07/5ème L du 19 janvier 2008 précitée (*Cf.* Segues S. et Toullier A., L'accès des étrangers aux prestations servies par les CAF, Dr. soc. 2005, p. 665).

1081 Article 29 du décret n° 57-245 du 24 février 1957 relatif à la réparation et la prévention des accidents du travail et des maladies professionnelles dans les territoires d'outre-mer.

1082 CIT, 103ème session, observation CEARCR, Convention n° 19, Djibouti.

1083 Article 1er paragraphe 1 de la Convention n° 19 sur l'égalité de traitement (accidents du travail) (1929).

1084 Article 231 du Code du travail.

syndicats[1085]. Enfin, bien que la législation nationale ne le prévoie pas expressément, le travailleur étranger devrait, par application des dispositions de l'article 1er de la convention de l'OIT n° 111, bénéficier des avantages offerts par la convention collective applicable à l'entreprise dans laquelle il travaille.

§ 2- L'interdiction de cumul d'activités professionnelles

Le cumul d'activités professionnelles, communément appelée pluriactivité, désigne « le fait pour une personne physique d'exercer parallèlement plusieurs activités professionnelles distinctes, civiles ou commerciales, indépendantes ou salariées »[1086]. Ce phénomène de pluriactivité prend de plus en plus d'importance aussi bien dans les pays industrialisés que dans ceux en voie de développement[1087]. En effet, les individus s'engagent de plus en plus dans plusieurs activités soit pour pouvoir financer les dépenses courantes, soit pour rembourser des dettes encourues, soit enfin dans le but d'épargner pour le futur. En plus de ces raisons financières, la pluriactivité peut être l'occasion d'acquérir de l'expérience dans une occupation différente de l'emploi principal[1088]. Les règles régissant le cumul des activités en droit du travail n'ont pas subi de changements profonds.

Le Code de 2006, à l'instar de celui de 1952, consacre la règle de l'exclusivité professionnelle. L'unique changement à relever réside en la matière dans la non-reprise des dispositions de l'article 37 alinéa 2 du Code de 1952 qui tempéraient la règle de l'exclusivité professionnelle. Ces dernières autorisaient le travailleur, sauf convention contraire, d'exercer, en dehors de son temps de travail,

---

1085 Article 214 de la loi n° 109/AN/10/6ème L du 16 février 2011 portant modification partielle des dispositions 41, 214 et 215 de la loi n° 133/AN/05/5ème L du 28 janvier 2008 portant Code du travail.

1086 *Cf.* Casaux, L., La pluriactivité ou l'exercice par une même personne physique de plusieurs activités professionnelles, LGDJ, 1993, p. 65.

1087 *Cf.* Boudy, J.-F., Vivre deux métiers : la pluriactivité, L'Harmattan, 2009, p. 21.

1088 *Cf.* Van Goethem, S., Les cumuls d'emploi en droit du travail, Thèse, Droit, Nantes, 1989, p. 234.

toute activité à caractère professionnel non susceptible de concurrencer l'entreprise ou de nuire à la bonne exécution des services convenus. Il résulte de cette amputation le seul principe de dévolution de toute l'activité professionnelle du travail à l'employeur atténué par une stipulation au contrat de travail.

La problématique du cumul d'activités professionnelles ne touche pas que les travailleurs relevant du Code du travail. Ainsi, les employeurs peuvent être confrontés à la situation où la personne qu'il souhaite embaucher est fonctionnaire. Le régime du cumul des activités des agents publics est fixé par la loi du 26 juin 1983 portant statut général des fonctionnaires[1089]. Le principe reste l'interdiction stricte de cumul d'activités pour les fonctionnaires même si un certain nombre de travaux échappent à cette interdiction. Compte tenu de la différence de structure et de finalités entre le public et le

---

1089 Le cumul d'activités professionnelles doit être distingué d'une activité professionnelle avec l'intégralité d'une pension de retraite. En l'état actuel du droit, rien ne s'oppose au recrutement au recrutement de travailleurs après leur admission à la retraite, et au cumul de l'intégralité d'une pension de retraite avec un salaire. C'est d'ailleurs une pratique de plus en plus répandue à Djibouti et concerne surtout les cadres qualifiés qui retrouvent assez souvent un emploi salarié, y compris dans les entreprises où ils étaient employés avant leur admission à la retraite. Dans une situation de crise de l'emploi, il peut paraître socialement inadmissible qu'un travailleur retraité soit autorisé à reprendre une activité salariée. L'idée est généralement reçue que lorsque des travailleurs sont admis à la retraite, ce sont des chômeurs qui trouveront un emploi. Mais la réalité ne se réduit pas à cette règle arithmétique. Dans un pays où la ressource humaine qualifiée n'est pas abondante, il serait inopportun de prendre une décision qui priverait les entreprises du recrutement de personnes compétentes et expérimentées, en raison de leur statut de retraité.

privé[1090], la règle portant interdiction du cumul des activités est tantôt supplétive (**A**), tantôt impérative[1091] (**B**).

A - Une règle supplétive en droit du travail

Aux termes de l'article 64 alinéa 1 du Code du travail, « le travailleur doit toute son activité professionnelle à l'entreprise, sauf dérogation stipulée au contrat ». Ainsi, le travailleur a l'obligation de consacrer son temps de manière constante et exclusive à l'activité pour laquelle il est rétribué (**1**). Mais cette règle n'a qu'une valeur relative. Son application est soumise à une condition, la constatation de « la carence du vouloir individuel auquel elle a précisément pour objet de remédier »[1092], c'est-à-dire l'absence d'autorisation patronale d'exercer une autre activité professionnelle (**2**).

1 - L'obligation d'exclusivité professionnelle

Le législateur de 2006 a anticipé les situations éventuelles de cumul d'activités professionnelles en imposant une obligation de fidélité renforcée, outre l'obligation de loyauté inhérente à tout contrat, *a fortiori* de travail[1093]. Le renforcement législatif de

---

[1090] Sur l'opposition, en droit français, entre le droit du travail et le droit de la fonction publique, un auteur observe qu' « ils diffèrent sur les fondements qui ont provoqué leur élaboration, à savoir limiter la puissance privée pour le droit du travail et conforter la puissance publique tout en la rendant acceptable pour le droit de la fonction publique » (*Cf.* not. Font, N., Le travail subordonné entre droit privé et droit public, Paris, Dalloz, coll. Nouvelle Bibliothèque de thèses , 2009, p. 14).

[1091] Une auteure écrit « l'existence et le sens de la distinction entre lois impératives er lois supplétives ressort clairement de l'article 6 du Code civil (...) s'il est des lois auxquelles on ne peut déroger c'est-à-dire les lois que nous nommons impératives, il faut en conclure, que par un contrario irrésistible, il y a d'autres lois auxquelles il est permis de déroger : ce sont, précisément, les dispositions supplétives » (*Cf.* Pérès-Dourdou, C., La règle supplétive, LGDJ, 2004, p. 3).

[1092] *Cf.* not. Perès-Dourdou, C., *op. cit.*, p. 47 ; Terré, F., Introduction générale au droit, Dalloz, 9ème éd., 2012, p. 418.

[1093] La règle de l'application de loyauté loyale des conventions se trouve dans l'article 1134 alinéa 3 du Code civil : « elles (les conventions) doivent

l'obligation de fidélité découle généralement du constat que le concentré de plusieurs activités entre les mains d'un seul citoyen, outre le fait qu'il risque de malmener l'obligation d'exécution de la prestation de travail découlant du premier contrat, aggrave le chômage, en ce qu'il réduit les chances d'accès à l'emploi d'autres citoyens. Toutefois, le caractère général du contenu de cette obligation et sa période d'application peut poser un certain nombre de questions.

La première question concerne l'interdiction générale d'exercer toute sorte d'activités professionnelles[1094] à l'insu de son employeur. Par l'usage de l'expression « toute son activité professionnelle » le législateur soumet indistinctement au consentement exprès de l'employeur toutes les activités rémunérées, concurrentielles ou non, que pourrait exercer un travailleur en complément de son travail « habituel ». Une telle règle générale est contestable car elle restreint de façon absolue et déraisonnable le principe de liberté de travail établi par la Constitution[1095]. Le législateur paraîtrait mieux inspiré s'il avait limité son application au seul cas où elle présente un intérêt pour l'employeur, à l'instar de la dérogation qui était formulée par l'article 37 alinéa 2 du Code de

---

être exécutées de bonne foi » et l'article 1135 du même Code : « les conventions obligent non seulement à ce qui y est exprimé, mais encore à toutes les suites que l'équité, l'usage ou la loi donnent à l'obligation d'après sa nature ». Cette règle générale s'applique au contrat de travail comme à tous les autres contrats (*Cf.* not. Bénabent, A., Droit civil, *op. cit.*, p. 225 ; Malaurie, Ph., Aynès, L., Stoffel-Munck, Ph., *op. cit.*, p. 371 ; Tisseyre, S., Le rôle de la bonne foi en droit des contrats, préf. M. Fabre-Magnan, PUAM, 2012 ; Mazeaud, D., Loyauté, solidarité, fraternité, nouvelle devise contractuelle ?, Mélanges Terré, 2000, p. 603).

1094 L'activité professionnelle désigne « le travail, dépendant ou indépendant, qui se caractérise par l'accomplissement régulier de certains actes, par opposition au travail occasionnel, et par la poursuite d'un but lucratif » (*Cf.* Cornu, G., Dictionnaire juridique, Association Henri Capitant, 9ème édition, 2011, p. 28).

1095 Le fait que le principe de la liberté de travail soit écrit dans la constitution lui confère une autorité que n'a pas acquise encore le droit au travail en droit djiboutien. En ce cas, la liberté du travail s'imposerait au droit au travail et le droit à la pluriactivité aurait en principe toute sa pertinence juridique (article 15 de la Constitution).

1952[1096]. La recherche d'un intérêt légitime pour l'employeur consisterait alors à se demander si l'allégeance totale du salarié se justifie bien, c'est-à-dire si ses fonctions requièrent une disponibilité totale compte tenu, par exemple, de leur spécificité, de leur technicité, du temps consacré à cette activité. On sait, par exemple, que le personnel d'encadrement se trouve tenu par une obligation de disponibilité plus contraignante que celle qui pèse sur les autres travailleurs. En revanche, partant du constat que d'une part, le travail à temps partiel, de courte durée ou intermittent tend à prendre de plus en plus d'importance par rapport au contrat à durée indéterminée et à temps plein sur un marché national du travail fortement précarisé[1097], et que, d'autre part, ces formes d'emploi sont envisageables pour un pluriactif, la subordination de l'exercice simultané de plusieurs activités à l'autorisation de l'employeur sans motif particulier est peu justifiée[1098]. Ce motif particulier serait, en fin de compte, une perturbation du fonctionnement de l'entreprise ou un risque avéré de concurrence[1099] mais aussi une surcharge avérée de travail empêchant le travailleur d'exécuter correctement la prestation de travail promise dans le premier contrat[1100].

La deuxième question concerne l'application de la règle d'interdiction d'activités complémentaires en cas de chômage technique. Le chômage technique constitue l'une des innovations majeures du Code du travail de 2006 ; il constitue l'un des cas de suspension du contrat n'ouvrant pas droit au maintien de la

---

1096 *Cf.* Chauleur P., *op. cit.*, p.

1097 BAD, *op. cit.*, p. 8.

1098 *Cf.* not. Savatier, J., Interdiction des cumuls d'emploi privés : une réglementation inapplicable, *Dr. soc.* 1989, p. 725.

1099 Ce risque de concurrence ne serait pas, en revanche, avérée dans l'exemple célèbre de Pélissier : « si un salarié, qui travaille trente neuf par semaine dans une banque souhaite travailler le samedi pour le compte d'un antiquaire, le principe de la liberté du travail et la réglementation de la durée du travail l'autorisent à donner suite à ce projet »(*Cf.* Pélissier, J., La liberté du travail, *Dr. soc.* 1990, p. 19).

1100 Ce sera le cas des entreprises de transport auxquelles on pourrait difficilement reprocher d'interdire à ses chauffeurs routiers de travailler pendant le temps qu'ils doivent normalement consacrer à un repos indispensable au contrôle de leur faculté physique et nerveuse.

rémunération[1101]. Concrètement, est ce que le travailleur n'ayant pas, de ce fait, de rémunération peut se voir opposer l'article 64 du Code du travail ? Eu égard aux caractères alimentaires que revêt le salaire dans la société djiboutienne, une telle interprétation aurait peu de sens surtout lorsque l'activité en question n'est pas incompatible et concurrente avec celle interrompue pour cause de chômage technique. Même si le législateur de 2006 a limité la période de chômage technique à trois mois renouvelable une fois[1102], il aurait peut-être fallu qu'il mette au moins en place un mécanisme d'indemnisation minimale, ne serait-ce qu'en tant que contrepartie de l'obligation légale d'exclusivité professionnelle à la charge du travailleur pendant toute la durée du chômage technique[1103].

La troisième question concerne le respect de cette obligation d'exclusivité professionnelle pendant la période de préavis. L'article 57 du Code du travail dispose que « pendant la durée du préavis, l'employeur et le travailleur sont tenus au respect réciproque de toutes les obligations qui leur incombent »[1104]. Or, le fait de priver le travailleur de préparer, de créer et de se consacrer en dehors de son temps de travail à toute forme d'activité professionnelle, concurrente

[1101] Article 42-2 du Code du travail.

[1102] Article 41-18 du Code du travail.

[1103] Jean-Marc Béraud considère la question de l'indemnisation des périodes non travaillées pour cause de chômage technique délicate. Envisageant plusieurs hypothèses, il écrit : « certains cas de chômage technique sont ainsi imputables à l'employeur. Dans ces cas, les règles de la responsabilité civile contractuelle rendent ce dernier débiteur des salaires perdus. D'autres sont au contraire imputables à la défaillance d'entreprises extérieures. Là encore une indemnisation pourrait éventuellement être prévues, à charge pour l'employeur de se retourner contre son fournisseur défaillant. Mais d'autres cas, le chômage technique peut être imputé à des évènements de force majeure, de sorte que l'indemnisation des salariés devrait normalement passer par l'instauration de fonds de solidarité conventionnellement mis en place au niveau des branches ou au niveau interprofessionnel » (*Cf.* Béraud, J-M., *op. cit.*, p. 26).

[1104] Ce même article octroie un travailleur préavisé un jour de liberté par semaine, pris à son choix globalement ou par heure, payé à plein salaire en vue de la recherche d'un nouvel emploi et non pas pour préparer ou créer une entreprise concurrente ou non à celle de son employeur.

ou non, peut apparaître préjudiciable pour le travailleur préavisé[1105]. Ceci le contraindrait à ne pouvoir préparer, créer et se consacrer à une activité professionnelle qu'une fois le contrat expiré ; ceci le priverait de ressources pendant le temps nécessaire à la préparation et la création de cette activité. Etant précisé qu'il n'est envisagé en l'occurrence que l'hypothèse où le salarié a le projet d'exercer une activité concurrente ou non dans le cadre d'une entreprise qu'il a créée ou déjà existante et à laquelle il participera. Le problème en revanche n'a pas de raison d'être en principe si le salarié désire se réembaucher dans une société concurrente ou non puisque la loi lui permet de quitter son employeur avant l'expiration du délai de préavis sans avoir à payer une indemnité pour inobservation de ce délai[1106].

2- La dérogation à l'obligation d'exclusivité professionnelle

L'expression « sauf stipulation prévue au contrat » de l'article 64 du Code du travail reconnaît implicitement que si le contrat le prévoit ou si l'employeur l'accepte expressément par écrit, le travailleur peut entreprendre une activité professionnelle parallèle. Il s'agira vraisemblablement d'une activité professionnelle non concurrente ou n'ayant aucun lien de similarité avec celle de l'employeur. Au-delà de son caractère concurrent ou neutre, le cumul d'activités professionnelles, en particulier salariées, pose lui aussi un certain nombre de questions du fait de son incompatibilité avec une réglementation du travail initialement conçu pour des « monoactifs »[1107]. En effet, hormis les cas où ces questions ont été

[1105] Lorsqu'il s'agit d'activité concurrente, la Cour de cassation française s'attache à discerner dans l'activité développée par un salarié en vue de son activité future, les actes effectifs de concurrence, jugés contraire à l'obligation de non-concurrence, des actes simplement préparatoires de concurrence dont l'accomplissement n'est pas interdit. Autrement dit, il est admis que l'obligation de non-concurrence qui pèse sur le salarié ne fait pas obstacle à ce qu'il prépare une future activité concurrente de celle de son employeur à la condition que cette concurrence ne devienne effective qu'après l'expiration (Soc. 20 février 1989. Bull. civ. V, n° 84, D. 1989).

[1106] Article 57-4 du Code du travail.

[1107] *Cf.* not. Coriatt-Attia, I., Le statut de la pluriactivité en droit social, PUAM, 1999, p. 408.

résolues par un accord des parties, le cumul d'activités salariées peut susciter des difficultés juridiques.

Il en va tout d'abord de la difficile conciliation des congés et absences des salariés à employeurs multiples. Si l'acquisition des droits à congés ne suscite pas de question particulière[1108], la prise effective desdits congés de manière simultanée peut, en revanche, poser de sérieuses difficultés. Le problème est le suivant : le salarié ''à employeurs simultanés'' peut-il prendre ses congés annuels aux mêmes dates ou est-il autorisé à s'absenter à des périodes différentes pour chaque emploi ? Hormis le cas où ce genre de difficulté est résolu par un accord entre le salarié et ses employeurs, l'intéressé est placé dans une situation pour le moins inconfortable. D'un côté, il doit en principe s'abstenir de tout travail. De l'autre, les dispositions du Code du travail sur les congés payés ne favorisent pas une prise de congés aux mêmes dates. En effet, la période des congés et l'ordre des départs ne sont pas établis par le salarié; mais par l'employeur compte tenu des nécessités du service et, dans la mesure du possible, des souhaits du salarié[1109]. De cette règle, il découle que sauf dans des secteurs d'activités donnant lieu à une prise de congés aux mêmes périodes[1110], le salarié éprouvera des difficultés pour prendre ses congés aux mêmes dates. De surcroît, l'ordre de départ en congés est établi par l'employeur et communiqué à chaque salarié au moins quinze jours avant la date de son départ[1111]. En somme, la simultanéité des congés repose essentiellement sur le hasard, à moins que le salarié n'ait conclu un accord avec son ou ses employeurs[1112].

[1108] En vertu des articles 99 et 102 du Code du travail, tout travailleur a droit à un congé payé à la charge de l'employeur. Ce droit s'acquiert après une période minimale de service effectif égale à un an, période de référence.

[1109] Article 103 du Code du travail.

[1110] Il en est ainsi, par exemple, pour le travailleur pluriactif employé par des établissements de restauration, de débits de boissons et spectacles qui ferment pendant le mois de ramadan (arrêté n° 2014-488/PR/MI portant fermeture des établissements de restauration, de débits de boissons et spectacles pendant le mois de Ramadan). Ceci permet certes la concomitance de la prise de congés mais n'est pas favorable au déroulement du congé en famille dans un lieu de villégiature.

[1111] Article 103 du Code du travail.

[1112] *Cf.* Coriatt-Attia., I, *op. cit.*, p. 409.

Par ailleurs, lorsque l'un des employeurs demande à un pluriactif d'accomplir des heures supplémentaires ou lorsqu'il modifie son horaire de travail, l'horaire de travail peut se révéler gênant au regard de l'autre activité. La réglementation du travail confère à l'employeur un contingent d'heures supplémentaires libres, sous réserve de procédures d'affichage et de communication à l'inspecteur du Travail[1113]. Autrement dit, il peut demander aux salariés d'effectuer des heures en plus de l'horaire normal, dans une certaine limite; le refus du salarié de s'y conformer légitime son licenciement. Or, en effectuant les heures demandées par le premier employeur, le salarié peut se voir reprocher des retards répétés ou absences injustifiées à l'égard du second. Excepté lorsqu'il s'agit de contrat à temps partiel, cette hypothèse est difficilement envisageable puisque le salarié pluriactif est, au même titre que ses employeurs, soumis à la règle de l'article 87 du Code du travail et qu'il ne peut cumuler chez ces derniers une durée de travail hebdomadaire ou journalière supérieure à celle légalement déterminée[1114].

Tous les exemples susmentionnés montrent indéniablement l'inadéquation entre des pans entiers de la réglementation du travail et le possible cumul d'activités professionnelles[1115]. Mais cette inadéquation concerne essentiellement le cumul d'activités salariées. Les difficultés de concomitance des congés et de réalisation des heures supplémentaires ne peuvent pas concerner le cumul d'une activité salariée et d'une activité indépendante. Etant précisé que le travailleur indépendant est par définition autonome dans l'organisation (horaires, dates, moyens mis en œuvre) et ne se trouve à la différence du personnel salarié dans une situation de subordination juridique à l'égard de ou des personnes avec lesquelles

---

[1113] Article 86-1 du Code du travail.

[1114] L'article 289 punis d'une amende de cinq cent mille francs (2500 euros) à un million de francs (5000 euros), et en cas de récidive de quinze jours d'emprisonnement et d'une amende double, ou de l'une de ces deux peines seulement, les auteurs des infractions aux dispositions de l'article 87 du Code du travail.

[1115] Enfin, la même difficulté peut apparaître si l'employeur mute le salarié, non en vertu d'une clause de mobilité, mais parce que le caractère mobile de l'activité découle de la nature même de l'activité exercée (*Cf.* not. Coriatt-Attia, C., *op. cit.* p. 406).

il contracte[1116]. Ainsi, on observe, dans les faits, l'arrivée depuis les années 90 dans le secteur entrepreneurial, surtout informel, de personnes ayant déjà un emploi dans le privé ou le public avec la passivité de leurs employeurs dans les cas où l'activité professionnelle indépendante entreprise ne présente aucun lien de similarité avec celle de ces derniers. Ce phénomène de pluriactivité sur le marché du travail est à mettre en relation avec la crise économique (cherté de la vie, hausse des impôts, chômage...) qui pousse des actifs à créer et à développer des activités professionnelles parallèles[1117].

B- Une règle impérative en droit public

L'obligation primordiale qui pèse sur un fonctionnaire est celle de servir, à raison de la mission qui lui est confiée (appréhendée en termes de service public), au profit de la collectivité nationale, et ce de façon personnelle et continue (dans le triple respect des compétences dévolues, des règles gouvernant l'exercice de la fonction, et des dispositions relatives à l'organisation du service)[1118]. Elle suppose également que celui-ci s'y adonne de façon exclusive, afin que nulle autre préoccupation, touchant à des intérêts personnels, ne le détourne des exigences du service. C'est en conséquence toute son activité qui doit, par principe, y être consacrée, à l'exclusion de toute autre activité singulièrement à caractère lucratif. Le caractère exclusif du service de l'Etat postule donc la prohibition corrélative de tout cumul d'activités, ou tout au moins sa réglementation très stricte par la loi (**1**). Pour autant, cette interdiction

---

[1116] Le cumul d'une activité salariée et d'une activité indépendante peut avoir lieu pour le compte d'un même employeur : ce cas est envisagé et autorisé par l'article L. 315-12 du Code de commerce qui dispose qu' « un salarié de la société ne peut être nommé administrateur que si son contrat de travail correspond à un emploi effectif. Il ne perd pas le bénéfice de ce contrat de travail (...) le nombre des administrateurs liés à la société par un contrat de travail ne peut dépasser le tiers des administrateurs en fonction ». Sur l'opposition entre travail salarié et travail non salarié: Lyon-Caen, G., Le droit du travail non salarié, Sirey, 1990, 208 p. *Cf.* aussi, Supiot, A., Les nouveaux visages de la subordination, *Dr. soc.* 2000, p. 131.

[1117] *Cf.* Mahamoud Houssein, I., *op. cit.*, p. 59.

[1118] *Cf.* Breton. J.-M, *op. cit.*, p. 177.

n'est pas absolue puisque le législateur a prévu des assouplissements afin de permettre une réelle ouverture de la fonction publique sur le monde économique (**2**).

1- L'obligation d'exercice exclusif des fonctions

Le fonctionnaire doit utiliser exclusivement ses capacités professionnelles à l'exercice de ses fonctions[1119]. Il est à noter d'emblée que la loi du 26 juin 1983 portant Statut général des fonctionnaires ne retient pas expressément, à l'instar du droit administratif français traditionnel, la règle de l'interdiction du cumul d'emplois publics. En revanche, l'article 7 de cette loi stipule l'interdiction du cumul d'un emploi public avec une activité lucrative de quelque nature que ce soit. Le but consiste à en empêcher les risques de collusion et de compromission, à s'assurer de l'exclusivité des services de l'agent et à éviter les départs vers le secteur privé[1120].

L'article 7 s'applique à la quasi-totalité des employés du secteur public[1121]. Ainsi, sont visés les agents titulaires des

---

[1119] L'article 5 de la loi n° 48/AN/83/1ère L du 26 juin 1983 dispose que « le fonctionnaire est vis-à-vis de l'administration dans une situation statuaire et réglementaire. Il est exclusivement au service de la collectivité nationale. Il doit faire preuve de loyalisme à l'égard du gouvernement de la République et sans préjudice de la liberté de conscience reconnue par la Constitution à tous les citoyens, observer dans l'expression de ses opinions le devoir de réserve compatible avec le bon exercice de ses fonctions ».

[1120] *Cf.* not. Vigouroux, Ch., Déontologie des fonctions publiques, Dalloz, 2ème éd., 2012, p 120 et s. ; Chapus, R., Droit administratif général, Tome II, 15ème éd. Montchrestien, 2001, p. 330 et s; Jean-Pierre, D., L'éthique du fonctionnaire civil. Son contrôle dans les jurisprudences administrative et constitutionnelle françaises, Thèse, Droit, Aix-en-Provence, 1996, p. 333.

[1121] Il concerne également les fonctionnaires mis en disponibilité. Dans ce cas précis, le décret n°84-058/PR/FP du 19 juin 1984 déterminant les conditions de certaines positions des fonctionnaires et de certaines modalités de cessation définitive de fonctions est venu préciser les conditions de dérogation à ce principe. Celui-ci dispose dans son article 9 que « la mise en disponibilité ne peut être accordée (...) pour exercer une activité relevant de sa compétence dans une entreprise publique ou privée à condition : qu'il soit constaté que cette mise en disponibilité est compatible avec les intérêts du service ; que l'intéressé ait accompli au moins dix années de services effectifs dans l'administration ; que l'activité présente un caractère d'intérêt public

administrations centrales de l'Etat, des services extérieures en dépendant ou des établissements publics de l'Etat[1122]. Il s'adresse de surcroît à tout officier public ou ministériel et agents nommés à des emplois supérieurs par décision gouvernementale[1123]. Ces dispositions excluent *a contrario* les agents temporaires, journaliers ainsi que ceux contractuels n'ayant pas été nommés à des emplois supérieurs par décision gouvernementale. Ces derniers relèvent du Code du travail. Ils sont, en revanche, assujettis aux dispositions de l'article 64 susvisé.

Au nombre des activités prohibées figurent en premier lieu les activités commerciales. L'article L. 1112-2 du Code de commerce précise que « l'exercice d'une activité commerciale est incompatible avec l'exercice des fonctions ou professions suivantes : fonctionnaires et personnels des collectivités publiques et des entreprises publiques (…) ». La qualité de commerçant, de même que la simple participation dans une entreprise commerciale sont, et cela se comprend, incompatibles avec l'emploi public. Cette défense absolue de toute activité commerciale se voit renforcée par les dispositions de l'alinéa 3 de l'article 7 de la loi du 26 juin 1983 précitée qui obligent les fonctionnaires ou agents, ayant par eux-mêmes ou par personne interposée, des intérêts dans une entreprise industrielle commerciale, d'en faire la déclaration au président de la République, chef du Gouvernement, par la voie hiérarchique, dans un délai de deux mois[1124].

Les activités commerciales ne sont pas les seules prohibées. Il s'agit plus largement de toutes les activités privées, salariées ou

---

incontestable en raison des buts qu'elle poursuit ou de l'importance qu'elle joue dans l'économie nationale ;que l'intéressé n'ait pas eu, au cours des cinq dernières années, soit à exercer un contrôle sur l'entreprise, soit à participer à l'élaboration de marchés avec elle ».

1122 Article 1er de la loi n° 48/AN/83/1ère L du 26 juin 1983 portant statut général des fonctionnaires.

1123 Ibid. Article 7.

1124 *Cf.* not. Jean-Pierre, D., Les prises illégales d'intérêts des fonctionnaires, *in* Fortier, J-Cl. (dir.), « Le statut général des fonctionnaires » : trente ans, et après ?, Dalloz, coll. Thèmes et commentaires, 2014, p. 291 ; Mekki, M., Les conflits d'intérêts : prévenir et guérir, *JCP* éd. G 2011. 669.

non[1125]. D'autres textes posent une incompatibilité entre l'exercice d'une profession et un emploi ou une fonction public. Ainsi, la loi du 25 janvier 1987 relative à la profession d'avocat pose une incompatibilité afin de garantir son indépendance et son caractère libéral[1126]. De même, la loi du 7 juillet 2002 portant statut du notariat précise que les fonctions de notaire sont incompatibles avec toute autre fonction, publique ou privée[1127].

Cette application générale de l'interdiction du cumul d'emplois public avec une quelconque activité professionnelle, outre le fait qu'elle puisse constituer un frein à l'initiative individuelle, à la création et à l'innovation, soulève aussi des problèmes d'inadaptation et d'incohérence dans l'environnement propre des pays africains, allié aux données conjoncturelles de la crise économique et aux

---

[1125] La transgression de l'interdiction posée par l'article 7 de la loi du 26 juin 1983 donne lieu à sanction disciplinaire. L'article 36 de la même loi est clair : « en cas de faute grave commise par un fonctionnaire, qu'il s'agisse d'un manquement à ses obligations professionnelles ou d'une infraction de droit commun, l'auteur de cette faute peut être immédiatement écarté du service par le ministre employeur à titre conservatoire. Il peut également être suspendu par l'autorité investie du pouvoir disciplinaire, sur proposition du ministre intéressé et du ministre de la Fonction publique ». Par ailleurs, en cas de prise d'intérêts dans une entreprise industrielle et commerciale, l'article 7 alinéa 5 prévoit que « le Président de la République, chef de Gouvernement, prendra s'il y a lieu et notamment si ces intérêts sont de nature à compromettre l'indépendance du fonctionnaire ou de l'agent, les mesures propre : à sauvegarder les intérêts de l'administration, après avis d'une commission consultative composée comme suit : le ministre de la Fonction publique, président ; le secrétaire générale du Gouvernement ; le chef de Service du Personnel du ministère de la Fonction publique ; le ministre dont dépend le fonctionnaire intéressé ou son représentant ».

[1126] L'article 58 de la loi du 25 janvier 1987 relative à la profession d'avocat pose une incompatibilité générale en vue de garantir l'indépendance de l'avocat et sa dignité. Ce dernier dispose en effet que « sont incompatibles avec l'exercice de la profession d'avocat toute fonction publique, toute activité salariée et rémunérée et, d'une manière générale, toutes activités de nature à porter atteinte à l'indépendance professionnelle de l'avocat et à sa dignité. Les fonctions de syndic de faillite, d'administrateur et de liquidateur judiciaire ne peuvent leur être confiées, même occasionnellement ».

[1127] Article 9 de la loi n° 170/AN/02/4ème L du 7 juillet 2002 portant statut du notariat.

exigences du développement socio-économiques. Il y a nécessité à apporter des aménagements à une application trop stricte ou systématique de la règle de l'incompatibilité entre fonction publique et autres activités. Les justificatifs sont, selon Breton, de nature économique et sociale : « palliatif de l'insuffisance des rémunérations du secteur public, nécessité de faire participer toutes les forces de la nation à l'effort d'investissement dans le secteur productif, souci de ne pas laisser celui-ci à des intérêts étrangers majoritaires, relance d'un développement de type agricole et rural pour assurer l'autosuffisance alimentaire, frein à la fuite des capitaux vers l'extérieur, nécessité de permettre au fonctionnaire temporairement en position de non activité et privé de rémunération de disposer de moyens de subsistance »[1128]. Ainsi, tenant compte de considérations locales et conjoncturelles, le législateur djiboutien a en partie été conduit à assouplir les dispositions statutaires sur les cumuls.

2- Les limites à l'obligation d'exercice exclusif des fonctions

Le cumul d'un emploi public avec une activité lucrative privée risque de compromettre l'obligation de se consacrer à ses fonctions dés lors que dans ce cas précis, le pluriactif pourrait délaisser ses fonctions au profit de l'activité privée et que de surcroît, le risque d'un conflit d'intérêts n'est pas hypothétique. On comprend dans ce contexte pourquoi les dérogations à la règle devaient, dans l'esprit des rédacteurs du décret du 19 juin 1984, demeurer tout à fait exceptionnelles. Pourtant, il existe deux séries de cumuls autorisés. Les unes requièrent une autorisation administrative, les autres s'en dispensent, mais toutes doivent se conformer aux intérêts de l'administration[1129].

[1128] *Cf.* Breton, J.-M., *op. cit.*, p. 178.

[1129] A ce propos, Lise Casaux écrit que : « si le fonctionnaire est soumis à l'interdiction d'exercer des activités privées, c'est parce qu'il doit d'abord son temps à l'Administration et que de telles activités risquent de le détourner de la fonction à laquelle il est censé se consacrer. D'un autre côté, cantonner les agents du secteur public dans leur seule et unique fonction n'est pas non plus une solution sans inconvénient, la routine qui entraîne tôt ou tard la perte de motivation de l'agent et la dégradation du service qu'il effectue n'étant pas les moindres de ces désavantages. Rechercher une certaine diversité dans l'activité professionnelle présente un intérêt évident pour la valorisation du travail quotidien: prendre du recul par rapport à celui-ci,

Le décret du 19 juin 1984 prévoit la possibilité de cumuler un emploi public avec une activité privée : « Par décision spéciale prise sur proposition des Ministres dont ils relèvent, les fonctionnaires peuvent être autorisés à procéder à des consultations ou expertises ou à donner un enseignement en rapport avec leur qualification professionnelle »[1130].Qu'il s'agisse d'une consultation, d'une expertise ou d'un enseignement, la règle dérogatoire susvisée requiert donc l'autorisation préalable du ministre dont dépend le demandeur[1131].Quant à sa durée, il semblerait logique de conférer à la décision de l'administration un caractère permanent, compte tenu des termes généraux de l'article 30-2 et du fait que les rédacteurs n'ont pas prévu que l'autorisation serait temporaire.

En pratique, la règle d'autorisation préalable des activités accessoires susmentionnées n'est pas respectée en particulier dans le cas d'enseignement. Si au niveau de l'enseignement supérieur le cumul est rare du fait des salaires relativement élevés, ce n'est pas le cas pour le primaire et le secondaire où les enseignants, courent derrière leur temps libre pour donner des cours dans le privé, et ce, sans aucune autorisation administrative. En effet, depuis la libéralisation du secteur de l'éducation[1132] et l'échec de l'éducation de

---

garder une ouverture sur le monde extérieur... Mais l'agent doit d'abord se consacrer à sa seule fonction. Il est donc important que la réglementation des cumuls fixe avec rigueur les limites des dérogations, pour faire en sorte que quelques activités privées puissent être exercées par des fonctionnaires sans qu'ils puissent s'exonérer pour autant de leurs obligations, en termes de travail, par rapport à l'Etat qui les rémunère » (*Cf.* Casaux, L., *op cit*, p. 114).

1130 Article 30-2 du décret du 19 juin 1984 précitée.

1131 Toutefois, lorsqu'il s'agit d'expertise, cette disposition réglementaire semble entrer en contradiction avec l'article 5 de la loi n° 98/AN/84/1ère L règlementant la profession d'expert du 12 mai 1984 qui dispose que « tout acte d'expertise est formellement interdit aux fonctionnaires et agents conventionnés de l'Etat et des Etablissements publics, sauf lorsqu'ils y sont spécialement commis par l'autorité judicaire ». Ceci implique qu'un ministre ne peut pas autoriser un fonctionnaire ou agent conventionné de l'Etat à procéder à une quelconque expertise indépendamment d'une affaire judiciaire.

1132 Article 15 de la loi n° 150/AN/91 2è L portant sur l'orientation économique et sociale de la République de Djibouti pour la période 1990 à 2000.

masse[1133], les parents, pour donner une éducation de qualité à leurs enfants, préfèrent soit amener leurs rejetons dans le privé synonyme de quiétude, de bonne éducation d'autant plus que ce sont les enseignants du public qui y enseignent, soit faire venir ces derniers chez eux dans le but qu'ils puissent y dispenser des cours de soutien. Ces cumuls d'activités non autorisés impactent négativement la qualité des cours dispensés dans le public[1134] et créent des inégalités de réussite scolaire au détriment des élèves des citoyens ordinaires qui n'ont pas beaucoup de moyens et qui ne s'approprient pas les enjeux de la situation[1135].

Parallèlement aux activités requérant une autorisation préalable de cumul, il existe des activités pour lesquelles une telle autorisation n'est pas requise. Il en est ainsi des œuvres scientifiques, littéraires et artistiques qui échappent totalement à l'interdiction de

---

[1133] *Cf.* Djibouti. Entretien avec un défenseur de l'autonomie des syndicats d'enseignants, Internationale de l'Education, 13 mars 2012, article consultable sur le site internet: www?ei-ei.org/fr/news/news_detail/2013.

[1134] Avec un quantum d'horaire chargé correspondant à une vingtaine d'heures de cours augmentées d'éventuelles heures supplémentaires, les enseignants du public ont plus tendance à négliger leurs activités professionnelles officielles pour se consacrer à des activités privées. Une telle négligence a pour effet de porter atteinte à la qualité du travail d'enseignement dans le secteur public où le bricolage pédagogique est devenu la *règle :* activités extrascolaires pléthoriques, tolérance et absence de sanction de fraudes, programmation pédagogique frôlant parfois le farfelu.

[1135] Selon une étude réalisée dans les pays membres de l'UEMO sur les cours particuliers en 2005, communément appelés « cours de maison », les enquêtes ont en majorité affirmé que « les élèves bénéficiaires des cours supplémentaires réussissent mieux que les autres et que ces cours sont sollicités pour pallier les insuffisances des cours officiels perturbés par les grèves et essentiellement dispensés par les contractuels qui n'ont pas pour la plupart, la formation requise. Les élèves bénéficiaires sont en majorité issus des familles économiquement et socialement favorisées. Les cours de répétition organisés par les enseignants à l'endroit de leurs propres élèves peuvent devenir une sorte de chantage car ceux réserveraient à ces cours l'enseignement des thèmes les plus importants; dans les pires des cas, certains répétiteurs organiseraient des fuites en faveur des enfants qui leur sont confiés afin de garder leur clientèle (*Cf.* Oumarou, M., Réformes de l'administration publique des pays membres de l'UEMOA : impacts et perspectives, BIT, Genève, 2009, p. 36).

cumul d'activités professionnelles. L'article 30 du décret du 19 juin 1984 est clair : « l'interdiction faite à l'article 7du Statut Général concernant l'exercice, à titre professionnel d'une activité lucrative ne s'applique à la production d'œuvres scientifiques, littéraires ou artistiques ». Cette dérogation concerne donc uniquement la « production d'œuvres » scientifiques, littéraires et artistiques. Ce qui exclut par déduction les travaux. Toutefois, l'œuvre comporte un élément de créativité qu'il n'est pas toujours aisé de caractériser et de distinguer de certains travaux, si bien que même les solutions jurisprudentielles françaises adoptées en la matière peuvent prêter à discussion[1136].

Par ailleurs, selon l'arrêté du 5 juillet 2006 portant conditions et modalités d'exercice des activités privées des médecins et dentistes affectés au ministère de la santé[1137], « les médecins et les dentistes de nationalité djiboutienne affectés aux structures sanitaires dépendant du ministère de la Santé sont autorisés à exercer des activités privées selon les conditions et les modalités (…) ». En d'autres termes, ces médecins publics peuvent exercer une activité privée autorisée dans leur propre établissement public d'affectation. L'activité libérale de ces derniers, qualifiée de complémentaire, ne peut être exercée que les après-midis de 16 heures à 20 heures à condition que le praticien ne soit ni de garde ni d'astreinte[1138]. L'idée sous-jacente de cette mesure dérogatoire est de donner un cadre légal à une pratique courante qui consommait les ressources des hôpitaux publics sans contrepartie[1139]. Cette activité privée des médecins exerçant dans le secteur public, outre le fait qu'elle bénéficie en premier lieu à ces médecins par l'accès à un revenu complémentaire important, bénéficie aussi aux établissements publics autonomes qui offrent aux médecins dans leur consultation privée, la logistique (locaux, personnel paramédical et moyens techniques) en échange d'une

---

1136 *Cf.* not. Coriatt-Attia, C., *op. cit.* p. 290.

1137 Article 1er de l'arrêté n° 2006-0474/PR/MS du 5 juillet 2006 portant conditions et modalités d'exercice des médecins et dentistes affectés au Ministère de la Santé.

1138 Article 7 de l'arrêté n° 2006-0474/PR/MS du 5 juillet 2006 portant conditions et modalités d'exercice des activités privées des médecins et dentistes affectés au Ministère de la Santé.

1139 *Cf.* Guedi Yabe, M., *op. cit.*, p. 248.

partie des recettes[1140]. Ces revenus générés par l'activité privée des médecins publics sont destinées à être utilisées par les structures publiques pour améliorer la qualité de leur offre de soins. Toutefois, on remarque dans les faits une diminution de la qualité des soins offerts aux patients admis à l'hôpital public sous le régime public due à la faible présence effective des médecins. En effet, ces derniers sont moins actifs aux heures normales du service public et plus présents lors des consultations privées. Ceci signifie, qu'en dehors des consultations privées, il est difficile pour un patient de voir rapidement un médecin. Cette situation favorise automatiquement les patients privés des structures de santé publiques au détriment des patients admis sous un régime public de soins. Il en résulte une dégradation des services publics hospitaliers minée en fin de compte par les comportements cupides du personnel de santé qui privilégient les actes privés les plus rémunérateurs[1141].

Enfin, la loi du 25 janvier 1987 relative à la profession d'avocat autorise un type de cumul qui suscite des interprétations juridiques confuses et contradictoires. L'article 51 alinéa 1er dudit texte interdit aux avocats « d'exercer une fonction autre que celle d'avocat sauf dans le cas où il s'agirait de fonction d'enseignement ou d'une fonction simplement honorifique et non rétribuée ». Dans le même temps, il est affirmé « sont incompatibles avec l'exercice de la profession d'avocat toute fonction publique, toute activité salariée et rémunérée et, d'une manière générale, toutes activités de nature à porter atteinte à l'indépendance professionnelle de l'avocat et à sa dignité »[1142]. Ainsi, les avocats sont les seuls à être autorisés à exercer

---

[1140] L'article 8 de l'arrêté du 5 juillet 2006 répartit les recettes réalisées au titre des consultations externes réalisées dans le cadre de l'activité privée complémentaire de la manière suivante : « sont retenus vingt pour cent (20%) du montant des recettes réalisées au titre des consultations externes effectuées dans le cadre de l'activité privée complémentaire au profit de la structure dans laquelle elle est exercée. Sont retenus dix pour cent (10%) du montant des recettes réalisées au titre des consultations externes effectuées dans le cadre de l'activité privée complémentaire qui seront reversés mensuellement au profit du Trésor public. La quote-part, soixante dix pour cent (70%) revenant au praticien est reversée quotidiennement à l'intéressé. L'administration tient un registre à cet effet ».

[1141] *Cf.* Guedi Yabe. M., *op. cit.*, p. 251.

[1142] Article 58 de la loi du 25 janvier 1987 précitée.

des activités d'enseignement complémentaires. Alors que les fonctionnaires-enseignants déjà en exercice et remplissant les conditions légalement requises pour devenir avocat[1143]ne peuvent, en vertu de l'article 58 précité, exercer le métier d'avocat.

Cependant, la règle d'incompatibilité susvisée se voit interprétée, depuis quelque temps, dans le sens inverse par les autorités publiques elles-mêmes. Ces dernières ont eu à accepter en Conseil des ministres des demandes d'agrément émanant d'enseignants-chercheurs en droit dépendant de la Fonction publique[1144]. L'obtention de ces agréments est souvent suivie d'un bras de fer juridique opposant ces bénéficiaires d'agréments et la direction de l'Université de Djibouti qui se solde *in fine* par leur démission contrainte. Un tel aboutissement, s'il est conforme à l'esprit des textes, est regrettable parce qu'il prive l'Université d'enseignants expérimentés lorsque l'on sait que « le savoir-faire de l'avocat enrichit le contenu pédagogique de l'enseignement, tandis que les connaissances de l'enseignant améliorent la qualité des prestations de l'avocat »[1145]. La seule limite cohérente posée à l'exercice de la profession d'avocat par les professeurs d'Université serait qu'ils ne puissent, en tant que fonctionnaires, plaider contre l'Etat[1146].

La violation de l'interdiction posée par l'article 7 de la loi du 26 juin 1983 donne lieu à sanction disciplinaire. L'Administration doit

---

1143 Ibid. Article 16.

1144 L'article 18 de la loi du 25 janvier 1987 institue pourtant une procédure d'enquête destinée, entre autres, à détecter les éventuelles incompatibilités avec l'exercice du métier d'avocat. Celui-ci dispose que les candidats à la profession d'avocat présenteront requête, appuyée des justifications requises pour l'application de l'article 16, au ministre de la Justice, qui après enquête effectuée à la diligence du parquet général et avis motivé du premier président de la Cour judiciaire, du procureur général prés cette Cour et du bâtonnier de l'Ordre, transmettra le dossier au secrétariat général du gouvernement. L'agrément est donné au conseil des ministres. Il est définitif et ne prend fin qu'en cas de radiation prononcée dans les formes prévues au chapitre II ».

1145 *Cf.* Coriatt-Attia, C., *op. cit.* p. 293.

1146 *Cf.* Vigouroux, Ch., *op. cit.*, p. 122.

poursuivre le pluriactif selon une procédure disciplinaire légale[1147] mais elle est souveraine dans le choix de la sanction. Cependant, hormis quelques rares cas où l'administration demande à l'agent de choisir entre démission ou abandon de l'activité en cause, la mise en œuvre effective des sanctions prévues montre que l'attitude de l'autorité administrative reste très souvent passive[1148] ; la dégradation de la situation matérielle et la baisse du pouvoir d'achat des agents sont la plupart du temps prétexte à minimiser l'exécution des sanctions, voire à les ignorer. Les conséquences en sont, la généralisation des cumuls prohibés, la corruption, les détournements, l'absentéisme, l'abandon des responsabilités entraînant une baisse de productivité et une dégradation de l'activité administrative[1149].

[1147] Décret n° 83-103/PR/FP du 10 septembre 1983 fixant les procédures disciplinaires applicables aux fonctionnaires.

[1148] Cette passivité s'explique également par la complexité de la procédure disciplinaire et l'échelle des sanctions prévues par les textes régissant la fonction publique. En effet, sanctionner un fonctionnaire est tellement difficile que cela ressemble à un parcours d'obstacles : d'une part, la mise en œuvre de la procédure disciplinaire nécessite une information du fonctionnaire concerné mais aussi l'établissement d'un certain nombre de pièces (constitution du dossier). D'autre part, l'échelle des sanctions comporte plusieurs degrés qui vont de l'avertissement à la révocation en passant par l'abaissement d'échelon et la mise à l'écart temporaire.

[1149] *Cf.* Bretton, J-M, *op. cit.*, p. 232.

Section 2- Le suivi de l'autonomie normative des partenaires sociaux

Rien ne peut être reproché à la doctrine qui affirme que « sans respect du principe de réalité, sans conception modeste et pragmatique de la norme, sans acceptation de l'autonomie normative des partenaires sociaux, il n'est point de droit du travail qui vaille »[1150]. C'est une façon de dire que la loi n'est pas la solution à tout, qu'il s'agit d'un instrument capital, mais souvent limité[1151]. En même temps, il faut un minimum d'ordre dans l'œuvre normative des partenaires sociaux afin que son application ne rencontre pas l'hostilité et l'incompréhension sur le terrain. Le législateur djiboutien semble être animé par ce souci ; conscient que la participation des travailleurs peut être un moyen efficace pour une implication plus grande de ceux-ci dans le devenir de l'entreprise, il suit, en même temps, de prés le processus de création des normes conventionnelles. Le suivi des pouvoirs publics, concernant la création de normes négociées, se manifeste aussi bien en amont qu'en aval. Il consiste concrètement dans le déclenchement de la négociation collective (**A**) et dans le contrôle du contenu des textes issus de la négociation collective (**B**).

§1- La mise en œuvre de la négociation collective

Alors que les règles du Code du travail relatives aux procédures de négociation sont, en grande partie, teintées de libéralisme, des indices montrent un acteur étatique omniprésent et un aboutissement du processus de négociation tributaire de cette présence. Pareille intervention se manifeste aussi bien en ce qui concerne le déclenchement de la négociation collective (**A**) que dans le règlement des différends liés à la négociation engagée (**B**).

1150 *Cf.* Blanpain, R. et Javillier, J.-C., Droit du travail communautaire, 2ème édition, LGDJ, France, 1998, p. 2.

1151 Le dialogue social est d'ailleurs analysé comme une composante essentielle de la bonne gouvernance (*Cf.* not. Olney, S. et Rueda, M., Convention n° 154, Promotion de la négociation collective, BIT, Genève, 2005, p. 5).

A- Le déclenchement de la négociation collective

Deux questions se posent en ce qui concerne le déclenchement de la négociation collective : la première est relative à l'existence et au niveau de consécration d'un droit de la négociation collective (**1**) ; la seconde est relative à l'usage effectif que les parties en font (**2**).

1- L'existence du droit à la négociation collective

L'article 254 du Code du travail qui définit la convention collective comme un accord entre organisations de travailleurs et d'employeurs consacre de ce fait le droit à la négociation collective. L'article 218 du Code du travail, quant à lui, dispose que les syndicats « peuvent passer des contrats ou conventions avec tous autres syndicats, sociétés, entreprises ou personnes » et mentionne donc les conventions collectives. Il en découle que l'Etat ne peut s'opposer à ce que les partenaires sociaux négocient les conditions de travail[1152]. L'existence d'un droit à la négociation collective à Djibouti tient également aux conventions internationales liant la République de Djibouti. La convention n° 98 de l'OIT, ratifié en août 1978, stipule que « des mesures appropriées aux conditions nationales doivent, si nécessaire, être prises pour encourager et promouvoir le développement et l'utilisation des plus larges procédures de négociation volontaire de conventions collectives entre les employeurs et les organisations d'employeurs d'une part, et les organisations de travailleurs d'autre part, en vue de régler par ce moyen les conditions d'emploi »[1153]. La déclaration de l'OIT relative aux principes et droits fondamentaux, adoptée en juin 1998, range la négociation collective parmi ces principes fondamentaux[1154]. De plus,

---

[1152] L'expression « conditions de travail » est entendue au sens large, elle recouvre aussi bien les relations individuelles que les rapports collectifs, le droit du travail et la sécurité sociale, les droits et obligations des parties mais aussi les institutions et les procédures (*Cf.* not. Vachet, G., La fonction organisationnelle de la convention collective, *in* Etudes offertes à Jean Pélissier, Paris, Dalloz, 2004, p. 559 ; Pélissier, J., Droit des conventions collectives : évolution et transformation, Mélanges Verdier, Dalloz, 2001, p. 95).

[1153] Article 4 de la Convention n° 98 de l'OIT.

[1154] Sur cette déclaration: La Hovary, C., Les droits fondamentaux au travail. Origines, statut et impact en droit international, Paris, PUF., 2009 ; Kellerson,

la convention n° 98 est applicable à un Etat membre même s'il ne l'a pas ratifié[1155].

La question du droit à la négociation collective peut être posée autrement : à l'égard des partenaires sociaux, s'agissant d'un droit, une des parties, notamment l'employeur, peut-elle faire échec à son exercice en se refusant à toute négociation ? Le législateur français a résolu cette question en consacrant un droit à la négociation au profit des travailleurs et une obligation de négocier à la charge des employeurs[1156]. Le droit à la négociation est pourvu d' une assise constitutionnelle en France, puisque le § 8 du préambule de la constitution française du 27 octobre 1946 (indirectement incorporée dans la constitution de 1958 à travers le préambule) dispose que « tout travailleur participe, par l'intermédiaire de ses délégués, à la détermination collective des conditions de travail ainsi qu'à la gestion des entreprises ». En dépit de cette référence constitutionnelle, les négociations collectives n'occuperaient pas actuellement une si importante place dans les pays développés sans une culture de la négociation collective et une politique de promotion par les pouvoirs publics de la négociation collective[1157]. A Djibouti, cette culture

---

H., La déclaration de l'OIT sur les principes et droits fondamentaux : un défi pour l'avenir ?, *RIT*, Vol. 137, n° 82, 1998, pp. 243-248 ; Maupain, F., Revitalization Not Retreat: the Real Potential of the 1998 ILO Declaration for the Universal Protection of Worker's Rights, European Journal of International Law, Vol. 16, n° 3, 2005, pp. 439-465; Trebilcock, A., Déclaration de l'OIT relative aux principes et droits fondamentaux au travail et son suivi, *in* « Les normes internationales du travail, une approche globale » , BIT, Genève, 2002, p. 17.

[1155] Il s'agit des conventions 87 et 98 (liberté d'association et la négociation collective); 29 et 105 (travail forcé); 138 et 182 (travail des enfants); 100 et 111 (discrimination en matière d'emploi et de profession) (*Cf.* not. Les conventions fondamentales de l'OIT, BIT, Genève, 2003, p. 18)

[1156] *Cf.* Pélissier, J, Auzero, G., Dockès, E., *op. cit.*, p. 1338.

[1157] Ainsi, en France, les partenaires sociaux ont conclu le 31 octobre 1995 un accord national interprofessionnel ayant pour but « de développer la pratique contractuelle, de façon articulée, à tous les niveaux ». Cet accord a été signé du côté patronal par le CNPF, la CGPME, et l'UPA et du côté salarial par la CFDT, la CFTC et la CGC. V. Coin, G., Dr. soc. 1996. 3 et s. ; Cohen, *Dr. soc.* 96, p. 18 ; Morin. M.-L., *Dr. soc.* 1996, 11 et s. ; Bélier, G., Semaine sociale Lamy, n° 768, p 3.

semble faire défaut[1158]. En tout cas, les négociations collectives connaissent une stagnation depuis une cinquantaine d'années. Même si quelques nouvelles conventions ont été signées, beaucoup de conventions collectives n'ont pas été jusqu'à présent renégociées.

Une première réponse peut être tirée de la situation politique qui a été, pendant longtemps, peu favorable à la négociation collective. De 1977 à 1992, on observait la prééminence d'un droit étatique du travail avec le gel des négociations collectives et le non-renouvellement des conventions collectives élaborées durant la période coloniale[1159]. En effet, selon un auteur, « la recherche de la stabilité politique incite l'Etat, en sa qualité de gardien de l'intérêt général, à instituer un contrôle des syndicats, à placer la négociation collective sous sa surveillance et à prévoir un système d'arbitrage obligatoire des différends collectifs du travail »[1160]. Une des manifestations évidentes de l'intervention de l'Etat s'observant dans la domestication des syndicats regroupés dans une centrale unique régie par le principe de la « participation responsable » et affiliée au parti dominant. Les relations collectives de travail étaient surveillées. A la vérité, les syndicats n'étaient que de simples courroies de

---

[1158] Cette absence de culture de dialogue social se voit corroborée par la défiance absolue de l'autorité constitutionnelle djiboutienne vis-à-vis du principe par lequel tout travailleur participe par l'intermédiaire de ses délégués à la détermination collective des conditions de travail et à la gestion de l'entreprise. A la différence de la liberté syndicale et le droit de grève, le principe de participation n'a pas reçu droit de cité dans le texte constitutionnel du 15 septembre 1992. On ne peut donc que regretter le sort réservé à un tel principe. L'intégration au sein de la loi fondamentale djiboutienne équivalant aux prescriptions de l'alinéa 8 du préambule de la Constitution de 1946 aurait, dés lors, donné une assise constitutionnelle au droit des travailleurs de participer à la vie de leur entreprise. Elle aurait également permis de sortir le droit à la négociation collective de la situation d'interprétation équivoque dans laquelle, actuellement, il se trouve.

[1159] Sur cet aspect: Samb, M, Les conventions collectives nationales interprofessionnelles en Afrique noire francophone, Thèse, Droit, Université de Dakar, 1989.

[1160] *Cf.* Pougoue, P.-G., Les sources du droit du travail en Afrique, *Revue tunisienne de droit social*, n° spécial, 1991, p. 29.

transmission des mots d'ordre du parti-Etat dans le milieu professionnel[1161].

A partir de 1992, l'adoption d'une nouvelle constitution consacrant le pluralisme syndical a permis l'émergence de nouvelles organisations de travailleurs libres et indépendantes. Une ouverture libérale est ainsi amorcée, à partir de 1995, mais dans l'ambiance d'un passage en force pour l'entrée dans les programmes d'ajustement structurel. Cette époque fut marquée par une dégradation des finances publiques, d'une réduction drastique des salaires de tous les travailleurs[1162], d'une grève générale paralysant tout le pays et d'une grande vague de licenciements des dirigeants syndicaux et leurs militants[1163]. Ces conditions ont empoisonné les rapports du pouvoir avec les syndicats indépendants et continuent de perdurer jusqu'à nos jours sous des formes diverses et variées : arrestation de leaders syndicaux, clonage syndical, saccage de locaux syndicaux etc.[1164]. Le secteur privé n'est pas épargné du reste par cette politique liberticide. En effet, forts de la phobie antisyndicale du pouvoir politique, bon nombre d'employeurs se voient confortés dans leur choix de ne plus organiser des élections professionnelles au sein de leurs entreprises[1165]. La combinaison de tous ces éléments de fait et de droit entraine donc le blocage du dialogue social à tous les niveaux.

1161 Les syndicats ont donc été sacrifiés à cette obsédante construction de l'unité nationale, qui nécessitait, d'après ses théoriciens le primat du parti, et comme le disait Madeira Keita : « ...si le parti est l'expression des aspirations réelles du peuple, s'il est le porte-parole, s'il est l'instrument pour la réalisation de l'Etat, il n'y a aucune raison que les organisations syndicales dont le programme constitue une partie du programme du parti politique, ne se trouvent pas en harmonie avec la formation politique...» (*Cf.* Keita, M., Le parti unique en Afrique noire, *Présence africaine*, 1960, n° 30, pp. 267-273. Réédité en 2012, 2012/1, n°185-186, p. 180).

1162 *Cf.* Ebo Houmed, A., *op. cit.*, p. 92.

1163 *Cf.* FIDH, Observatoire pour la protection des droits de l'homme, Djibouti, Les défenseurs des droits économiques et sociaux paient le prix fort, août 2006, p 17.

1164 Ibid.

1165 Voir le rapport du ministère du Travail chargé de l'Insertion et de la Formation Professionnelle qui fait état de la non-présence de délégués du personnel dans toute une série d'entreprises répondant aux conditions légales requises pour la tenue d'élections professionnelles.

Une seconde explication tient aux insuffisances de la législation d'alors. Elle n'était pas assez incitatrice à la négociation collective des conditions de travail. La loi n'obligeait pas, par exemple, à renégocier la convention collective à durée déterminée qui arrive à son terme. Elle se contentait de prévoir la prorogation de ses effets comme une convention à durée indéterminée à défaut de stipulation contraire[1166]. Les signataires d'une convention collective à durée indéterminée n'étaient pas tenues de réexaminer périodiquement certains points, tels que les salaires. Les négociations salariales sont devenues impérieuses avec la suppression du SMIG en 1997[1167]. Par ailleurs, comme le soulignent deux auteurs, « la négociation n'est praticable qu'à condition que chacune des parties à la négociation ait une connaissance suffisante des éléments à prendre en compte pour négocier »[1168]. La promotion de la négociation suppose donc l'organisation de l'accès des représentants aux informations indispensables à une connaissance réelle de la vie économique de l'entreprise. L'absence d'un minimum d'association des représentants des travailleurs à la gestion de l'entreprise et de leur accès à certaines informations laisse l'employeur seul maître des données de la négociation. Cette situation est un avantage pour l'employeur quand il peut, en réalité, concéder plus que ce qui est sollicité ; mais un inconvénient quand le personnel n'est pas convaincu de l'existence de difficultés réelles. La négociation tourne au dialogue des sourds et, dans un contexte de pluralisme syndical, à la surenchère de revendications ou à la raideur, chaque organisation de travailleurs voulant apparaître comme celui qui a obtenu le maximum ou celui qui n'a pas fait de concession au capital. Enfin, le manque ou l'insuffisance de formation de cadres généraux en

---

1166 Article 70 du Code de 1952.

1167 Voire bien avant puisque le Gouvernement djiboutien n'a eu à relever qu'une seule fois le SMIG après l'indépendance. C'est en 1980 que ce dernier a communiqué pour la dernière fois des informations sur les résultats de l'application des méthodes de fixation des salaires a minima (Cf. supra La liberté de fixation du salaire).

1168 *Cf.* not. Pougoué, P.-G, Tchakoua, J.-M., Le difficile enracinement de la négociation collective en droit du travail camerounais, Bulletin de droit comparé du travail et de sécurité sociale, 2000, p. 202 ; Auvergnon, Ph., Des esprits présents dans le projet d'acte uniforme d'OHADA portant droit du travail, *in* « L'esprit du droit africain », Mélanges en l'honneur de P.-G. Pougoué, *op. cit.*, pp. 113-146.

technique de dialogue ou de négociations contribue à la raréfaction du dialogue social.

Nonobstant les questions susvisées, le Code du travail en 2006 prévoit pourtant la remise à jour nécessaire des conventions collectives héritées de l'époque coloniale. Cette révision programmée et consacrée à l'article 295 du Code du travail[1169], conforte, dans le même temps, une tradition d'immixtion plus ou moins active des pouvoirs publics dans la mise en œuvre du droit de la négociation collective.

2- Le rôle étatique de déclencheur du processus conventionnel

Garant de l'ordre public et de l'intérêt général, c'est fort de cette responsabilité que l'Etat participe à la tenue des négociations collectives entre les partenaires sociaux dans le secteur privé. Cette présence étatique n'est néanmoins pas consacrée par le Code de 2006. En effet, la procédure légale de négociation des conventions ordinaires se caractérise par son libéralisme. Seules quelques obligations sont affirmées. Si elle aboutit, la négociation doit être matérialisée à travers une convention écrite, signée par chacun des négociateurs[1170]. En outre, la convention doit faire l'objet d'une mesure de publicité réalisée par divers procédés : dépôt au ministère chargé du travail ou à ses services compétents qui l'enregistrent et en délivrent récépissé, délivrance de copies certifiées conformes par l'inspecteur du Travail aux personnes intéressées[1171]. Enfin, la convention étant généralement conclue pour une durée indéterminée, la loi se limite à exiger que les parties prévoient les formes et l'époque de son exécution où elle peut être dénoncée ou révisée, la durée du

---

[1169] En effet, l'article 295 du Code du travail dispose que « les conventions collectives conclues antérieurement au présent Code, restent en vigueur en celles de leurs dispositions qui ne lui sont pas contraires, durant une période maximale de trois années après la promulgation de celui-ci ». La loi n° 61/AN/09/6ème L du 11 août 2009 portant modification partielle des dispositions de l'article 295 de la loi n° 133/AN/05/5ème L du 28 janvier 2006 portant Code du travail a prorogé de deux ans le délai initialement imparti aux partenaires sociaux pour réviser les conventions collectives héritées de l'époque coloniale.

[1170] Article 256 du Code du travail.

[1171] Articles 256 et 257 du Code du travail.

préavis de dénonciation devant être précisée dans les mêmes conditions[1172].

Par ailleurs, les règles procédurales susvisées concernent également les conventions susceptibles d'être étendues. Le législateur de 2006 n'a pas repris les dispositions du Code de 1952 qui réglementaient de manière spécifique et rigoureuse la procédure de négociation de ces types de conventions. Cette procédure se déroulait dans le cadre d'une commission paritaire[1173]. Une telle commission présidée par un représentant de l'administration présentait le double avantage de faciliter la négociation grâce à l'éclairage du président, et surtout d'en améliorer la qualité. Mais elle présentait l'inconvénient majeur d'empêcher toute négociation spontanée menée par les intéressés eux-mêmes[1174]. Il faut donc conclure que, selon l'actuel code du travail, les pouvoirs publics n'ont plus le droit de s'immiscer dans la négociation ou dans l'élaboration de la convention ordinaire et de celle susceptible d'extension. Les parties à la négociation choisissent librement le moment et le lieu où elles désirent entrer en contact.

Si le droit de la négociation collective est libéral, on assiste néanmoins à un interventionnisme étatique consistant à jouer un rôle décisif dans l'enclenchement effectif de négociations sociales[1175]. Un

---

[1172] Article 255 du Code du travail.

[1173] L'article 73 du Code de 1952 faisait état d'une commission mixte présidée par un représentant de l'administration au sein de laquelle devait se dérouler la procédure de négociation des conventions susceptibles d'extension. Le législateur de 2006 ne fait plus explicitement référence à cette commission et se limite à réglementer que la partie traitant de la procédure d'extension. De ce fait, il est permis de penser que les acteurs sociaux soient désormais libres d'ouvrir des négociations en vue de conclure des conventions susceptibles d'extension, et ce, sans aucune tutelle administrative.

[1174] *Cf.* not. Béraud, J.-M., *op. cit.*, p. 76.

[1175] Cela refléterait une absence de considération d'un enjeu politique partisan, soulevé par Hesseling, G. et Le Roy, E., Le droit et ses pratiques, Politique Africaine, 1990, p. 2. Ces auteurs s'en réfèrent d'une part à P. Legendre : « Le droit, en tant qu'ensemble textuel procédant d'une légalité, c'est-à-dire d'une généalogie de l'autorité, se trouve placé du côté du « comme si », de ce côté-ci de la frontière ». Cette citation nous renvoie à

tel rôle se manifeste dans la pratique par l'initiation de rencontres entre les acteurs professionnels que sont les employeurs et les syndicats des travailleurs afin de discuter avec eux des conditions d'emploi et par l'envoi de courriers administratifs leur enjoignant d'envoyer régulièrement l'état d'avancement du processus de négociation[1176].

Plusieurs raisons expliquent cette politique d'ingérence des pouvoirs publics dans le processus de négociation. Tout d'abord, les syndicats ont plutôt tendance à voir dans une politique libérale de négociation collective une cause d'aggravation de la précarité chez les travailleurs[1177]. L'intervention protectrice de l'Etat leur paraît une voie plus sûre. Les employeurs craignent, quant à eux, d'avoir à concéder plus que ce qu'accorde déjà le Code du travail; ils considèrent la présence ou le suivi des pouvoirs publics durant les négociations comme un moyen de transparence et de sécurité juridique[1178]. A ces appels à l'Etat s'ajoutent les points de faiblesse des organisations syndicales : la prolifération des syndicats, due en grande partie au phénomène du « clonage syndical », alliée à l'étroitesse du salariat et du pourcentage de travailleurs effectivement syndiqués, ne leur confèrent pas une force de négociation directe sur le plan du champ professionnel ou sur le plan des secteurs

---

l'originalité du droit conventionnel djiboutien qui ne procède pas de sa légalité mais de l'aboutissement du processus de production, quel qu'il soit.

1176 Rapport du ministère du Travail, chargé de la réforme de l'administration, 2013, p. 43.

1177 Déjà la mise en place du Code de 2006, les représentants syndicaux dénoncent les éléments qui passent pour eux pour une libéralisation et se méfient, en conséquence, d'une politique contractuelle en raison de son fond de libéralisme économique associé à la précarité chez les travailleurs et au risque de perte d'avantages acquis c'est-à-dire de recul plutôt que de progrès.

1178 Pour certains auteurs, ces pratiques illustrent un besoin d'Etat mais également une prise d'acte de la concentration du pouvoir et de son autorité (*Cf.* Husson, V.B., La problématique : entre indigénités et modernités, et Leroy, E., Gouvernance et décentralisation ou le dilemme de la légitimité dans la réforme de l'Etat africain à la fin du XXème siècle, in l'Etat en Afrique : indigénisations et modernités, contribution du colloque organisé à Paris les 18 et 19 mai 1995, Cahiers du GEMDEV, n° 24, Paris, 1996, p. 17 et p. 92).

d'activités[1179]. La présence de l'Etat tient également au souci de la légalité au regard du constat de la méconnaissance des textes par les acteurs sociaux. Enfin, le délai imparti aux partenaires sociaux pour le renouvellement des anciennes conventions explique cette politique volontariste d'implication dans la négociation collective au point qu'il est loisible de se poser la question de la nature conjoncturelle ou non de cette immixtion.

B- Le règlement des différends relatifs à la négociation

La négociation des conventions collectives est souvent laborieuse. D'une part, les sujets susceptibles d'être traités par les partenaires sociaux sont assez délicats, comme les salaires, et il sera souvent difficile à ces derniers d'aboutir à un accord. En outre, de façon générale, la législation est déjà abondante. Elle est supposée à avoir apporté des améliorations substantielles à la condition du travailleur. L'employeur estimera souvent que ces améliorations sont suffisantes et refusera d'aller plus loin. Le travailleur n'y voit qu'un minimum et exigera que le patron aille au-delà de la législation. Les

[1179] La convention nationale sectorielle constitue le format conventionnel majoritaire à Djibouti et le cadre de l'entreprise, introduite par le Code de 2006, n'est pas assez développé. L'inventaire de sept conventions collectives en vigueur peut être dressé : La convention collective applicable aux agents contractuels de l'Administration Publique et aux Etablissements Publics de la République de Djibouti du 26 décembre 2011 qui remplace celle du 28 juin 1973, La convention collective des employés de banque du 17 janvier 2011 qui remplace celle du 18 juillet 1972, La convention collective du personnel civil des Forces françaises stationnées à Djibouti du 28 juillet 2010 qui remplace l'arrêté n° 93-0743/PR/MT du 19 juillet 1993 portant réglementation des conditions générales d'emploi des travailleurs civils des forces armées étrangères stationnées à Djibouti, la convention collective des hôtels, restaurants et débits de boissons du TFAI du 15 avril 1957 qui n'a pas encore été renouvelée, la convention collective de l'industrie de pétrole du TFAI du 12 juillet 1974 qui n'a pas encore été renouvelée, la convention collective du commerce, du bâtiment et des ateliers résultant de l'arrêté n° 66/24/SPCG du 29 mars 1966 modifiée par les arrêtés n° 1944/SG/CG du 26 décembre 1968, n° 72-329/SG/CG du 1er mars 1972, n° 74-339/DG/CG du 7 février 1974 qui n'a pas encore été renouvelée.

deux points de vue sont difficilement conciliables. Deux tendances se heurtent : la tendance anglo-saxonne qui s'en tient à la réglementation professionnelle[1180], la tendance latine qui penche pour la réglementation par l'autorité publique, sans exclure pour autant la réglementation professionnelle[1181].

Le code du travail prévoit déjà l'intervention de l'inspecteur du Travail pour aider à la solution du différend[1182]. Il se peut malgré tout que ce premier effort de conciliation échoue. L'inspecteur du travail ne peut imposer une solution. Il agit par persuasion. En outre, il n'est pas certain que les protagonistes le suivent. La conclusion de la convention collective peut donner lieu à un différend collectif qui sera réglé suivant les dispositions du Code. Mais les parties au différend ne sont pas obligées d'adopter la sentence rendue par le Conseil d'arbitrage statuant en équité[1183]. Naturellement, rien n'empêche les parties de faire opposition[1184] ou de substituer à ce règlement une convention collective librement discutée.

Cette procédure de règlement de conflit risque d'être longue. Il se peut ainsi qu'elle n'aboutisse pas à une solution positive. Il est cependant souhaitable que les conditions de travail soient définies. Le législateur de 2006 a repris la solution retenue par son homologue de

---

[1180] Un auteur fait observer, à ce sujet, que « contrairement à la France, le développement des syndicats et de la négociation collective, gouvernant la régulation des salaires et des conditions de travail, s'est produit en dehors de l'intervention de l'Etat et de la loi (…) Depuis les origines, la défense de la « libre » négociation collective a caractérisée les syndicats britanniques. Il n'y a jamais eu une mise en vigueur légal d'accords industriels (sauf en temps de guerre), la loi n'a pas de place dans le règlement des conflits de travail, l'arbitrage par l'Etat est vu moins comme le moyen d'un règlement juste que comme la médiation en dernier ressort (qui peut être ignorée si nécessaire) » (*Cf.* Whiteside, N., Le Welfare State britannique : le produit d'une tradition libérale ?, *in* « L'Etat à l'épreuve du social », Editions Syllepse, 1998, p. 109).
[1181] *Cf.* Auvergnon, Ph., L'Etat créateur et gardien du droit des relations de travail, *in* « L'Etat à l'épreuve du social », éd. syllepse, 1998, p. 262 ;
[1182] Article 177 du Code du travail.
[1183] L'article 182-3 du Code du travail autorise le Conseil d'arbitrage à statuer en équité sur les différends relatifs à la négociation et à la révision des clauses des conventions et accords collectifs.
[1184] Article 184 du Code du travail.

1952[1185]. Si les parties n'arrivent pas à conclure une convention collective ou si la discussion se prolonge, le gouvernement peut intervenir, non pas pour résoudre le différend, mais pour réglementer les conditions de travail.

L'intervention de l'administration est discrétionnaire. Elle n'est pas obligée d'intervenir. Si elle le fait, elle doit requérir l'avis du CNTFP[1186]. Cependant, le Code du travail a limité la compétence de l'administration quant au contenu et au champ d'application. D'une part, elle doit s'inspirer des conventions collectives déjà existantes, d'autre part, le règlement de travail n'est valable que pour une profession déterminée et non pour une branche d'activité déterminée. Ici, la question se pose de savoir si le règlement de travail peut intervenir en toute hypothèse ou s'il ne peut intervenir que dans le cadre de la discussion des conventions collectives susceptibles d'extension. A défaut d'indication expresse, il n'y a aucune raison de fond valable pour exclure le règlement de travail en toute hypothèse. Le but de l'institution est soit de hâter la conclusion d'une convention, soit de substituer l'arrêté à la réglementation professionnelle lorsque les parties n'ont pu arriver à un accord. La menace d'une intervention administrative sera souvent le plus sûr moyen d'obliger les parties à s'entendre[1187]. Il faut donc conclure que

---

[1185] Article 78 du Code de 1952.

[1186] Encore que l'avis de la CNTFP soit obligatoire, cette disposition tirée de l'article 270 du Code du travail n'est pas sans présenter quelque danger. S'il est en effet légitime que le ministre chargé du Travail réglemente les conditions du travail lorsque les professionnels ne jouent pas le rôle que la leur attribue, il serait regrettable que la conclusion de conventions susceptibles d'extension soit négligée, motif pris de ce que des arrêtés pourraient en tenir lieu. Ce serait un retour en arrière puisque le droit social reconnaît aux professionnels un pouvoir analogue au pouvoir réglementaire. On ne peut d'ailleurs pas oublier que l'Etat serait à la fois juge et partie puisqu'il emploie une main d'œuvre importante. Comme d'autre part, l'élaboration des conventions collectives se heurte dans la pratique à des divers blocages, il ne serait pas surprenant qu'une application trop large de l'article 270 soit une éventualité non négligeable. Il appartient à chacune des parties en présence, et notamment les syndicats, de faire en sorte que la conclusion de conventions collectives apparaisse à tous comme une solution normale et désirable.

[1187] *Cf.* not. Gonidec, P. F., Le droit et la pratique des conventions collectives de travail au Congo (Brazzaville), *Penant*, 1969, n° 279, p. 294.

l'Administration peut intervenir pour réglementer les conditions de travail, qu'il s'agisse de la conclusion de conventions collectives ordinaires, de conventions susceptibles d'extension ou d'accords collectifs d'établissements.

§2- Le contrôle du contenu des accords collectifs.

La réglementation du travail prévoit un contrôle du contenu de la convention collective. Celui-ci se manifeste en amont par l'indication législative des thématiques de la négociation à destination des acteurs sociaux (**A**) et par un contrôle administratif destiné à valider en aval le texte issu de la négociation collective (**B**).

A- L'indication des thématiques de la négociation

L'indication législative des thématiques de la négociation collective obéit au principe de liberté (**1**) et de respect des dispositions d'ordre public (**2**).

1- Le principe de liberté

La réforme libérale de 2006 a élargi considérablement le domaine susceptible d'être occupé par la convention collective. L'article 258 du Code du travail, relatif au contenu des conventions collectives, vise l'ensemble des conditions d'emploi et de travail ; l'énumération qu'il fait des matières dont peuvent traiter les conventions collectives, est précédée de l'adverbe « notamment ». Une telle disposition semble avoir supprimé la différentiation qu'il y avait entre les conventions collectives ordinaires et les conventions susceptibles d'extension en matière de détermination de leur contenu. En effet, sous la législation antérieure, le contenu des conventions ordinaires était libre alors que celui des conventions susceptibles d'extension était préalablement déterminé par la loi[1188]. Cette

[1188]L'article 74 du Code de 1952 disposait que « les conventions collectives visées par la présente section (conventions collectives susceptibles d'extension) comprennent obligatoirement des dispositions concernant : 1°

disposition était destinée à éviter que le ministre du Travail soit amené à étendre des conventions « squelettiques » c'est-à-dire ne contenant pas un certain nombre de dispositions minimales. Aussi, si une convention collective quoique conclue dans le cadre d'une commission paritaire, ne contenait pas les dispositions fixées dans la première partie de l'article 74 du Code de 1952, elle n'avait que la valeur d'une « convention collective contrat » et elle ne pouvait être étendue. Autrement dit, le contenu obligatoire dont les éléments étaient fixés à l'article 74 constituait la condition *sine qua non* de l'aboutissement de la procédure d'extension[1189].

Pareille exigence consistant parfois à imposer à toute négociation en vue de la conclusion d'une convention susceptible d'extension est critiquable. Pour prendre position avec un auteur, « la négociation n'est pas cela »[1190]. Les exigences posées en matière de contenu minimale sont « dénuées de toute justification au développement de la négociation »[1191]. Il est bon que s'ils le souhaitent, le patronat et les syndicats puissent engager des négociations sur des questions précises à l'instar des salaires, des classifications, de la formation professionnelle continue ou de l'indemnité à allouer en cas de chômage technique.

Si l'on s'en tient à l'absence de reprise de l'article 74 du Code de 1952, le législateur de 2006 semble avoir entendu les critiques susvisées. Il autorise les parties à choisir librement les questions sur lesquelles elles entendent négocier. Cependant, une analyse des termes de l'article 260 du Code du travail traitant de la procédure d'extension semble relativiser cette liberté conventionnelle en ce qui concerne les conventions susceptible d'extension. Cet article stipule

---

Le libre exercice du droit syndical et la liberté d'opinion des travailleurs ; 2° Les salaires applicables par catégories professionnelles et essentiellement par région ; 3° Les modalités d'exécution et les taux des heures supplémentaires, du travail de nuit et des jours non ouvrables ; 4° La durée de la période d'essai et celle du préavis ; 5° Les délégués du personnel ; 6° Les dispositions concernant la procédure de révision, modification et dénonciation de tout ou partie de la convention collective ; 7° Les modalités d'application du principe : « à travail égal, salaire égal » ».

1189 *Cf.* not. Anonyme, Code du travail des TOM, *op. cit.*, p. 125.

1190 *Cf.* not. Béraud, J.-M., *op. cit.* p. 76.

1191 Ibid.

que « les dispositions des conventions collectives répondant aux conditions déterminées par la présente section, peuvent être rendues obligatoires pour tous les employeurs et travailleurs compris dans le champ professionnel, par arrêté pris sur proposition du Ministre chargé du Travail, après avis motivé du CNTEFP ». L'expression « dispositions répondant aux conditions déterminées par la présente section » fait présumer l'idée que le législateur de 2006 continue à faire soumettre les conventions susceptibles d'extension à une obligation de contenu. En d'autres termes, si une convention collective est conclue, qui ne contient tout ou partie des éléments listés par l'article 258, elle est valable à l'égal d'une « convention collective contrat » mais ne pourra pas être étendue.

2- Le respect des dispositions d'ordre public

Longtemps, la protection du travailleur dans la relation de travail s'est développée sur l'idée d'un ordre public, résultante de l'intervention des pouvoirs publics dans les relations professionnelles[1192].

De fait, cette dynamique protectrice s'est appuyée sur cet interventionnisme caractéristique de la naissance de l'Etat providence, accréditant par ailleurs l'idée que l'histoire du droit du travail serait celle du progrès constant dans la protection du travailleur[1193].

Le droit du travail djiboutien n'a pas échappé à cette trajectoire. Après l'accession de la République de Djibouti à l'indépendance, la loi constitutionnelle du 27 juin 1977 a reconduit toutes les lois de conquêtes sociales héritées de l'époque coloniale. L'Etat a mis en place un droit du travail dont les règles visaient la

---

1192 *Cf.* Morin, M.-L., La loi et la négociation collective : concurrence et complémentarité, *Dr. soc.* 1998, p. 419 ; Gaudu, F., L'ordre public en droit du travail, in Etudes offertes à J. Ghestin, « Le contrat au début du XXème siècle », LGDJ, 2001, p. 363 ; Borenfreund, G. et Souriac, M.-A., Les rapports de la loi et de la convention collective : une mise en perspective, *Dr. soc. 2003*, p. 72 ;

1193 *Cf.* not. Le Crom, J.-P., L'évolution du rôle de l'Etat en matière de relations professionnelles, *in* « L'Etat à l'épreuve du social », éd. syllepse, 1998, p. 206.

protection du travailleur. Cette protection passait par la mise en œuvre de règles impératives sans possibilité de dérogation, d'où l'expression « ordre public absolu ». « On ne peut déroger par des conventions particulières aux lois qui intéressent l'ordre public et les bonnes mœurs ». Par cette formule, l'article 6 du Code civil qui continue à s'appliquer à Djibouti dans sa version 1976 situe le rapport qu'entretiennent le contrat et la loi. Parce qu'il affirme à la fois le principe de l'obligation de respecter l'ordre public et qu'il définit en creux la marge de liberté reconnue aux parties, l'article 6 du Code civil apparaît comme le pilier de l'institution contractuelle dans sa recherche d'un équilibre entre protection et liberté[1194].

L'application de cette disposition soulève le problème de la détermination du contenu de l'ordre public. Celui-ci est indissociable de la notion de dérogation. Certaines dispositions sont dites « d'ordre public » : cela signifie qu'une convention ne peut y déroger. On peut les retrouver dans la Constitution, dans la loi. Il s'agit des dispositions qui, par leurs termes mêmes présentent un caractère impératif. L'ordre public absolu est cette norme impérative dont les individus ne peuvent s'écarter ni dans leur comportement ni dans leurs conventions. Cette norme exprimée ou non dans une loi correspond à l'ensemble des exigences fondamentales tant sociales que politiques considérées comme essentielles[1195].

Certains principes fondamentaux énoncés dans la Constitution appartiennent à l'ordre public absolu. Ainsi une convention collective ne peut pas comprendre de clauses obligeant l'employeur à n'employer que des personnes adhérant à un syndicat ou à réserver à ces dernières le bénéfice d'un avantage : une telle disposition est contraire à l'article 1er de la Constitution qui interdit les discriminations et affirme le principe d'égalité. Un accord qui imposerait à l'employeur d'embaucher en priorité les membres des syndicats en place serait tout aussi contraire à l'article précité. Toutes

---

1194 *Cf.* not. Radé, Ch., L'ordre public social et la renonciation du salarié, *Dr. soc.* 2002, p. 933.

1195 L'ordre public absolu concerne, selon le Conseil d'Etat français, les textes d'origine étatique « qui débordent le domaine du droit du travail » ou « les avantages ou garanties échappant, par leur nature, aux rapports conventionnels » (Conseil d'Etat français, avis du 22 mars 1973, *Dr. soc.* 1973, p. 514).

ces dispositions sont illicites même si elles peuvent paraître plus favorables aux salariés du syndicat signataire de la convention collective et aux salariés déjà présents dans l'entreprise.

De même il existe des sujets échappant, de par la volonté expresse du législateur, aux rapports conventionnels. Ainsi une convention ne peut pas modifier les conditions d'embauche et de licenciement des travailleurs ainsi que l'organisation et fonctionnement de l'apprentissage, de la formation professionnelle et de la formation permanente[1196]. En outre, il est interdit aux partenaires sociaux de modifier les conditions particulières du travail des femmes et des enfants. Enfin, en application du principe d'égalité de traitement, il n'est pas possible de déroger aux modalités d'application du principe « à travail égal, salaire égal »[1197].

Dans toutes ces hypothèses où toute forme de renonciation est prohibée, il s'agit d'un ordre public de direction. Car l'ordre public n'est pas une notion homogène et le degré d'impérativité des normes varie selon que l'on se trouve dans le cadre de l'ordre public de protection ou de direction. Ainsi, l'ordre public de direction ne laisse aucune marge de manœuvre au salarié et à l'employeur afin d'aménager leurs rapports dans un contrat. En revanche, l'ordre public de protection étant en faveur du travailleur, rien ne s'oppose à ce qu'il puisse faire l'objet de dérogations. Cette possibilité de dérogation en ce qui concerne l'ordre public de protection a conduit à l'assimiler à l'ordre public social.

L'ordre public social est avant tout un ordre public de protection : c'est le « minimum social » forgé par les normes étatiques. Selon le principe de faveur, pivot essentiel de cet ordre public social, on ne peut déroger à ce minimum social que dans un sens plus favorable aux salariés[1198]. Ainsi, dans le domaine des

---

[1196] Article 259 du Code du travail.

[1197] Ibid.

[1198] *Cf.* not. Bocquillon, F., Que reste-il du « principe du faveur » ?, *Dr. soc.* 2001, p. 255 ; Bonnechère, M., La loi, la négociation collective et l'ordre public en droit du travail : quelques repères, *Dr. Ouvr.* 2001, p. 411 ; Pélissier, J., Droit des conventions collectives : évolution ou transformation, *in* « Droit syndical et droits de l'homme à l'aube du XXIème siècle » Mélanges J.-M. Verdier, Dalloz, 2001, p. 95 s.

rapports individuels, la convention peut accorder des congés plus longs, des indemnités de licenciement plus importantes, des périodes d'essai plus intéressantes etc. ; dans le domaine des rapports collectifs, elle peut augmenter le nombre de délégués du personnel, leurs crédits d'heures, améliorer la protection des syndicats sous réserve de ne pas porter atteinte au principe de liberté syndicale et de non-discrimination, etc[1199].

Toute la difficulté ici sera de déterminer ce qui est plus favorable aux travailleurs lorsque la norme n'est pas d'ordre public absolu : certaines dispositions conventionnelles procurent un avantage matériel, moral ou professionnel à tous : allongement de la durée des congés payés ou de l'allocation de congés payés, institution de primes…; d'autres peuvent être bénéfiques au plus grand nombre mais préjudiciables à un ou quelques travailleurs, telle que la modification de la grille de classification ou des horaires de travail. En ce cas, si la convention ne précise pas les avantages maintenus et ceux supprimés, le travailleur lésé peut prétendre s'appuyer sur la clause de maintien des avantages acquis pour contester l'application de la nouvelle norme. Dans un tel cas, le principe est que l'on privilégiera la comparaison pour l'ensemble des bénéficiaires et non pas pour un salarié isolé[1200].

B- La validation du texte issu de la négociation collective

La validation du texte par l'Etat dépend du champ d'application des dispositions des textes conventionnels. Il est en principe circonscrit aux conventions collectives susceptibles d'extension. Il est fait mention d'un contrôle en aval à l'article 261 qui traite de la procédure d'extension. Ceci semble exclure ce type de contrôle en matière de conventions collectives ordinaires et d'accords collectifs d'établissement. En effet, ce n'est qu'au moment de la mise en œuvre de la procédure d'extension que le ministre chargé du travail intervient en vue « d'exclure de l'extension, après avis motivé du Conseil National du Travail, de l'Emploi et de la Formation

---

[1199] Articles 254 et 263 du Code du travail.

[1200] *Cf.* not. Pélissier. J., Auzero. G., Dockès. E., *op. cit* p. 1352.

Professionnelle, les dispositions qui seraient en contradiction avec les textes législatifs et règlementaires en vigueur »[1201]. Ce contrôle dit de légalité peut être prolongé par un autre contrôle dit d'opportunité consistant pour le ministre du Travail, à extraire, dans les mêmes conditions, de la convention, sans en modifier l'économie, les clauses qui ne répondraient pas à la situation de la ou des branches d'activité dans le champ d'application considéré [1202].

Toutefois, en pratique, l'autorité étatique exerce toutefois un contrôle indistinct sur tous les types d'accords collectifs. Ce contrôle a lieu lors du dépôt de la convention « au Ministère chargé du travail ou à ses services compétents qui l'enregistrent et en délivrent récépissé »[1203] . Il a pour objet de relever les dispositions illégales, floues ou celles parfois sujettes à conflit. Par ailleurs, il arrive que soient soulevées des erreurs liées à un barème de salaires et une nomenclature des emplois à refaire pour une définition large du personnel dont il est question. Ce contrôle ou vérification illustre, selon une auteure[1204], un souci de sécurisation juridique des destinataires des conventions collectives qui se manifeste par la « signature d'approbation » de l'inspecteur du Travail apposée à la quasi-totalité de conventions ou accords collectifs[1205].

[1201] Article 261 du Code du travail.

[1202] Ibid.

[1203] Article 256 du Code du travail.

[1204] Panier, E., L'Etat et les relations de travail au Togo, éd. L'Harmattan, 2014, p. 252.

[1205] La signature de l'inspecteur du Travail est apposée dans certaines conventions d'entreprises ou accords d'établissements (exemple l'accord d'entreprise Colas). Par ailleurs, l'article 1er de la Convention d'entreprise du groupe CGMR prévoit que « les questions qui ne peuvent être réglées par cette convention feront l'objet d'accords d'établissements pris au niveau des entreprises, selon les articles 262 et 263 du Code du travail. Ces accords d'établissements devront être dûment acceptés par le Ministère du travail ou son représentant ».

Section 3- L'encadrement juridique des différends collectifs

Selon l'article 15 de la Constitution « le droit de grève est reconnu. Il s'exerce dans le cadre des lois qui le régissent ». D'une façon générale, et suivant les pays, l'exercice du droit de grève fait l'objet d'une réglementation plus ou moins intense. Celle-ci vise à restreindre ou à prohiber certaines formes de grève, et à inciter à recourir à des procédures légales de règlement préalables. Par exemple, à la différence de la France où le préavis n'est même pas exigé avant le déclenchement de la grève[1206], à Djibouti, le déclenchement de la grève est subordonné à l'épuisement des voies de négociation préalables[1207] (**§1**). Les effets de la grève dépendront de sa légalité et de sa licéité. Les légères variations dans la réglementation peuvent entraîner des prévisions différentes dans l'analyse des conséquences de l'illégalité ou de l'illicéité de la grève (**§2**).

§1- Les procédures légales de règlement des conflits collectifs.

Les procédures de règlement des conflits collectifs sont régies actuellement en République de Djibouti par les articles 176 à 191 du

---

[1206] Les dispositions du Code du travail de Djibouti visant le règlement des conflits collectifs de travail qui sont en grande partie celles de 1952 se démarquent nettement des dispositions de la législation française (*Cf.* not. Pélissier, J., Auzero, G., Dockès, E., *op. cit.* p. 1376).

[1207] En réalité, ces systèmes de négociations préalables sont propres aux droits, aux sociétés africaines où la « palabre », discussion large et libre entre intéressés, témoins, anciens, moins au prononcé d'une sentence qu'à un règlement librement consenti et à la reconnaissance volontaire des torts et des droits réciproques. Ainsi, historiquement, en Afrique, et dans le droit coutumier ou « xeer » en langue somali, le mode normal de règlement des conflits fut l'arbitrage, généralement celui d'un collège, dont les membres jouissaient d'un certain prestige moral au sein de la collectivité intéressée (*Cf.* Moussa Iye, A., Le verdict de l'Arbre, le « Xeer Issa » : étude d'une « démocratie pastorale », Dubaii, International printing 1991, 360 p.).

Code du travail. Dans l'ensemble, la réforme libérale de 2006 sur cette question a consisté à raccourcir la durée des procédures de règlement des conflits collectifs en supprimant l'étape de la procédure dite de recommandation. En d'autres termes, elle a limité le nombre de ces procédures en ne retenant que deux, à savoir la conciliation et l'arbitrage (**A**). Ces procédures sont obligatoires. Celles-ci sont cependant plus développés qu'elles ne sont opérantes : le règlement des conflits collectifs est généralement trouvé en dehors d'elles (**B**).

A- Le relatif raccourcissement de la durée des procédures

Le Code de 2006 prévoit désormais deux paliers procéduraux en matière de règlement des différends collectifs : la conciliation (**1**) et l'arbitrage (**2**).

1- La conciliation

La conciliation est obligatoire et se passe devant une personne qui a une autorité juridique sur les parties : l'inspecteur du Travail. Ce choix du législateur est susceptible de critiques mais présente aussi des avantages. La principale critique porte sur la difficulté que l'inspecteur peut éprouver à passer de son statut de contrôleur à celui de personne neutre, qui inspire confiance et qui ne peut user de contrainte. Le « conciliateur » doit amener les parties à un accord et non leur imposer un accord[1208]. Le statut de personne neutre est généralement contesté par les parties, ne serait-ce que pour mettre la

---

[1208] La procédure de conciliation a pour objet de rapprocher les points de vue antagonistes jusqu'à l'acceptation d'une solution de type transactionnel. Elle est comparable à la négociation diplomatique en ce qu'elle ne doit pas éveiller l'idée d'un jugement quelconque. Elle implique la présence d'un tiers appelée à s'interposer entre les parties pour tenter au rapprochement des points de vue (*Cf.* Petit, F., Auvergnon,, Ph., Luis Gil Y Gil, J., Cruz Villalon, J., Trudeau, G., Veilleux D., Le règlement aimable des différends sociaux. Etude juridique, France, Espagne, Québec, Paris, éd. L'Harmattan, 2007, p. 17).

pression sur l'inspecteur[1209]. La seconde difficulté est d'avoir des alternatives à proposer (non à imposer) car on ne peut concilier sans amener à un compromis. A cet égard, le choix de l'inspecteur du Travail est un avantage parce qu'il connaît en général un peu mieux les entreprises et le droit applicable. La conciliation, qu'il s'agisse de son ouverture et de son déroulement relève donc de l'entière responsabilité de l'inspecteur du travail[1210].

Tout conflit collectif doit être immédiatement notifié à l'inspecteur du Travail du ressort, ou au directeur du travail si le différend s'étend à plusieurs inspections locales du travail[1211]. C'est cette notification, à l'initiative des parties, qui saisit l'inspecteur du Travail et ouvre la procédure de conciliation. Mais il n'est pas exclu que l'inspecteur puisse se saisir lui-même d'un conflit. Cette auto saisine suppose une situation où l'obligation de notification a déjà été transgressée, situation par ailleurs assez fréquente.

[1209] Les employeurs se plaignent que les inspecteurs ont des partis pris idéologiques pour les salariés. En revanche, ces derniers, soutiennent que les pouvoirs publics sont pour les employeurs et, par voie de conséquence, leur représentant ne peut que pencher que du côté de l'employeur ou, à l'inverse, avancent l'argument que « l'inspecteur a pour mission de protéger le travailleur ». Ces différents discours tendent, en grande partie, à influencer l'inspecteur.

[1210] Le préliminaire obligatoire de tentative de conciliation n'est prévu par la recommandation n° 92 de l'OIT que pour les conflits collectifs qui précise au passage que ce dispositif ne doit pas être interprété comme limitant d'une manière quelconque le droit de grève. Mais, sans doute à cause du succès du rôle conciliateur des inspecteurs du travail pendant l'ère coloniale, le Code de 1952 l'a prévu à titre facultatif pour les conflits individuels. Le Code de 2006 a conservé ce dispositif en son principe et en ses caractères.

[1211] Cette différentiation géographique du différend collectif opérée par l'article 177 du Code du travail n'a pas de sens pratique à Djibouti puisqu' il n'existe qu'une seule inspection du travail sur tout le territoire. Ceci est due principalement au fait que la quasi intégralité des entreprises soient concentrées à Djibouti-ville. Si on suit la logique de l'article 177, il y a donc fort à parier que tous les conflits collectifs soient notifiés par les parties à l'inspecteur du Travail. Enfin, la recommandation n° 92 de l'OIT donne, au lieu et place d'un conciliateur unique, la préférence à l'établissement d'organismes de conciliation volontaire comprenant une représentation égale des employeurs et des travailleurs.

La nouvelle règlementation ne fait plus explicitement référence à une possibilité de procéder préalablement par la procédure conventionnelle si elle existe. Toutefois, dans la mesure où l'article 258 a considérablement étendu les matières dont peuvent traiter les conventions collectives et que celle-ci peuvent donc mentionner les procédures de conciliation suivant lesquelles seront ou pourront réglés les différends collectifs de travail susceptibles de survenir, on peut penser que le recours à de telles procédures conventionnelles n'est pas pour autant exclu. La convention collective applicable aux agents contractuels de l'Administration Publique et aux Etablissements Publics de la République de Djibouti, prévoit en son article 37, une commission paritaire d'interprétation et de conciliation, composée de deux représentants des employeurs et de deux représentants des organisations syndicales signataires de la convention. Mais cette commission paritaire n'est compétente que pour les questions concernant l'application ou l'interprétation de la convention collective. Il ne s'agit donc pas d'une procédure conventionnelle de conciliation de tout différend collectif.

Une fois saisi, l'inspecteur du Travail convoque sans délai les parties pour une tentative de conciliation[1212]. Si une des parties ne se présente pas, le Code du travail ne prévoit pas si une telle défaillance peut être excusée et pour quels motifs[1213]. Selon les pouvoirs de l'inspecteur du Travail, celui-ci ne peut infliger une amende. Il doit constater l'infraction prévue à l'article 291 du Code du travail par un procès-verbal qu'il devra notifier à l'intéressé avant de saisir les juridictions compétentes[1214]. Mais un usage rapide de ce pouvoir de constatation de l'infraction dans le cadre d'une procédure de règlement amiable risque de compromettre sa mission de conciliation. Le recours à la sanction de l'amende ne semble d'ailleurs indiqué qu'à l'égard de l'employeur. Quant aux travailleurs, le refus de se soumettre à la procédure de règlement les exposerait à des sanctions plus lourdes que l'employeur pourrait directement

[1212] Article 178 du Code du travail.

[1213] Sous la législation antérieure, en cas de non comparution de l'une ou des parties, l'inspecteur avait le devoir de les convoquer de nouveau dans un délai qui ne pouvait excéder deux jours.

[1214] L'article 285 du Code du travail dispose que « les infractions aux dispositions sont poursuivies devant le tribunal correctionnel conformément aux dispositions du Code de procédure pénale ».

prendre, en invoquant l'illégalité d'une éventuelle grève, par exemple.

En cas de succès, l'inspecteur dresse un procès-verbal de conciliation exécutoire une fois déposé au greffe du tribunal du travail. En cas d'échec total ou partiel, il rédige un procès-verbal de non-conciliation totale ou partielle qui doit être signé par les parties et par lui-même. La signature de l'inspecteur, selon M. Issa-Sayegh, est une formalité non substantielle[1215], contrairement au procès-verbal de conciliation dans le différend individuel, qui est un acte solennel. Cette différence se remarque dans le fait qu'il est désormais prévu en matière de différend individuel une déposition du procès-verbal de conciliation au rang de minute selon l'article 160 du Code du travail alors que l'article 179 alinéa 2 du Code du travail se contente de prescrire le dépôt de l'accord au greffe du tribunal en ce qui concerne les différends collectifs. La signature des parties rend l'accord fermé, tandis que le dépôt de l'accord au greffe du tribunal du travail le rend exécutoire.

L'inspecteur fait également, en cas de désaccord total ou partiel, un rapport sur le conflit. Ce rapport peut s'avérer très important par la suite. L'inspecteur peut ainsi laisser des renseignements écrits sur sa mission, informer ses supérieurs, et renseigner éventuellement l'arbitre saisi ultérieurement du conflit. L'inspecteur du Travail adresse son rapport au Conseil d'arbitrage. Cette notification au Conseil d'arbitrage déclenche la procédure d'arbitrage.

2- L'arbitrage

La République de Djibouti, comme beaucoup de pays africains francophones[1216], a institué en 2006 une procédure d'arbitrage

---

[1215] *Cf.* Issa-Sayegh, J., Droit du travail sénégalais, LGDJ, Paris et NEA, Dakar, 1987, p. 295.

[1216] Plusieurs systèmes d'arbitrage sensiblement différents existent aujourd'hui dans ces anciennes colonies françaises. Ils ont pour point commun de s'inspirer de l'ancien système français de règlement des conflits collectifs. Tandis que certains Etats ont opté pour un système d'arbitrage obligatoire (système qui existait en France en 1936 et 1939) sans aucune possibilité de choix que celui entre arbitrage conventionnel et arbitrage légal,

obligatoire : les parties sont obligées d'y recourir après l'échec de la conciliation et les membres du Conseil d'arbitrage sont désignés en grande partie par l'Etat[1217]. Cette procédure obligatoire présente des avantages et des inconvénients[1218] ; elle peut être vivement critiquée pour son caractère contraignant, notamment vis-à-vis de l'exercice du droit de grève. Elle n'est pas non plus conforme aux principes posés par l'OIT, en matière de règlements de conflits de travail. Certes la Recommandation n° 92 sur la conciliation et l'arbitrage volontaires adoptée par la Conférence Internationale du Travail (CIT) en 1952 stipule que « si un conflit a été soumis pour règlement final à l'arbitrage avec le consentement de toutes les parties concernées, celles-ci devraient, tant que la procédure d'arbitrage est en cours, être encouragés à s'abstenir de grèves et de lock-out et à accepter la décision arbitrale ». Toutefois, elle préconise, comme son intitulé l'indique, l'existence d'une volonté des parties dans le choix de ces procédures[1219].

---

d'autres au contraire, proposent, en plus de l'arbitrage, un système de médiation, avec des variantes dans l'articulation de ces deux procédures (Par exemple : Côte d'Ivoire : arbitrage ou médiation ; Mauritanie : arbitrage et médiation décidés par le Ministre..etc.). C'est la première option que le législateur djiboutien a choisi.

[1217] L'arbitrage est « un mode dit parfois amiable ou pacifique mais toujours juridictionnel de règlement d'un litige par une autorité (le ou les arbitres) qui tient son pouvoir de juger, non d'une délégation permanente de l'Etat ou d'une institution internationale, mais de la convention des parties (lesquelles peuvent être de simples particuliers ou des Etats » (*Cf.* Cornu, G., *op. cit.*, p. 78). Cette définition de l'arbitrage comme contrat exigeant la volonté de toutes les parties contraste considérablement avec le principe de désignation du président du Conseil d'arbitrage sur proposition du ministre chargé du Travail et de tous les membres composant le Conseil d'arbitrage (article 181 du Code du travail).

[1218] *Cf.* not. Tchakoua, J.-M., L'arbitrabilité des différends dans l'espace OHADA, *Penant*, Vol. 111, n° 835, 2001, pp. 5-29 ; M'ba Owono, C., De la neutralisation à l'encadrement du droit de grève au Gabon, *Penant,* 1989, Vol. 109, n° 830, pp. 176 et s.

[1219] Ce qui était d'ailleurs très clairement affirmé par le Comité de la liberté syndicale qui, relativement à la grève, indique que « l'imposition par voie législative de l'arbitrage obligatoire à la place du droit de grève pour résoudre les conflits du travail, ne peut se justifier que dans les services essentiels au sens strict du terme.

Pourtant, dans un contexte de faible tradition de négociation collective, cette contrainte peut paraître un moindre mal. Cette procédure est restée en vigueur depuis le Code de 1952. Son utilisation se posait moins sous le Code de 1952. Elle a connu un grand regain d'intérêt au milieu des années 90, qui correspondent à une période d'instauration du libéralisme économique et d'application des programmes d'ajustement structurel.

Sous l'empire de la législation antérieure, l'arbitrage était organisé en deux temps. Une phase de recommandation devant un expert unique puis la possibilité de faire appel des recommandations émises par ce dernier devant une Cour supérieure d'arbitrage[1220]. La phase de la recommandation devant l'expert unique a été supprimée. Après la conciliation, la procédure d'arbitrage se passe directement devant le Conseil d'arbitrage composé en plus de son Président désigné sur proposition du ministre du Travail, d'un magistrat de la Cour d'appel et du Président du Tribunal du travail du ressort. La procédure d'arbitrage soulève des problèmes quant à sa saisine mais aussi quant aux pouvoirs du conseil d'arbitrage et aux recours ouverts contre la sentence.

Il revient au conseil d'arbitrage d'étudier le dossier et de convoquer les parties pour procéder à l'arbitrage. Il a de larges pouvoirs d'investigation. Il peut ainsi s'informer sur la situation économique de l'entreprise et sur la situation des travailleurs,

---

En dehors de ces cas, il s'agit d'une mesure contraire au droit des organisations des travailleurs, d'organiser leurs activités et de formuler leur programme d'action, garanti par l'article 3 de la Convention n° 87 » (BO, vol. LXVIII, 1989, Série B, n°1, 263ème rapport, cas n° 1140, 9, 144).

1220 Cette "Cour supérieure d'arbitrage" siégeait à Paris. Ses membres étaient nommés par décret pour une durée de trois ans. Elle était composée : du vice-président du Conseil d'Etat ou d'un président de section au Conseil d'Etat, en activité ou honoraire, président ;de quatre conseillers d'Etat en activité ou honoraire et de quatre hauts magistrats de l'ordre judiciaire, en activité ou honoraires (articles 12 et 13 de la loi n° 50-205 du 11 février 1950 relative aux conventions collectives et aux procédures de règlement des conflits collectifs de travail). Depuis l'accession à l'indépendance en 1977, une telle juridiction a cessé de fonctionner parce qu'inadaptée par rapport à la nouvelle organisation administrative et judiciaire du pays (*Cf.* Ali. Ragueh, M., *op. cit.* p. 349).

procéder à toutes enquêtes, requérir la production de tout document ou renseignement d'ordre économique, comptable, financier, statistique ou administratif, recourir aux offices d'experts ou à toute personne susceptible de l'éclairer[1221]. En fait, le Conseil d'arbitrage est appelé à se comporter comme un conciliateur, en écoutant les parties puis en leur proposant des compromis sur les questions appelant une décision en équité. Ce compromis ne doit tout de même pas violer la loi car le recours en cassation est possible et vise justement à sanctionner les décisions contraires à la loi. Ensuite, si le Conseil d'arbitrage n'a pas pu concilier les parties sur tous les points ou sur certains points, il se comporte en juge en tranchant le différend et non comme un médiateur qui fait une recommandation. Il statue en droit ou en équité selon que le différend est juridique ou économique.

En ce qui concerne les points en litige, le conseil d'arbitrage est lié par le P.V. de non conciliation. Il ne peut statuer sur d'autres objets que ceux déterminés par le P.V de non conciliation ou ceux qui sont la conséquence directe du différend en cours[1222]. Toute question nouvelle doit être soumise à la procédure de conciliation avant d'être soumise à l'arbitrage.

Le conseil d'arbitrage peut statuer en droit ou en équité et c'est ce qui fait l'avantage de cette procédure par rapport à la voie juridictionnelle. Il se prononce en droit, selon l'article 182 du Code du travail alinéa 2, « sur les différends relatifs à l'interprétation et à l'exécution des lois, règlements, conventions collectives ou accords d'établissements en vigueur ». Il statue en équité sur ce qui ne relève pas de l'application du droit mais de la modification ou de la création du droit. Selon l'alinéa 3 de l'article 182 du Code du travail, « il statue en équité sur les autres différends, notamment lorsque ceux-ci portent sur les salaires ou les conditions du travail quand celles-ci ne sont pas fixées par les dispositions des lois, règlements, conventions collectives ou accords d'établissement en vigueur ainsi que sur les différends relatifs à la négociation et à la révision des clauses des conventions collectives ». Par exemple, il ne va pas statuer en équité sur les indemnités de licenciement mais en droit. En revanche, il peut statuer en équité sur les demandes d'indemnité dites négociées,

---

[1221] Article 183 du Code du travail.
[1222] Article 182 du Code du travail

exceptionnelles ou spéciales, qui ne sont pas prévues par la loi, les conventions collectives ou le contrat, dans le principe ou dans le contrat[1223]. Lorsqu'il statue, il peut avoir à interpréter la loi, la convention collective applicable ou les contrats.

Selon l'article 184 du Code du travail, la sentence arbitrale est immédiatement[1224] signifiée aux parties par le Président du conseil d'arbitrage. Elle est exécutoire après notification, ce qui signifie qu'elle est susceptible d'exécution forcée par voie d'huissier[1225]. Lorsqu'elle n'a pas fait l'objet d'opposition, elle prend effet à dater du jour de la notification du conflit au service compétent du travail du ressort. La sentence peut être étendue si elle est intervenue en vue de régler un conflit survenu dans une branche d'activités où une convention collective a été étendue[1226].

1223 L'octroi d'indemnités spéciales et autres « mesures d'accompagnement » sera la plupart du temps l'enjeu du conflit, car il s'agit souvent de situations de difficultés économiques et l'arbitre doit avoir le « flair » de ce qui est possible (*Cf.* not. Kiemde, P., Droit du travail et de la sécurité sociale, Précis de droit burkinabé, 2006, p. 383 ; Rougevain-Baville, M., Les limites des pouvoirs des arbitres en matière de conflits collectifs, *TPOM*, 1970, n° 219, p. 4863 et n° 213, p. 4370).

1224 Sous la législation antérieure, l'expert devait dresser un rapport motivé de ses investigations dans un délai de huit jours et le communiquer aux parties dans les vingt quatre heures (article 214 du Code de 1952) et la cour supérieure d'arbitrage devait décider et communiquer dans les mêmes délais aux parties (article 14 de la loi du 11 février 1950 relative aux conventions collectives et aux procédures du règlement des conflits collectifs du travail). L'intérêt de délais assez brefs était de ne pas laisser traîner la procédure. Or, le fait qu'un tel délai n'ait pas été précisé par le législateur de 2006 comporte le risque précité, à savoir celui de faire traîner la procédure. Cette imprécision ou ce laxisme contraste avec les délais de recours impartis aux parties qui sont d'ordre public.

1225 La procédure d'exécution forcée est critiquée pour son inefficacité. On incrimine les huissiers et l'ensemble de l'appareil judiciaire, en partie avec raisons, mais on oublie souvent que le fait de détenir un acte exécutoire n'empêche pas des résistances du débiteur qui peut utiliser les ressources du droit.

1226 Les accords de conciliation ainsi que les sentences du Conseil arbitrage sont publiés au journal officiel et affichés dans les bureaux de la direction du travail et de l'Inspection du Travail du ressort et de la Direction du Travail (Articles 186-2 et 186-3 du Code du travail).

Les parties ou l'une des parties peuvent refuser l'exécution de cette sentence en notifiant leur refus, dans les 48 heures qui suivent la notification, au Président du conseil d'arbitrage. Cette possibilité de faire opposition relativise la force de la sentence arbitrale; elle constitue une différence entre la décision d'un tribunal et une décision reposant avant tout sur le consentement des parties[1227]. La sentence n'est exécutoire que si elle n'est pas été refusée. C'est parce que le Conseil d'arbitrage peut statuer en équité que la sentence peut être rejetée. Ces points ne peuvent pas, en effet, faire l'objet de pourvoi en cassation. Par exemple, si le Conseil d'arbitrage accorde aux travailleurs 24 mois d'indemnité spéciale au lieu de six mois qu'accepterait l'employeur, on ne peut discuter de l'opportunité de ces chiffres devant le juge de cassation. Enfin, selon l'article 187, la sentence qui a acquis force exécutoire peut faire l'objet d'un recours devant la cour suprême dans les délais des pourvois en cassation en matière civile, de quinze jours[1228].

La sentence peut être refusée ou faire l'objet de pourvoi en cassation dans les délais de droit commun. Cette possibilité de pourvoi en cassation n'est ouverte que si l'arbitre a statué sur des points appelant à une décision en droit en non en équité. Le recours se déroule, selon l'article 187 du Code du travail, devant la juridiction compétente. Aux termes de cet article, « les sentences arbitrales qui ont acquis force exécutoire peuvent faire l'objet d'un recours pour excès de pouvoir ou violation de la loi. Ce recours est introduit devant la Cour suprême et jugé dans les délais, formes et conditions des pourvois en cassation en matière civile ». Si la sentence est annulée, en tout ou partie, l'affaire est renvoyée au ministre du Travail qui désignera un Conseil d'arbitrage autrement composé.

En conclusion, l'observation que l'on peut faire sur les procédures de règlement des conflits collectifs porte sur la suppression de la phase de la recommandation devant un expert et,

---

[1227] Sur la différence entre la sentence arbitrale et une décision juridictionnelle, *Cf.* not. Guillien, R., Retours sur quelques sujets d'acte juridictionnel et de chose jugée, Mélanges Jean Vincent, Dalloz, 1981, p. 117.

[1228] L'article 32 de la loi n° 63/AN/10/6ème L du21 novembre 2010 portant réforme de la cour suprême dispose que « le délai de pourvoi en cassation est de 15 jours dans toutes les matières sauf au pénal régie par l'article 423 du Code de Procédure Pénale ».

par conséquent, de la possibilité de recours en appel. Les procédures, sous l'ancienne législation, comportant trois paliers présentait un inconvénient réel, celui de la longueur des délais, en partant de la phase de conciliation jusqu'à l'épuisement des procédures après la sentence de la Cour supérieure d'arbitrage. La suppression de la procédure de recommandation permet de gagner du temps, mais ce gain risque d'être dérisoire si un effort n'est pas fourni sur les autres causes de l'allongement du temps du règlement des différends collectifs[1229]. L'avenir des procédures de règlement des conflits collectifs en dépend.

B - L'inopérance des procédures de conciliation et d'arbitrage

Le non-respect des procédures légales de règlement des conflits collectifs est sanctionné par l'article 190 du Code du travail. Celui-ci interdit tout lock-out ou toute grève avant épuisement des procédures de conciliation et d'arbitrage. Si le but essentiel d'une telle interdiction qui avait déjà cours dans la législation antérieure est d'éviter la violence dans les rapports professionnels, violence préjudiciable à l'économie nationale, il n'a pas contribué à raréfier les conflits qui dégénèrent souvent en manifestation publique en dehors du respect des procédures du Code[1230]. En effet, ce n'est souvent qu'après le déclenchement du conflit collectif que les intéressés se réunissent autour de la table de la négociation. L'exemple le plus marquant et le plus récent de l'évitement de ces procédures découle de la grève enclenchée par les travailleurs du camp Lemonier en juin 2013[1231]. Cette grève qui a duré une cinquantaine de jours a

---

1229 Ces causes peuvent être, outre le défaut d'indication de délais en matière d'émission de la sentence arbitrale par la législation, les périodes mortes de désignation des assesseurs du conseil d'arbitrage. A cela, on pourrait ajouter les caractéristiques des situations soumises à la procédure de règlement, celles souvent d'entreprises en faillite, et les stratégies des parties. Tous ces facteurs contribuent à l'allongement de la procédure et à alimenter l'argument du blocage de la grève.

1230 *Cf.* not. Ali. Ragueh, M., *op. cit.*, p. 349.

1231 Rappelons que la grève du personnel djiboutien du camp "Lemonier", faisait suite à la décision du nouvel acquéreur du contrat de gestion de

occasionné l'intervention directe des plus hautes autorités politiques substituant leur propre arbitrage à la procédure prévue par le Code. Elle a vu outre l'intervention du ministre du Travail, celui des affaires étrangères et de la Coopération internationale, l'Ambassade des Etats-Unis à Djibouti, le haut commandement des forces américaines stationnées dans notre pays et l'organisation syndicale des travailleurs nationaux du camp Lemonier.

De telles situations conduisent à s'interroger sur l'utilité de telles procédures qui non seulement, semblent être en contradiction avec un droit reconnu par la Constitution de 1992, mais également avec la réalité des faits. Ainsi, la désuétude des procédures de conciliation et d'arbitrage trouve son origine dans l'intervention du pouvoir politique dans le règlement pacifique des conflits collectifs. Si tel est le cas, le risque est la porte ouverte à l'arbitraire. Il est évident que l'arbitrage du conflit collectif en fonction de son importance et de son retentissement médiatique par l'inspecteur du Travail, le ministre du Travail, voire le ministre des Affaires étrangères lorsque des intérêts étrangers sont engagés, n'a rien de commun avec les procédures de conciliation et d'arbitrage même désuètes. En réalité, il s'agit souvent d'une manifestation d'autorité qui met fin au litige de manière impérative. Cette pratique de se saisir de certaines affaires, quelle que soit l'autorité légalement compétente, ne constitue alors qu'un simple moyen d'encadrer les procédés de lutte, l'objectif étant l'élimination et non le règlement des conflits qui n'est qu'un simple prétexte. Ici l'intervention des pouvoirs publics est mue davantage par la neutralisation du droit de grève, voire par « des considérations politiques que par une quelconque philosophie ayant pour but de corriger les imperfections d'un droit d'essence inégalitaire, ce qui devrait être le rôle de l'Etat »[1232].

---

l'infrastructure militaire de licencier la moitié des employés et de réduire de 50% les salaires (*Cf.* not. La Lettre de l'Océan Indien n° 1359 du 28 juin 2013,Djibouti. KBR récolte une grève, p. 5).

[1232] *Cf.* Ali Ragueh, M., *op. cit*, p. 351.

§2- Les prévisions de la loi relatives aux conflits collectifs

Nous avions démontré qu'il ressortait de la règlementation du travail une volonté de surveiller de près les conflits collectifs, en se montrant en particulier très préventive desdits conflits par la mise en place de moyens obligatoires de règlement. Mais nous verrons que la règlementation ne s'arrête pas là puisqu'elle interdit, dans le même temps, certains types de grèves et de lock-out (**A**) en dépit d'une reconnaissance officielle et en amont de la grève et du lock-out (**B**).

A- La reconnaissance officielle de la grève et du lock-out

La Constitution de 1992 reprend à un mot prés le préambule de la Constitution française du 27 octobre 1946 qui proclame que « le droit de grève s'exerce dans le cadre des lois qui la règlemente ». On ne retrouve pas dans cette Constitution d'autres normes y relatives et définissant ses éléments constitutifs et son régime juridique. C'est naturellement vers le Code du travail qu'il faut se tourner. Or, le législateur djiboutien a fait preuve d'une grande discrétion en ce qui concerne certains aspects de l'exercice du droit de grève. Limité à l'origine au secteur privé, le droit de grève est reconnu aujourd'hui y compris aux agents des services publics. Et, bien que le droit de grève ne soit pas reconnu à certains fonctionnaires, tels que les militaires[1233], il faut s'interroger sur l'aspect antinomique des concepts de grève et de continuité dans la notion de service public[1234]. En effet, dans le

[1233] Article 11 du décret n° 88-043/PRE du 31 mai 1988 portant statut des militaires.

[1234] Le principe de continuité signifie que l'Administration est tenue de prendre toutes mesures, de façon plus générale, pour assurer un fonctionnement continu du service public, sans que des incidents provoquent son interruption. En d'autres termes, un établissement chargé d'une mission de service public doit fonctionner d'une manière ininterrompue pour garantir sans cesse l'intérêt général réalisé par son activité qui, selon l'objet de l'établissement, est à caractère soit administratif, soit social et culturel, soit scientifique et technique (*Cf.* Chapus, R., Droit administratif, Tome 1, 15ème éd., Montchrestien, Paris, 2001).

secteur public, chargé en principe d'une mission de service ou dite d'intérêt général, le problème est de concilier les impératifs de continuité du service public avec le droit de présenter des revendications et d'utiliser les moyens de les faire aboutir. Le décret du 10 septembre 1983 fixant les conditions d'exercice du droit syndical et du droit de grève prend acte de ce problème en prévoyant la possibilité d'une réquisition de travailleurs sans toutefois la circonscrire aux fonctionnaires qui exercent des fonctions d'autorité au nom de l'Etat ou dans les services essentiels au sens strict du terme[1235]. Mais, hormis cet élément de réquisition, le régime juridique de la grève dans le secteur public est plus souple par rapport à celui du secteur privé, en raison de l'absence d'obligation d'observer des procédures légales de règlement. Mais le délai de préavis d'au moins 15 jours requis par la réglementation[1236] interdit les grèves surprises et permet à l'administration de prendre les dispositions pour négocier[1237], pour assurer la sécurité des usagers et des biens, ou pour assurer le service minimum en ce qui concerne les prestations indispensables[1238].

Le droit de grève est un droit particulier correspondant à une pratique sociale ancienne[1239]. Mais la loi djiboutienne, à l'instar de

---

[1235] La CEACR a à de maintes reprises, rappelé que la réquisition devait se limiter exclusivement au maintien des services essentiels au sens strict du terme (c'est-à-dire dont l'interruption mettrait en danger l'ensemble ou partie de la population), aux fonctionnaires exerçant des fonctions d'autorité au nom de l'Etat et aux cas de crise nationale aigue (CIT, 103ème session, 2013, observation CEACR, convention n° 87, Djibouti).

[1236] Article 20 du décret n° 83-099/PR/FP du 10 septembre 1983 fixant les conditions d'exercice du droit syndical et du droit de grève.

[1237] L'article 21 du décret du 10 septembre 1983précité précise, à cet égard, que « la période de préavis doit être consacrée à des négociations actives entre le Gouvernement et le syndicat pour tenter de résoudre le conflit ».

1238 Sur l'exercice du droit de grève dans le secteur public dans les pays membres l'UEMOA: Oumarou, M., Le dialogue social dans l'administration publique des pays membres de l'union économique et monétaire ouest-africaine (UEMOA), Document n° 11, BIT, 2007, p. 40.

1239Sur les premières grèves dans l'histoire sociale de Djibouti: Dubois, C., L'or blanc. Salines et sauniers (XIX-XXème siècle), éd. Karthala, 2000, 267 p

celle française, ne l'a pas explicité[1240]. Celle-ci s'est limitativement borné à disposer que « la grève ne rompt pas le contrat de travail, sauf lourde des travailleurs »[1241]. De plus, il s'agit d'un droit reconnu à chacun, donc individuel, mais qui ne peut être exercé que collectivement. Il a sa contrepartie du côté patronal : le lock-out, c'est-à-dire « la fermeture volontaire de l'entreprise par l'employeur»[1242]. Cependant, le lock-out n'est pas, selon la législation djiboutienne, une « grève patronale » qui ne le traite pas à l'égal de la grève[1243]. Il est un moyen de défense dont la loi reconnaît que l'employeur peut être obligé d'y recourir. Deux raisons incitent à une interprétation restrictive de la légitimité du recours au lock-out par l'employeur : tout d'abord, face à des abus ou des illégalités commises lors du conflit collectif, l'employeur dispose d'autres moyens de défense,

1240 Cf. not. Dion, S., Mathieu, B., Le droit de grève : l'affirmation elliptique du constituant, le silence du législateur, la parole du juge, RFDC, 1991, p. 512.

1241 Article 188-2 du Code du travail.

1242 Article 190-1 du Code du travail. Ainsi définie, le lock-out est à distinguer du chômage technique même si, selon certains auteurs, il est inexact de dissocier le lock-out du chômage technique (*Cf.* Sinay, H. et Javillier, J.-C., La grève in Camerlynck, G.-H., Traité de droit du travail, Tome 6, 2ème éd., Paris, Dalloz, 1984, p. 453 et suivantes; Cristau, A., La mise en chômage technique consécutive à un conflit de travail, *Dr. soc.* 2000, p. 1091). Le chômage technique se définit en droit djiboutien comme la suspension du contrat de travail « en cas de difficultés économiques et financières, ou techniques, signalées, par écrit, à l'Inspection du Travail » (Article 41-18 du Code du travail). Il découle donc de cette définition que le chômage technique est la résultante d'un évènement extérieur à la volonté des parties en présence dans l'entreprise; il n'est pas comme le lock-out « une pratique conflictuelle et volontariste. la nature de la fermeture est donc totalement distincte de celle résultant du lock-out, la cessation d'activité étant subie au niveau du mobile ». Ainsi, chaque fois qu'une exclusion temporaire sera dépendante d'une faute d'un salarié ou de certains salariés, l'idée de chômage technique sera exclue. De même qu'on exclura la qualification de chômage technique pour toute interruption de travail étroitement liée au comportement fautif de l'employeur (Voir à cet effet, Ramin, A., Le lock-out et le chômage technique, LGDJ, Paris, 1977, 250 p.; Teyssie, B., Le lock-out, *J.-Cl. Travail*, fasc. 70-40, 2003, n° 27, p.7).

[1243] Contrairement à certaines législations africaines (Sénégal, Gabon, Tchad, Cameroun) qui le traitent à l'égal de la grève (*Cf.* not. Auvergnon. Ph., Des esprits présents dans le projet d'acte uniforme OHADA portant droit du travail, in « L'esprit du droit africain » , *op. cit.*, p. 114).

notamment du pouvoir disciplinaire, même si ce pouvoir est difficile à mettre en œuvre dans une telle situation ; ensuite, un large recours au lock-out ruinerait la portée constitutionnelle de grève. C'est pour cette raison qu'un certain nombre de mesures défensives sont interdites à l'employeur lors d'un conflit collectif : licenciement ou remplacement des grévistes par des travailleurs sous contrat d'intérim[1244].

B- L'affirmation de l'illicéité de certains lock-out et grèves.

L'exercice du droit de la grève et celui du lock-out, même si le premier est un droit constitutionnel garanti, doit se concilier avec les nécessités de la vie sociale ; c'est pourquoi le Code du travail fait dépendre la légalité de la grève et du lock-out au respect de conditions de fond (**1**) et de forme (**2**). Ces conditions légales sont assez sommaires. Il appartient donc au juge de donner aux litiges dont il est saisi, les solutions qui lui paraissent pertinentes. Malheureusement, force est de constater que le contentieux en matière de grève reste très insignifiant. Certaines des solutions dégagées par la jurisprudence française peuvent être d'un réel apport.

1-Les conditions de fond

Concernant la grève, les conditions de fond sont celles qui émanent de la définition donnée à l'article 188 du Code du travail. Elles sont essentiellement de deux ordres. Il faut au préalable, qu'il s'agisse d'une grève, c'est-à-dire d'un arrêt collectif et concerté de travail. Cette condition peut entraîner la disqualification de l'action et la rejeter dans les domaines du droit contractuel et du pouvoir disciplinaire. Elle exclut, par exemple, qu'une action individuelle soit qualifiée de grève[1245], ou que des absences collectives sans

---

1244 Article 36-1 du Code du travail.

1245 L'exigence de l'exercice collectif du droit de grève paraît condamner l'exercice solitaire de la revendication. C'est d'ailleurs la position de la jurisprudence française qui n'admet pas qu'un salarié mène seul cette action dés lors qu'il fait partie d'un groupe de salariés: « un salarié sauf dans le cas

autorisation pour aller participer à un enterrement, un jugement ou une manifestation culturelle ou politique, soit qualifié de grève. Mais l'action d'une minorité de travailleur ou d'un seul travailleur d'une entreprise qui obéit à un mot d'ordre plus large, à une grève de "solidarité externe", reste juridiquement une grève[1246]. En second lieu, peuvent ne pas constituer une grève certaines formes d'actions, telles que celles consistant en l'exécution du travail dans des conditions autres que celles prévues au contrat ou pratiquées, dans le but de désorganiser l'entreprise[1247].

Il faut, ensuite, que la grève soit motivée par des revendications professionnelles non satisfaites. Cet élément de la définition n'entraîne généralement pas une disqualification de l'action mais celle-ci peut avoir un caractère abusif. Il en est ainsi de la grève politique. Ces grèves mettent l'employeur dans l'embarras, parce qu'elles ne s'adressent pas à lui et il n'a donc pas de solution à proposer. Les grèves politiques s'adressent à l'Etat, pour contester soit des mesures politiques du pouvoir (une loi par exemple), soit l'ensemble de la politique économique et sociale (libéralisation, privatisations, contractualisation de la fonction publique) soit le pouvoir politique lui-même (ordre politique et social)[1248]. Mais, cependant, il peut arriver que des décisions de nature politique aient un impact sur les conditions de travail et la vie professionnelle des

---

où il obéit à un mot d'ordre formulé au plan national, ne peut prétendre exercer isolement le droit de grève ». (Cass. soc. 29 mars 1995, *Dr. Ouvr.* 1996, p. 39) sauf, comme en a tardivement convenu la Cour de cassation « dans les entreprises ne comportant qu'un seul salarié » (Cass. soc. 13 novembre 1996, *Bull. civ.* V, n° 379).

1246 Crim. 12 janvier 1971, D. 1971. 129 ; *Dr. soc.* 1971. 547, obs. J. Savatier.

1247 *Cf.* not. Waquet, Ph., La grève, les mouvements illicites et l'abus du droit de grève *RJS* 3/95, p. 139.

1248 Concernant la détermination du caractère politique de la grève, la jurisprudence française s'appuie sur l'arrêt de principe de la Cour de cassation en date du 23 mars 1953 qui se base sur le mobile principal, lorsque la grève a un caractère mixte. Elle décide que « si la loi et la constitution ont donné aux salariés le droit de recourir à la grève, pour la défense de leurs intérêts professionnels, ce droit est détourné de sa destination normale et la grève devient illicite, lorsqu'elle s'immisce dans l'exercice des actes réservés à la puissance publique, faussant ainsi le jeu des institutions constitutionnelles » (Soc. 23 mars 1953, D. 1954. 89, note G. Levasseur, Grands arrêts, 4ème éd., 2008, n° 186).

salariés (il s'agit là des "grèves mixtes"). En pareil cas, celles-ci seraient constitutives, en droit français, d'un motif de revendication professionnelle pouvant entraîner une cessation concertée du travail, dans le cadre de l'exercice normal du droit de grève[1249]. Dans ces différentes contestations, il est souvent difficile de faire la part entre but professionnel et but politique, surtout lorsque l'on sait, à Djibouti, le rôle omniprésent de l'Etat dans l'économie et son intervention accrue dans les négociations collectives quel que soit le secteur. Cette confusion entre la revendication syndicale et l'action politique[1250] conduisent en effet les syndicats à contester la politique sociale et économique du Gouvernement. Il en résulte, dans la majorité des cas, une répression à l'égard des syndicats[1251]. Ainsi, le seul fait de participer à un mouvement collectif comporte le risque d'encourir des peines individuelles. Ce sont les comportements individuels pendant la grève qui passent au crible de l'analyse des juges.

Face à de tels mouvements sociaux, la notion d'ordre public reçoit une interprétation très large. C'est le ministère public qui a le monopole de l'action publique. Se fondant sur les seuls procès-verbaux établis par les forces de l'ordre, il présente aux juges répressifs des requêtes quasi standardisées ramenant toutes les grèves professionnelles à des délits de participation à un attroupement sur la voie publique et d'incitation à la rébellion[1252]

[1249] Soc. 29 mai 1979, *D*. 1980. IR. 23, obs. Langlois.

[1250] Il est rare de trouver dans une société foncièrement politisée un mot d'ordre de grève, même d'un syndicat de base, surtout dans la Fonction publique, qui n'intègre pas un point de revendication relatif à une question politique :ces références rituelles visent à montrer que la lutte syndicale est inséparable de l'action politique, à situer le syndicat dans l'échiquier politique et à mobiliser les sympathies politiques.

[1251] La grève générale de septembre 1995 s'inscrit dans ce contexte. Elle s'est soldée par une répression à l'endroit des syndicats contestataires de la politique du gouvernement (*Cf.* FIDH, Observatoire pour la protection des droits de l'homme, Djibouti, Les défenseurs des droits économiques et sociaux paient le prix fort, août 2006, p. 17).

[1252] Les articles 180 et 184 du Code pénal djiboutien sanctionnent respectivement la participation délictueuse à un attroupement susceptible de troubler l'ordre publique et le délit de rébellion.

sanctionnées *ipso facto* par des confirmations de licenciements, et parfois, par des peines de prison[1253].

Quant au lock-out, on en distingue plusieurs selon le moment et/ou de l'objectif de la fermeture. Premièrement, celle-ci peut être opérée avant le déclenchement de la grève : on parle de lock-out préventif ou agressif ou d'intimidation[1254]. Ce type de fermeture est en principe illicite parce que l'employeur doit négocier au lieu de répondre à la menace de grève par une fermeture. La reconnaissance du lock-out ne vise pas à instaurer une égalité des armes ou une symétrie avec le droit de grève. Le lock-out est dit défensif lorsqu'il est opéré pendant une grève, en réaction généralement à des formes de grève que l'employeur juge nocives. Certaines grèves, par exemple, handicapent la production et occasionnent des pertes énormes. Le principe est que l'employeur doit remplir ses obligations contractuelles à l'égard des non-grévistes.

Deuxièmement, la fermeture peut avoir pour objectif de créer des dissensions entre les travailleurs. Elle serait illicite par le seul fait qui est de faire échec à la grève. La licéité de la fermeture est appréciée de manière restrictive en fonction des circonstances de déroulement de la grève. Enfin, la fermeture peut intervenir postérieurement à la grève, en guise de rétorsion. Ces mesures de rétorsion sont fautives puisque l'exercice de la grève est un droit. Toutefois, l'employeur peut ajourner la reprise après une grève, s'il est nécessaire de procéder à des remises en ordre afin que le travail

---

[1253] Ce fut le cas de la grève des travailleurs portuaires de septembre 2005 où douze syndicalistes ont été condamnés par la Cour d'appel. Ces derniers ont pourtant été relaxés, dans un premier temps, par le tribunal correctionnel. Mais le procureur, déterminé à voir les syndicalistes condamnés à au moins six mois de prison avec sursis en raison du fait qu'une telle sentence empêcherait leur réintégration à leurs postes de travail et leur rendrait inaccessible le mandat de responsable syndical, a initié une procédure d'appel. Grâce à la mobilisation nationale et internationale en leur faveur, les 12 syndicalistes ont été condamnés à un ou deux mois d'emprisonnement avec sursis le 14 janvier 2006 par la Cour d'appel. (Ibid. p. 23).

[1254] La mesure n'est pas, à la différence du chômage technique, décidée pour des motifs économique (*Cf.* not. Sportouch, J.-M., La fermeture d'entreprise en cas de conflit collectif, *Dr. soc.* 1988, p. 682 ; Cristau, A., La mise en chômage technique consécutive à un conflit collectif, *Dr. soc.* 2000, p. 1091).

puisse reprendre utilement. C'est la situation de contrainte qui peut justifier la mesure de fermeture de l'entreprise.

Bien que l'article 190 du Code du travail ne le spécifie pas, le lock-out n'est justifié que si l'employeur se trouve dans une situation de contrainte qui l'oblige à recourir à ce moyen[1255]. Cette interprétation restrictive vise à protéger le droit de grève et les droits des non-grévistes. La fermeture ne doit pas résulter d'une intention délibérée d'user de cette arme pour faire pression sur les grévistes. Elle ne peut se justifier que par l'impossibilité de fournir le travail. Selon la Cour de cassation française « l'employeur qui, à la suite d'un mouvement de grève, procède à la fermeture de l'entreprise, doit apporter la preuve d'une situation contraignante de nature à le libérer de son obligation de fournir les travail à ses salariés ». La fermeture peut être justifiée par la nécessité de l'ordre et de la sécurité dans l'entreprise[1256]. La grève peut créer une désorganisation telle que la sécurité des personnes ou du matériel est en péril. Il peut en être ainsi des grèves accompagnées de violences et de dégradation du matériel. La seule menace sérieuse de recourir à ces formes peut justifier une fermeture préventive. La fermeture peut également être justifiée si la grève met l'employeur dans une situation s'apparentant à la force majeure et donc dans l'impossibilité de fournir le travail aux non-grévistes tels que le manque d'énergie ou de matières premières. Les grèves tournantes et les grèves avec occupation des lieux peuvent conduire à recourir à cette solution. Mais la jurisprudence française n'accepte pas la justification de la fermeture par l'exception d'inexécution. Pour être dégagé de ses obligations, l'employeur doit faire la preuve qu'il a fait tout ce qui était en son pouvoir pour éviter ou mettre fin à la grève. Par exemple, s'il y a occupation de lieux, il doit à avoir sollicité l'évacuation des lieux de travail. Dans d'autres cas, il doit avoir cherché à redéployer les non-grévistes dans d'autres ateliers ou d'autres tâches.

[1255] Faute de disposer d'une jurisprudence djiboutienne, nous ne pouvons que nous référer à la jurisprudence française qui est plus fournie et qui indique une logique juridique de base, même si le juge djiboutien n'est pas tenu de suivre les méandres de cette jurisprudence étrangère.

[1256] Soc., 2 décembre 1964, D. 1965. 112, Grands arrêts, 4ème éd., 2008, n° 200 ; 8 décembre 1977, Jurisp. UIMM, n° 381 (actes de violences et déprédations risquant de se produire) ; 3 avril 1979, Bull. civ., n° 299 ; 1er juillet 1985, *Bull. civ.* V, n° 376 ; 21 mars 1990, *Bull. civ.* V, n° 131.

2- Les conditions de procédure

S'agissant des conditions de procédure, la législation djiboutienne est plus précise et plus restrictive que la législation française. L'article 190 du Code du travail interdit tout lock-out ou toute grève avant épuisement des procédures de conciliation et d'arbitrage. Le même article et l'article 189 du Code du travail prévoient les sanctions suivantes pour le lock-out ou la grève pratiquée en violation de l'interdiction :

Pour les travailleurs, la perte du droit à l'indemnité de préavis, à l'indemnité de licenciement et aux dommages et intérêts pour rupture du contrat. C'est dire que l'inobservation du caractère obligatoire des procédures est considérée, pour le moins, comme une faute lourde. C'est ce que confirme un vieux jugement du Tribunal de Djibouti[1257] rendu sous le visa de l'article 218 bis du Code de 1952, devenu l'article 190. Il a été jugé, en l'espèce, qu' « une grève illégale sans requête préalable aux procédures de règlement pacifique de différends est illégale et entraîne la perte du droit au préavis et de l'indemnité de licenciement et rend le licenciement légitime ».

Pour les employeurs, le paiement aux travailleurs des journées perdues de ce fait ; la possibilité d'une condamnation par le tribunal à l'inéligibilité, pendant trois ans aux fonctions des membres des chambres de commerce, à l'interdiction de participer sous une forme quelconque à une entreprises de travaux ou un marché de fournitures pour le compte de l'Etat ou d'une collectivité publique.

Ces sanctions paraissent dissuasives pour les employeurs mais sont bien plus sévères pour les travailleurs qui sont très souvent dans la situation de commettre l'infraction et qui risquent une sanction radicale, la perte de l'emploi à l'initiative de l'employeur. En effet, il est anormal de traiter sur le même pied la grève et le lock-out. Sauf quelques rares exceptions, le lock-out n'est jamais collectif; il résulte d'une décision individuelle d'un employeur isolé; même s'il résulte d'une attitude concertée des employeurs, il est anormal de l'assimiler à la grève, car sous des apparences d'égalité, on donne aux employeurs un droit prédominant.

[1257] Tribunal de Djibouti du 25 mars 1968, *TPOM*, n° 255 du 16 avril 1969.

Par ailleurs, l'expérience semble indiquer que les procédures légales et les sanctions afférentes à leur irrespect ne sont pas adaptées aux besoins des travailleurs djiboutiens. La critique la plus sévère est la longueur de la procédure dans son ensemble. Les travailleurs supportent, en particulier, difficilement qu'on leur interdise pendant un temps assez long de recourir à la grève. Très souvent, Ils acceptent et subissent avec résignation leurs conditions de vie et de travail car cette procédure tue chez eux toute idée de revendication. De plus, cette procédure ne permet pas d'obtenir l'effet escompté par d'éventuels grévistes. Car on conviendra qu'une grève déclenchée quelques mois après n'aura plus les mêmes effets qu'une grève spontanée[1258].

[1258] Deux auteurs proposait déjà un raccourcissement de la procédure qui « évitera de donner aux travailleurs le sentiment qu'on veut à tout prix leur interdire l'usage du droit de grève. Or, cet aspect psychologique est important. En l'absence d'une volonté de collaboration de part et d'autre, il est vain de vouloir régler pacifiquement les conflits de travail » (*Cf.* Gonidec, P.-F., Kirsh, M., Droit du travail et des territoires d'Outre-mer, LGDJ, 1958, p. 340)

Conclusion du Titre II

Quelle conclusion peut-on tirer, à l'issue de ce second titre, sinon celle qu'exprime cette formule laconique que nous empruntons au langage politique, à savoir: « le changement dans la continuité».

En effet, la volonté manifeste d'adapter le droit du travail à la nouvelle politique économique libérale n'a pas eu d'effet sur le mode de réglementation dans toute une série de domaines. La législation de 2006 n'y a pas fait œuvre créatrice. Elle s'est contentée de reconduire les dispositifs juridiques antérieurs. Ainsi, la part du droit étatique reste importante, voire exclusive, dans la réglementation destinée à protéger l'intégrité physique des travailleurs et leur santé. Il en va de même de la réglementation du temps de travail et, corrélativement, du temps de repos. Pareil constat peut être également formulé à l'endroit de la réglementation propre aux travailleurs dits vulnérables. Par ailleurs, le processus de création de normes conventionnelles, continue de faire l'objet d'un suivi de la part des autorités publiques. Enfin, la logique interventionniste est perceptible en matière de conflits collectifs, ne serait-ce qu'au travers de la reconduction des procédures de conciliation et d'arbitrage obligatoires.

C'est le même droit du travail hétéronome, hérité de l'époque coloniale qui continue de gouverner les matières susvisées en République de Djibouti. Certes, il y a eu quelques retouches ponctuelles, mais celles-ci n'ont rien modifié quant au fond. Cette partie de la législation demeure l'exacte réplique de l'antérieure.

Toutefois, cette forte présence du droit réglementaire obéit à des logiques différentes selon la matière envisagée. En matière de conditions de travail, il s'agit de sauvegarder des garanties fondamentales consacrées par tous les textes, légaux ou réglementaires, qui se sont succédés dans l'histoire sociale du pays. La réforme libérale du droit du travail n'a pas eu pour effet d'engager la réflexion sur des formules nouvelles. En tout cas, ni la puissance publique ni les dirigeants des entreprises publiques, ni les patrons privés, ni les syndicats de salariés ne se sont affrontés sur ce terrain.

En revanche, s'agissant du processus relatif à la négociation collective, il s'est agi de ne pas laisser, pour des raisons de dirigisme étatique, la place à une perspective où des partenaires sociaux autonomes joueraient un rôle déterminant, s'inscrivant dans une logique de contractualisation. Le passage du statut au contrat requiert une culture juridique du contrat et de la responsabilité qui n'existe pas encore dans les milieux politiques et professionnels du pays.

Enfin, l'institution des modes légaux de règlement des conflits collectifs n'a pas été, au fond, opérée pour permettre la solution de conflits collectifs entre employeurs et salariés, mais pour les neutraliser sans tenir compte de leur légitimité, des réalités qu'ils dénoncent ou des revendications qu'ils défendent. Toutefois, les raisons de cette neutralisation n'ont pas toujours été les mêmes dans le temps. Hier, les mouvements de grève étaient bannis en raison de leur incompatibilité supposée ou non avec l'impératif de construction nationale et avec l'instrument de ce dernier : le parti unique. Aujourd'hui, dans un contexte de libéralisme politique affiché, d'autres arguments sont avancés. Les autorités politiques semblent encore considérer que les contestations et les revendications, si banales soient-elles, constituent une menace d'atteinte à la paix sociale. Elles continuent souvent de confondre l'action syndicale avec celle de l'opposition politique. La paix sociale, dans ces conditions, ne peut donc être que la consécration d'un rapport de force favorable au patronat national et étranger.

CONCLUSION GÉNÉRALE

A Djibouti, la transition pour assurer le passage d'une économie entièrement administrée par l'Etat à une économie libéralisée dure depuis la fin des années 90. A propos de cette période, on peut affirmer que le processus de réforme libérale, engagé avec la promulgation de la loi « Daach » du 23 septembre 1997, puis suivi par l'adoption d'un Code du travail en 2006 et l'abrogation de la plupart des dispositifs normatifs antérieurs, n'a pas abouti à une déréglementation générale.

Pour les autorités publiques, le droit du travail devait être impérativement révisé afin de tenir compte des conditions réelles de l'économie. La solution préconisée pour atteindre un tel objectif a été impulsée principalement de l'extérieur, notamment par les « Institutions financières internationales ». Elle a consisté à rompre avec l'esprit ouvriériste de la législation antérieure en élaborant un droit du travail moins rigide, davantage contractuel. Le choix a été ainsi fait de passer d'une publicisation forte à une privatisation affirmée de l'encadrement juridique de la relation de travail. Malgré le discours univoquement libéral, l'option n'a pas été celle du « laissez-faire » et du démantèlement du droit du travail[1259]. De nombreuses dispositions réglementaires prises sous l'empire du Code du travail des Territoires d'Outre-Mer « restent en vigueur en tant qu'elles ne sont pas contraires au présent code »[1260]. Ceci n'empêche pas le discours dominant de produire, par lui-même, des effets sur les pratiques sociales.

1259 Ce qui mérite d'être souligné, puisqu'on observe que « depuis l'effondrement de l'Union soviétique, en 1989, on assiste, en effet, à une remise brutale des droits sociaux dans la quasi-totalité des pays qui en sont dotés, sous l'égide des principaux pays capitalistes, réunis dans le G. 8, en un directoire mondial autoproclamé, afin d'acquérir, sous le couvert d'une concurrence tous azimuts, la maîtrise des marchés mondiaux, sans renoncer pour autant à leurs pratiques néocolonialistes à l'égard des pays émergents » (*Cf.* Saint-Jours, Y., Les droits sociaux : un enjeu de la condition humaine, *Dr. ouvr.* 2005, p. 7).

1260 Article 297 du Code du travail de 2006.

Dans l'ensemble, la place plus grande faite au droit conventionnel, ne permet pas de conclure à une évolution, comme on le prétend souvent, assez hâtivement, dans le sens d'une déréglementation destructrice. Malgré les volontés affichées, il n'y a pas eu jusqu'à maintenant une remise en cause profonde et radicale du droit du travail[1261].

La réforme libérale du droit du travail n'a pas mis en cause le modèle de l'emploi classique. Le travail à durée indéterminée et à temps plein demeure, en effet, la référence. Les autres types de contrat, promus par la nouvelle législation, sont conçus comme des dérogations au droit commun. Toutefois, en pratique, l'ampleur des contournements ou détournements du « contrat à durée indéterminée » constitue un phénomène sans précédent dans l'histoire du droit du travail djiboutien. Les nouvelles formes d'emploi représentent une menace pour le maintien des principes qui ont, historiquement, inspiré et animé ce droit. Si certains auteurs voient dans cette évolution une « crise du système des relations de travail »[1262], d'autres soulignent la vitalité et les capacités d'adaptation du droit du travail. Face à la crise économique et aux transformations intervenues dans la structure du marché du travail, sa réforme permettrait d'appréhender des situations nouvelles[1263].

Par ailleurs, en matière de détermination des conditions de travail, la législation issue de la réforme libérale n'a pas remis en cause les dispositifs protecteurs prévus par la législation antérieure. C'est un domaine où l'intervention de l'Etat reste des plus

---

[1261] Alain Supiot observe, à ce propos, que « le double mouvement de globalisation et de localisation induit par la libéralisation des échanges bouscule évidemment (les) cadres nationaux de la solidarité sociale émergents » ; mais, ajoute-t-il, « rien ne permet de dire que les droits nationaux vont perdre le rôle majeur qui a toujours été le leur en matière de relations de travail. Il est vrai en revanche que ce rôle se transforme et se complique » (*Cf.* Supiot, A., *op. cit.*, p. XLIII).

[1262] *Cf.* not. Cordova, E., De l'emploi total au travail atypique : vers un virage dans l'évolution des relations de travail ? *RIT*, Vol. 125, n° 6, 1986, p. 716. Dans le même sens : Supiot, A., Une littérature de fin du monde, *Dr. soc.*, 1997, p. 85.

[1263] *Cf.* not. Gautié, J., Les économistes contre la protection de l'emploi : de la dérégulation à la fléxicurité, *Dr. soc.* 2005, p. 3

importantes imposant des normes substantielles, des modalités de contrôle, des sanctions pénales. Pareil constat peut être formulé à l'endroit des mécanismes spécifiques de protection destinés aux travailleurs dits vulnérables.

Enfin, le licenciement continue d'être soumis à des contraintes normatives. Lorsque l'employeur décide de licencier pour des raisons personnelles ou économiques, des règles visant à encadrer sa décision existent encore; tout est mis en œuvre pour la pérennisation des rapports de travail plutôt que pour la facilitation des ruptures. Si la réforme libérale de 1997 n'a pas eu pour conséquence de reconnaître à l'employeur le droit de décider librement de la cause de rupture du contrat, elle a, toutefois, considérablement allégé les conséquences financières susceptibles de découler d'un licenciement prononcé en violation de la loi. En réalité, le législateur djiboutien a banalisé le licenciement en plafonnant les indemnités dues en cas d'absence de cause réelle et sérieuse. Pour les travailleurs, ceci constitue un net recul. Pour eux, le risque est grand d'être en face d'employeurs intransigeants ou peu scrupuleux, bien conscients qu'en tout état de cause, ils pourront procéder à des licenciements en payant une faible indemnité[1264].

C'est plutôt l'élargissement du champ de la négociation collective et la diversification des niveaux de négociation collective qui constituent les traits saillants du caractère libéral de la nouvelle législation du travail. Ils avaient été limités en raison du dirigisme étatique qui attribuait à la loi un rôle prépondérant pour fixer le statut social de l'ensemble des travailleurs. Certes, aujourd'hui encore, la loi reste le mode privilégié de régulation des relations de travail. En effet, sur le plan formel, l'importance nouvellement accordée à la négociation normative n'a pas mis fin à la primauté de la loi. Il ne peut sûrement pas être affirmé qu'on est passé de l'hégémonie de la loi à celle des conventions collectives, et encore moins à celle des contrats individuels. Mais, il est indéniable que s'est opéré un glissement significatif ; on est passé du recours exclusif de la

1264 *Cf.* not. Venant, T., Flexibilité et dialogue social dans les nouveaux codes africains du travail, *in* Winter, G. (dir.), « Inégalités et politiques publiques en Afrique. Pluralité des normes et jeux d'acteurs », éd. Karthala, 2001, pp. 135-143.

loi pour la détermination des conditions d'emploi et de travail à la possibilité de voir intervenir le droit conventionnel, ceci toutefois de façon inégale d'une matière à une autre. Cette option moderne du législateur djiboutien rejoint, à sa mesure, des tendances observables dans la plupart des pays à économie libérale, ainsi des Etats-Unis, de l'Allemagne, de l'Italie, de la France, etc.[1265]

Pour autant, cette évolution ne permet pas de conclure à une réelle amplification de l'autonomie normative des partenaires sociaux, dès lors qu'au niveau même du principe, la source négociée n'est conçue que comme un complément ou un élément subalterne de la loi. La plupart du temps, on se borne à déléguer aux partenaires sociaux le soin de préciser les modalités d'application des dispositions législatives. Plus rarement, on vise à laisser entièrement à la sphère contractuelle des thématiques qui, par le passé, relevaient strictement de la loi. La fixation de la rémunération offre indiscutablement le meilleur exemple de cette vraie-fausse évolution.

Quoi qu'il en soit, dans la pratique, cette autonomie ne semble pas s'affirmer. Le droit conventionnel a du mal à prendre son envol. La production conventionnelle de normes reste toujours limitée, à Djibouti, à quelques secteurs professionnels. On continue à se référer toujours à des conventions datant de l'époque coloniale et contenant des avantages que la nouvelle législation n'a pas maintenus ou ne mentionne plus.

1265 La question de la place de l'Etat et de l'articulation de la loi et du contrat, dès lors que l'option est prise pour promouvoir l'économie de marché, n'est pas simple affaire de conjoncture nationale. Elle est au centre d'une problématique fondamentale des temps actuels que Alain Supiot pose dans ces termes : « Etat et marché, loi et contrat, sont ainsi indissolublement liés. Dans un monde qui se complique et s'internationalise, la répartition des rôles entre la loi et le contrat se transforme. D'un côté la demande de loi et d'Etat ne cesse de croître pour faire face à tout ce qui échappe à la pure logique de calcul (...) D'un autre côté les limites des capacités cognitives de l'Etat conduisent à renvoyer vers le contrat et la négociation des questions naguère prises en charge par la loi. C'est ce qu'on appelle « la procéduralisation » du droit, dont l'aspect le plus méconnu est de transporter dans la sphère contractuelle les questions concrètes et qualitatives qui étaient auparavant réglées par la loi » (*Cf.* Supiot, A., Critique du droit du travail, *op. cit.*, p. XIV).

Le dialogue social est d'autant plus entravé dans son essor que la législation en la matière est incohérente. En effet, alors même que la loi fait la promotion de la négociation, elle ne fait obligation à aucune des parties d'engager des négociations, et encore moins de contracter.

Les causes de ce blocage doivent être recherchées en dehors du droit lui-même. Il y a d'abord un obstacle « culturel », difficile à franchir, à la démarche contractuelle. Celle-ci suppose la libre négociation, alors que les comportements de ceux qu'on veut aujourd'hui promouvoir comme acteurs sociaux, ont été faits jusque-là, et demeurent, de soumission. Le passage de la loi au contrat demande une culture du contrat et de la responsabilité qui n'existe pas encore.

En outre, en dépit de la suppression légale des restrictions administratives à la liberté syndicale, on n'a pas assisté à une renaissance du syndicalisme. Les obstacles sont ici politiques et leur levée dépendra étroitement de la démocratisation du système. Les syndicats, bâillonnés par le pouvoir politique, sont restés jusqu'à une époque relativement récente (1992), de simples courroies de transmission entre ce pouvoir et la masse des travailleurs. Ils ont du mal à se constituer en partenaires sociaux autonomes[1266]. Ils sont surtout présents dans le secteur public ou parapublic, faibles dans le secteur privé. Les pouvoirs publics ont eux-mêmes du mal à changer d'attitude à l'égard des syndicats. Ils les considèrent encore comme des acteurs gênants[1267]. Les entraves à la création et au fonctionnement des structures syndicales ainsi que la crainte, quasi schizophrénique, de la grève perceptible au travers de la réglementation des conflits collectifs, traduisent le refus des pouvoirs publics de voir émerger un syndicalisme indépendant et actif.

1266 *Cf.* not. Marguénaud, J.-P., Mouly, J., Le droit à la négociation collective « partie inséparable » de la liberté syndicale, *JCP* éd. G, 2007, I, 10038.

1267 Les propos de Mohamed Ali Ragueh datant de la fin des années 90 peuvent encore s'appliquer au contexte actuel : « les exigences du développement économique que l'élite a élevé au premier rang des priorités, font des syndicats professionnels (le cas de l'UDT), lorsqu'ils exercent leur fonction, des centrales suspectes, voire semeuses de troubles (...)» (*Cf.* Ali Ragueh, M., *op. cit.*, p. 147).

Toutefois, il est illusoire de prétendre assurer le développement de la négociation collective par un désengagement complet de l'Etat dans un contexte local marqué par une situation économique instable et une faiblesse syndicale chronique. Un tel contexte suscite objectivement l'intervention de l'Etat, garant de l'intérêt général, même si l'étendue et les modalités de son intervention, sont en principe modifiées[1268].

Finalement, si l'examen des mutations normatives intervenues avec la réforme libérale permet d'affirmer que l'évolution ne s'est pas traduite par un démantèlement du droit du travail, de fait les fonctions et finalités du droit du travail connaissent un recul.

La finalité première du droit du travail qui a dominé après l'indépendance, était la protection, au sens large, des travailleurs. En effet, en sa qualité de gardien de l'intérêt général, et conscient qu'il y avait dans ce domaine aussi à assurer la stabilité du régime politique, l'Etat entendait jouer un rôle primordial dans la régulation des rapports sociaux. La reconduction en l'état du Code du Travail des Territoires d'Outre-Mer de 1952, a traduit en termes normatifs la volonté de l'Etat de rester le plus grand ordonnateur de ces rapports. Ceci passait par une forte réglementation des relations professionnelles, placée sous le signe de l'ordre public de protection[1269].

Aujourd'hui, après la réforme libérale de 1997 et la refonte du Code du travail de 2006, la finalité qui paraît être mise en avant est celle d'un droit du travail promouvant l'intérêt de l'entreprise, entendu comme synthèse du besoin de sauvegarde de l'entreprise et de l'emploi. Cette nouvelle finalité tend à modifier sensiblement les rapports de force au sein de l'entreprise. Elle conforte beaucoup

---

[1268] En comparant différents systèmes juridiques, un auteur observe à propos du droit professionnel que : « Tantôt (il) subsiste comme un droit autonome et parallèle au droit étatique (modèle italien des années 50 et 60), tantôt il est soutenu par l'Etat sans perdre son indépendance (modèle italien des années 70), tantôt, enfin, il apparaît subordonné à l'Etat et figure comme une branche du droit étatique (modèle français) » (*Cf.* Stamatina, Y., L'Etat, l'autonomie collective et le travailleur, LGDJ, 1995, p. 3).

[1269] *Cf.* Kirsch, M., Trente ans de législation du travail en Afrique, *Revue Marchés tropicaux et méditerranéens*, Vol. 39, 1983, p. 371.

d'employeurs dans l'adoption de comportements peu respectueux des règles, y compris impératives. A cela, il faut ajouter la crise de l'emploi persistante qui sert de prétexte à une évolution négative du droit des travailleurs et souvent à la dégradation de leurs conditions de vie et de travail[1270].

Dans un tel contexte, les pouvoirs de l'employeur sont renforcés alors même que les institutions de contrôle telles que l'administration du travail et les autres organes compétents n'ont pas plus, pour ne pas dire moins, de personnel, de moyens, de pouvoirs. La totale liberté ainsi laissée à l'employeur constitue la porte ouverte aux abus renforçant *in fine* l'inquiétude des salariés qui ne savent plus à quel saint se vouer. Bon nombre d'entre eux s'abstiennent de se syndiquer, de faire grève, de réclamer leurs droits de peur que d'autres, prêts à faire profil bas, viennent les remplacer. Devant de telles évolutions, ne sommes-nous pas conduits à observer que le droit du travail djiboutien actuel tente de remédier mais participe également à la précarisation des salariés, allant peut-être jusqu'à la susciter et l'entretenir ?

[1270] Le même diagnostic, en des termes variés, est réalisé par Alain Supiot. Dans son récent ouvrage, l'auteur fait remarquer qu' « au lieu d'indexer l'économie sur les besoins des hommes, et la finance sur les besoins de l'économie, on indexe l'économie sur les exigences de la finance et on traite les hommes comme du "capital humain" au service de l'économie » (*Cf.* Supiot, A., L'esprit de Philadelphie. La justice sociale face au marché total, Seuil, Paris, 2010, p. 25). *Cf.* aussi Sargos, P., qui parle de « relation de droit réduite à seule dimension marchande érigée, tel un nouveau veau d'or, en une valeur suprême occultant tout le reste » (Sargos, P., L'horreur économique dans la relation de droit, *Dr. Soc. 2005*, p. 123).

BIBLIOGRAPHIE

Ouvrages généraux

Anonyme, Code du travail: guide de l'usager, Société d'éditions africaines, Paris, 1953.

Bénabent, (A.), Droit civil, Les obligations, 13ème éd., Montchrestien, 2012.

Blanpin, (R.), Javillier, (J.-C.), Droit du travail communautaire, 2ème éd., LGDJ, France, 1998.

Brun, (A.), Galland, (H.), Droit du travail. Métropole et territoires d'outre-mer. Droit commun et régimes spéciaux, éd. Sirey, 1958.

Chapus, (R.), Droit administratif général, Tome II, 15ème éd., Montchrestien, 2001.

Colliard, (J.-Cl.), Libertés publiques, 3ème éd., coll. « Précis Dalloz », Daloz, Paris, 1968.

Cornu, (G.), Dictionnaire juridique, Association Henri Capitant, 9ème éd., 2011.

Dross, (W.), Clausier : Dictionnaire des clauses ordinaires et extraordinaires des contrats de droit privé, 2ème éd., Litec, 2011, Paris.

Dusquene, (F.), Droit du travail, éd. Gualino, Paris, 2004.

Durand, (P.), Traité du droit du travail, Tome 2, Dalloz, Paris, 1950.

Flour, (J.), Aubert, (J.-L.), Flour, (Y.), Savaux, (E.), Les obligations, Tome 3, Le rapport d'obligation, 7ème éd., Armand Collin, Coll. U., 2011.

Gonidec, (P.F.), Kirsch, (M.), Droit du travail et des territoires d'Outre-mer, LGDJ, 1958.

Guéry, (G.), Pratique du droit du travail, 12ème éd., Gualino 2006, p. 469

Issa-Sayegh, (J.), Droit du travail sénégalais, LGDJ, 1987.

Kiemde, (P.), Droit du travail et de la sécurité sociale, Précis de droit burkinabé, 2006.

Kirsch, (M.), Le droit du travail africain, éd. TPOM., Tome 2, 1975.

Kirsch, (M.), Mémento du droit du travail outre-mer : juridiction, contrat, salaire, Penant, 1968.

Leca, (A.), Histoire des idées politiques. Des origines au XXème siècle, éd. Ellipses, 1998.

Lokiec, (P.), Droit du travail, Tome 2, PUF, 2011.

Malaurie, (Ph.), Aynes, (L.), Stottel-Munck, (Ph.), Les obligations, 6ème éd., Defrénois, 2013.

Pélissier, (J.), Auzero, (G.), Dockès, (E.), Droit du travail, 29ème éd, Dalloz, 2015.

Raynaud, (Ph.), Rials, (S.), Dictionnaire de philosophie politique, PUF, 2003.

Audard, (C.), Qu'est-ce que le libéralisme? Ethique, politique et société, Gallimard, 2009.

Rivero, (J.), Savatier, (J.), Droit du travail, 13ème éd., PUF, 1993.

Rolland, (L.), Précis de législation coloniale: colonies, Algérie, protectorats, pays sous mandat, Dalloz, Paris, 1940.

Tourneau, (Ph.), Droit de la responsabilité et des contrats, 8ème éd., coll. Action, 2011.

Zribi, (G.), Poupée-fontaine, (D.), Dictionnaire du handicap, Ecole nationale de la santé publique, 6ème éd., Rennes, 2007.

Ouvrages spéciaux, monographies et thèses

Abdi, (J.-P.), Tableau de bord sur une politique de justice, LLDH, Djibouti, 2005.

Adegbidi, (F.V.), Susciter l'engagement au travail en Afrique, éd. L'Harmattan, 1998.

Aden, (M.), Sombloloho. Djibouti, la chute du président Ali Aref (1975-1976), éd. L'Harmattan, 1999.

Ahmed Farah, (D.), Splendeur éphémère, éd. L'Harmattan, 2000.

Alami M'Michi, (H.), Genre et politique au Maroc: les enjeux de l'égalité hommes-femmes entre islamisme et modernisme, éd. L'Harmattan, 2002.

Ali Ragueh, (M.), Essai de sociologie juridique sur la réception du droit du travail français en République de Djibouti, Thèse, Droit, Nantes, 1998.

Allégret, (J.-P.), Les régimes de change dans les pays émergents. Quelles perspectives pour le XXIème siècle?, éd. Vuibert, 2005.

ANEFIP, Djibouti. Aperçu global de la situation de l'emploi, 2010.

Anker, (R.), Hein, (C.), Sex inequalities in urban employment in the third world, BIT, 1986.

Anonyme, Djibouti fête vingt ans d'indépendance, Revue des Marchés Tropicaux et Méditerranéens du 20 juin 1997, p. 1334.

Arnaud, (A.-J.), Critique de la raison juridique 2. Gouvernants sans frontières, entre mondialisation et post-mondialisation, LGDJ, 2003.

Assemblée nationale (Djibouti), Procès-verbal de la séance publique du 25 décembre 2005 au cours de laquelle a été adoptée le Code du travail de 2006.

Augagneur, (V.), Erreurs et brutalités coloniales, éd. Les nuits rouges, Paris, 2010.

Aujoulat, (L.P), Les rythmes du travail en Afrique. Collège libre des Sciences sociales et économiques, Paris, 1962.

Babassana, (H.), Travail forcé, expropriation et formation du salariat en Afrique noire, Grenoble, PUG, 1978.

Bailly, (P.), L'égalité des salariés en droit du travail, in Rapport annuel de la Cour de cassation, 2003, La documentation française, Paris, p. 23.

Banque mondiale, Comprendre la dynamique du khat à Djibouti. Aspects sociaux, économiques et de santé, 2011.

Banque mondiale, Analyse des dépenses publiques à Djibouti : Mettre les finances publiques au service de la croissance et de la réduction de la pauvreté, Djibouti, 2006.

Bélier, (G.) , Legrand, (H.), La négociation collective en entreprise, éd. Liaisons, 2013.

Béraud, (J.M.), Etude préalable à l'adoption d'un acte uniforme en droit du travail dans le cadre de l'Organisation pour l'harmonisation en Afrique du Droit des Affaires (OHADA), OIT, 2003.

Bernard-Dutreil, (M.), Djibouti : création d'une colonie française, Thèse, Droit, Paris, 1900.

Bikoko, (J.-M.), Le syndicalisme à la croisée des chemins : 50 ans après le début des indépendances en Afrique, éd. L'Harmattan, 2012.

BIT, « La transition de l'économie informelle à l'économie formelle », Rapport V (I) CIT, 103ème session , 2014 .

BIT, Rapport mondial sur le travail des enfants, 1ère éd., 2013.

BIT, La liberté syndicale, Recueil de décisions et de principes du Comité liberté syndicale du Conseil d'administration du BIT, 5ème édition (révisée), 2006.

BIT, L'heure de l'égalité au travail, Rapport global en vertu du suivi de la Déclaration relative aux principes et droits fondamentaux, 2003 (Rapport I (B)), Rapport du Directeur général à la CIT, 91ème session, 2003, Genève.

BIT, Le travail domestique n'est pas un simple problème domestique, BIT Magazine Travail n° 72, août 2001.

BIT, Les révisions des Codes du travail en Afrique francophone, Document de travail pour l'atelier conjoint BIT/ Banque Mondiale, Washington DC 16-17 octobre 1995.

BIT (CEACR), Etude d'ensemble sur l'abolition du travail forcé, 1979, § 68.

BIT, Les autorités publiques et la protection des biens syndicaux, Relations Industrielles, Vol. 30, 1973, p. 49.

Bonnet, (M.), Le travail des enfants: terrain des luttes, éd. Pages deux, 1999.

Boudy, (J.-F.), Vivre deux métiers : la pluriactivité, éd. L'Harmattan, 2009.

Breton, (M.), Droit de la fonction publique des Etats d'Afrique francophone, Edicef,
1990.

Bulletin d'information de l'Internationale de l'Education du 13 mars 2012, Djibouti. Entretien avec un défenseur de l'autonomie des syndicats d'enseignants, article consultable sur le site internet: www.ei-ei.org/fr/news/news_detail/2103.

Cadestin, (C.), Mobilité et handicap: quelle perception du déplacement ? Les déplacements: mobilité, handicap et perception, in

« Populations et handicap. Population vulnérables », Néothèque, Coll. Populations vulnérables, 2013

Campredon, (J.-P.), Schweitzer, (J.-J.), France, Océan indien, mer Rouge, Fondation pour les études de défense nationale, Paris, 1986.

Canut (F.), L'ordre public en droit du travail, LGDJ, 2007.

Casaux, (L.), La pluriactivité ou l'exercice par une même personne physique de plusieurs activités professionnelles, LGDJ, 1993.

Chauleur, (P.), Le régime du travail dans les territoires d'outre-mer, Encyclopédie d'outre-mer, 1956.

Chesnais, (F.), La mondialisation du capital, éd. Syros, 1997.

CISL, Djibouti et les normes fondamentales du travail reconnues à l'échelon international, rapport en prévision de l'examen par le conseil général de l'OMC des politiques commerciales de Djibouti, Genève, 27 février- 1er mars 2006.

Conseil d'Etat, Sécurité juridique et complexité du droit, Etudes et documents du Conseil d'Etat, ECDE, La documentation française, 2006.

Coriatt-Attia, (I.), Le statut de la pluriactivité en droit social, PUAM, 1999.

Coubba, (A.), Mahmoud Harbi (1921-1960). Un nationaliste djiboutien, éd. L'Harmattan, 2014.

Coubba, (A.), Le mal djiboutien rivalités ethniques et enjeux politiques, éd. L'Harmattan, 1994.

Coubba, (A.), Djibouti : une nation en otage, éd. L'Harmattan, 1993.

Coutant-Lapalus, (C.), Le principe de la réparation intégrale en droit privé, PUAM, 2002.

D'Souza, (A.), Le travail domestique sur la voie du travail décent. Rétrospective de l'action de l'OIT, Bureau de l'égalité entre hommes et femmes, Document de travail, BIT, Genève, 2010.

Darbon, (D.), Du Bois de Gaudusson, (J.), La création du droit en Afrique, Avant-propos, éd. Karthala, 1997.

Deakin, (S.), Social rights in a globalized economy, Oxford University press, 2005.

Dia (S.), La solidarité familiale, une des causes du sous-développement en Afrique, juillet 2010, article consultable sur le site internet: www.ivoireinfo.com.

Direction de la Statistique et des Etudes Démographiques, EDAM3-IS, 2012.

Dubois, (C.), Djibouti 1888-1967. Héritage et frustration ?, éd. L'harmattan, 1997.

Dumas, (C.) et Lambert, (S.), Le travail des enfants. Quelles politiques pour quels résultats?, éd. Rue d'Ulm, Paris, 2008.

Durufle, (G.), L'ajustement structurel en Afrique, éd. Karthala, 1988.

Favennec-Héry, (F.), Le travail à temps partiel, Litec, 1997.

FIDH, Djibouti, les défenseurs des droits économiques et sociaux paient le prix fort, août 2006.

Filali Meknassi, (R.), L'effectivité du droit du travail et l'aspiration au travail décent dans les pays en développement : une grille d'analyse, Genève, BIT, 2007.

Fonds mondial de lutte contre le Sida, La tuberculose et le paludisme, enquête sur les subventions du Fonds mondial à la République de Djibouti, octobre 2012.

Font, (N.), Le travail subordonné entre droit privé et droit public, Dalloz, coll. Nouvelle Bibliothèque de thèses, Paris, 2009.

Fouchard, (Ph.), L'arbitrage et la mondialisation de l'économie, in philosophie et droit économique, quel dialogue?, Mélanges en l'honneur de Gérard Farjat, éd. Frison-Roche, Paris, 1999.

Gonidec, (P.F.), L'évolution des territoires d'Outre-mer depuis 1946, LGDJ, 1958.

Guedi Yabé, (M.), La marchéisation du système de santé à Djibouti : impacts économiques et sociaux, Thèse, Economie, Lille, 2012.

Guèye (O.), Sénégal: histoire du mouvement syndical: la marche vers le Code du travail, éd. Karthala, 2011.

Guillien, (R.), Retours sur quelques sujets d'acte juridictionnel et de chose jugée, Mélanges Jean Vincent, Dalloz, 1981.

Gravel, (E.), Charbonneau-Jobin, (C.), La Commission d'experts pour l'application des conventions et recommandations : Dynamique et impact, BIT, Genève, 2003.

Hassan, (A.), La décentralisation en République de Djibouti, éd. Karthala, 2013

Hassan Houssein, (S.), Djibouti: Economie du développement et changements institutionnels et organisationnels, éd. L'Harmattan, 2007.

Hugon, (Ph.), Economie politique internationale et mondialisation, Economica, 1997.

Imbert-Vier, (S.), Tracer des frontières à Djibouti. Des territoires et des hommes aux XIXème et XXème siècles, éd. Karthala, 2011.

Jean-Pierre, (D.), L'éthique du fonctionnaire civil. Son contrôle dans les jurisprudences administrative et constitutionnelle françaises, Thèse, Droit, Aix-en-Provence, 1996.

Jeammaud, (A.), La place du salarié individu dans le droit français du travail, Etudes en hommage à Hélène Sinay, 1993.

Johansson, (A.), La détermination du temps de travail effectif, LGDJ, 2006.

Journal officiel de la Côte française des Somalis (1920-1967).

Journal officiel du Territoire français des Afars et des Issas (1967-1977).

Kester, (G.), Omarou Sidibé (O.), Syndicats africains à vous maintenant ! Pour une démocratie durable, éd. L'Harmattan, 1997.

Kouvibidila, (G.-J.), La fuite des cerveaux en Afrique, le drame d'un continent réservoir, éd. L'Harmattan, 2010.

Kostic, (G.), L'intuitu personae dans les contrats de droit privé, Thèse, Droit, Paris V, 1997.

La Hovary, (C.), Les droits fondamentaux au travail. Origines, statut et impact en droit international, PUF., Paris, 2009.

La Lettre de l'Océan Indien n° 1396 du 2 février 2015, Djibouti. IOG joue au chat et à la souris, p. 1

La Lettre de l'Océan Indien n° 1368 du 4 décembre 2013, Djibouti. La tension risque de monter d'un cran, p. 3.

La Lettre de l'Océan Indien n° 1359 du 28 juin 2013, Djibouti. KBR récolte une grève, p. 5.

La Lettre de l'Océan Indien n° 866 du 17 juillet 1999, Djibouti. Des syndicats pro-gouvernementaux, p. 6.

Lachaud, (J.-P), Marché du travail, emploi et pauvreté à Djibouti. Analyses et politiques, BIT, Genève, 2004.

Lachaud, (J.-P.), Le désengagement de l'Etat et les ajustements sur le marché du travail en Afrique francophone, BIT, Genève, 1989.

Lafond, (A.), Michollin, (J.), Le Code du travail dans les territoires d'Outre-mer, Litec, 1954.

Laudouze, (A.), Djibouti : nation carrefour, éd. Karthala, 1989.

Lemesle, (R.), Le droit du travail en Afrique francophone, Edicef, 1989.

Leroy-Beaulieu, (P.), De la colonisation chez les peuples modernes, éd. Guillaumin, Paris, 1874.

Leroux, (R.), Le réveil de Djibouti 1968- 1977. Simple outil de propagande ou véritable reflet d'une société?, éd. L'Harmattan, 1998.

Lespinasse, (J.), Travail forcé, expropriation et formation du salariat en Afrique noire, PUG, Grenoble, 1978.

Londres, (A.), Terre d'ébène (la traite des noirs), éd. Serpents à plumes, Paris, 1998.

Luchaire, (F.), Droit d'Outre-mer et de coopération, Thémis, 1966.

Luchaire, (F.), Les institutions politiques et administratives des T.O.M. après la loi-cadre, PUF, 1958.

Lyon-Caen, (G.), Le droit du travail non salarié, Sirey, 1990.

Mahamoud Houssein (I.), Contraintes institutionnelles et réglementaires à Djibouti et le secteur informel à Djibouti, Thèse, Economie, 2008, Paris-Est Créteil.

Maldonardo, (C.) et Boterf, (G.), L'apprentissage et les apprentis dans les petits métiers urbains. Le cas de l'Afrique francophone (recherche pour le programme mondial de l'emploi) BIT, Genève, 1985.

Mazeaud, (D.), Loyauté, solidarité, fraternité, nouvelle devise contractuelle ?, Mélanges Terré, 2000.

Mémorandum daté du 25 mai 1965 adressé au Comité spécial par le ministre somali des Affaires étrangères : Les intentions de la République Somalie à l'égard du territoire, Document A/AC. 109/121, publication des Nations-Unies, 1965.

Mémorandum daté du 8 juin 1965, adressé par la Mission permanente de l'Ethiopie au comité spécial chargé d'étudier en ce qui concerne l'application de la déclaration sur l'octroi de l'indépendance aux pays et aux peuples coloniaux, document A/AC 109/122, publication des Nations-unies, 1965.

Mercier (R.), Le travail obligatoire aux colonies, Thèse, Droit, Nancy, Impr. nouvelle, Vesoul, 1933.

Mibrathu, (S.), L'Etat à travers les rapports interethniques, Mémoire de DEA, Bordeaux, 1990.

Milberg (W.), Amengal (M.), Développement économique et conditions économiques dans les zones franches: un examen des tendances, Document de travail, OIT, Genève, 2008.

Minc, (A.), La mondialisation heureuse, éd. Plon, 1997.

Mion, (G.), Oberti, (M.), Etude épidémiologique du kathisme dans l'armée nationale djiboutienne, Médecine tropicale, 1998, Vol. 58, n° 2, p. 161.

Monet, (P.), Les jauniers. Rapport du BIT sur le travail forcé. Livre gris, 1929.

Mongin, (O.), L'après 89 : les nouveaux langages du politique, Hachette Littérature, 1998.

Moreau, (G.), Le monde apprenti, éd. La dispute, 2003.

Moulier Boustang, (Y.), Chemillier-Gendreau, (M.) (dir.), Le droit dans la mondialisation : une perspective critique, Congrés Marx International 1998, PUF, 2001.

Moussa Iye, (A.), Le verdict de l'Arbre, le « Xeer Issa » : étude d'une « démocratie pastorale », International printing, Dubaï, 1991.

Nasr Edine Koriche, (M.), Transformations du droit algérien du travail: entre statut et contrat, Thèse, Droit, Université de Bordeaux IV, 2008.

Ndiaye, (P. M.), La sauvegarde de la liberté du travail et le droit sénégalais, EJDA, 1999.

Ninine (J.), La main d'œuvre indigène dans les colonies françaises, Thèse, Droit, Paris, éd. Jouve, 1932.

Oberlé, (Ph.), Histoire de Djibouti. Des origines à la République, Présence africaine, 1985.

Omar Ibrahim, (M.), La fiscalité à Djibouti, de 1900 à 2000, un siècle d'évolution, éd. universitaires européennes, 2011.

Olivier (M.), Six ans de politique sociale à Madagascar, éd. Grasset, 1931.

Olney, (S.) et Rueda, (M.), Convention n° 154, Promotion de la négociation collective, BIT, Genève, 2005.

Omar Warsama, (A.), Botbol, (M.), Djibouti : les institutions politiques et militaires, La lettre de l'Océan indien, Paris, 1986.

Osman Rabeh, (O.), L'Etat et le pansomalisme (Nation Somalie), éd. Le Derwiche, 1988.

Oumarou, (M.), Réformes de l'administration publique des pays membres de l'UEMOA : impacts et perspectives, BIT, Genève, 2009.

Oumarou (M.), Le dialogue social dans l'administration publique des pays membres de l'Union économique et monétaire (UEMOA), Document n° 11, BIT, Genève, janvier 2007.

Panier, (E.), L'Etat et les relations de travail au Togo, éd. L'Harmattan, 2014.

Pélissier (J.), Le lien d'emploi, Mélanges Yves Serra, Dalloz, 2006.

Pélissier, (J.), Droit des conventions collectives : évolution et transformation, Mélanges Verdier, Dalloz, 2001.

Person (Y.), Les syndicats en Afrique noire, Le mois en Afrique, n° 172-173, avril-mai 1980, p. 22.

Petit, (F.), Auvergnon,, (Ph.), Luis Gil Y Gil,, (J.), Cruz Villalon, (J.), Trudeau, (G.), Veilleux (D.), Le règlement aimable des différends sociaux. Etude juridique, France, Espagne, Québec, Paris, L'Harmattan, 2007.

Pignarre, (G.), L'apprentissage, Litec, 1991.

PNUD, Djibouti. Rapport national sur le Développement humain, 2000.

Programme des Nations unies pour l'environnement, Djibouti. Plan d'action national d'adaptation aux changements climatiques (PANA), 2006.

Pougoué, (P.-G.), Situation de travail au Cameroun. Disponible surhttp://www.ilo.org/public/english/ifpdial/downloads/wpnr/cameroun.pdf.

Poulain, (G.), La distinction des contrats de travail à durée déterminée et indéterminée, LGDJ, 1971.

Quermonne, (J.-L.), La réforme de structure des territoires d'outre-mer et des territoires associés et la loi-cadre du 23 juin 1956, Dalloz, 1957.

Ray, (J.-E.), Mutations de l'entreprise et modification du contrat de travail, Paris, Liaisons, 2000.

Rolland, (L.), Lampué, (P.), Droit d'Outre-mer, Dalloz, 3ème éd., 1959.

Saincaise, (G.), Les mises à disposition de salariés, Thèse, Droit, Paris II, 2007.

Smith (S.), Négrologie, Pourquoi l'Afrique meurt ? éd. Calmann-Levy, 2003.

Sonet, (A.), Le préavis en droit privé, PUAM, 2003.

Souleau, (I.), La prévisibilité du dommage contractuel. Défense et illustration de l'article 1150 du Code civil, Thèse, Droit, Paris II, 1979.

Stamatina, (Y.), L'Etat, l'autonomie collective et le travailleur, LGDJ, 1995.

Stiglitz (J.), La grande illusion, Fayard, Paris, 2002.

Supiot, (A.), Critique du droit du travail, PUF, 2ème éd., 2011.

Supiot (A.), L'esprit de Philadelphie. La justice sociale face au marché total, Paris, Seuil, 2010.

Symonides, (J.), Volodin, (V.), Human rights of women. A collection of international and regional normative instrument, UNESCO, 1998.

Thèze, (J.) et Debré, (P.), Le Sida à l'heure des multithérapies, éd. Elsevier, 2000.

UNAIDS, Rapport sur l'épidémie mondiale de Sida en 2012.

UNICEF, la pauvreté et les disparités chez les enfants à Djibouti, 2009.

UNICEF, Analyse de la situation des femmes et des enfants en République de Djibouti, 2007.

Van Gelder de Pineda, (R.), Le chemin de fer franco-éthiopien, éd. L'Harmattan, Paris, 1995.

Van Goethem, **(S.),** Les cumuls d'emploi en droit du travail, Thèse, Droit, Nantes, 1989.

Verdier, (J.-M.), L'apport des normes de l'OIT au droit français du travail, Etudes offertes à G. Lyon-Caen, Dalloz, 1989.

Verkindt, (P.-Y.), La modification du contrat de travail du salarié protégé, Mélanges. Henri Sinay, 1994.

Walther, (R.), La formation professionnelle en secteur informel ou comment dynamiser l'économie des pays en développement ?, Agence Française de Développement, Département de la recherche, les conclusions d'une enquête de terrain dans sept pays africains, 2007.

Warsama Adoyta, (M.), Djibouti, une dictature amie, éd. Ecrire, Bruxelles, 2012.

Watta, (C.), Le dieu-khat et le virus du Sida, Thèse, Psychologie, Paris VIII, 2003.

Wolf, (H.) Ghosh, (A.), **Berger, (C.)**, **Gulde, (A.-M.)**, Currency boards in retrospect and prospect, MIT Press, Cambridge, 2008.

Articles de doctrine

Abarchi, (D.), Problématique des réformes législatives en Afrique: le mimétisme juridique comme méthode du droit, Penant, n° 842, 2003, p. 88

Ali Ismael, (O.), L'accompagnement social des personnes vivant avec le VIH-Sida à Djibouti, in Belbéoch, O., Charbit, Y., Hassan Houssein, S. (dir.), « La population de Djibouti. Recherches sociodémographiques », éd. L'Harmattan, p. 321.

Anker, (R.), Hein, (C.), Pourquoi les employeurs des villes du Tiers-Monde préfèrent engager les hommes, RIT, Vol. 24, n°1,1985, p. 73.

Anonyme, La réglementation du travail dans les colonies françaises, RIT, Vol. 36, n° 5, 1937, p. 674.

Audinet, (J.), Le licenciement du salarié en droit comparé, RIT, Vol. 18, n°2, 1966, p. 365.

Auvergnon, (Ph.), Avant-Propos, in Auvergnon, (Ph.) (dir.), « Du droit de la santé et de la sécurité au travail en Afrique subsaharienne », éd. L'Harmattan, 2014, p. 7.

Auvergnon, (Ph.), Des esprits présents dans le projet d'acte uniforme OHADA droit du travail, in Mélanges en l'honneur du Professeur Pougoué (P.-G.), in « L'esprit du droit africain », Mélanges en l'honneur du Professeur P.-G. Pougoué, éd. Lamy, Paris, 2014, p. 113.

Auvergnon (Ph.), Le travail domestique sur le chemin du travail décent, Migraciones internacionales : impacto de la crisis econômica. Compromissos de la OIT, Jurua Editora Curitiba/Lisboa, 2013, p. 279.

Auvergnon, (Ph.), Laviolette, (S.) et Oumarou, (M.), Des fonctions et limites des administrations du travail en Afrique subsaharienne: actualité de la Convention n°150 de l'OIT, RIT, 2011, Vol. 150, n° 1 et 2, p. 89.

Auvergnon, (Ph.), Le droit du travail dans la tourmente des restructurations mondiales: quelques libres observations, Revue algérienne du travail, n° 35, 2008, p. 43.

Auvergnon, (Ph.), L'effectivité du droit du travail: quel système d'inspection et quelle indépendance des inspecteurs? in « L'effectivité du droit du travail: quel système d'inspection et quelle indépendance des inspecteurs », PU de Bordeaux, 2008, p. 245.

Auvergnon, (Ph.), Voyage périlleux dans la boîte noire de la résolution des différends sociaux en France, in « Le règlement amiable des différends sociaux », éd. L'Harmattan, 2007, p. 41.

Auvergnon, (Ph.), Une approche comparative de la question de l'effectivité du droit du travail, in L'effectivité du droit du travail: à quelles conditions?, Actes du séminaire international de droit comparé, des relations professionnelles et de la sécurité sociale, Comptrasec, 2006, p. 7.

Auvergnon (Ph.), Modèles et transferts normatifs en droits du travail de pays africains, Bulletin de droit comparé du travail et de la sécurité sociale, 2005, p. 117.

Auvergnon (Ph.), La représentation collective en droit social : une perspective comparative, Actes du séminaire international de droit comparé du travail et de la sécurité sociale, Bordeaux, Comptrasec, 2004, p. 7.

Auvergnon, (Ph.), L'hypothèse d'une contractualisation du droit social dans plusieurs systèmes juridiques, in Auvergnon, (Ph.), (dir.), « La contractualisation du droit social », Comptrasec Bordeaux, 2003, p. 7.

Auvergnon, (Ph.), Changements économiques, crise de l'emploi et avenir du droit du travail, Université d'Oran, Faculté de droit, éd. EDIK, 2001, p. 23.

Auvergnon, (Ph.), La peur des travailleurs et le droit du travail, Droit et Société, n° 46, 2000, p. 577.

Auvergnon, (Ph.), Avant-propos, Revue électronique Afrilex, n° 00, janvier 2000, http://www.afrilex.u-bordeaux4.fr

Auvergnon, (Ph.), L'Etat créateur et gardien du droit des relations de travail, in « L'Etat à l'épreuve du social » , Editions syllepse, 1998, p. 262.

Auvergnon, Ph., Le droit des relations de travail interrogé par le Sida, in « Le droit social à l'épreuve du Sida », MSHA, 1992, p. 53.

Auzero, (G.), La rupture conventionnelle du contrat de travail: illusion de la sécurisation, RDT, 2008, p. 522.

Bailly, (P.), L'égalité des salariés en droit du travail, Rapport annuel de la Cour de cassation, 2003, La documentation française, Paris, p. 23.

Bancarel, (M.), La lutte contre le travail clandestin et la généralisation de la déclaration préalable à l'embauche, Dr. soc. 1994, p. 534.

Barthélémy, (J.), Peut-on dissocier le droit du travail et le droit de la sécurité sociale? Dr. soc. 2007, p. 787.

Barthélémy, (J.), Les temps d'équivalence d'origine conventionnelle, TPS 1999, n° 8-9, p. 9.

Barthélemy, (J.), L'éclatement du module hebdomadaire en matière de durée de travail, Dr. soc. 1987, p. 368.

Basu, (K.), Child Labor, Cause, Consequence, and Cure, with Remarks on International Labor Standards, Journal of Economic Literrature, Vol. 37, n°3, septembre 1999, p. 13.

Beaudonnet, (Xav.), L'utilisation des sources universelles du droit international du travail dans les juridictions internes, Bulletin de droit comparé du travail et de la sécurité sociale, Bordeaux, 2005, p. 43;

Belorgey, (J.-M.), Discriminations. Essais de clarification des concepts et éléments de droit comparé, Dr. soc. 2002, p. 683.

Benjelloun (A.), Les fondements islamiques de la société politique, RJPIC, Vol. 38, n° 2, 1984, p. 315.

Béraud, (J.-M.), Maladie et perte d'emploi, Dr. soc. 1991, p. 579.

Berthou, (K.), Sur les discriminations positives, Dr. soc. 2000, p. 901.

Blackburn, (D.), Rôle, impact et avenir de la législation du travail, Education ouvrière, 2006/2-3, p. 143.

Blaise, (H.), A la frontière du licite et de l'illicite, la fourniture de main d'œuvre, Dr. soc. 1990, p. 418.

Bocquillon, (F.), Que reste-il du « principe du faveur » ?, Dr. soc. 2001, p. 255.

Bonnechère, (M.), Doctrine et droit du travail : éléments pour un débat, Dr. ouvr. 2002, p. 474.

Bonnechère, (M.), La loi, la négociation collective et l'ordre public en droit du travail : quelques repères, Dr. ouvr. 2001, p. 411.

Bonnechère (M.), L'ordre public en droit du travail ou la légitime résistance du droit du travail à la flexibilité, Dr. ouvr. 1998, p. 171.

Bonnechere, (M.), Egalité de traitement de nuit des femmes, Dr. ouvr. 1991, p. 351.

Bordeloup, (J.), Faiblesses et aléas d'une politique publique : les différentes actions menées en faveur des handicapés, Dr. soc. 1994, p. 586.

Borella, (F.), La conférence de Brazzaville dans le débat politique français après 1944, in « Brazzaville. Aux sources de la décolonisation », Actes de colloque organisé par l' Institut Charles-De-Gaulle et l'Institut d'Histoire du Temps présent, les 22 et 23 mai 1987, Coll. Espoir, éd. Plon, 1988, p. 327.

Borella, (F.), L'évolution des territoires relevant du Ministre de la France d'Outre-mer et la loi-cadre Defferre, Penant, n° 642, 1956, p. 19.

Borenfreund, (G.) et Souriac, (M.-A.), Les rapports de la loi et de la convention collective : une mise en perspective, Dr. soc. 2003, p. 72.

Bourgeot, (S.) et Verkindt, (P.-Y.), La maladie du salarié au prisme de la distinction de la vie personnelle et de la vie professionnelle, Dr. soc. 2010, p. 56.

Bousiges, (A.), Le droit des salariés de se retirer d'une situation dangereuse pour leur intégrité physique, Dr. soc. 1991, p. 283.

Bouvier, (O.-L.), Le travail dissimulé : questions de droit et de société, RJS 10/06, p. 746.

Brethe de la Gressaye, (J.), Le Code du travail dans les territoires d'outre-mer, Dr. soc. 1953, p. 334

Bustin, (O.), Les présomptions de prévisibilité du dommage contractuel, D. 2012, chron., p. 238.

Cahn, (R.H.), Referendum en CFS, Revue politique des idées et des institutions, 1967, Vol. 56, p. 89.

Califano, (M.), Transaction et résiliation amiable: un consensualisme renaissant, Dr. Ouvr. 1989, p. 419.

Camerlynck, (G.H.), L'indemnité de licenciement, JCP 1957. I. 1391.

Catala, (N.), Le travail temporaire en France : problèmes juridiques, Dr. soc. 1969, p. 233.

Chagny, (Y.), La situation des salariés de l'entreprise en difficulté, RJS 1999, p. 743.

Chalvignac, (F.), A la recherche des fondements de l'exigence d'une contrepartie financière à la clause de non-concurrence, TPS, n° 2, 2004, p. 7.

Champaud, (Cl.), Les clauses de non-concurrence (ou comment concilier liberté de contracter, liberté d'entreprendre et liberté de travailler), RJC, juin 1986, p. 161.

Chatelain, (J.), L'évolution du statut des populations d'outre-mer, Revue Juridique et Politique de l'Union Française, 1947, p. 93.

Chevallier, (J.), Lutte contre les discriminations et Etat-providence, in Borrillo, (D.) (dir.), « Lutter contre les discriminations », La Découverte, coll. Recherches, Paris, 2003, p. 305.

Chiroux, (R)., Le nouveau statut du territoire français des Afars et des Issas, Penant, 1968, p. 1.

Cissé.Niang, (A.), L'interdiction du travail des enfants en Afrique, in Supiot, (A.) (éd.), « Regards croisés sur le droit social », MSH Ange Guépin, Nantes, 2002, p. 9.

Cordova, (E.), De l'emploi total au travail atypique: vers un virage dans l'évolution des relations de travail? RIT, Vol. 125, n° 6, 1986, p. 716.

Coulibaly, (A.), La rénovation de la justice en Afrique. Le rôle du juge dans la construction de l'Etat de droit, *RJPIC*, n°1, 1999, p. 50.

Couturier, (G.), Les finalités et les sanctions du formalisme, in « Le formalisme » , Journée Jacques Flour, Travaux de l'assoc. H. Capitant, Rép. Défrenois, 2000, p. 880.

Couturier, (G.), Vers un droit du reclassement, Dr. soc. 1999, p. 497.

Couturier, (G.), Les techniques civilistes et le droit du travail, D. 1975, chron. p. 151.

Cristau, (A.), La mise en chômage technique consécutive à un conflit de travail, Dr. soc. 2000, p. 1091.

Cros-Courtial, (M.-L.), Les obligations patronales à l'égard des handicapés après la loi du 10 juillet 1987, Dr. soc. 1988, p. 593.

Cunniah, (D.), La représentation collective en droit social : un point de vue syndical, Actes du séminaire international de droit comparé du travail et de la sécurité sociale, Bordeaux, Comptrasec, 2004, p. 65.

Daugareilh, (I.), La situation de l'emploi salarié des étrangers en France, RDSS, 1997, p. 918.

De Quenaudon, (R.), L'application par le juge français des droits sociaux fondamentaux affirmés par l'OIT et l'ONU, RDT, 2007, p 109.

Decoopman, (N.), Le travail temporaire, D. 1982, chron. 224, n° 18.

Decraene, (Ph.), Le voyage de M. Pompidou à Djibouti et à Addis-Abeba : statu quo en mer Rouge, Revue française d'Etudes politiques africaines, n° 86, 1973, p. 5.

Delmas-Marty, (M.), Supiot, (A.), L'internationalisation du droit: dégradation ou recomposition ?, Esprit, n° 389, novembre 2012, p. 35.

De Munck, (J.), Les trois crises du droit du travail, Dr. soc. 1999, p. 443.

Desbarats, (I.), Prévention des risques et protection de la santé au travail : pour une meilleure articulation, Petites Affiches, 2006, n° 202.

Destremeau, (B.), L'émergence d'un marché domestique au Yémen: une étude sur Sana 'a, Revue Tiers-Monde, 2002, n° 470, p. 327.

Diallo, (L.), Le travail forcé dans la région de Gilungu Wubri-Tenga, in Massal (J.), Madiega (Y.-G.) (dir.), « La Haute Volta coloniale » : Témoignages-Recherches-Regards », éd. Karthala, 1995, p. 163.

Dion, (S.), Mathieu, (B.), Le droit de grève : l'affirmation elliptique du constituant, le silence du législateur, la parole du juge, RFDC, 1991, p. 512.

Dockès, (E.), Notion de contrat de travail, Dr. soc. 2011, p. 546.

Doumbé-Billé, (S.), Un quart de protection des droits de l'Homme en Afrique, in Mélanges en l'honneur du Professeur Pétros J. Pararas, «

Les droits de l'Homme en évolution » éd. Bruylant, Bruxelles, 2009, p. 133.

Dubois, (C.), Charles Michel-Côte et la construction de l'espace économique de Djibouti-ville durant la première moitié du XXème siècle, *in* Bonin, H., Hodeir, C., Klein, J.-F. (dir.), « L'Esprit économique impérial. Groupes de pression et réseaux du patronat colonial en France et dans l'empire », SFHOM, 2008, p. 562.

Dubois, (C.), De la réussite d'une intégration monétaire à son échec. La Corne de l'Afrique, un champ expérimental (1800-1950), Revue française d'histoire d'outre-mer, n° 322-323, 1999, p. 269.

Dubois, (C.), L'onde des indépendances sur l'évolution politique du territoire de la CFS (1958-1967) in Ageron, Ch-R., Michel, M. (dir.), « l'Afrique noire française à l'heure des indépendances », Paris, CNRS, 1993, p. 633.

Duguet, (Y.), Constitution, objet et fonctionnement des syndicats professionnels, RPDS, 1995, p. 257.

Dunning, (H.), Les origines de la convention n° 87 sur la liberté syndicale et la protection du droit syndical, RIT, Vol. 137, n° 2, 1998, p. 165.

Durand, (P.), Note sur la rupture abusive du contrat de travail dans les TOM, Dr. soc. 1957, p. 23.

Ebo Houmed, (A.), Djibouti, tensions sociopolitiques sur fond de succession, l'Afrique politique, 1997, p. 105.

Efrén, (C.), La retenue des cotisations syndicales à la source: étude comparative, RIT, vol. 99, n°5, 1969, p. 523.

Emane, (A.), Les limites du poncif de la tradition dans l'application du droit en Afrique: l'exemple des relations de travail en Afrique, in « De l'esprit du droit africain », Mélanges en l'honneur de P.-G Pougoué, éd. Lamy, Paris, 2014, p. 278.

Emérite, (M.), Le premier projet d'établissement français sur la côte des Somalis, Revue française d'histoire d'outre-mer, n° 179, 1963, p. 189.

Fantoni-Quinton, (S.), L'évolution du temps de travail et les enjeux relatifs à la santé des salariés, Dr. soc. 2010, p. 395.

Favennec-Héry, (F.), Un nouveau droit de la rupture du contrat de travail, Dr. soc., 2008, p. 660.

Favennec-Héry, (F.), Vers l'autoréglementation du temps de travail dans l'entreprise, Dr. soc. 2005, p. 789.

Favennec-Héry, (F.), Temps de formation, temps de travail : quelques observations, Dr. soc. 2004, p. 494.

Favénnec-Héry, (F.), Le temps de repos : une nouvelle approche de la durée de travail, RJS 1999, p. 819.

Faye, (A.), Le dualisme juridictionnel et juridique en matière de divorce en République de Djibouti, in Belbéoch, (O.) Charbi (Y.), Hassan Houssein (S.) (dir.), « La population de Djibouti. Recherches sociodémographiques », éd. L'Harmattan, 2008, p. 41.

Fenwick, (C.), Kalula, (E.), Landau, (I.,) Labour law. A southern African perspective, in Teklé, T. (dir.), « Labour Law and Worker Protection in developing countries », ILO, 2010, p. 180.

Flory, (M.), L'indépendance de Djibouti, Annuaire français de droit international, 1977, Vol. 23, p. 295.

Foko, (A.), La rémunération du travail et la paix sociale, in « L'esprit du droit africain » Mélanges en l'honneur de P.-G Pougoué, éd. Lamy, 2014, p. 279.

Gaudu (F.), L'ordre public en droit du travail, in « Le contrat au début du XXIème siècle », Etudes offertes à J. Ghestin, LGDJ, 2001, p. 363.

Gautié, (J.), Les économistes contre la protection de l'emploi : de la dérégulation à la flexicurité, Dr. soc. 2005, p. 3

Gautier, (Y.), Les interactions du droit civil et du droit du travail, in Teyssié, (B.) (dir.), « Les sources du droit du travail », PUF, 1998, p. 129.

Guématcha, (E.), Section 2, La justiciabilité des droits sociaux en Afrique, Revue des droits de l'homme 1/2012, p. 140.

Goiten, (S.-D.), Le culte du Vendredi musulman : son arrière plan social et économique, Annales. Economies, Sociétés, Civilisation, 13ème année, n° 3, 1958, p. 488.

Gonidec, (P.F.), Le droit et la pratique des conventions collectives de travail au Congo (Brazzaville), Penant, n° 725, 1969, p. 249.

Granger, (R.), Problèmes d'application du droit moderne dans les pays en voie de développement, Annales de l'Université de Madagascar, 1965, p. 113.

Gregg, (P.), Le salaire minimum, en tant que moyen d'action pour les pouvoirs publics, Revue économique de l'OCDE, 2000, p 153.

Guillebaud, (J.-C.), Les confettis de l'Empire, éd. du Seuil, 1976.

Guyader, (H.), L'intégration des salariés mis à disposition dans l'entreprise utilisatrice, RJS, 2007, p. 798.

Hassan Ali, (A.), Les société djiboutiennes en situation coloniale de 1862 à 1946, in Said Chiré, A. et Biringanine, N., (dir.), éd. Karthala, 2011, p. 62

Hassan Houssein (S.), L'activité des femmes et ses déterminants à Djibouti, in Belbéoch, (O.) Charbi (Y.), Hassan Houssein (S.) (dir.), « La population de Djibouti. Recherches sociodémographiques » , éd. L'Harmattan, 2008, p. 163.

Héas, (F.), Les représentants du personnel et la question de la santé au travail, Semaine sociale Lamy, n° 1196, 27 décembre 2004, p. 5.

Heas, (F.), Les obligations de reclassement en droit du travail, Dr. soc. 1999, p. 504.

Hesseling, (G.) et Le Roy, (E.), Le droit et ses pratiques, Politique Africaine, 1990, p. 2.

Houtcieff, (D.), Contribution à l'étude de l'intuitus personae, RTDC 2003, p. 3.

Humblot, (P.), Aperçu sur le nouveau Code du travail dans les TOM, Penant, n° 608, 1953, p. 1.

Husson, (V.B.), La problématique : entre indigénités et modernités, in « l'Etat en Afrique : indigénisations et modernités », contribution du colloque organisé à Paris les 18 et 19 mai 1995, Cahiers du GEMDEV, n° 24, Paris, 1996, p. 17.

Issa-Sayegh, (J.), Questions impertinentes sur la création d'un droit social régional dans les Etats africains de zone franc, Bulletin de droit comparé et de la sécurité sociale, Université de Bordeaux IV, 1999, p. 195.

Jaconot, (D.), Choix et respect des critères de l'ordre du licenciement, D. 1999, p. 46.

Jean-Pierre, (D.), Les prises illégales d'intérêts des fonctionnaires, in Fortier, (J.-C.) (dir.), « Le statut général des fonctionnaires : trente ans, et après ? », Dalloz, coll. Thèmes et commentaires, 2014, p. 291.

Jemmaud, (A.), le pouvoir patronal visé par le droit du travail, SSL, 2008, supp. n° 1340, p 15.

Jeammaud, (A.), Le principe de faveur, enquête sur une règle émergente, Dr. soc. 1999, p. 115.

Jeammaud, (A.), Le droit du travail en changement. Essai de mesure, Dr. soc. 1998, p. 211.

Jeammaud, (A.), Les règles juridiques et l'action, D. 1993, Chron. IV.

Jeammaud, (A.), Sur l'applicabilité en France des conventions internationales du travail, Dr. soc. 1986, p. 399.

Johansson, (A.), Le temps de travail effectif : temps productif ou temps à disposition ?, D. 2006. Chron. 1711.

Jourdain, (P.), Responsabilité civile, RTDC 1997, p. 662.

Junter, (A.), Les mesures proactives : une méthode au service de l'égalité, Revue de Droit du Travail, n°2, août 2006, p. 72.

Jurice, (M.), Le prêt de la main d'œuvre illicite, Act. Jur. 1990, n°85, p. 3.

Keita, (M.), Le parti unique en Afrique noire, Présence africaine, 1960, n° 30, p. 267. Réédité en 2012, 2012/1, n°185-186, p. 180.

Kellerson, (H.), La déclaration de l'OIT sur les principes et droits fondamentaux : un défi pour l'avenir ?, RIT, Vol. 137, n° 82, 1998, p. 243.

Kern, (M.), Sottas, (C.), Abolition du travail forcé ou obligatoire *in* Droits fondamentaux au travail et normes internationales, BIT, Genève, 2004, p. 35.

Kirsch, (M.), Contrat de travail et contrats voisins, TPOM, 2009, n° 999/1000, p. 124.

Kirsch, (M.), La modification du contrat proposé par l'employeur ou par le travailleur, TPOM,, 2005, n° 947, p. 44

Kirsch, (M.), Trente ans de législation du travail en Afrique, Marchés tropicaux et méditerranéens, 1983, p. 371.

Kirsch, (M.), Salaires minima en Afrique noire, TPOM, 1976, n° 413, p. 110.

Kirsch, (M.), La clause de non-concurrence. Evolution en Afrique par rapport à la jurisprudence française et la loi du 15 décembre 1952, TPOM, 1972, n° 321, p. 7108.

Kirsch, (M.), L'évolution du SMIG, TPOM, 1972, n° 325, p. 7042.

Kirsch, (M.), Le droit du travail et la famille, RJPIC, Vol. 21, n°2, 1967, p. 231.

Kirsch, (M.), Le droit du travail et la coutume, TPOM, 1966, n° 186, p. 4127.

Kirsch, (M.), La maladie et le contrat de travail, Industries et travaux d'outre-mer, 1962, p. 13.

Kirsch, (M.), Les congés-payés dans le droit du travail d'outre-mer, Revue juridique et politique d'outre-mer, 1960, p. 249.

Kirsch, (M.), La rupture du contrat de travail à durée indéterminée, Revue Juridique et Politique d'Outre-mer, 1959, p. 617.

Kobiané, (J.-F.), Ecole et travail des enfants dans les pays du Sud: situation actuelle et perspectives, in Pillon, M. (dir.), « Les défis du développement en Afrique subsaharienne. L'éducation en jeu », Coll. Rencontres (CEPED), p. 185.

Laborde,(J.-P.), Retour sur la loi n° 52-1322 du 15 décembre 1952 instituant un Code du travail dans les territoires et territoires associés relevant du ministère de la France d'Outre-mer, in Mélanges en l'honneur du Professeur Pougoué (P.-G.), in « L'esprit du droit africain », Mélanges en l'honneur du Professeur P.-G. Pougoué, éd. Lamy, Paris, 2014, p. 437.

Lachaise, (G.), Le droit de retrait des salariés de leur poste de travail, JCP E 1991. I. 88.

Lachaise, (G.), Les contrats à durée déterminée successifs, Dr. soc. 1983, p. 652.

Lamarche, (G.), Djibouti : la fin des beaux jours, Revue de Politique internationale, n° 61, 1993, p. 145.

Lampué, (P.), Le pouvoir réglementaire des représentants du gouvernement dans les TOM, Revue Juridique et Politique de l'Union Française, 1949, p. 257.

Lanouzière, (H.), La prévention du point de vue du Code du travail, SSL, 2011, n° 1480.

Lanquetin, (M.-Th.), Les quotas, une étape dans la réalisation d'une égalité effective, RTD, n° 2, août 2006, p. 74.

Lanquetin, (M.-Th.), Principe d'égalité entre hommes et femmes. Individualisation des droits en matière de protection sociale, in « Droit syndical et droits de l'homme à l'aube du XXIème siècle », Mélanges en l'honneur de J.-M. Verdier , Dalloz, 2001, p. 409.

Lanquetin, (M.-Th.), Le principe de non-discrimination, Dr. soc. 2001, p. 186.

Lardy-Pélissier, (B.), L'obligation de reclassement, D. 1998 chron. 399.

Le Crom, (J.-P.), L'évolution du rôle de l'Etat en matière de relations professionnelles, in L'Etat à l'épreuve du social, éd. syllepse, 1998, p. 206.

Leclercq, (C.), La Constitution de la République de Djibouti, RJPIC, Vol. 47, n°1, 1993, p. 71.

Lecocq, (S.), Le repos dominical, un principe en voie d'extinction, RDT, 2008, p. 645.

Lee, (E.), La mondialisation et l'emploi : des craintes justifiées ?, RIT, Vol. 135, n°5, 1996, p. 532.

Lemoine, (E.), Les principes civilistes dans le droit du travail, LPA, 2001, n° 119, p. 8.

Leroy, (Y.), L'égalité professionnelle: vers une approche générale et concrète, RJS 11/02, p. 887.

Leroy, (E.), Gouvernance et décentralisation ou le dilemme de la légitimité dans la réforme de l'Etat africain à la fin du XXème siècle, in l'Etat en Afrique : indigénisations et modernités, contribution du colloque organisé à Paris les 18 et 19 mai 1995, Cahiers du GEMDEV, n° 24, Paris, 1996, p. 92.

Leymarie, (Ph.), La ligue populaire africaine pour l'indépendance, Revue française d'études politiques africaines, n° 124, 1976, p. 91.

Lochak, (D.), Réflexions sur la notion de discrimination, Dr soc. 1987, p. 788.

Luchaire, (F.), Le Conseil représentatif de la Côte des somalis, Penant, n° 584, 1950, p. 89.

Luckhaus, (L.), Egalité de traitement, protection sociale et garantie de ressources pour les femmes, RIT, Vol. 139, n° 2, 2000, p. 163.

Luttringer, (J.-M.), Vers de nouveaux équilibres entre temps de travail et temps de formation ?, Dr. soc. 2000, p. 277.

Lyon-Caen, (A.), Jeammaud, (A.), Le Friant, (M.), L'ordonnancement des relations de travail, D. 1998, p. 359.

Lyon-Caen, (A.), L'égalité et la loi en droit du travail, Dr. soc. 1990, p. 68.

Lyon-Caen, (A.), Le recours au contrat à durée déterminée, Dr. soc. 1983.

Lyon-Caen, (G.), Permanence et renouvellement du droit du travail dans une économie globalisée, Dr. ouvr., 2004, p. 49.

Lyon-Caen, (G.), La crise actuelle du droit du travail, in Collin, (F.) (dir.), « Le droit capitaliste du travail », PUG, 1980, p. 259.

Lyon-Caen, (G.), Syndicats et partis politiques, Dr. soc. 1970, p. 69.

M'ba Owono, (C)., De la neutralisation à l'encadrement du droit de grève au Gabon, Penant, n° 930, 1989, p. 176.

Maestre, (J.-C.), Le devoir d'obéissance : quelles limites ?, in Etudes en l'honneur de Loïc Philip, Economica, « Constitution et finances publiques » 2005, p. 139.

Manaouil, (C.), Le secret professionnel en médecine du travail, Archives des maladies professionnelles et de médecine du travail, Vol. 61, n°4, 2000, p. 261.

Marchal, (R.), Mitterrand, Djibouti et la Corne de l'Afrique, Politique africaine, 1995, p. 65.

Marguénaud, (J.-P.), Mouly, (J.), Le droit à la négociation collective "partie inséparable" de la liberté syndicale, JCP G, 2007, I, 10038.

Maupain, (F.), Revitalization Not Retreat: the Real Potential of the 1998 ILO Declaration for the Universal Protection of Worker's Rights, European Journal of International Law, Vol. 16, n° 3, 2005, p. 439.

Mazeaud, (A.), L'organisation du rapport contractuel: aspect général et réflexions à partir notamment des travaux de la commission Virville, in Teyssié (B.), (dir.), La négociation du contrat de travail, Dalloz, 2004, p. 25.

Mbaye, (K.), La saisie-arrêt des rémunérations du travail, in Encyclopédie juridique de l'Afrique, Nouvelles Editions Africaines,Vol. 4, 1985, p. 272.

Mbendang Ebongue, (J.), Libres propos sur la loi n° 92/007 du 14 août 1992 portant Code du travail au Cameroun, Penant, 1995, p. 201.

Méda, (D.), Flexibilité: quel équilibre entre flexibilité et sécurité?, Dr. soc. 2009, p. 764.

Mekki, (M.), Les conflits d'intérêts : prévenir et guérir, JCP G 2011. p. 669.

Merlin, (J.), Liberté syndicale et spécialité syndicale, Dr. soc. 1998, p. 571.

Merlin, (L.), La durée annuelle du travail : une figure en hausse, Dr. soc. 1999 p. 863.

Meyer, (F.), Travail ''effectif'' et effectivité du travail: une histoire conflictuelle, Dr. ouvr. 1999, p. 385.

Meyer, (F.), Sachs-Durand, (C.), Strasser, (P.), Les congés payés depuis la deuxième Guerre du monde : négociations collective et action législative, Le mouvement social, n° 150, 1990, p. 107.

Michel, (M.), Les plantations allemandes du Mont Cameroun (1885-1914), Revue française d'outre-mer, n°57, 1970, p. 183.

Mohamed Abdillahi, (B.), La Juridiction constitutionnelle en République de Djibouti : Enjeux et Perspectives de la garantie des droits et des principes fondamentaux, questionnes constitucionales, 2006, n° 015, Universidad Nacional Autonoma de Mexico, p. 18.

Morand, (M.), La face cachée du régime d'équivalence, JCP S. 2008, 1162.

Moreau, (M.-A.), Les transformations des normes du travail et des relations de travail face à la mondialisation de l'économie : comment construire de nouvelles réponses?, in Dillens, A.M. (dir.), Mondialisation ; utopie, fatalité alternatives?, Coll. Philosophie, Presses de l'Université de Saint Louis, Bruxelles, 2008, p. 160.

Moreau, (M.-A), Les justifications des discriminations, Dr. soc. 2003, p. 1112.

Moreau, (M.-A), Trudeau, (G.), Le droit du travail face à la mondialisation de l'économie, Relations industrielles, 1998, n° 1, p. 55.

Morin, (M.-L.), La loi et la négociation collective : concurrence et complémentarité, Dr. soc. 1998, p. 419.

Morvan, (P.), *Securitas omnia corrumpit* ou le principe selon lequel il incombe à l'employeur de protéger la sécurité et la santé des travailleurs, Dr. soc. 2007, p. 674.

Morvan, (P.), Salariés mis à disposition et institutions représentatives du personnel, JCP, éd. S. 2007, p. 27.

Morvan, (P.), Libérer le départ volontaire pour motif économique, Dr. soc. 2005, p. 59.

Mouly, (J.), A propos de la nature juridique de l'indemnité de licenciement, D. 2008, p. 582.

N'Diaye, (I.-Y.) et Samb, (M.), Neutralisation et flexibilisation du droit du travail sénégalais: de l'ajustement économique à l'ajustement juridique, in Fall, B. (dir.), « Ajustement structurel et emploi au Sénégal », CODESTRIA, Dakar, 1997, p. 103.

N'Ganga, (A.), La notion de faute lourde dans la pratique du licenciement en droit congolais, Penant, n° 829, 1999, p. 43.

Nicolella, (M.), Le monopole des bureaux publics de placement de main d'œuvre est abusif s'il n'est pas en mesure de satisfaire la demande de marché de travail, Gaz. Pal. 1998, 2, somm. p. 306.

Nolde, (A.), Djibouti, indépendance oui, mais, Revue de Défense nationale, n° 32, 1976, p. 69.

Nononsi, (A.), Les mutations de l'Etat postcolonial et l'évolution du droit du travail en Afrique francophone : de la protection des travailleurs aux droits de l'homme au travail, Penant, n° 871, 2010, p. 225.

Nononsi, (A.), La protection du bien-être de l'enfant et la protection de l'enfant au travail dans les Etats fragiles d'Afrique subsaharienne, Revue internationale de droit et politique du développement durable de McGill (Montréal), Vol. 6, n°1, 2010, p. 29.

Ollier, (P.), Le contrôle du motif économique de licenciement, Dr. soc. 1978, p. 35.

Omarou Sidibé, (O.), Réalités africaines et enjeux pour le droit du travail, Bulletin de droit comparé du travail et de la sécurité sociale, Comptrasec, Bordeaux, 1999, p. 130.

Ondoua, (M.), Ajustement structurel et réforme du fondement théorique des droits africains post-coloniaux : l'exemple camerounais, Revue Africaine des Sciences Juridiques, Vol. 2, 2001, p. 75.

Oppenheim, (J.P), La question du cumul des mandats politiques et syndicaux à la CFDT, Revue Française de science politique, Vol. 25, n° 2, 1975, p. 317-336.

Oussouby, (T.), Le refus du travail forcé au Sénégal oriental, in Cahiers d'études africaines, Vol. 24, éd. EHESS, Paris, 1984, p. 27.

Pairault, (L.G.), Le verrou de la mer rouge. L'armée et la côte française des somalis, Revue Internationale d'Histoire Militaire, Paris, 2002, p. 12.

Pascal, (R.), Le statut du territoire français des Afars et des Issas après six ans d'application, RJPIC, 1974, p. 66.

Peano, (M.-A.), L'intuitus personae dans le contrat de travail, Dr. soc. 1995, p. 129.

Pélissier, (J.), Modernisation de la rupture du contrat de travail, RJS, 2008, p. 106.

Pélissier, (J.), Conditions de validité des clauses de non-concurrence, D. 2002. p. 3110.

Pélissier, (J.), La cause économique dans la loi votée le 19 décembre 2001 en dernière lecture à l'Assemblée nationale, Dr. ouvr. 2002, p. 145.

Pélissier, (J.), La cause économique du licenciement, chronique, RJS 8-9/92, p. 527.

Pélissier, (J.), La liberté du travail, Dr. soc., 1990, p. 19.

Pélissier, (M.-A.), La jurisprudence française, instrument de rayonnement du droit français dans le monde, RJOI, 2005, p. 183.

Person, (Y.), Les syndicats en Afrique noire, Le mois en Afrique, n° 172-173, avril-mai 1980, p. 22.

Petit, B., Le chemin de fer franco-éthiopien de Djibouti à Addis-Abeba, Revue des marchés méditerranéens et tropicaux du 25 décembre 1965, p. 329

Pettiti, (Ch.), La clause de non-concurrence en droit du travail et l'applicabilité directe du Pacte international relatif aux droits économiques, sociaux et culturels du 16 décembre 1966, Droits fondamentaux, n° 7, janvier 2008.

Pettiti, (Ch.), Le travail de nuit des femmes, aspects nationaux et internationaux, Dr. soc. 1989, p. 302.

Picq, (M.), Le droit du travail est-il le droit des vulnérables, in «Vulnérabilité et droit, le développement de la vulnérabilité et ses enjeux en droit », PUG, 2000, p. 277.

Poirier, (M.), A propos des horaires d'équivalence, Dr. ouvr. 1999, p. 350.

Politakis, (G.), Normes sur le travail de nuit : le dilemme protection-égalité, RIT, Vol. 140, n° 4, 2002, p. 469

Pougoué, (P.-G.) Tchakoua, (J.-M.), Le difficile enracinement de la négociation collective en droit du travail camerounais, Bulletin de droit comparé du travail et de sécurité sociale, 2000, p. 202.

Pougoué, (P.-G.), L'apport du droit comparé à la construction de l'ordre juridique du travail en Afrique noire d'expression française, Bulletin de droit comparé du travail et de la sécurité sociale, Comptrasec, Bordeaux, 1994, p. 66.

Pougoué, (P.-G.), Les sources du droit du travail en Afrique, Revue tunisienne de droit social, n° spécial, 1991, p. 29.

Pougoué, (P.-G.), Réflexions sur la protection des délégués du personnel contre les licenciements en droit du travail camerounais, Revue camerounaise de droit, n° 27, 1984, p. 3.

Pouyat, (A. J.), Les normes et les procédures de l'OIT en matière de liberté syndicale, RIT, vol. 137, n°3, 1982, p. 309.

Prètot, (X.), Les sanctions administratives de l'insécurité au travail, Dr. soc. 2007, p. 707.

De Quenaudon, (R.), La doctrine « progressiste » : une lecture du droit du travail en crise, D. 2005 p. 1736.

Rabier, (C.), Angrand, (J.), Avenir incertain pour le territoire français des Afars et des Issas, Revue française d'études politiques, n° 118, 1975, p. 46.

Radé, (Ch.), Retour sur une espèce en voie de disparition: la rupture amiable du contrat de travail, Dr. soc. 2009, p. 557.

Radé, (Ch.), L'ordre public social et la renonciation du salarié, Dr. soc. 2002, p. 933

Radé, (Ch.), La résolution amiable du contrat de travail sur la sellette, D. 2000, p. 265.

Radé, (Ch.), L'autonomie du droit du licenciement (brefs propos sur les accords de rupture amiable du contrat de travail et les transactions), Dr. soc. 2000, p. 178.

Ramanamidona, (D.), La perte de grossesse à Djibouti, in Belbéoch, O., Charbit, Y., Hassan Houssein, S. (dir.), « La population de Djibouti», éd. L'Harmattan, 2008, p. 279.

Renucci, (F.), L'élaboration du Code du travail outre-mer et la durée du travail en AOF, in « les politiques du travail », Rennes, PUR, 2006, p. 59.

Revet, (Th.), La liberté du travail, in Cabrillac, (R.) M.A. Frison-Roche (M. A.), et Revet (Th.) (dir.), « Droits et libertés fondamentaux », Dalloz, 9ème éd., 2003, p. 653.

Revet, (Th.), L'ordre public dans les relations de travail, in L'ordre public à la fin du XXIème siècle, D., Thèmes et commentaires, 1996, p. 43.

Rougevain-Baville, (M.), Les limites des pouvoirs des arbitres en matière de conflits collectifs, TPOM, 1970, n° 219 p. 4863 et n° 213 p. 4370.

Rousseau, (Y.), Du monopole public du placement à un nouveau service public de l'emploi, Dr. Soc. 2005, p 456.

Roy-Loustaurneau, (C.), Contrat à durée déterminée : requalification-sanction et qualification, Dr. soc. 2003, p. 465.

Roy-Loustaunau, (C.), Réflexions sur le rôle du juge dans la requalification sanction du contrat à durée déterminée après la loi du 12 juillet 1990, JCP 1991 E 1101.

Saget, (C.), Lutte contre la pauvreté et emploi dans les pays en développement: de l'utilité d'un salaire minimum, RIT, Vol. 140, n° 3, 2001, p. 287.

Saint-Jours, (Y.), Les droits sociaux : un enjeu de la condition humaine, Dr. ouvr. 2005, p. 7.

Sardar Ali, (S.), Gender and human rights in Islam and international law: equal before Allah, unequal before man?, Kluwer Law International, The Hague, 2000, p. 358.

Sargos, (P.), L'horreur économique dans la relation de droit, Dr. soc. 2005, p. 123.

Savatier, (J.), Les minima de salaire, Dr. soc. 1997, p. 575.

Savatier, (J.), Réflexions sur les indemnités de licenciement, Dr. soc. 1989, p. 125.

Savatier, (J.), Interdiction des cumuls d'emploi privés : une réglementation inapplicable, Dr. soc. 1989, p. 725.

Savatier, (J.), La requalification des contrats à durée déterminée irrégulière, Dr. soc. 1987, p. 407.

Sautier, (G.), Notes sur la construction du chemin de fer Congo-océan, in Cahier d'études africaines, Vol. 7, éd. EHESS,1967, p. 219.

Schiray, (M.), La précarisation du travail, in « Problèmes politiques et sociaux », La Documentation française, Paris, 1988, n° 575, p. 64.

Schraeder, (P.), Ethnic politics in Djibouti. From 'Eye of the hurricane' to 'Boiling Cauldron', African affairs, Vol. 92, 1993, p. 203.

Sègues, (S.) et Toullier, (A.), L'accès des étrangers aux prestations servies par les CAF, Dr. soc. 2005, p. 665.

Serret, (J.-J.), Le droit commun des obligations et la concurrence d'un ancien salarié, Dr. soc. 1994, p. 759.

Servais, (J.-M.), Les aménagements du temps de travail, facteur d'égalité des sexes, in Genre et droit social, Actes du séminaire international du Comptrasec, 2007, p. 261.

Servais, (J.-M.), La liberté syndicale, l'inviolabilité des locaux syndicaux, le secret de la correspondance et des conversations syndicales, RIT, vol. 119, n°2, 1980, p. 233.

Silué, (N.), Les risques professionnels en Côte d'Ivoire, in Auvergnon, (Ph.) (dir.), Du droit de la santé et de la sécurité au travail en Afrique subsaharienne, éd. L'Harmattan, p. 31.

Soinne, (B.), Le règlement des créances salariales dans le redressement judiciaire, Dr. soc. 1987 p. 123.

Sportouch, (J.-M.), La fermeture d'entreprise en cas de conflit collectif, Dr. soc. 1988, p. 682.

Stulz, (V.), La discrimination à l'embauche, SSL, n° 1255 du 3 avril 2006.

Supiot, (A.), Le droit du travail bradé sur le « marché des normes », Dr. soc. 2005, p. 1087.

Supiot, (A.), La contractualisation des relations de travail en droit français, in Ph. Auvergnon (dir.), « La contractualisation du droit social », Comptrasec Bordeaux, 2003, p. 23.

Supiot, (A.), Un faux dilemme : la loi ou le contrat ?, Dr. soc. 2003, p. 63.

Supiot, (A.), Les nouveaux visages de la subordination, Dr. soc. 2000, p. 131.

Supiot, (A.), Une littérature de fin du monde, Dr. soc. 1997, p. 85.

Supiot, (A), L'avenir d'un vieux couple: travail et sécurité sociale, Dr. soc. 1995, p. 823.

Supiot, (A.), Déréglementation des relations de travail et autoréglementation de l'entreprise, Dr. soc. 1989, p. 195.

Sweeptson, (L.), Droits de l'homme et liberté syndicale : évolution sous le contrôle de l'OIT, RIT, vol. 137, n°2, 1998, p. 187.

Tagum Fombeno, (H.-J.), Libre propos sur la liberté syndicale en Afrique noire francophone, Revue Internationale de Droit Africain-EJDA, 2001, n° 50, p. 56.

Tauran, (T.), L'assujettissement au régime général de sécurité sociale et le critère du lien de subordination : évolution récente, Dr. soc. 2009, p. 195.

Tchakoua, (J.-M.), L'arbitrabilité des différends dans l'espace OHADA, Penant, n° 835, 2001, p. 5.

Tchen, (V.), Travailleur étranger, J-Cl. Travail Traité, Fac. 8-50, 2009.

Tchobanian, (R.) et Fabre, (G.), Les tensions actuelles entre le VIH et l'emploi, Sciences sociales et santé, Vol. 19, n° 19-3, p. 43.

Teklé, (T.), Labour law and worker protection in the South: An evolving tension between models and reality, in Labour law and worker protection in developing countries, ILO, 2010, p. 29

Teyssié, (B.), A propos de la pertinence économique du droit du travail, in Canivet (G.), Frison Roche (M.-A) et Klein (M.) (dir.), « Mesurer l'efficacité économique du droit », LGDJ 2005, p. 67.

Teyssié, (B.), Le lock-out, J.-Cl. Travail, fasc. 70-40, 2003, n° 27, p. 7.

Trebilcock, (A.M.), Le Sida et le lieu de travail, les orientations que suggèrent les normes de l'OIT, RIT, Vol. 128, n°1, 1989, p. 33.

Trudeau, (G.), The Contractualization of Labour Relations Law : An Illustration of North American Trends, In Managerial Law, Vol. 45, 2003, p. 135.

Vacarie, (I.), et Lyon-Caen, (A.), Droits fondamentaux et droit du travail, in « Droit syndical et droits de l'homme à l'aube du XXIème siècle Dalloz » 2000, Mélanges en l'honneur de J.-M. Verdier p. 445.

Vachet, (G.), La fonction organisationnelle de la convention collective, in « Analyse et valeur en droit social », Etudes offertes à Jean Pélissier Paris, Dalloz, 2004, p. 559.

Vachet, (G.), La liberté du travail et l'obligation de non-concurrence du salarié, in « Les droits fondamentaux des salariés face aux intérêts de l'entreprise », PUAM, 1994 p. 64.

Vatinet, (R.), La mise à disposition de salariés, Dr. soc. 2011, p. 666.

Venant, (T.), Flexibilité et dialogue social dans les nouveaux codes africains du travail, in « Inégalités et politiques publiques en Afrique. Pluralité des normes et jeux d'acteurs », éd. Karthala, 2001, p. 135.

Verdier, (J.-M.), Les représentants des salariés : 'protégés' ou 'exposés' ? Liberté fondamentale et logique du statut, in « Analyse juridique et valeurs en droit social », Mélanges en l'honneur de Jean Pélissier Paris, Dalloz, 2004, pp. 571-590.

Verdier, (J.-M.), Représentants syndicaux ou élus des salariés. Un droit positif chargé d'équivoques, RJS, 1999, p. 824.

Verdier, (J.-M.), L'apport des normes de l'OIT au droit français du travail, in « Les transformations du droit du travail », Etudes offertes à G. Lyon-Caen Dalloz, 1989, p. 51.

Véricel, (M.), La libéralisation totale du marché du placement des demandeurs d'emploi, Dr. soc., 2010, p. 1179.

Véricel, (M.), Restructuration du marché du travail et ouverture à la concurrence du service public de l'emploi, Dr. ouvr. 2008 p. 209.

Verkindt, (P.-Y.), Un nouveau droit des conditions de travail, Dr. soc. 2008, p. 634.

Verkindt, (P.-Y.), Le rôle des instances du personnel en matière de sécurité, Dr. soc. 2007, p. 697.

Verkindt, (P.Y.), La santé au travail. Quelques repères pour un droit au mouvement, Dr. ouvr. 2003, p. 82.

Verrier, (P.), Réforme monétaire et réforme fiscale de la CFS, in Bulletin de l'association pour l'étude des problèmes de l'Union française, n° 55, juillet 1957, p. 7.

Visisombat, (V.), Le contrat individuel de travail dans les nouveaux codes du travail des pays francophones d'Afrique, RIT, Vol. 98, n°2, 1968, p. 137.

Von Potobsky, (G.), Liberté syndicale : l'impact de la convention n° 87, RIT, Vol. 137, n°2, 1998, p. 215.

Wacquet, (Ph.), Le nouveau Code du travail et le droit du licenciement, AJDA, 2008,
p. 866.

Wacquet, (Ph.), Le principe d'égalité en droit du travail, Dr. soc. 2003, p. 276.

Wacquet, (Ph.) Le licenciement économique dans la loi de modernisation sociale, Dr. soc. 2002, p. 265

Wacquet, (Ph.), la cause économique du licenciement, Dr. soc. 2000, p. 168.

Wacquet, (Ph.), Le temps de repos, Dr. soc. 2000, p. 288.

Waquet, (Ph.), La grève, les mouvements illicites et l'abus du droit de grève RJS 3/95, chron. p. 139.

Whiteside, (N.), Le Welfare State britannique : le produit d'une tradition libérale ?, in Auvergnon, (Ph.), (dir.), « L'Etat à l'épreuve du social », Editions Syllepse, 1998, p. 109.

Willmann, (Ch.), Placement et recrutement, LexisNexis 2009, Travail Traité Fasc. 17-10, p. 10.

Willmann, (Ch.), Définir la « race » et l'ethnie, préalable à la lutte contre le racisme en entreprise, Dr. soc. 2007, p. 936.

TABLE DES MATIÈRES

Djibouti
aux éditions L'Harmattan

Dernières parutions

UN AMBASSASEUR AU CŒUR DES ÉVÉNEMENTS
Farah Rachad
Candidat à la direction générale de l'UNESCO, Rachad Farah vient de Djibouti, un pays au carrefour de l'Afrique et du monde arabe. Diplomate, acteur des négociations de paix, Rachad Farah nous fait partager son expérience de coopération, entre Djibouti et les pays où il était en poste. Voici le parcours d'un homme au cœur de l'histoire, mais aussi une découverte d'un pays et d'une région, et une vision de l'UNESCO de demain.
(18.00 euros, 110 p.)
ISBN : 978-2-343-00504-1, ISBN EBOOK : 978-2-296-53685-2

LAGARDE L'ÉTHIOPIEN
Le fondateur de Djibouti (1860-1936)
Prijac Lukian - Préface de Didier Morin
Voici le premier ouvrage sur ce grand commis d'État méconnu qu'est Léonce Lagarde, malgré deux carrières dans la Corne de l'Afrique : la première, coloniale, comme gouverneur de la Côte Française des Somalis, et la seconde, diplomatique, comme ministre plénipotentiaire de France en Éthiopie puis conseiller spécial du gouvernement éthiopien à la Société des Nations. «Conquérant pacifique», il sut imposer la politique française sur les hauts plateaux éthiopiens. Il établit territorialement ce qui va devenir en 1977 la République de Djibouti.
(Coll. Chemins de la Mémoire, série biographies historiques, 44.00 euros, 440 p.)
ISBN : 978-2-296-99130-9

L'HARMATTAN ITALIA
Via Degli Artisti 15; 10124 Torino
harmattan.italia@gmail.com

L'HARMATTAN HONGRIE
Könyvesbolt ; Kossuth L. u. 14-16
1053 Budapest

L'HARMATTAN KINSHASA
185, avenue Nyangwe
Commune de Lingwala
Kinshasa, R.D. Congo
(00243) 998697603 ou (00243) 999229662

L'HARMATTAN CONGO
67, av. E. P. Lumumba
Bât. – Congo Pharmacie (Bib. Nat.)
BP2874 Brazzaville
harmattan.congo@yahoo.fr

L'HARMATTAN GUINÉE
Almamya Rue KA 028, en face
du restaurant Le Cèdre
OKB agency BP 3470 Conakry
(00224) 657 20 85 08 / 664 28 91 96
harmattanguinee@yahoo.fr

L'HARMATTAN MALI
Rue 73, Porte 536, Niamakoro,
Cité Unicef, Bamako
Tél. 00 (223) 20205724 / +(223) 76378082
poudiougopaul@yahoo.fr
pp.harmattan@gmail.com

L'HARMATTAN CAMEROUN
BP 11486
Face à la SNI, immeuble Don Bosco
Yaoundé
(00237) 99 76 61 66
harmattancam@yahoo.fr

L'HARMATTAN CÔTE D'IVOIRE
Résidence Karl / cité des arts
Abidjan-Cocody 03 BP 1588 Abidjan 03
(00225) 05 77 87 31
etien_nda@yahoo.fr

L'HARMATTAN BURKINA
Penou Achille Some
Ouagadougou
(+226) 70 26 88 27

L'HARMATTAN SÉNÉGAL
10 VDN en face Mermoz, après le pont de Fann
BP 45034 Dakar Fann
33 825 98 58 / 33 860 9858
senharmattan@gmail.com / senlibraire@gmail.com
www.harmattansenegal.com

L'HARMATTAN BÉNIN
ISOR-BENIN
01 BP 359 COTONOU-RP
Quartier Gbèdjromèdé,
Rue Agbélenco, Lot 1247 I
Tél : 00 229 21 32 53 79
christian_dablaka123@yahoo.fr

Achevé d'imprimer par Corlet Numérique - 14110 Condé-sur-Noireau
N° d'Imprimeur : 125335 - Dépôt légal : janvier 2016 - *Imprimé en France*

www.ingramcontent.com/pod-product-compliance
Lightning Source LLC
LaVergne TN
LVHW021135061026
849535LV00002B/254
9782343081762